中华人民共和国地方志

# 福建省志

## 劳动保障志（1991—2005）

中共福建省委党史研究和地方志编纂办公室　编

海峡出版发行集团 THE STRAITS PUBLISHING & DISTRIBUTING GROUP | 福建人民出版社 FUJIAN PEOPLE'S PUBLISHING HOUSE

图书在版编目（CIP）数据

福建省志. 劳动保障志：1991—2005/中共福建省委党史研究和地方志编纂办公室编. --福州：福建人民出版社，2020.11
ISBN 978-7-211-08524-8

Ⅰ.①福… Ⅱ.①中… Ⅲ.①福建－地方志②劳动就业－社会保障－概况－福建－1991－2005 Ⅳ.①K295.7

中国版本图书馆 CIP 数据核字（2020）第 194023 号

**福建省志·劳动保障志（1991—2005）**
FUJIAN SHENGZHI · LAODONG BAOZHANG ZHI

编　　者：中共福建省委党史研究和地方志编纂办公室
责任编辑：陈斯敏
出版发行：福建人民出版社　　电　　话：0591-87533169(发行部)
网　　址：http://www.fjpph.com　　电子邮箱：fjpph7211@126.com
地　　址：福州市东水路 76 号　　邮政编码：350001
经　　销：福建新华发行（集团）有限责任公司
印　　刷：福州力人彩印有限公司
地　　址：福建省福州市晋安区新店镇健康村西庄 580 号 9 栋第一层、二层
开　　本：889 毫米×1194 毫米　1/16
印　　张：21.5
彩　　插：14
字　　数：491 千字
版　　次：2020 年 11 月第 1 版　　2020 年 11 月第 1 次印刷
书　　号：ISBN 978-7-211-08524-8
定　　价：280.00 元

本书如有印装质量问题，影响阅读，请直接向承印厂调换。

# 宣传贯彻《中华人民共和国劳动法》

1994年10月，省劳动厅、省总工会在福建电视台举办《中华人民共和国劳动法》（以下简称《劳动法》）知识竞赛（林永光　摄）

1994年12月，福建省代表队获得全国劳动法知识竞赛复赛一等奖（林永光　摄）

1995年3月，福建省有关部门举行贯彻《劳动法》座谈会（林永光　摄）

1996年1月，福建省召开贯彻实施《劳动法》一周年座谈会（林永光　摄）

1996年11月，福建省举办省直劳工处长研讨班（林永光　摄）

1997年1月，省劳动厅在福州市五一广场开展《劳动法》实施二周年宣传咨询活动（林永光　摄）

## 就业和再就业

1994年6月，福州市举办技术工人劳务交流大会

1994年9月，福州市劳务中心市场举办招聘会

1997年3月，福建省召开实施再就业工程研讨会（林永光　摄）

1998年7月，省职业介绍服务中心举办下岗职工再就业咨询及供需见面会

2004年8月，泉州市组织广西百色地区劳动力到泉州市企业务工

2004年11月24日，劳动和社会保障部副部长步正发（左二）到泉州市劳动力中心市场检查指导工作

2005年2月，泉州市劳动部门组织企业到沙县招工

2005年12月，厦门市劳动力市场举办随军家属和复退军人专场招聘活动

## 职业技能竞赛

2003年11月，福建省举办职业技能大赛

2003年11月，参加福建省职业技能大赛的选手在认真操作

2004年，第一届全国数控机床技能大赛第一名获得者黄国忠（左）与指导教师林晓榕（右）在交流业务技能

## 社 会 保 险

1995年4月，泉州市召开座谈会，征求企业对养老保险工作的意见

1995年4月，泉州市社会保险公司工作人员到企业调研养老保险参保情况

1996年8月，福州市举办失业保险业务培训班

2000年6月，泉州市社会保险公司开展社会保险政策咨询活动

2002年11月，泉州市行风评议组在市社会保险公司开展行风评议工作

## 劳动保障监察

1997年5月，厦门市劳动监察支队工作人员在用人单位进行现场调查，制作调查笔录

1998年11月，厦门市劳动监察支队工作人员在用人单位车间内现场监督企业向工人发放工资

1999年10月，福州市劳动监察支队在五一广场开展劳动法律法规宣传

2000年4月，福州市劳动监察支队出警打击非法职业中介

2002年元旦，泉州市举行“欠薪举报、法律咨询”现场接访活动

2002年7月，厦门市劳动监察支队成立举报投诉中心，接待群众举报投诉

2002年7月，泉州市劳动监察支队现场监督企业发放被拖欠的工人工资

2005年6月，泉州市召开劳动保障监察网格化管理工作现场会

## 劳动争议处理

2003年8月，泉州市劳动争议仲裁委员会和市中级人民法院联合召开劳动争议裁审工作研讨会

2004年6月，泉州市洛江区企业劳动争议调解委员会调解劳动争议案件

2005年3月，晋江市劳动争议仲裁委员会开庭审理劳动争议案件

2005年9月，泉州市成立包袋行业劳动争议调解委员会

## 著述与信息化建设

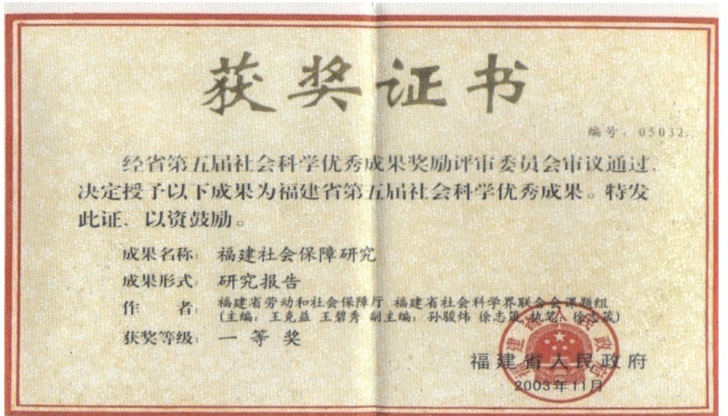

获奖证书

编号：05032

经省第五届社会科学优秀成果奖励评审委员会审议通过，决定授予以下成果为福建省第五届社会科学优秀成果。特发此证，以资鼓励。

成果名称：福建社会保障研究

成果形式：研究报告

作　　者：福建省劳动和社会保障厅 福建省社会科学界联合会课题组（主编：王克益 王碧秀 副主编：孙骏炜 徐志箴 执笔：徐志箴）

获奖等级：一等奖

福建省人民政府

2003年11月

2003年11月，省劳动和社会保障厅与省社会科学界联合会共同完成的《福建社会保障研究》报告，获福建省第五届社会科学优秀成果一等奖（徐志箴　摄）

获奖证书

编号：06231

经省第六届社会科学优秀成果奖励评审委员会审议通过，决定授予以下成果为福建省第六届社会科学优秀成果。特发此证，以资鼓励。

成果名称：福建社会保障建设

成果形式：专　著

作　　者：王克益主编（主要作者：王克益、王碧秀、徐志箴）

获奖等级：三等奖

福建省人民政府

2005年11月

2005年12月，《福建社会保障建设》（专著）获福建省第六届社会科学优秀成果三等奖（徐志箴　摄）

福建省加强社会保障信息化建设。图为省人力资源和社会保障厅信息中心机房

# 《福建省志》编纂委员会

第二届（2017 年后）：

顾　　问：郭成土　王克益　钟维平

主　　任：林卫宠

副 主 任：吴小颖　张永生　高　榕　温惠榕　王　强　洪长春
王卫国　陈成武　黄正风　汤昭平　黄明园　王建民

委　　员：（以姓氏笔画为序）
马光凯　吕伟光　刘　涛　刘丹美　许鸿萍　杨光伟
杨鲁松　李念超　肖家新　吴正斌　邱浩杰　张君平
陈　玲　陈文永　陈钟捷　林　慧　林忠侯　罗永生
郑友明　郑庆华　郑亨钰　郑朝晖　赵　艺　赵献忠
郝　军　诸葛琼　曹岁明　彭永英　程小丹　游克清
谢竞忠　戴三法

## 《福建省志·劳动保障志（1991—2005）》编纂办公室

第一届（至 2016 年）：

主　　任：王煌煌

成　　员：叶丽华　徐志箴　魏靖华　陈　亮

第二届（2017 年后）：

主　　任：郑亨钰

副 主 任：王日洲　许小华　黄珍珍

成　　员：袁沁茹　谢　烨　郑婉菁

## 《福建省志·劳动保障志（1991—2005）》编写人员

主　　编：王煌煌

编写人员：叶丽华　徐志箴　魏靖华　陈耀钢　陈　亮

## 《福建省志·劳动保障志（1991—2005）》审稿人员

林　浩　李升荣　李连秀　孙众超　陈文忠

## 《福建省志·劳动保障志（1991—2005）》审定验收组人员

组　　长：陈秋平

副 组 长：俞　杰　林　浩（执行）

成　　员：李升荣　张维义　凌文斌　欧长生　彭文宇　陈文忠

# 《福建省志》凡例

一、本志以马克思列宁主义、毛泽东思想、邓小平理论、“三个代表”重要思想、科学发展观、习近平新时代中国特色社会主义思想为指导，坚持辩证唯物主义和历史唯物主义的立场、观点和方法，按《地方志工作条例》《福建省实施〈地方志工作条例〉办法》《地方志书质量规定》要求进行编纂。

二、以福建省现行行政区划为记述的区域范围（未含金门、马祖）。

三、使用规范的现代语体文记述，行文除引文外，用第三人称记述。

四、1949年10月1日以前的纪年，标示朝代、年号、年份，括注公元纪年；1949年10月1日起，用公元纪年。

五、各个时期的政权机构、职务、党派、地名，均以当时名称或通用简称记述。古地名均括注今地名，乡（镇）、村（居）地名前冠以市、县（市、区）名。

六、除引文外的人名，直书姓名，不在姓名后加身份词；必须说明身份的，在其姓名前说明。

七、各种机构、会议、文件等专有名称使用全称，如多次出现需用简称的，在第一次出现时括注简称。

八、凡外国的国名、地名、人名、党派、政府机构、报刊等译名，均以新华社译名为准。新华社没有译名的，首次使用译名时括注外文全称，全书保持中文译名一致。

九、数字、量和单位、标点符号的使用，执行国家有关部门颁布的标准规定。书中同一名称、事实、数据、时间、度量衡、术语的表述，前后一致。

十、图片、照片、表格突出存史价值，样式统一。

十一、采用国家统计部门公布的统计数据和业务主管部门的统计数据；如使用其他数据，则需说明其来源。

十二、采用资料一般不注明出处。引文、辅文和需要注释的专用名词、特定事物加页末注释，注释形式全书统一。

# 编辑说明

一、本志采用述、志、记、图、表、录等体裁，以志为主体，表分别安插于有关章节中。层次结构一般分章、节、目、子目四个层次。

二、本志承接首轮《福建省志·劳动志》，记述1991—2005年福建省劳动和社会保障事业发展的历史和现状。为反映事物完整性，个别节、目内容适当上溯或下延。

三、本志对较为频繁使用的称谓，如中共福建省委、福建省人民政府分别简称为省委、省政府。对法规名称，如《中华人民共和国劳动法》简称为《劳动法》。对职能机构，如福建省劳动和社会保障厅简称为省劳动和社会保障厅，其他机构依此使用简称。

四、2000年，安全生产综合管理、职业安全监察和矿山安全监察工作交由省经济贸易委员会管理，职业卫生监察（包括矿山卫生监察）工作交由省卫生厅管理；锅炉压力容器、电梯等特种设备安全监察监督工作交由省质量技术监督局管理。就此，本志从2000年起不再记述上述工作。

五、本志统计数据采用福建省统计局公开发表的数据和《福建年鉴》、福建省人力资源和社会保障厅档案室内部文件及资料提供的数据。

六、本志资料主要来源于福建省人力资源和社会保障厅档案室、机关处室和直属单位，经考证甄别后入志。

# 目　录

# CONTENTS

# 概　述

20 世纪 90 年代初，随着福建省经济发展方式的全面转型，推进改革，建立新型的劳动制度迫在眉睫。

1991 年，福建省贯彻中央《关于深化国营企业劳动人事、工资分配、社会保险制度改革的决定》，推进国营企业三项制度改革。在全省企业扩大实行全员劳动合同制，搞活用工制度；赋予企业工资分配自主权，促进企业转变经营机制。同时，配合三项制度改革，推进劳动就业、职业培训和社会保险制度改革，维护劳动者权益，劳动保障工作稳步推进，呈现良好态势。

1993 年 11 月，中共十四届三中全会召开以后，福建省加快建设适应社会主义市场经济的劳动保障制度，逐步建立全省统一的劳动力市场，发挥其在劳动力配置中的基础性作用，为企业用工和劳动者求职服务。

20 世纪 90 年代中期，《劳动法》颁布实施，劳动保障工作进入依法推进新时期。福建省抓住有利时机，推进地方劳动保障立法。1994—1998 年，福建省人大常委会先后颁布施行《福建省劳动合同管理规定》《福建省集体合同条例》等 8 部劳动保障地方性法规。省政府颁布实施《福建省最低工资规定》《福建省国有企业富余职工安置实施办法》等 7 部劳动保障政府规章，初步形成具有福建特色的地方劳动保障法规体系框架，劳动保障工作开始走向制度化、规范化、法制化。在企业富余职工安置、最低工资保障、劳动合同管理等方面建立制度，保障企业职工权益；在企业职工工伤、生育、失业、养老等社会保险制度建设取得重大进展，逐步建立覆盖全体企业职工社会保险体系。同时，完善劳动监察和劳动争议处理制度，维护劳动者的合法权益。

1998 年，福建省全面开展国有企业下岗职工基本生活保障和再就业工作，制定一系列政策措施，保障进中心下岗职工的基本生活，拓宽再就业渠道，开展再就业培训，鼓励自谋职业，帮助下岗职工实现再就业，为促进国有企业改革发展起到重要作用。同时，加强劳动力市场信息网络建设，完善市场功能，规范职业介绍机构管理，为下岗失业人员再就业提供优质服务。经过几年努力，福建省劳动就业市场化方向基本确立，市场就业逐步成为主导地位，就业局势保持基本稳定。

2000 年，全省进行机构改革，组建省劳动和社会保障厅，加强统筹城乡就业和统一管理社会保险职能，机关事业单位养老保险和农村社会养老保险工作分别由省人事厅、省民政厅划转省劳动和社会保障厅管理。

2001年，全省城镇职工医疗保险制度改革全面实施，填补社会保险制度的空白。同时，完善各项社会保险政策，加大社会保险扩大覆盖面和社会保险基金征缴力度，保障基金安全，社会保险待遇水平逐步得到提高。2002年底，全面关闭企业再就业服务中心，下岗职工全部出中心，实现基本生活保障与失业保险并轨，妥善处理下岗职工劳动关系，实现下岗职工再就业与市场就业接轨，成为全国最早关闭企业再就业服务中心的省份之一。

到2005年，福建省劳动保障事业发展取得重大成就，各项政策制度体系逐步健全。市场就业机制基本形成，就业总量稳步增长，就业结构趋于合理，就业质量有所提高，就业规模不断扩大。公共就业服务体系进一步完善。职业技能培训取得新成绩。逐步形成了政府统筹、行业指导、市场调节的职业培训运行机制。社会保险体系建设加快推进，企业基本养老保险制度不断完善，机关事业单位养老保险试点工作进一步规范完善，农村社会养老保险探索取得进展，城镇职工基本医疗保险制度改革顺利进行，失业保险稳步发展，工伤保险和生育保险覆盖面进一步扩大，初步织成覆盖全省城乡的社会保险安全网。劳动关系规范步入法制化轨道，劳动合同制度得到普遍实行，劳动保障执法监察力度进一步加大，劳动争议仲裁制度进一步完善，劳动者的合法权益得到基本保障，为维护全省发展稳定大局做出重要贡献。

## 一

1991年，福建省城镇就业工作发生新变化，国家安排就业的格局逐渐打破，全省加快劳动就业制度改革，劳动者市场就业观念开始形成。1994年，省政府贯彻中共十四届三中全会关于培育发展劳动力市场的精神，印发《关于加快培育和发展劳动力市场若干问题的通知》，全省各级各类劳动力市场加快发展，加强外来务工人员管理服务。职业培训工作全面开展，技校改革稳步推进，技工教育水平逐步提高，一批技工学校被评为国家级重点技工学校和省级技工学校。明确培训为就业服务的思想，就业培训规模不断扩大。职业技能鉴定工作开始起步，成立首家职业技能鉴定站。

1994年下半年后，随着国有企业改革的深化，一些企业不能适应市场经济的需要，生产经营困难，出现大批富余人员，全省实施再就业工程，帮助企业富余职工再就业。1998年，福建省贯彻中央部署，全面开展国有企业下岗职工基本生活保障和再就业工作，建立企业下岗职工再就业服务中心，下岗职工100％进中心，保障其基本生活。同时在筹集再就业资金、提供场地税费减免、职业培训、免费职业介绍等方面制定一系列优惠政策，鼓励自谋职业，拓宽就业渠道，帮助下岗职工多形式、多途径实现再就业，下岗职工再就业率每年保持在60％以上。各级政府采取发展非公有制经济，扩大就业领域，保持就业岗位增长等措施促进就业。同时，加强劳动力市场建设，规范职业介绍机构管理，发挥劳动力市场用工和求职登记、职业指导、职业介绍、职业培训、档案管理、接续社会保险关系等功能，为劳动者求职服务。

2000年1月1日起，根据福建省国有企业改革进展情况和市场就业环境，为加快下岗职工再就业步伐，下岗职工不再进入企业再就业服务中心，直接与企业解除劳动关系，领取失业救济金，进入劳动力市场再就业。2002年底，全面关闭企业再就业服务中心，下岗职工全部出中心，实现基本生活保障与失业保险并轨，福建成为全国最早关闭企业再就业服务中心的省份之一。开展再就业工作的5年间，全省进中心的下岗职工累计16.24万人，出中心后实现再就业14.2万人。2003年，开展全省职业技能大赛。同时发挥福建优势，加强职业培训的国际交流和对台交流。2004年，福建省和德国华法州在福建省高级技工学校设立中德职业培训与咨询中心。2004年底，开展就业方式创新，在全国率先出台《福建省人民政府关于开展劳务派遣工作的若干意见（试行）》，积极开展劳务派遣和劳务输出工作，成为劳动和社会保障部确定的首家劳务派遣试点联系省。2005年，经劳动和社会保障部批准，福建省被确定为开展海峡两岸职业培训交流试点省份。

至2005年，福建省城镇就业人员达到542万人，下岗失业人员实现再就业41.2万人，其中困难就业群体实现再就业11.4万人，下岗失业人员再就业率保持在60%以上，城镇登记失业率控制在4.2%以内，就业形势保持稳定。全省农村劳动力转移就业190万人。就业结构趋于合理，非公有制经济成为主要的就业增长点。全省共成立94家劳务派遣机构，有24.2万人通过劳务派遣实现就业，成为全国就业工作的亮点之一。公共就业服务体系进一步完善，覆盖城乡劳动者的就业管理服务组织体系初步建立，职业介绍、职业培训等就业服务功能不断加强，劳动力市场建设朝着统一、规范的城乡一体化劳动力市场方向发展，发挥市场配置劳动力资源的基础性作用。职业技能培训取得新成绩，技工学校在改革中得到发展，技工学校毕业生就业率达95%以上。市场化、社会化的职业培训运行机制初步建立，再就业培训、创业培训和农村劳动力转移培训扎实推进。职业技能鉴定工作得到进一步加强，全省有98.24万人次取得职业资格证书；高技能人才培养力度加大，技能劳动者的素质结构得到一定改善，全省培养高级工7.59万人，技师（含高级技师）6349人。

## 二

1991年后，福建省加快建立健全养老保险制度，重点巩固发展省级统筹企业职工养老保险制度，不断扩大实施企业和职工范围，同时实施企业补充养老保险办法，进行企业职工基本养老金计发办法和财务体制改革，初步建立农村社会养老保险制度和机关事业单位工作人员退休养老保险制度。一些地方试行医疗保险费社会统筹，进行工伤和生育保险试点。扩大待业保险实施范围，由原有全民所有制企业扩大到县（市、区）属以上的集体所有制企业、城市市区和乡镇的股份制企业、外商投资企业。

1995年，启动实施福建省企业职工工伤保险，保障工伤职工权益，同年，成立福建省社会保险委员会，统一领导和组织全省的社会保险改革工作。1996年，实施企业职工基本养老保险制度改革，实行社会统筹与个人账户相结合的基本养老保险模式。集体企业职工的养老保险并入省级统筹，全省企业职工养老保险实行统一制度、统一标准、统一管理、统一调剂。开展企业退休人员养老金社会化发放，确保企业退休人员的基本生活。全面建立并实施城镇企业职工生育保险制度，覆盖全省所有企业和职工。在前期开展职工医疗保险制度改革试点的基础上，1997年，莆田市、厦门市医疗保险改革方案经省政府批准并通过国务院医改办审核同意，并分别正式启动实施。

1999年，省政府下发《贯彻国务院关于建立城镇职工基本医疗保险制度的决定的通知》，省劳动厅等有关部门先后制定一系列医疗保险改革的配套政策。省和各设区市加快建设医疗保险信息系统，逐步与医疗保险定点医疗机构和零售药店联网，首批发放医疗保险IC卡75万张，率先在全国实现医疗保险制度全面启动实施时持卡人就能实现医保费用刷卡结算。2001年，全省城镇职工医疗保险制度改革全面实施，填补社会保险制度的空白。并加快扩大医疗保险覆盖面，初步建立多层次的医疗保险体系。同年，基本养老保险费和失业保险费改由各级地方税务机关按照属地管理原则负责征收，加大扩大覆盖面和基金征缴的力度。同时，完善各项社会保险政策，加强社会保险基金监督，确保基金安全。2004年，贯彻国务院《工伤保险条例》，实行新的工伤保险办法，维护工伤职工的权益。

至2005年，福建省企业基本养老保险制度不断完善，全省参保人数达339万人。企业离退休人员养老保险待遇调整机制初步建立，人均基本养老金647元，企业年金制度开始推行。机关事业单位养老保险试点工作进一步规范完善。农村社会养老保险探索取得进展，城镇职工基本医疗保险制度改革顺利进行，覆盖人数快速增长，灵活就业人员、劳务派遣人员参加医疗保险取得突破，全省参保人数达333万人。失业保险稳步发展，覆盖率逐年提高，全省参保人数达267万人。工伤保险和生育保险覆盖面进一步扩大，劳务派遣人员和部分农民工纳入工伤保险范畴，全省参加工伤保险和生育保险的人数分别达239万人和162万人。各项社会保险基金总体上实现“收支平衡，略有结余”的目标，保险基金累计结余170亿元。全省多层次的社会保险体系基本建立，初步形成覆盖城乡的社会保障安全网。

## 三

1991年后，福建省贯彻中央决定，推进国营企业劳动、人事工资制度改革，按照“国家宏观调控，企业自主用工，多种形式并存，全员劳动合同”的改革要求，进一步落实企业用工自主权，进行国营企业全员劳动合同制的试点，在国有企业实行工资总额同经济效益挂钩办法，赋予分配自主权，搞活企业内部分配，实现职工能进能出、干部能上能下、工资能升能降。对企业不再下达招工指标，规定职工工资升级办法和下达升级指标。1993年8月，在全国率先以省政府令形式颁布施行《福建省劳动监察暂行规定》，各级劳动部门建立劳动监察机构，开展劳动监察，对违反劳动法律法规的案件进行查处。贯彻国务院企业劳动争议处理条例，在各级劳动部门成立劳动争议仲裁委员会，处理企业劳动争议案件。

1994年，省政府发布《福建省最低工资规定》，公布最低工资标准，在全国率先实施最低工资保障制度，保障困难企业职工基本生活。1995 年，《劳动法》实施后，福建省在国有企业、集体企业全面施行劳动合同制度，劳动合同制度覆盖面和进度名列全国前茅，逐步实现固定工制度向劳动合同制转变。加强国有企业经营者收入管理，将经营者收入与职工收入分离，使经营者收入与企业经营成果、与国有资产增值保值挂钩，建立企业内部分配的自我约束机制。其后，贯彻《福建省劳动合同管理规定》《福建省企业集体合同条例》，劳动合同制度和集体合同制度走上规范化、法制化轨道。加强企业工资收入宏观调控体系，限制过高收入，保障最低收入，保持平均工资收入适度增长。加强女职工和未成年工劳动保护及劳动安全工作。

1999 年后，福建省做好企业职工劳动合同终止后有关经济补偿的处理，筹集再就业资金，妥善处理国有企业下岗职工劳动关系，进一步理顺国有企业劳动关系。同时，创新工资调控方法，发布全省企业工资增长指导线，建立劳动力市场工资指导价位制度，引导企业建立人工成本约束机制。建立劳动关系三方协调机制，创建和谐劳动关系工业园区，推动构建和谐劳动关系。探索建立以工资集体协商为主要形式的企业工资决定机制，解决企业拖欠劳动者工资问题。加强劳动保障监察，查处权益违法案件，维护劳动者权益。健全劳动争议预防机制，建立区域性劳动争议调解组织，把劳动争议解决在基层。

至 2005 年，福建省劳动法制建设取得新成果，先后出台一系列规范劳动关系的法规、规章，劳动关系规范步入法制化轨道，劳动合同制度得到普遍实行。全省签订劳动合同职工已达 417.8 万人。职工工资收入逐步增长，国有单位在岗职工平均工资 17146 元，月最低工资标准在 320 元—600 元之间。依法做好改制企业职工的分流安置工作，切实维护职工的合法权益。劳动保障执法监察力度进一步加大，劳动争议仲裁制度进一步完善，劳动者的合法权益得到基本保障，有效维护劳动关系和谐稳定。

## 四

1991—2005 年，福建省劳动保障工作取得重大成就，劳动保障事业得到进一步发展。在新时期，劳动年龄人口持续增长，农村劳动力转移不断加速，人口老龄化加快，就业压力持续增大；全省城乡社会保障体系仍显薄弱，社会保险覆盖面有待扩大，社会保障水平有待提高；劳动关系复杂多变，维护劳动者合法权益面临严峻的挑战；社会保障管理和服务平台建设相对滞后，社会保障政策法规制度不够完善等问题逐渐显现。

新形势下，全省要继续深化劳动保障制度改革，创新体制机制，完善政策法规；要把扩大就业作为经济社会发展和调整经济结构的重要目标，坚持实施积极的就业政策，着力改善就业环境，拓宽就业渠道，加强职业培训，提高就业质量，努力实现充分就业。要加大资金投入，强化协调管理，加快建立健全与经济发展水平相适应的多层次、广覆盖的城乡社会保障体系，提高社会保障水平，保障城乡劳动者基本生活，维护社会公平正义。要加强劳动协调关系机制建设，构建和谐稳定的劳动关系，坚持按劳分配为主体、多种分配方式并存的分配制度，在企业发展的基础上，不断提高职工工资水平。要加强劳动保障法制建设，加快建立健全政策法规制度，加大依法行政的力度，基本形成覆盖城乡的劳动保障监察执法网络。加强劳动争议仲裁机构能力建设，全面推进劳动争议仲裁机构实体化，劳动争议仲裁队伍专业化、职业化，依法处理劳动争议。通过强化普法宣传，广大劳动者和用人单位的维权意识和守法意识明显增强。

# 第一章　劳动就业

1991年，福建省率先在全国进行劳动制度改革，探索建立符合本省实际的劳动就业制度，培育和发展劳动力市场，发展职业介绍机构，加快形成市场就业机制。随着经济发展，大量农村劳动力转移到城市就业，全省加强农村劳动力转移就业管理服务，采取组织劳务输出、山海劳务协作、转移就业培训等措施，促进农村劳动力转移就业。

1997年，省委、省政府把建立和完善省中心劳动力市场列为当年为民办实事项目之一，并拨款1500万元作为省中心劳动力市场的基建专项资金。全省推进劳动力市场科学化、规范化、现代化建设，完善劳动力市场服务和保障体系，初步建立省、市、县三级互联并延伸到街道、社区和部分乡镇的劳动力市场服务网络。

2003年，福建省创新就业方式，开展"就业、培训、保障、维权"四位一体的劳务派遣工作，为城镇失业人员就业和农村劳动力转移就业提供服务。并在全国劳动保障工作会议上做开展劳务派遣的经验的书面汇报，得到充分肯定。

2005年，福建省就业服务体系进一步完善，市场就业已占主导地位，城镇登记失业率3.95%，低于全国平均水平，就业形势保持稳定。

## 第一节　城镇劳动力就业

### 一、失业登记

1991年，伴随着经济体制改革，国营企业转制，减员增效，下岗分流，待业人员不断增加，全省各级劳动部门所属劳动服务公司加强待业登记工作，城镇所有在劳动年龄（16周岁至退休年龄）内，有劳动能力、无业而要求就业的待业人员可以到当地劳动服务公司进行登记。对进行待业登记的待业人员给予就业培训、介绍就业等帮助。同时采取措施，加大就业工作力度，全年共安置城镇待业人员10.74万人，超额完成计划任务9万人的19.33%，城镇待业率控制在2.5%以内，比1990年下降0.45个百分点，为1985年以来的最低点。1992年，全省共有城镇待业人员20.08万人，年内新增待业人员12.15万人，比1991年增加0.62万人。全省共安排城镇待业人员11.15万人，超额完成年计划任务的17.3%；年末城镇待业率1.9%，为1978年以来的最低点。1993年，全省有城镇待业人员6.08万人，待业率为2.1%。其中待业职工2.23万名，比1992年增加待业职工3051人。1994年，按照劳动部统一要求，福建省将待业登记改为失业登记。当年，全省城镇登记失业率为2.0%。

1995年，针对企业破产、职工下岗失业成为普遍经济现象的情况，对企业下岗失业人员进行登记并采取相应的措施，分流安置就业。宣告破产企业的职工，根据当地法院裁定书，凭安置小组或企业主管部门编制的失业职工花名册，直接办理失业登记。长期严重亏损、濒临破产的企业在法定整顿期间被精减的职工，凭上级主管部门整顿申请书和批件及企业精减证明，办理失业登记。是年，全省富余职工和失业人员约30万人，下岗失业职工12.74万人。城镇失业人员7.2万人，城镇登记失业率1.9%。1997年，全省共有城镇失业人员22.20万人，安置就业14.09万人，安置数占本年度失业人员总数的63.47%，完成年计划的117.42%，比1996年增加安置1.26万人，增长9.82%。年末失业率为1.91%，就业局势基本稳定。

1998年，开展国有企业下岗职工基本生活保障和再就业工作，下岗失业人员增多，就业形势严峻。全省失业人员总数21.51万人，新安置就业13.18万人，分别比1997年下降3.11%和6.46%；年末尚有城镇失业人员7.98万人（其中女性4.15万人），比1997年上升2.31%，年末登记失业率2.06%，比1997年上升0.15个百分点。

1999年，城镇登记失业人员7.9万人，国有企业下岗职工4.5万人转入失业，城镇登记失业率为2.2%。同年，福建省对城镇未能继续升学的应届初高中毕业生失业登记做出新规定。城镇未能继续升学的应届初高中毕业生，在就业前必须接受1—3年的劳动预备制培训，取得相应的毕业或结业证书后，按《福建省劳动力市场管理条例》和原劳动部《就业登记规定》的要求，凭毕业证或结业证书，向户籍所在地市、县区劳动部门办理失业（求职）登记，领取失业证，由职业介绍机构介绍就业。当年，全省城镇新增就业人数39.86万人，其中城镇劳动力14.73万人。

2000年，全省新登记城镇失业人员15.1万人，其中女性7.6万人；由就业转失业7.6万人，比上年增加35.7%。年末实有城镇登记失业人员9.09万人，其中女性4.72万人；长期失业者4.03万人。年末登记失业率2.6%，比上年上升0.4个百分点。

2001年，针对当时失业证发放存在的实际问题，省劳动和社会保障厅下发《关于进一步做好“失业证”等发放工作的补充通知》，规定失业证由福建省劳动和社会保障厅统一印制。凡年满16周岁至退休年龄内的本省城镇劳动者，有劳动能力，无业而要求就业的，需依法向户籍所在地市、县劳动就业服务机构办理失业登记，申领失业证。已办理失业登记领取失业证的城镇失业人员和失业职工，要求自谋职业的，可凭失业证申请领取下岗职工再就业优惠证，在享受优惠政策、实现再就业的同时，由劳动就业服务机构收回失业证，同时停发给失业职工的失业救济；福建省劳动和社会保障厅设立并公布举报电话。同年，福建省根据党中央和国务院文件精神，对原国有企业的失业人员进行重新界定登记，实施扶持政策。规定凡涉及下岗失业人员从事个体经营和灵活就业的，属于管理类、登记类、证明类的各项费用一律免收。福建省劳动和社会保障厅等11部委联合下发《关于贯彻落实中共中央国务院关于进一步做好下岗失业人员再就业工作的通知若干问题的意见》的通知，根据实际，界定与国有企业解除劳动关系，但没有在社会上找到工作，已进行失业登记的人员为“国有企业的失业人员”。各地对“国有企业的失业人员”进行重新认定，其认定、管理、服务和统计等工作由当地就业服务机构统一负责。当年，全省新登记城镇失业人员 19.7 万人，其中女性 9.4 万人；由就业转失业 10.2 万人。年末实有城镇登记失业人员 13.22 万人，其中女性 6.95 万人；长期失业者 6.99 万人。年末登记失业率 3.8%，比 2000 年上升 1.2 个百分点。

2002 年，按照省委、省政府下达的年内全省失业率控制在 4.5%以内的目标，省劳动和社会保障厅下达各地、市控制失业率及失业金支出指导性计划。当年，全省新登记城镇失业人员 22.6 万人，比上年增长 11.5%，城镇登记失业率为 4.2%。实现就业 19.2 万人，其中：在第一产业实现就业的占 4.2%，在第二产业实现就业的占 33.9%，在第三产业实现就业的占 61.9%。

2003 年，全省经济快速发展，当年新增就业岗位 46 万人，就业压力趋缓。城镇登记失业率为 4.1%，其中三明市由 2002 年的 6.5%降至 2003 年的 5.9%；南平由 6.9%降至 6.2%；龙岩由 7.4%降至 6.3%。2004 年，全省城镇登记失业率分别为 4.0%，2005 年为 3.95%，比全国城镇登记失业率 4.2%低 0.25 个百分点，全省就业形势保持稳定。

## 二、就业服务

### （一）劳动力市场建设

1991 年，开始推进劳动力（劳务）市场培育和建设，全省各级劳动部门和劳动服务公司加快劳务市场的发展步伐，制定发展劳务市场的规定和管理办法。福建省劳动服务公司职业介绍所为个人求职、单位招聘提供信息查询、电脑匹配；为全社会提供职业介绍、档案寄存、技术培训、技能鉴定、合同鉴证、招聘、广告、审批等 12 项劳动事务“一条龙”服务。福州、厦门等市发展综合型劳务市场，实行“一条龙”服务，把求职求聘登记、职业介绍、信息服务、培训导向、办理招工招聘、合同鉴证、社会保险、寄存档案等有关手续，以及建立劳动力资源和企业用工信息库等融为一体，形成全方位、多功能、配套服务的劳务市场网络。从省到地、市、县（区）都建立劳务市场，服务网络还延伸到乡镇。1992 年底，全省有各类劳务市场或职业介绍所 224 所，比 1991 年增加 75 所，到劳务市场办理求职登记 19.25 万人，交流成功 17.51 万人，成功率为 91%。

1994 年 8 月，省劳动厅和省劳动学会在福鼎市召开福建省发展劳务市场研讨会，提出发展福建省劳务市场的目标、思路及对策措施。12 月，省政府印发《关于加快培育和发展劳动力市场若干问题的通知》，明确培育和发展劳动力市场的目标任务以及政策措施。其后，福建省大力发展劳动力市场，着力建立市场机制，为劳动力市场提供中介服务的职业介绍机构发展迅速，形成遍布全省广大城乡的职业介绍网络，劳动力市场机制初步形成。

表 1-1

**1998 年福建省劳动力市场基本情况表（一）**

| 地区 | 工作人员情况（人） | | | | | | | 现有场所 | | | | | | 在建场所 | | | | | |
|---|---|---|---|---|---|---|---|---|---|---|---|---|---|---|---|---|---|---|---|
| | 合计 | 学历 | | | 人员配备 | | | 面积（平方米） | | | 投资额（万元） | | | 面积（平方米） | | | 投资额（万元） | | |
| | | 大专以上 | 高中中专 | 初中 | 信息员 | 职业指导员 | 电脑操作员 | 交流大厅 | 办公场所 | 合计 | 自筹 | 拨款 | 合计 | 交流大厅 | 办公场所 | 合计 | 自筹 | 拨款 | 合计 |
| 合计 | 528 | 124 | 319 | 85 | 219 | 178 | — | 11032 | 9864 | 20896 | 461 | 2669.35 | 3130.35 | 8542 | 16260.6 | 24802.6 | 1514 | — | 4023.5 |
| 福州 | 132 | 35 | 79 | 18 | 48 | 49 | — | 4025 | 4825 | 8850 | 1083 | 400 | 1483 | 4056 | 5630 | 9686 | 1025 | — | 2400 |
| 厦门 | 64 | 17 | 41 | 6 | 22 | 14 | — | 1609 | 443 | 2052 | 131.5 | 6 | 137.5 | 50 | | 50 | | — | |
| 漳州 | 63 | 11 | 34 | 18 | 17 | 16 | — | 1594 | 1049 | 2643 | 357.4 | 9 | 366.4 | 752 | 1426 | 2178 | 44 | — | 206 |
| 泉州 | 29 | 2 | 25 | 2 | 13 | 8 | — | 210 | 20 | 230 | 150 | | 150 | 750 | 2650 | 3400 | 210 | — | 350 |
| 三明 | 76 | 10 | 52 | 14 | 26 | 28 | — | 1704 | 1540 | 3244 | 561.2 | 36 | 597.2 | 500 | 2936 | 3436 | 140 | — | 360 |
| 莆田 | 31 | 10 | 17 | 4 | 9 | 9 | — | 60 | 268 | 328 | | | | 1350 | 650 | 2000 | | — | 175 |
| 南平 | 50 | 14 | 31 | 5 | 46 | 29 | — | 664 | 732 | 1396 | 180.5 | 2 | 182.5 | | | | | — | |
| 龙岩 | 44 | 16 | 20 | 8 | 18 | 6 | — | 554 | 597 | 1151 | 120.5 | 8 | 128.5 | 920 | 3809 | 4729 | 87 | — | 371.5 |
| 宁德 | 39 | 9 | 20 | 10 | 20 | 19 | — | 612 | 446 | 1058 | 85.25 | | 85.25 | 80 | 139.6 | 219.6 | 8 | — | 258 |

1996 年 1 月，省政府办公厅转发省劳动厅《关于加强劳动力市场建设的意见》，要求加快建立省内区域性的劳动力市场，形成以福州市和闽南三角地区为龙头，以中心城市为支柱，覆盖全省县（区），延伸到乡镇、街道的劳动力市场网络。福州投资近百万元，建成 600 平方米的市劳动力市场。各级劳动部门在积极发展劳动力市场的同时，多方筹措资金，大力加强劳动力市场的信息网络硬件建设。全省投入 1000 多万元，为 72％的县以上劳动部门所属职业介绍机构配备计算机，其中有一部分还加配传真机、大屏幕显示器、复印机等设备，扩大工作场地面积，并且初步实现了省、地（市）两级劳动力市场信息计算机联网。其中省劳动厅所属的省职业介绍服务中心，经劳动部批准成为中国劳动力市场华东网福建分中心，同时实现与华东各省（市）的劳动力市场信息计算机联网。

1997 年，全省各级劳动部门配合实施再就业工程和农村劳动力跨地区流动有序化工程，进一步加快培育和发展劳动力市场步伐，重点加强 20 家中心劳动力市场建设。省委、省政府把建立和完善省中心劳动力市场列为当年为民办实事项目之一，并拨款 1500 万元作为省中心劳动力市场的基建专项资金。厦门、福州、漳州、福清、三明、石狮、福安等市也投入相应的资金用于新建、扩建当地劳动力市场。当年 20 家重点中心劳动力市场就共新建劳动力市场 40291 平方米。

1998 年，省人大常委会颁布《福建省劳动力市场管理条例》，对劳动者求职与企业用工、职业介绍机构与中介服务、劳动力市场调控与规范做出规定。全省劳动力市场建设紧紧围绕实施再就业工程，不断完善市场就业机制，加快市场建设步伐，为促进下岗职工再就业提供有效服务。厦门、漳州、石狮、福清等沿海劳动力流动量大的城市大型劳动力市场相继建成，大大改善了这些地区劳动力市场的服务条件。

表 1-2　　**1998 年福建省劳动力市场基本情况表（二）**

单位：人

| 地区 | 用工登记人数 | 求职登记人数 | 介绍成功人数 | | | | 职业指导人数 | | |
|---|---|---|---|---|---|---|---|---|---|
| | | | 合计 | 其中 | | | 合计 | 其中 | |
| | | | | 下岗职工 | 失业人员 | 农村劳动力 | | 下岗职工 | 城镇职工 |
| 合计 | 319066 | 347992 | 274891 | 32237 | 50966 | 191688 | 103279 | 52560 | 50719 |
| 福州 | 37021 | 58538 | 38796 | 3393 | 6948 | 28455 | 25160 | 9829 | 15331 |
| 厦门 | 92718 | 13488 | 23732 | 6524 | 1697 | 15511 | 2314 | 1177 | 1137 |
| 漳州 | 29238 | 42127 | 26143 | 2448 | 5048 | 18649 | 7029 | 3753 | 3276 |
| 泉州 | 7942 | 37350 | 35174 | 1191 | 661 | 33322 | 1541 | 973 | 568 |
| 三明 | 37919 | 52608 | 38540 | 3346 | 12606 | 22588 | 27959 | 12949 | 15009 |
| 莆田 | 18497 | 15651 | 12175 | 249 | 674 | 11252 | 391 | 261 | 130 |

续表

| 地区 | 用工登记人数 | 求职登记人数 | 介绍成功人数 | | | | 职业指导人数 | | |
|---|---|---|---|---|---|---|---|---|---|
| | | | 合计 | 其中 | | | 合计 | 其中 | |
| | | | | 下岗职工 | 失业人员 | 农村劳动力 | | 下岗职工 | 城镇职工 |
| 南平 | 24777 | 42660 | 34957 | 7470 | 9055 | 18432 | 10314 | 4831 | 5483 |
| 龙岩 | 36196 | 49193 | 32811 | 2489 | 7151 | 23171 | 17942 | 13071 | 4871 |
| 宁德 | 34758 | 35477 | 31933 | 5097 | 6528 | 20308 | 10930 | 5716 | 5214 |

1999年4月，省劳动厅下发《关于开展劳动力市场“三化”建设试点工作的通知》，推进全省劳动力市场科学化、规范化、现代化建设（以下简称“三化”），并附《福建省劳动力市场“三化”建设试点工作计划（1999—2000年）》。福州、厦门、泉州、南平、三明等5个城市被列入全国劳动力市场“三化”建设试点城市，漳州、龙岩、莆田、宁德、福清、仙游、石狮、漳浦、漳平、永安、武夷山、福安等12个地（市）、县（市）列为福建劳动力市场“三化”建设试点城市，通过以点带面，突出抓劳动力市场信息网基础建设，完善市场服务功能，规范市场管理，促进劳动力市场的建设。各试点城市筹集资金2500多万元，用于劳动力市场信息网建设。福州、三明、漳州、南平、福清、石狮、仙游等试点城市通过电子大屏幕、触摸屏和求职热线声讯台等设施和传播渠道，发布劳动力供求信息，为下岗职工提供再就业服务，促进农村劳动力跨地区有序流动。进一步规范市场服务行为，强化市场管理。泉州、石狮、厦门等地劳动力市场规范管理的经验和做法得到劳动和社会保障部的肯定。在福州、厦门、泉州、南平、三明等5个全国“三化”建设试点城市的基础上，福建先后分两批把32个县级以上城市确定为全省“三化”建设试点城市。在85个县级以上就业服务机构建立信息网，占县级以上就业服务机构的88.5%，初步建立省、市、县三级互联并延伸到街道、社区和部分乡镇的劳动力市场服务网络。

2000年，扩大劳动力市场“三化”建设试点范围，试点城市从1999年的17个增加到33个。通过以点带面，促进全省劳动力市场“三化”建设。省级财政安排1000万元资金补贴“三化”建设试点城市劳动力市场计算机信息网络建设。到年底，全省33个“三化”建设试点城市全部完成劳动力市场计算机信息网络的第一期工程，并开始投入运行。其中全国“三化”建设试点城市福州、厦门两市已基本建成市区广域网。南平、三明、泉州实现市级中心劳动力市场与城区劳动力市场职业介绍和失业保险等就业服务信息的市区定时联网。省级劳动力市场建成计算机信息网站，可随时进行网上信息查询和有关数据的传送。各试点城市劳动力市场的职业介绍和失业保险前台工作已普遍使用计算机开展日常工作，求职者和用人单位可以通过劳动力市场计算机信息网络系统随时获得。厦门市投入2600万元，建设具有全国一流水平的劳动力市场。莆田仙游县投入资金30万元，率先建立县级劳动力“三化”市场。福州市和鼓楼、台江、仓山、晋安、马尾区都已建立规模较大的劳动力市场并与福建劳动力市场监测中心联网。全省网上供求信息达72万人次，其中下岗职工、失业人员、新增城镇就业人员网上登记求职人数达10万人次。按季进行劳动力市场供求状况分析和预测，发挥市场导向作用。到2000年底，全省所有地（市）级城市和县级城市第一期信息网建设工程基本完成，初步实现劳动保障部规定的全国“三化”试点城市在年底前建成劳动力市场城市局域网的目标和完成省委、省政府提出的建立劳动力市场信息网的为民办实事任务，实现各试点城市劳动力市场的职业介绍前台服务计算机化。

2001年，按照《福建省劳动力市场建设“十五”总体目标》，推进劳动力市场建设，建立市场就业机制。福建省级财政加大专项资金投入、完善信息网络，为31个劳动力市场“三化”建设重点县的公共职业介绍机构分别安排专项资金，新建劳动力市场计算机信息网络系统21个；建立县级以上劳动力市场计算机信息网络系统、网络广域网、局域网65个，厦门、福州、南平和福清等15个市、县（市、区）的公共职业介绍机构被评为福建劳动力市场“三化”建设先进单位。厦门、福州、南平等3个城市自筹资金，在市内全部建立计算机网络，率先实现市区和部分县广域网联通。当年，全省劳动力市场的供求信息突破100万人次，上网登记量达到43.2万人次，其中求职登记13.48万人次，用工登记29.72万人次。厦门、福州、南平等15个市、县（市、区）的公共职业介绍机构被评为福建省劳动力市场“三化”建设先进单位并受到通报表彰；厦门市劳动力市场建设得到劳动和社会保障部的高度赞扬，在全国劳动力市场建设工作座谈会上进行交流。厦门、福州、泉州、南平、三明等5个城市的劳动力市场信息上网及其统计分析、发布工作受到劳动和社会保障部的通报表扬。

2003年，全省劳动力市场信息网络系统达到85个，比2002年新增14个，并把网络延伸到56个街道和120个社区。福州、三明市建立市、区、街、居四级联网。福州、厦门、南平、三明、莆田等城市已实现市、区或辖区县市就业服务信息实时联网，初步达到跨地区劳动力市场供求信息共享的目标。福州、厦门、泉州、南平等设区市还建立劳动力市场信息网站，在网上为求职者求职和用人单位招聘提供自助式服务。

2004年，省劳动和社会保障厅制定《关于加快推进就业服务制度化、专业化和社会化（2005—2007年）工作规划》，计划在3年内基本建立起城乡一体化的就业服务体系和与之相适应的就业服务工作制度。全年新建县级计算机信息网络系统10个，全省县级信息网络系统达到72个，信息网络覆盖85%的县级以上城市，建网数和网络覆盖面名列全国各省（区）前茅。同时，推广和使用劳动和社会保障部开发的“劳动网络”应用软件，推广和使用数名列全国第一位。全省劳动力市场求职登记350万人次，其中网上登记220万人次。

2005年，全省推进劳动力市场建设。福州市建立18个规模较大、档次较高、功能较完善的劳动力市场综合服务场所，总面积达1.5万平方米，劳动力市场信息网络向街道、社区全面延伸，建网数和覆盖率位居全国、全省前列。全省57个县级就业服务机构纳入财政全额、差额拨款事业单位。130个街道、984个社区和622个乡镇建立了劳动保障事务所，全省遍布城乡的就业服务体系基本建成。

### （二）职业介绍

#### 1. 职业介绍机构建设

1991年，根据劳动部《职业介绍暂行规定》精神，开办职业介绍机构，全省各级劳动部门举办的劳务市场统一更名为职业介绍所。各类职业介绍服务机构，经县以上劳动部门批准，向工商行政管理机关登记注册，核准领取营业执照后，方可从事职业介绍活动。3月26日，福建省成立省劳动服务公司职业介绍所。职业介绍所迅速发展，扩大了业务范围，取得显著成绩。是年底，全省共有各级各类职业介绍所147个，其中省级1个、地（市）级8个、县（区）级48个、乡镇街道级78个、社会团体2个、企业9个、其他部门1个，比上年增加43个，增长41.34%。

1992年，全省逐步建立劳务机构信息网络系统，为劳动力供需双方相互选择提供服务。省劳动局鼓励有条件的社会力量开办职业介绍所，沟通劳动力供求渠道，促进城乡劳动力合理流动。同时将职业介绍所的发展作为各地市就业服务机构考核评比条件之一。每年从失业保险金和就业经费中拨出部分经费，添置公办职业介绍所的“硬件”和“就业服务软件”，为九地市购置电脑微机等。龙岩地区永定、上杭两县为促进城镇待业人员和农村富余劳动力转移，把分布在各乡镇的具有职业介绍功能的劳动服务站改成职业介绍所。上杭县在22个乡镇普遍建立了职业介绍所，形成一个以县职业介绍所为中心市场的与各乡镇职业介绍所联网的劳务市场网络，仅当年就输出劳力1万余人。永定县拨款5万元在深圳市建立了永定县劳动局驻深圳联络站，并利用驻福州、厦门、龙岩市的办事处为劳务输出提供信息和负责人员接待服务，定期对所在乡镇的待业人员和乡镇企业用人情况进行普查，建立待业人员和企业用工档案；每年定期对未录取的初、高中毕业生进行登记建档。通过电视、广播等形式及时发布劳务信息，提高信息利用率。年末，全省共建各类劳务市场或职业介绍所224所，比1991年增加75所，为推进劳动制度改革，实行市场就业奠定了基础。

1993年，各地把加快职业介绍机构的建设，作为实现就业市场化的重要途径来抓，省劳动局先后制定《社会力量开办职业介绍机构问题的通知》《职业介绍机构管理暂行规定》《关于进一步加强民办职业介绍机构管理的通知》等3项配套政策和管理办法。至年底，全省县（区）以上劳动部门普遍成立职业介绍机构，全省职业介绍机构已达275所，比上年增加51所；其中非劳动部门举办的职业介绍机构62所，比上年增加2倍多。

1994年，省职业介绍服务中心成立。各级劳动部门把培育和发展劳动力市场作为一项重要工作来抓。全省各市、县、区也相应成立场所固定、人员稳定的职业介绍服务中心；全省805个乡、镇、街道建立了职业介绍所，覆盖面达76.7%。南平、三明市覆盖面达100%，龙岩、宁德两地区覆盖面达80%以上；同时民办职业介绍机构达281个，比上年增加3倍。至1994年底，全省经批准的职业介绍机构1191所，比上年增加916所，初步形成遍布全省城乡的职业介绍网络。漳州市芗城区还形成职业介绍一条街；各级、各类职业介绍机构办理求职登记、介绍就业的人数达37.18万人和28.10万人，分别比1993年增长58.4%和

48.3%。1994年，全省城镇新安置就业的13.25万人中，有8.3万人经过职业介绍所实现了就业，占总数的62.6%，比1993年提高19.8个百分点。

1995年，省劳动厅加强基础建设，从历年的失业保险基金中拿出一定比例，扶持县级以上职介所的基本建设，建立以省、市（地）、县（市、区）为支点的信息网络，更好地进行职业介绍服务。全省320个中心劳动力市场，1343个职业介绍网点，初步形成覆盖城乡、规范有序的劳动力市场网络。

至1996年底，全省已建立各级各类职业介绍机构1305家，其中劳动部门开办933家，其他社会民办372家，基本上形成以劳动部门为主体的遍布全省城乡的劳动力市场信息服务网络。

1999年，全省有各类职业介绍机构1068家，2000年为932家。到2005年，全省县级以上劳动力市场信息网络系统达到96个，拥有各级各类职业介绍机构976所，其中民办职业介绍机构298所，县级以上劳动力市场都设立适应当地就业服务需要的服务场所和服务设施，实现就业服务信息的联网和就业服务前台计算机化，并将网络逐步向街道、社区和乡镇延伸，发挥了市场配置劳动力资源的基础性作用。

**2. 介绍就业服务**

1991年，各级劳动部门举办的职业介绍所，服务项目在原来劳务市场的招工招聘、求职求聘、职业介绍、政策咨询、技工交流、劳务输出、安置富余人员的基础上，新增保留职工身份、保管工人档案、办理“务工许可证”、指导用工单位和劳动者签订劳动合同的服务项目。职业介绍所通过对社会劳动力资源的调查了解，与部门、行业、企业等用工单位及时沟通，开展求职登记，搜集、整理、反馈劳动力需求信息，满足双向选择的需要。全省到职业介绍所登记、交流的劳动力19.75万人，比1990年增加14.13万人，增长200.51%，交流成功的18.15万人，成功率91.9%。组织劳务输出2.84万人，比1990年增加1.08万人，增长61.36%。其中：省内2.06万人，外省0.71万人，境外0.07万人。职业介绍在促进劳力供求双向选择与劳动力的合理流动以及配置方面，发挥了主要作用。为解决在榕的宾馆、大厦、针织行业的用工，福建省劳动服务公司职业介绍所从南平、宁德、龙岩地区组织21批489人前来就业，率先开展为全民、集体固定工到“三资”、乡镇企业和境外就业保留职工身份、寄存工人档案的服务项目。石狮市职业介绍所开展政策咨询，指导3867名工人与企业签订劳动合同，较好地稳定工人队伍，保障工人的合法权益。

1992年，全省实行职业介绍“一条龙”服务。职业介绍所为求职人员开展保留职工身份、寄存工人档案业务，促进工人向“三资”、台资、乡镇、私营企业和境外流动，使不同行业、不同所有制和不同地区的工人流动顺畅，解除企业的包袱。年末，全省新增就业12.95万人，比1991年增长4.27%。

1993年，全省各类职业介绍所共办理各类求职人员登记24.02万人次，介绍就业18.95万人次，分别比1992年增长24.8%和8.2%。职业介绍机构的蓬勃发展，为实现市场就业创造条件。全省新安置城镇待业人员就业 12.82 万人中，有 5.49 万人是经过职业介绍机构实现就业的，占总数的 42.82%。全省待业人员千人以上的难点县由上年的 26 个下降到 18 个。

1995 年，省劳动厅职业介绍服务中心信息网络进一步完善，办理求职登记 25725 人，推荐就业 17000 人，成功就业 6200 人，其中，受理下岗和失业职工 2300 人，成功推荐 200 人，组织下岗职工进行家政人员培训，发挥龙头示范作用。福州市全年通过职业介绍中心窗口、电视求职、电话求职等进入市场招聘的岗位达到 2 万个，平均每周 400 个，求职的人数达 3.1 万人次，平均每周 600 人次。全年全省通过职业介绍机构介绍就业的城镇人员达 11 万多人，占全省城镇新就业总数的 34.6%。介绍失业人员再就业达 1.36 万人，占失业职工再就业数的 65.7%。

1996 年，实行下岗职工优惠服务制度，为下岗职工提供免费职业介绍，促进下岗职工尽快实现再就业。省劳动厅下发《关于实行下岗职工优惠服务制度的通知》，各级劳动就业管理服务机构，为下岗职工提供免费职业介绍，促成下岗职工实现再就业的职业介绍机构，每介绍一人在非技术岗位就业的给予 50 元补助，其中持技术等级证书转业转岗就业的可给予 100 元补助。全年在全省各级各类职业介绍机构登记就业的求职人员达 64.26 万人次，介绍就业成功达 32.98 万人次，其中为 8.15 万名企失业、下岗职工和 4.1 万名有求职意向的困难职工提供再就业服务，并实现了再就业。

1997 年，福建省规定凡用人单位招用持帮困证的下岗人员，试岗期间（3 个月）可向当地劳动就业服务管理机构申请试岗工资补助，补助费原则上不超过当地企业职工最低工资的 40%。5 月，根据劳动部统一部署，福建省开展职业介绍宣传月活动。活动期间，《福建日报》《福州晚报》等报刊进行了宣传报道，福建省电视台还深入各地进行跟踪采访；福州、南平等地散发宣传材料上万份，接待咨询群众近万人次；福州、泉州、南平、漳州实行免费求职登记；晋江、石狮举办了面向全国的大型劳务交流会。同年起，全省劳动部门与新闻媒体联合开展职业介绍宣传活动。省劳动厅率先与省电视台共同举办电视求职栏目，定期播出用人、求职信息，先后为 256 家用人单位发布用工信息 916 条；与邮电部门合作在福建省开通用工信息声讯服务，求职者可以通过电话拨打咨询热线，获得用工信息和咨询有关就业政策法规；与《福建日报》新闻编辑部合作，开办了“职业人生”专栏，发布《劳动力市场供求分析和预测》信息；与福建经济广播电台联合开办“福建就业大市场”栏目，在每天的 14：00—15：00 点播出。除了政策宣传、就业指导外，还开设了人才专线、供需热线，为福州、泉州等地许多用人单位直接通过电台的热线电话发布招聘信息和求职信息数百条；在《海峡都市报》开办“周末就业大市场”栏目，每周刊登下岗职工求职和用人招聘信息；在《福州晚报》开办了“再就业服务之窗”，定期刊登用工、求职信息和职业指导文章；与闽邮通信发展公司合作，发行再就业咨询卡，免费赠卡给下岗职工，查询就业信息和有关再就业政策等。全年全省各类职业介绍机构共办理求职登记 62.19 万人，介绍成功 36.99 万人。全年共安置就业 14.09 万人，其中，失业职工安置 2.69 万人，完成年计划安置失业职工数的

182.99%。全年安置失业人员到第一产业就业的0.68万人，占安置总数的4.83%，比上年减少6.6%；到第二产业就业的有5.74万人，占安置总数的40.74%，比上年减少5.9%；到第三产业就业的有7.67万人，占安置总数的54.43%，增长14.65%。

1998年2月，省职业介绍服务中心推出“特别服务项目”：对下岗职工7天内至少提供两个以上就业岗位供其选择，并提供面对面再就业指导，免费为其求职登记，免费推荐就业，免费参加中心提供的各种技能培训，提高再就业能力。同时，省职业介绍服务中心实行跟踪服务，协同用人单位落实各项再就业优惠政策。对暂时未能实现再就业的服务对象，帮助落实帮困政策，全年共帮助360多名下岗职工再就业。

1999年，公布对归侨及其子女下岗再就业和大中专毕业推荐工作的优惠政策。省劳动厅下发了《关于做好归侨及其子女下岗再就业和大中专毕业推荐工作的意见》，各级劳动部门对归侨、归侨子女下岗职工实行免费转业、转岗培训、免费登记求职和推荐介绍就业。通过各类人才中介服务机构的人才信息库查询招聘信息可免收查询费用。当年，全省城镇新增就业18.64万人。

2002年，对各类职业介绍机构免费介绍城镇登记失业人员和国有企业下岗职工就业成功的，从再就业资金给予职业介绍补贴。全省新增城镇就业45.5万人。2003年，全省各类职业介绍机构为登记求职者介绍成功达61.6万人次，其中下岗失业人员3.66万人次，享受职业介绍补贴6.14万人。

2005年，完善职业介绍与发展社区服务相结合的就业服务体系，全省城镇新增就业58万人，就业局势保持稳定。年末登记失业率3.95%，新登记城镇失业人员19.7万人，其中女性9.4万人；由就业转失业10.2万人。全年失业人员就业14.7万人，其中到非国有单位就业13.8万人，占失业人员就业总数的93.9%；到第一产业就业7457人；到第二产业就业53358人；到第三产业就业85808人。全省劳动力外出流动就业52.9万人，其中跨省就业22万人，比2004年增长83.3%。

**3. 职业介绍机构管理**

1991年，根据劳动部《职业介绍暂行规定》，对各类职业介绍机构进行管理。劳动部门开办的职业介绍机构，由同级劳动部门批准；非劳动部门开办的职业介绍机构，属于非营利性的，持章程和单位证明向所在地县（区）以上劳动部门提出申请，经审查批准，领取职业介绍许可证，在规定业务范围内从事职业介绍；属于营利性的，除按上述程序到劳动部门办理许可证外，还要到当地工商部门进行登记，方可在规定业务范围内从事职业介绍。

1993年5月，省劳动局与省工商局联合下文，对开办职业介绍机构场所和设施、设备，开办资金和工作人员配备等做出规定。对职业介绍机构实行年检制度，不合格的责令整顿，直到吊销营业执照。6月，省劳动局颁布《职业介绍机构管理暂行规定》，以劳动部门办的职业介绍机构为主体，允许企业、行业以及个人都可以办职业介绍所。年末，全省各类职业介绍机构275个，其中民办职业介绍机构94个。

1994年12月，省劳动厅和省公安厅联合下发《关于清理整顿民办职业介绍机构的通知》，规定清理整顿的对象、内容以及清理整顿的方法并下发自查表，经过清理整顿，取缔46家非法劳务中介机构。同年，全省评选表彰34家先进职业介绍单位。

1995年5月，省政府颁布《福建省职业介绍机构管理规定》，对职业介绍机构的设立条件、服务内容、许可制度、中介收费、违规处罚等做出规定。省劳动厅下发《关于颁发〈职业介绍许可证〉等有关问题的通知》，通过加强职业介绍管理，提高服务水平，给外来劳动力创造良好的就业机会，保障全省劳动力，特别是失业人员和企业富余人员的就业岗位。在1208所职业介绍机构硬件建设的基础上，全面实行流动就业证卡。对劳动部门办的职业介绍所统一规定中介收费标准，对民办职业介绍机构的中介收费也做出合理的规定。同年，省劳动厅下达《关于发布招工、招聘、职业介绍、职业技能培训和职业鉴定广告若干问题的通知》，加强用人及培训单位刊登有关招工培训广告的管理。莆田市劳动局联合市工商行政管理局、市委宣传部发出《关于进一步加强我市刊播招聘、招工广告管理有关问题的通知》，对用人单位发布的招聘广告和新闻媒体刊播招聘广告实行审查制度，解决该市长期以来招工广告的刊播、发布管理不规范的难点问题。

1996年，针对一些职业介绍机构服务行为不规范，工作人员业务素质低，特别是个别民办职业介绍机构和非法劳务中介机构乱收职业介绍服务费，以及某些欺诈行为，各级劳动部门按照《福建省职业介绍机构管理规定》等政策法规，采取措施加强职业介绍机构管理，组织职业介绍工作人员进行业务培训，全年共培训结业1200多人，并做到了持证上岗；经省物委、财政厅批准，重新规定了职业介绍服务费收费标准；会同各级工商行政管理部门对各种非法职业介绍机构及其非法劳务中介行为进行清理整顿，促进全省劳动力市场的健康发展。

1997年，全省开展职业中介机构的整顿，共注销、取缔严重违规、违法的职业介绍机构和非法职业介绍机构93家，给予停业整顿处罚40家，处罚款11000元，责令退还非法收费7000元。劳动力市场由初期的“先发展后规范”向“边发展边规范”转变。

1999年3月，根据劳动和社会保障部部署，在春节后开展为期4个月的清理整顿非法职业介绍机构工作。省劳动厅和省工商行政管理局联合下发《关于加强职业中介管理整顿劳动力市场秩序的通知》，对全省劳动力市场的职业中介机构进行清理整顿，取缔非法职业中介机构；对中介活动中利用虚假信息或与用人单位相互勾结进行欺诈，以及职业中介机构有出租、出借、转让、涂改职业介绍许可证和营业执照行为的，由劳动、工商部门依法吊销其职业介绍许可证和营业执照，造成严重后果，构成犯罪的，由公安部门依法追究其有关人员的责任；并要求职业中介机构必须公开收费项目、标准；对职业介绍未成功的，要当场退回已收取的中介服务费。职业中介机构不得介绍未持有失业证下岗证和求职证的人员就业；对职业中介机构专职人员的经纪资格认定工作，由省劳动厅和省工商局共同负责。全省共取缔非法职业中介机构198家，促进劳动力市场健康发展。6月，福建省按照劳动和社会保障部编制的《公共职业介绍机构标志使用手册》规定的标准，重新制作统一机构名称招牌和公共职业介绍机构标志，规范职业介绍行为。8月，省劳动厅转发劳动和社会保障部办公厅《关于使用公共职业介绍机构标志的通知》，各职业介绍服务中心和县（市、区）级公共职业介绍机构原则上应统一称为"××县（市、区）职业介绍所"；乡（镇）和街道公共职业介绍机构应统一分别称为"××乡（镇）劳动服务站"和"××街道劳动服务站"。

2001年9月，为了加强对非劳动保障部门办职业介绍机构（以下简称"民办职业介绍机构"）的管理，省劳动和社会保障厅下发《关于使用民办职业介绍机构标志的通知》，并由省劳动和社会保障厅统一监制全省民办职业介绍机构标志牌，由各地劳动保障行政部门统一颁发，至12月底，全省近300家民办职业介绍机构统一使用标志，促进福建省劳动力市场健康、有序地运行。年底，省劳动和社会保障厅等部门联合转发《中外合资中外合作职业介绍机构设立管理暂行规定的通知》，明确中外合资、中外合作职业介绍机构的设立条件、业务范畴。并规定由该企业所在地的设区的市级劳动保障行政部门和外经贸部门受理审核，经省级劳动保障部门和外经贸行政部门批准，到企业住所地的省级工商行政管理部门进行登记注册。

同年，省劳动和社会保障厅把加强劳动力市场的职业介绍作为劳动力市场"科学化、规范化、现代化"建设的重要措施来抓。在对全省各类职业介绍机构普遍进行一次清理整顿的基础上，按照国务院和省委、省政府关于整顿和规范市场经济秩序工作的部署，成立由当地劳动、工商、公安部门有关领导组成的清理整顿工作领导小组，密切配合，重点对各类职业中介活动开展清理整顿。在清理整顿中，各地劳动保障部门结合当地劳动力市场实际情况，突出重点，对当地各类职业中介活动和用人单位的用工行为普遍进行清查。取缔各类非法职业中介机构305个，检查各类违规用人单位9255家，在清理整顿中，漳州市共取缔119家各类非法职业中介机构，基本遏制非法职业中介行为。莆田市在开展职业介绍和对用工行为进行清理整顿的同时，扩大战果，将63家社会各类职业培训机构列入清理整顿的对象，取缔2个无培训许可证、无师资、无培训场地设施的"三无"职业培训机构，规范劳动力市场的职业培训行为。厦门、漳州等地加大清理整顿非法职业介绍中介机构和超范围经营的有关信息咨询组织的非法职业中介活动力度，通过加强检查、媒体曝光、群众举报等各种办法，有效遏制这些地区的非法职业中介活动。石狮等市对民办职业介绍机构从业人员定期组织业务培训，在民办职业介绍机构中实行职业介绍服务质量评比、实行流动红旗制度。

2004年9月，省劳动和社会保障厅转发《福建省物价局关于职业介绍等服务收费有关问题的复函》，进一步明确各级、各类公共就业服务机构为非营利性职业介绍机构，所有营利性职业介绍机构实行"亮证收费"和"明码标价"收费制度。此外，把民办职业介绍机构是否规范收费作为年检和开展评优评先活动的重要内容。落实县级以上就业服务机构列入财政拨款的事业单位，其人员经费列入同级财政预算，为推进就业服务"新三化"（制度化、专业化、社会化）建设创造良好的条件。

2001—2005年，规范劳动力市场管理，全省共清理整顿非法职业中介机构1687家，其中，2001年504家，2003年295家，2004年582家，2005年306家，维护劳动力市场的秩序，保障求职者的合法权益。

### （三）发展劳动就业服务企业

1991年，福建省发展劳动就业服务企业，促进城镇待业人员安置和企业富余职工就业。当年全省劳动就业服务企业的企业产值、营业额、劳务收入总额14.55亿元，上缴税金5197.97万元，实现利润5021.17万元，三项经济指标均创历年最高水平，企业数达到3799个，其中生产型1052个、服务型2254个、劳务型493个。固定资产1.98亿元，公积金0.83亿元，企业从业人员8.2万人，其中从事生产型2.8万人、服务型3.1万人、劳务型2.3万人。

1992年，全省劳动就业服务企业通过关停合并，总数为3308个，比1991年减少491个，其中新办企业662个，实现生产经营总额19.74亿元，比1991年增长35.6%；创税利1.31亿元，拥有固定资产2.32亿元，比1991年增长17.1%；自有流动资金3.8亿元；累计吸纳职工9.42万人，比1991年增长15.6%；职工人均年工资收入2295.23元，比1991年增长26.25%。企业业务范围从商业、饮食业、修理、搬运、劳务等行业，扩展到旅游、金融、房地产、信息咨询、科技服务、对外贸易等新兴行业；经营方式日趋灵活，企业竞争能力不断增强。同时，开始探索劳动就业服务企业新的所有制形式，全省有97个企业实行股份制，占总数的2.9%，入股金额达2558.83万元；承包经营企业289个，占总数的8.7%；租赁经营企业70个，占总数的2.1%；集资企业456个，占总数的13.8%，集资金额4961.58万元。

1993年4月，成立福建省劳动就业服务企业协会，首批发展团体会员388家，个人会员80名。全年，全省共有3762个劳动就业服务企业，其中新办610个，实现生产经营总额24.94亿元，利税1.93亿元。当年新办从事第三产业的劳服企业473个，安置国有企业富余人员0.32万人，占当年新办企业数的77.5%，占安置国有企业富余人员总数的68.1%。全省劳服企业拥有固定资产2.85亿元、自有资金6.48亿元，分别比1992年增长22.9%和70.5%。全省劳服企业累计吸纳职工9.91万人，人均年工资收入2611.49元。实行股份制的企业190个，占企业总数的5.1%，比1992年增加93个，入股金额达4481.95万元；承包经营的企业373个，占企业总数的9.9%；租赁经营企业88个，占企业总数的2.3%；集资企业641个，占总数的17.0%，集资金额10539.35万元，比1992年增加5577.77万元。全省组建劳动就业服务企业集团3个。

1994年，国家加大对劳动就业服务企业的政策支持力度，根据“劳动就业服务企业仍继续享受减免税优惠政策”的规定，福建省新办的劳动就业服务企业，当年安置城镇待业人员超过企业从业人员总数30%的，经主管税务机关审查批准，免征所得税3年。劳动就业服务企业免税期满后，当年新安置待业人员占企业原从业人员总数30%以上的，经主管税务机关审核批准，减半征收所得税2年。全省当年新办的438家劳动就业服务企业享受免税优惠政策。7月，福建省劳动就业服务企业产品进京参加全国劳动就业服务企业产品展，获劳动部综合评比一等奖，有30种产品获展览会成果奖。同年，福建根据《关于颁布〈劳动就业服务企业实行股份合作制规定〉的通知》，加快对劳动就业服务企业进行股份合作制改造。到年底，全省共有劳服企业3819家，其中新办438家。新安置各类失业人员9340人，年末从业人员达9.93万人。生产经营总额27.2亿元，利税2.88亿元。人均年工资收入3001.31元，比1993年增长14.9%。全省劳动就业服务企业已拥有固定资产4.02亿元，自有流动资金8.1亿元。实行股份合作制的企业有220家，比1993年增加30家，入股金额5595.37万元。承包经营的企业287家，租赁经营的企业118家，集资企业680家，企业经营方式更加灵活。

1995年，全省劳动就业服务企业共3454个，通过劳动就业服务企业安置10万人，成为城镇人员就业和安置富余职工的重要渠道。1996年，福建省劳动就业服务企业继续保持良好的发展势头，全年完成产值31亿元；实现税利2.5亿元，新增安置就业2.1万人。1997年，贯彻《关于颁布〈劳动就业服务企业产权界定规定〉的通知》，开展劳动就业服务企业产权界定工作，年底全省3000多家劳动就业服务企业基本完成界定产权工作。同年，省劳动厅首次开展劳动就业服务企业年检工作，福州、泉州、三明、龙岩、厦门、南平6个地市全面完成年检任务。同时，组织劳动就业服务企业参加劳动部质量管理评选活动，获得优秀管理二等奖一名，优胜奖二名，质量管理信得过班组两个。全省劳动就业服务业资产总计21.94亿元。其中固定资产原值6.67亿元，比1996年增长12.62%。全年完成产值31亿元，实现税利2.5亿元，新安置就业2.1万人，上缴税金1.28亿元，比1996年增长46.78%，纯利润达1.33亿元。

2004—2005年，各级劳动保障部门引导劳动就业服务企业向社区服务业和小企业延伸，开发就业岗位，扩大安置能力。劳动就业服务企业利用自己的优势，创办新的社区就业实体，在发展社区服务业中扩大就业容量，解决就业问题，满足城市居民提高生活水平和物质文化生活的需要。同时与第三产业和小企业的发展相结合，多渠道、多形式、全方位地开发就业岗位。大量安置下岗失业人员从事社区幼儿保育、养老福利、老年活动、医疗卫生、商业饮食、邮电通讯、金融储蓄、家政服务、清洁绿化、物业管理、配送快递、修理维护、文体娱乐等，促进就业再就业。全省城镇新增就业分别为51万人和58万人。

### （四）劳务派遣

2003年，福建省开始探索新型就业服务组织形式，开展劳务派遣工作，帮助企业解决招工困难，促进失业人员和进城务工农村劳动力就业。省委提出要在全省“积极培育就业、培训、保障、维权相结合的劳务派遣组织，逐步推进劳务派遣组织的市场化、企业化、规范化运作”。9月，省劳务派遣服务有限公司正式挂牌成立，开展“就业、培训、保障、维权”四位一体的劳务派遣工作，并在全省的石油、铁路等行业进行劳务派遣试点。省劳务派遣服务有限公司主动为用人单位制订劳动用工计划、培训方案和用工策划，通过与省内外各大中专学校挂钩，保证劳动力资源不间断。福龙股份公司承担福州—深圳的客运线路，全部列车服务员都由省劳务派遣服务有限公司派遣，每年实行1%强制性末位淘汰制，列车员具有较强的危机意识，在工作中责任心强，服务周到，被乘客评为“二流的设备，一流的服务”。福州铁路办事处推广福龙股份公司的经验，在福州—北京、福州—上海、厦门—北京等客运线路上，列车员全都使用劳务派遣公司所派遣的员工。到年底，南平市、三明市及宁化、上杭、漳平、连城、长汀等县、市均成立劳务派遣公司开展业务。当年，省劳务派遣公司登记的有劳务派遣意向的求职者达1.1万名，其中9256名通过劳务派遣实现就业。12月，在全国劳动保障工作会议上，福建省作题为“以发展劳务派遣为重点、构建三条就业通道服务福建经济发展大局”的汇报。

2004年，省委、省政府把开展劳务派遣写入省委七届七次全会决议和省十届人大三次会议的政府工作报告，并将发展劳务派遣列为为民办实事项目之一，下达开展劳务派遣5万人的任务。省级财政安排650万元对各地成立的劳务派遣公司给予一次性开办费补助。5月，《中国劳动保障报》在头版连续刊登了4篇系列报道，全面介绍福建省劳务派遣的创新模式、特点和做法。劳动和社会保障部副部长张小建把福建省劳务派遣作为“全国就业工作十大亮点”之一予以肯定。当年15个兄弟省来闽交流经验。10月，福建省在龙岩市上杭县召开首场现场会，推动劳务派遣工作的开展。至年末，全省成立劳动派遣公司74家，成功派遣9.34万人次，其中，按派遣人员的从业身份分，下岗失业人员2.31万人、向非农转移的农村劳动者3.62万人、城镇其他劳动者3.39万人。按省级和设区市分，省劳务派遣公司2.08万人，龙岩市派遣1.20万人，三明市0.86万人，南平市1.02万人，漳州市1.26万人，宁德市0.84万人，泉州市0.60万人，福州市0.86万人，莆田市0.51万人，厦门市0.09万人。福州市成立7家劳务派遣公司。龙岩市本级和各县（市、区）先后成立8家劳务派遣公司，劳务派遣工作朝着“企业化经营、市场化运作、规范化管理、法制化轨道”的方向发展，派遣劳务涉及通讯、银行、烟草、矿山、交通、轻纺等行业，企业总数达96家，派遣1.20万人，其中下岗失业人员0.48万人。12月30日，省政府在全国率先出台《福建省人民政府印发〈关于开展劳务派遣工作若干意见（试行）〉的通知》，制定劳务派遣就业、培训、保障、维权等方面的具体规范，明确劳务派遣企业享受的优惠政策。

2005年，省劳动和社会保障厅先后制定下发《福建省劳务派遣人员参加基本医疗保险试行办法》《福建省劳务派遣形式就业农民工参加农村养老保障试行办法》，与省财政厅联合下发《劳务派遣省级经费补助暂行办法》，对劳务派遣的相关政策做出具体规定。9月，全国再就业工作表彰会上，福建省长汀县作为全国再就业先进单位在会上作《创新就业机制强化劳务派遣促进就业再就业》书面典型介绍。全国有16个省市劳动保障部门到福建考察、交流。新华社、《人民日报》、中央电视台、中央人民广播电台、《福建日报》、福建电视台等新闻媒体都进行专题报道。福建省劳动派遣工作被列为劳动保障部唯一的定点联系省，定期派人到福建指导工作。截至年底，全省劳务派遣组织有 94 家，派遣员工 16.2 万人，占全省城镇新增就业人数的 27.9％，省级财政安排 1423 万元对全省劳务派遣公司给予奖励性补助。派遣员工中下岗失业人员 5.82 万人，向非农村转移的农村劳动者 5.17 万人、城镇其他劳动者 5.20 万人，派遣员工中高校毕业生 2.02 万人；按省级和设区市分：省级 1.76 万人，漳州 3.07 万人，龙岩 2.22 万人，宁德 1.95 万人，南平 1.81 万人，福州 1.52 万人，三明 1.23 万人，莆田 0.96 万人，厦门 0.88 万人，泉州 0.76 万人。全省建立劳务派遣培训基地 21 个，有 5.29 万人参加劳务派遣培训，其中 1.97 万人获得职业资格证书。劳务派遣成为推进下岗职工再就业和农村劳动力有序转移的有效方式。派遣员工的权益得到有效保护，劳动合同和派遣协议的签订率达 100％，工资按时足额发放。各项社会保险的缴交率分别为：养老保险 86.8％、医疗保险 47.2％、失业保险 90.2％、工伤保险 93.6％、生育保险 63.1％，大大超过同类人员的社保缴交率。

## 三、就业管理

1991 年，根据国务院《关于做好就业工作的通知》规定，进一步理顺就业服务管理体制，全省县级以上劳动部门设置的劳动服务公司，是承担政府行政职能的就业管理机构。1993 年，随着全省劳务市场建设以及劳务市场运行机制的建立，为协调劳动局、劳动服务公司、职业介绍所各部门的各项工作开展，明确劳动局履行行政职能机构，做好规划、协调、监督、服务工作。劳动服务公司是事业单位，受国家委托开展职业介绍、就业培训、待业保险、劳动就业服务企业管理四个方面工作，也承担劳动行政部门赋予的一部分行政管理职能；劳动部门的职业介绍所由劳动服务公司在政府授权下进行管理，享受同等的服务职能，也可以代为提供招工等“一条龙”服务。1994—1997 年，贯彻劳动部《促进劳动力市场发展，完善就业服务体系建设的实施计划》，全省乡镇普遍建立劳动服务站，为农村剩余劳动力外出就业提供服务。

1998 年，为做好国有企业下岗职工基本生活保障和再就业工作，全省成立各级再就业服务中心，并将再就业服务网络向街道、社区延伸。通过各地方和企业再就业服务中心分流安置下岗职工，为下岗职工发放基本生活费和代下岗职工缴纳养老、医疗、失业等社会保险费用，组织下岗职工参加职业指导和再就业培训，引导和帮助他们实现再就业。同年，福州市在市区街道建立劳动保障事务所，在社区建立劳动保障工作站，开展就业管理服务和企业退休人员社会管理工作。街道劳动保障事务所并配备了专职工作人员，经费纳入财政预算；而社区劳动保障工作站工作人员从下岗职工中聘用，作为公益性岗位，经费由市和区两级财政共同分担。福州市鼓楼区军门社区劳动保障工作站开辟就业渠道，发展社区服务业，安置辖区内下岗职工再就业，取得显著成效。1999 年，国务院总理朱镕基到福建考察再就业工作，对福州军门社区的工作经验给予充分肯定。

2000 年政府机构改革后，各级劳动保障部门所属的劳动服务公司陆续更名为劳动就业中心，使其与所担负的就业管理工作相适应。2002 年 10 月，福建省贯彻《中共中央、国务院关于进一步做好下岗失业人员再就业工作的通知》，制定促进再就业的“社区平台政策”。12 月，福建省劳动和社会保障厅召开会议，部署各地加快建立基层劳动保障平台。2003 年，全省 991 个乡镇中的 786 个乡镇建立劳动保障事务所，各地乡镇劳动保障事务所充分发挥作用，进行政策宣传咨询、建立劳动力资源信息库、为农村富余劳动力转移就业提供用工信息、职业指导、组织培训、职业介绍等服务。

至 2005 年底，全省所有市区街道都已建立劳动保障事务所，80%的乡镇也建立劳动保障事务所，95%的社区建立劳动保障工作站，配备专门的工作人员。基层劳动保障平台发挥促进下岗失业人员再就业的重要作用，实现就业和再就业工作重心下移，逐步完善全省城乡一体化就业服务体系。

## 第二节　农村劳动力转移就业

1991 年，福建省经济以农业为主，农村劳动力资源丰富。总人口 3079 万人中，农业人口占了 83.21%；在全社会从业人员 1436.50 万人中，乡村劳动者 1076.40 万人，占从业人员的 74.93%；三次产业从业人员中，第一产业从业人员 829.55 万人，占 57.75%。随着福建改革开放的深入，经济建设快速发展，城镇化水平提高，“三资”企业、个体私营企业蓬勃发展，吸纳大量本省和外省劳动力，全省农业人口比例逐步下降，农村剩余劳动力转移就业趋势不断加快。1995 年，全省总人口 3237 万人，农业人口占 81.34%；全社会从业人员 1567.10 万人中，乡村劳动者 1166.89 万人，占从业人员比重 74.46%；三次产业从业人员中，第一产业从业人员 788.09 万人，占 50.29%。2000 年，全省总人口 3410 万人，农业人口占 79.39%；全社会从业人员 1660.19 万人中，乡村劳动者 1244.12 万人，占从业人员比重 74.94%；三次产业从业人员中，第一产业从业人员 776.43 万人，占 46.77%。到 2005 年，全省总人口 3535 万人，农业人口占 68.63%，比 1991 年下降 14.58 个百分点；全社会从业人员 1868.49 万人，乡村劳动者 1313.01 万人，占从业人员比重 70.27%，比 1991 年下降 4.66 个百分点；三次产业从业人员中，第一产业从业人员 702.49 万人，占 37.60%，比 1991 年下降 20.15 个百分点。

### 一、转移就业规模

#### （一）就地就近转移就业

1991 年，沿海地区“三资”企业、乡镇企业蓬勃发展，各地引导农村富余劳动力就地就近转移就业，为当地企业的发展提供了稳定可靠的劳动力资源。全年农村和外省劳动力进城务工 54.78 万人，其中省内农村劳动力 39.16 万人，占 71.49%，外省劳动力 15.62 万人，占 28.51%。全省推进农村富余劳动力开发就业，共安置农村劳动力就业 11.46 万人。

1994年，全省农村富余劳动力跨县、市转移就业32.41万人。2000年，福建省开展农村劳动力开发就业试点工作，晋江市被劳动和社会保障部列为城乡统筹就业试点城市，清流、上杭、仙游、永泰、顺昌等县被劳动和社会保障部确定为全国农村劳动力开发就业试点县。

2001年11月，批准武平、长泰、平和、霞浦、周宁、建阳、政和、德化等8个县开展省级农村劳动力转移培训试点工作。此后，又将农村劳动力转移就业试点范围扩大到25个县。德化县把开发转移农村富余劳动力作为实施“大城关”发展工程来抓，将数万农村劳动力从农业中转移出来，提高农民收入，全县人均劳务收入2485元，占农民人均纯收入的66.9%。当年，全省新增农村劳动力转移就业50万人。

2003年，福建省创新劳动力转移机制，拓宽就地转移渠道，加快农村工业化和城镇化进程，改善和拓展农村农民就地转移新的空间，采取向经济发达地区转移、向城镇转移、向庭院手工业转移、向农业产业化龙头企业转移等办法，使农民成为城市工人，全省新增农村劳动力转移就业66万人。福州市鼓楼区广辟农村劳动力转移对接渠道，全区除安置外来劳动力6268人外，还对接安置福州八县市农村富余劳动力5806人，超额完成市下达4200人的吸纳安置任务。同时，做好辖区内失地农民的就业工作，劳动部门提供各类就业岗位1439个，无偿代办一切务工手续，免费提供就业前培训。长汀是农业大县，农村富余劳动力13万人，每年城镇新成长劳动力7000多人，高峰期全县下岗失业人员达8000多人。长汀县把握沿海劳动密集型产业向山区转移的机遇，把发展劳动密集型产业作为发展经济、开发岗位、扩大就业的主攻方向，提出构建“中国纺织基地县”的目标战略，全力营造服务纺织产业良好的环境，吸引大量的纺织企业到长汀投资办厂。全县共有纺织企业121家，家庭作坊点130多个，织布机2200多台，服装电瓶车1.2万多台，针织机1.5万多台，吸纳农村富余劳动力3万多人就业。

2004年，全省各市、县（市、区）普遍建立农村劳动力转移就业指导机构，加大劳动力市场信息网络建设力度，为农村劳动力转移就业提供方便快捷的服务。2001—2005年，全省农村劳动力转移就业达195.6万人。

### （二）劳务输出

1991年，沿海和内地经济发展不平衡，劳务输出成为贫困山区因地制宜、脱贫致富的重要途径。当年，全省组织劳务输出2.84万人，其中省内2.06万人、外省0.71万人、境外0.07万人。

1993年，利用沿海开发区劳动力紧缺的有利时机，组织山区农村劳动力劳务输出并开发境外就业，适当组织劳务跨国输出，还鼓励和引导个体工商家到沿海沿边经商办企业，带动更多的劳务输出。同年，全省跨县（市）劳务输出40万余人，其中有组织的跨县市劳务输出11.51万人，比上年增长60%。龙岩地区输出2万多人，平和、宁化、连城、永定、上杭等县（市）劳务输出超千人。每年约有60万农村剩余劳动力跨地区流动就业，其中40%左右在省内沿海城镇就业。厦门、龙岩市把劳务输出列入经济技术协作项目，设立服务管理机构，使劳务输出由以自发外出务工转为政府有组织的输出和管理，输出人员大量增加。全省劳务输出向厦门、泉州、漳州、福州以及广东、深圳、北京、上海等地集中。上杭县才溪乡在广东形成以基础设施工程建设为主的建筑大军；长汀县新桥镇在北京形成了以农民为主体的农副产品经销基地。

1994年，全省跨县、市劳务输出达32.41万人。三明市出台《关于鼓励农村劳动力外出务工经商暂行办法》。南平市把劳务输出列为政府为民办实事项目之一。1995年，全省劳务输出31.06万人，其中各级劳动就业服务机构组织输出10.61万人，占全年输出总数的34.16%。1996年，龙岩市把劳务输出与当地脱贫致富和社会经济发展结合起来，每年劳务输出8万人次左右。上杭县将劳务输出纳入乡镇目标管理考核的内容，全县在外地务工经商的农村劳动力将近6万人。1997年，厦门、泉州等劳务输入较多的市县，把加强外来务工人员管理服务作为发展经济、稳定社会工作来抓。泉州市为劳动力流动就业提供职业介绍服务，介绍就业成功7.6万人次，组织劳务输出182批。晋江市、石狮市每月举办劳务交流会，为用工单位和外省劳动力求职服务。厦门、泉州等沿海城市每年春节还举办各种活动，慰问留在当地过年的外来务工人员。

1998年，省内农村劳动力出省和到省内城镇就业51.02万人，全省农村劳动力和外省劳动力在本省城镇企业就业102.20万人，全年劳动部门共组织劳务输出7.75万人。2002年，福建省共有457.84万农村劳动力在外流动就业，劳动力外出流动就业新增72.2万人，外来劳动力在闽就业新增89万人。

2003年，全省农村富余劳动力实现转移（转移时间在6个月以上）累计达495万人，外省入闽劳动力约250万人。针对闽东南、浙东南、珠江三角洲、长江三角洲等主要劳动力输入地区发生大面积的民工缺口及“招工难”现象，省劳动和社会保障厅与省社会科学界联合会成立福建省扩大就业问题研究课题组，专门就沿海经济活跃地区（闽东南地区）的民工短缺问题进行深入调查了解，提出解决民工短缺问题的对策建议。

2004年，省政府下发《关于进一步做好改善农民工就业管理和服务工作的通知》，进一步规范劳务输出和对农民进城就业的职业介绍服务内容。同年，根据劳动和社会保障部办公厅下发的《关于加强跨省劳务输出工作有关问题的通知》，对农村劳动力跨省流动就业管理服务进行规范，完善“就业服务联系卡”服务，并建立健全劳务输出和推荐就业后的跟踪服务制度等，促进企业发展，稳定在岗员工。全年新增转移劳动力47.5万人。在农民人均纯收入的3538元中，外出务工经商等工资性收入1246元，占农民人均纯收入的35.2%。

2005年，把组织农村劳动力有序转移就业作为增加农民收入的一项重要措施，纳入各级政府的就业目标责任制。明确进城务工人员享免费的职业指导、职业介绍、政策咨询和就业信息服务以及政府提供一定补贴的职业培训服务的优惠政策。当年，全省共组织农村劳动力转移就业35万人。2003—2005年，全省通过劳务派遣输出的农村劳动力8.23万人。

### （三）劳务协作

1991年，沿海地区经济高速发展，就业机会增多，山区劳动力和外省劳动力跨地区流动规模不断扩大。为了引导城乡劳动力有序流动，缓解部分山区就业难的问题，福建各级劳动部门重点抓劳动力流动就业和山海劳务协作工作。全省有20个山区、沿海县市结成劳务协作对子，三明、龙岩、南平、宁德等劳动力输出地区的劳动部门与福州、厦门、泉州、莆田等沿海经济发达地区的劳动部门结对子并签订劳务协作协议，开展山海劳务协作活动，年组织劳务输出20万人次左右。1993年5月，福建省下发《关于进一步做好山海劳务协作工作的通知》，各级劳动部门开发、利用山区劳动力资源，协助有市场经济意识、技术的劳务人员，回乡办企业，带动农民就业，帮助家乡脱贫。同年，全省又有21个山区县（市）与沿海市（县）结对子。1994年，省劳动厅和各地市分别成立山海劳务协作协调领导小组。

1996年，开展省际劳务协作，省劳动厅下发《福建省劳动厅驻外省（市）劳务工作处管理办法》，制定劳动力跨省流动就业管理办法。同年，闽宁两省开展对口扶贫，首次召开对口扶贫协作联席会议，福建省经济发达县、市与宁夏的贫困县结成对子，开展经济协作对口扶持，促进宁夏对闽劳务输出。

1997年，省劳动厅下发《关于做好我省劳务帮扶宁夏工作意见的通知》，提出闽宁劳务协作的目标计划。闽宁两省区政府建立对口扶贫协作关系，福建省累计输入宁夏劳动力2万多人，成为帮助宁夏贫困地区脱贫致富的重要途径。省劳动厅以及8个对口市、县、区基本都与宁夏回族自治区及对口县签订了劳务合作协议。福清、长乐、晋江、石狮、莆田、龙海等县（市、区）开展对宁夏对口县的劳务帮扶工作，其中莆田、晋江、龙海等市取得了突出成绩。莆田新威集团的宁夏西吉农民工，一年寄回劳务收入320万元，相当于西吉县年财政收入的30%，帮助宁夏加快脱贫致富的步伐。福建省帮扶办组织宁夏员工返宁劳务报告团活动，先后在银川、海源、固原、西吉等县市做报告，形成经常性劳务交流的工作方式。同时，开展劳务输入扶贫试点工作，莆田市涵江区接收安排广西、贵州、云南等省（自治区）的贫困地区农村富余劳动力1283人。

1999年，为缩小山区与沿海地区的发展差距，省委、省政府做出“内地山区迅速崛起山海协作联动发展”的战略部署，省劳动厅下发《关于进一步开展山海劳务协作就业扶贫促进山区社会经济发展的通知》。全省山区外出就业的劳动力达25万人，其中劳动部门组织输出5万人。福州市与宁德地区、泉州市与南平市、厦门市与三明市和龙岩市、漳州市与龙岩市开展结对帮扶，建立山海劳务协作对口帮扶制度。2000年，福建省外来务工人员总量超过百万人，其中外来人员约90万人、省内农村劳动力约40万人，与1999年相比，约增长10%，通过山海劳务协作就业13.95万人。

2001年，开拓广东、浙江、山东、上海、北京、天津等外省市就业市场，进行省际的劳务协作。泉州市劳动就业中心与陕西省西安市、山东省、湖北省；莆田与云南省、河南省、宁夏回族自治区的劳动保障部门签订劳务合作协议。当年，福建省外出流动就业达52.9万人，通过山海劳务协作就业13.28万人。农业大县浦城县有人口39.8万人，各类劳动力15万人，全县8万人在外务工，其中7.2万人为农业人员，全家在外的有3.2万户，平均每户年收入 1.8 万元。2002 年，福建通过山海劳务协作就业 14.4 万人。

2004 年，全省山海劳务协作签字仪式在泉州举行，签订山海劳务合作协议书 96 份，其中，省劳务派遣公司与福州、漳州、泉州、三明、莆田等 8 个设区市的劳务派遣公司签订协议；福州市劳动和社会保障局与宁德市劳动和社会保障局，厦门市劳动服务公司与三明市劳动就业中心，厦门市就业训练中心与龙岩市劳动就业中心，泉州市劳动就业中心与南平市劳动就业中心，漳州市劳动就业中心与龙岩市劳动就业中心，莆田市职介中心与宁德市劳动就业管理处签订协议。同时，组织开展农村贫困家庭“一家一就业”活动，全省山海劳务协作稳步开展，全年沿海到山区举办供需见面会 140 多场，录用山区劳动力 6 万多人，并探索形成沿海企业提供就业岗位、山区组织定向培训的山海劳务协作新机制。省财政安排 18 个农村劳动力转移示范县专项补助资金 300 万元，用于示范县农村劳动力转移培训和劳动力市场信息网络建设，18 个县全年共组织培训农民工 3.4 万多人，输出劳动力近 4 万人，全省新增农村劳动力转移就业 47.5 万人。同年 7 月 13 日，泛珠江三角区域劳务合作第一次联席会议在广州市召开。福建省与珠江三角区域九省区达成并签署《珠江三角九省区劳务合作协议》，确定共同推进劳动就业和社会保险政策制定的协调和衔接；共同搭建区域劳务合作交流平台；加强跨省区就业服务体系建设；实行贫困地区劳务输出帮扶制度；加强职业技能培训合作；加强职业技能鉴定合作；加强区域劳动者权益保障合作；共同推动九省与港澳特别行政区的劳务合作，初步拟制《珠江三角区域劳务合作近中长期计划》。

2005 年，省劳动和社会保障厅根据珠江三角区域九省区劳务合作协议，由厅领导带队，组织福州、厦门、泉州等沿海设区市到广西、云南考察，洽谈省际劳务协作工作，签订具体的劳务合作协议书，商讨建劳务基地、培训基地等，同时还带去近万个空岗信息，在当地劳动力市场发布。3 月，贵州黔西南州劳动保障部门领导到福州市考察企业用工情况，并与福州市长乐、马尾、仓山等地达成组织输送劳动力协议。福州市劳动和社会保障部门与长沙、广州、海口、南宁、成都、贵阳、南昌、昆明等珠江三角区域协作劳动保障部门签订开展劳务合作协议书，在贵州建立劳动力输出基地。先后引进广西、南宁 800 多名农民工。莆田、泉州、龙岩、漳州设区市及部分县、市分别与协作省市建立劳务合作关系，引进劳动力近千人。厦门、漳州、莆田等地劳动保障部门多次组织企业到省外进行异地现场招工，通过省际劳务合作缓解部分企业缺工的燃眉之急。10 月，珠江三角区域劳务合作第二次联席会议在四川成都召开，会议讨论并签署《珠江三角区域九省区劳动力市场信息联网合作意向书》《珠江三角区域劳务合作近中长期计划》《第二届珠江三角区域劳务合作联席会议纪要》等文本，推进和深化劳务合作。

## 二、转移就业培训

1991 年，为适应农村富余劳动力转移就业的需要，提升农民的知识、技能水平，增强其转移就业能力，各级劳动部门所属的就业培训中心在做好城镇失业人员就业培训的同时，开展农村富余劳动力转移就业培训工作。1998年，省劳动厅转发劳动保障部《关于贯彻〈关于实施社区“千校百万”外来务工青年培训计划的意见〉的通知》，规定从1998年起，外来（外出）务工人员进入城市务工，办理就业证（就业卡）和求职之前，必须参加劳动就业职业技能或职业资格技术等级培训，并取得省劳动厅统一印制的“福建省就业训练和转业训练结业证书”（以下简称“结业证”或“技术等级证书”）。

2000年1月，为提高农村劳动力流动就业的职业技能水平，劳动保障部办公厅印发《关于做好农村富余劳动力流动就业工作的意见》，提出逐步对未能继续升学并准备进城务工的农村初、高中毕业生实行劳动预备制培训。是年，全省组织4万多人参加劳动预备制培训。

同年，全省启动农村劳动力转移培训试点工作，采取“以需定培和以培促需”相结合的农村劳动力转移就业市场化的培训模式，由劳动保障部门牵头建设市、县（区）、乡（镇）、村四级培训机构为载体的农村职业培训网络；发挥乡镇劳动保障事务所的网络作用，促进劳动保障部门与农业、教育、建委、财政、水利等有关部门的协调联动。试点的实施，转变了农民的就业观念和创业意识，调动农民参与培训就业和创业致富的积极性，尤其是促进农村妇女劳动力资源的开发利用。

2001年，省政府把组织农村劳动力转移培训纳入为民办实事项目，全省组织转移技能培训11.5万人。同时，全面推进劳动预备制度，落实就业准入制度，全省参加劳动预备制度培训人数达5万余人。2002年，各地落实省政府为民办实事项目，筹集资金对农村劳动力转移培训进行扶持。龙岩市新罗区财政投入和部门自筹筹集资金23万元。清流、仙游、政和、平和、德化等县财政部门拨款数万元作为专项经费用于促进农村就业。顺昌县摸索“五个结合”培训模式，即转移培训与企业需求、农村发展多种经营生产活动、职业教育、劳务输出和能人培训促创业等5个方面相结合的转移培训路子。全省纳入农村劳动力开发就业试点范围的25个县（市、区），共组织农村富余劳动力培训23.23万人，实现转移就业17.83万人。各试点地区均采取各种形式进行宣传，龙岩市新罗区开通“劳动保障之窗”电视宣传栏和“16866666”劳务信息电话咨询热线等；周宁县宣传12名经过职业技能培训，种、养、加、销及外出务工致富起来的典型事例，调动农民参与农村劳动力转移培训的积极性；平和县开展农村劳动力转移培训宣传咨询活动，接受群众有关转移培训政策规定以及培训项目等的询问。全省全年共投入1500多万元开展农村劳动力转移就业岗前培训和职业技能培训，通过农村劳动力转移就业“阳光工程”组织60.3万人次农村劳动力参加培训，其中44.6万人实现转移就业。

2004年，省政府把实施农村劳动力转移培训“阳光工程”列入为民办实事项目，并进行专门部署。省政府办公厅转发省劳动和社会保障厅等10个部门关于《2004—2010年福建省农民工培训规划》，确定全省培训农村劳动力100万人、农业实用技术60万人的目标。同时明确农民工培训经费实行政府、用人单位和农民个人共同分担的投入机制，对参加培训的农民工实行补贴或奖励。各地建立140多个农村劳动力转移培训基地，组织农村劳动力参加职业培训，通过加大农民工培训力度，提高就业能力，让进城务工和转移就业更加顺畅。全省共培训农村劳动力30.5万人。同时制定《福建省阳光工程实施方案》，筛选确定22个全国“阳光工程”示范县及65个“阳光工程”培训试点学校，完成4万人的培训任务。针对闽南地区严重缺工，许多无技术特长的农民又无法进厂工作情况，开展订单式培训，仅上半年就培训8万多名农民。

2005年，省政府办公厅转发国务院办公厅《关于进一步改善农民进城就业环境的通知》，各级劳动保障、农业、教育、科技、建设等职能部门和农村基层组织，动员和利用社会各方面的职业教育培训资源，引导、鼓励和组织准备进城务工的农民参加职业技能和安全生产知识培训。用人单位、教育培训机构和社会力量到劳动力输出地建立农村劳动力转移就业培训基地，组织进城就业农民参加“订单”“合同”培训，提高培训就业率。各地继续组织实施农村劳动力转移培训“阳光工程”，开展农村劳动力转移就业岗前培训和职业技能培训，全省组织农村劳动力转移培训32.3万人，转移就业35万人。平和县结合农时季节，采取“短期打工、就地转移”方式，由劳动保障部门牵头，乡镇组织人员，农业部门提供技术，企业提供设备、场所联合培训的办法，开展实用技术培训。3200人参加茶叶加工、包装技术培训，1000多人通过培训到当地20家茶叶加工企业就业。通过培训从事加工累计增收300万元，人均月增加工资收入1000多元，实现茶叶产业发展、农产品和农民增收的“三赢”。

## 三、管理服务

1991年，省劳动局发出《关于建立〈务工许可证〉制度的通知》，贯彻国务院关于农村富余劳动力进城和进厂矿企业务工以及外省劳动力，由劳动部门统一管理的精神，对全省农村劳动力进城务工以及外省来闽务工的劳动力实行统一管理、统一登记、统一审批和统一发证。明确所有用工单位（含全民、城镇集体和个体工商家、私营企业和“三资”企业等）使用农村和外省进闽的劳动力，根据劳动部门的劳动计划和用工管理规定进行申报，批准后，向劳动部门所属的劳动服务公司申领务工许可证，向公安部门申领户口暂住证。属于成建制的建筑队伍，由建设管理部门负责资质审查。除在职外，使用其他劳动力的，也应按上述规定办理。全省办理农村和外省劳动力临时务工许可证37.28万人，其中省内农村劳动力23.1万人，外省劳动力14.18万人，清退无务工许可证盲目流动的民工17万余人。为加强社会劳动力管理，石狮、三明、永安、仙游、建瓯、上杭等市、县成立社会劳动力管理领导小组，不少市、县在乡镇还建立劳动力管理机构，配备劳动力管理协管员。

1992年，全省各级劳动部门加强对农村和外来劳动力的统筹管理，普遍实施务工许可证制度，全年纳入登记管理的农村和外省劳动力达64.06万人，已办理务工许可证46.94万人，分别比1991年增加9.28万人和9.51万人。1993年，纳入登记管理的农村和外省劳动力达66.21万人，办理务工许可证47.99万本，分别比1992年增加2.15万人和1.05万本。

1995年，贯彻落实劳动部《关于颁布〈农村劳动力跨省流动就业管理暂行规定〉的通知》，加强管理服务，对外来民工没有携带外来人员就业登记卡，无法办领外来人员就业证的，各级劳动部门主动上门服务，帮助办理。全省按劳动部统一格式印制就业登记卡40万本、就业证70万本，到用工单位或通过职业介绍机构为在岗民工换发就业证；主动协调外省驻闽劳务管理机构，为外省民工办理就业证卡；为民工提供咨询服务，通过发信、发函、到原籍办理外出就业登记卡等；派人到广东、上海等省市，为外出务工人员补办或协办就业证卡，逐步实现城乡劳动力有序流动。规定所有用工单位使用外来劳动力，必须在城镇劳动力招收不足的情况下，按分级管理的原则实行申报制度，先城镇、后农村，先本地、后外地，先本省、后外省的原则。同时，设计企业使用外来劳动力图示申请表张贴，要求企业每半年申报一次。规范审批程序和各级职责范围，中央、省、部队所属企业由省劳动服务公司负责办理；地、市属企业由地市劳动服务公司办理，报省劳服公司备案；县（市、区）属企业由县（市、区）劳服公司办理，报上一级劳服公司备案。当年，全省有80多万农村富余劳动力进城务工，近200万外省劳动力进入福建。

1996年，省劳动厅下发《关于进一步做好"福建省外来人员就业登记卡"发放工作的通知》，加强管理服务工作。是年，福建组织农村劳动力流动就业人数达100万人。全省约有200万农村和外省劳动力进城务工，占城镇各类企业劳动者总数的55%。新招民工证卡合一率达到51%，省劳动厅被劳动部评为1996年春运期间组织民工有序流动先进单位。

1997年，省劳动厅等部门贯彻落实国务院关于春运期间组织民工有序流动的部署，制定《福建省农村劳动力跨地区流动有序化工程1997年实施计划》，省劳动厅与省公安厅、省社会治安综合治理委员会、省工商行政管理局、省交通厅等部门密切配合，各地开展宣传动员组织工作，使大部分农民工留在务工地过春节，保证农民工有序流动，平稳度过春运。厦门市成立厦门市外来劳动力管理服务中心，集中福建省劳动力输出重点地区驻厦劳务工作机构，四川、江西、安徽、湖北、河南等外省劳动部门驻厦劳务工作机构在该中心共同办公，方便在厦民工办理流动就业有关手续，强化对民工的服务管理。省劳动厅和福州市也先后成立外来劳动力管理服务中心，开展对外来劳动力的就业服务和管理工作。当年全省共有乡镇劳动就业服务机构1002家，农村富余劳动力达300万人以上，进城务工近百万人。外省入闽务工人员已超过百万。外来农村劳动力在福建城镇企业就业114.97万人，办理流动就业证97.39万人，办证率为84.71%。是年，共青团福建省委、省劳动厅、省公安厅、省建设委员会、省综合治理办公室等部门对80名表现突出、做出贡献的外来务工青年给予表彰，并授予"福建省百名优秀外来务工青年"称号。

1998年，开展农村劳动力流动就业重点监控工作。福州、厦门、漳州、泉州、莆田等沿海城市在1—2个民工流入最多的县（市、区）设立监控点，南平等遭受水灾地区在受灾重、劳动力输出量大的县（市）设置2—3个监控点。各监控点运用抽样调查、登记汇总等多种方法，收集、汇总农村劳动力尤其是灾区劳动力流动的规模和动态按月、季、半年上报，春运期间每周上报一次信息，为开展组织民工有序流动提供依据。

1999年，省劳动厅下发《关于做好农村劳动力流动就业重点监控工作的通知》，明确重点监控的各项要求，确定外来农村劳动力数量较多的福州、厦门、泉州、莆田四地市为重点监控地区，同时把监测和反映重点地区（外省及本省）农村劳动力流动就业情况、调控流动就业规模和速度、引导农村劳动力有序流动等，作为重点监控目标。各地指定专门监控信息员，在乡村、用人单位、车站码头等外来劳动力流动量大的地方设点，收集和报告信息，开展政策宣传、信息引导、统计和调查，分析和预测全年以及春节后发生较大自然灾害等不同时期农村劳动力流动就业情况，定期发布重点监控信息变化情况。到年底，全省各级劳动部门逐步建立、完善农村和外省劳动力重点监控监测网，其中福州、厦门、泉州、莆田4个外省劳动力主要输入地建立70个监测点，南平、三明、龙岩、宁德、漳州5个农村劳动力主要输出地建立60个监测点。

2002年，各地在招用农村和外省劳动力时，要审查务工者居住地乡（镇）劳动服务站或县以上劳动服务公司开具的外出务工证明、身份证和婚育证明。凡经劳动保障部门批准，使用成批农村和外省劳动力的单位，可持劳动服务公司开具的《使用农村和外省劳动力调配信》，到指定的输出劳动力地区组织招用，并按上述规定到务工所在地劳动服务公司登记，领取劳务许可证。

2003年，贯彻执行国务院办公厅《关于做好农民进城务工就业管理和服务工作的通知》，取消农民工流动就业证以及对农民工就业的各种行政性收费和强制性服务收费，消除农村劳动力转移的政策性障碍，逐步建立城乡一体的就业服务机制。2004年，省委、省政府出台《关于创新农村工作机制的若干意见》，全面清理农村劳动力进城就业的各种不合理收费和限制性政策，农村劳动力在城市和城镇就业并有固定住所的，允许将本人及其共同居住的直系亲属的家口迁入，其子女上学、就业与当地居民享受同等待遇。对已经办理小城镇常驻家口的农民，给予保留原有土地承包经营权，并允许依法有偿转让；允许5年内继续实行农村计划生育政策，并承担相应义务。福州市对全市农村劳动力进城务工就业服务实行零收费政策，打破城乡就业二元化的政策壁垒，促进农村富余劳动力跨地区流动就业，满足了企业用工需求。同时，强化引导农村富余劳动力转移就业，全省举办30多场被征地农民就业供需见面会，收集各类岗位10万多个，推荐就业4.5万人次，及时缓解部分劳动密集型企业招工难问题。当年全省农村劳动力转移52万人，其中跨省转移34万人。城镇单位从业人员中，使用农村劳动力107.62万人。农村劳动力占城镇单位从业人员的比重高达31.2%，城镇单位使用农村劳动力最多的地区是泉州、厦门和福州，分别吸纳农村劳动力30.98万人、28.47万人和21.05万人。

2005年7月，省政府办公厅转发《国务院办公厅关于进一步做好改善农民工进城就业环境工作的通知》，并结合福建实际提出的12条实施意见，各级政府和各部门把改善农民进城就业环境促进农村劳动力转移就业作为重要职责，建立农村劳动力转移就业目标责任制，加大农村劳动力转移培训工作力度，加强对进城务工农民的就业服务。维护农民工合法权益，妥善处理用工单位拖欠民工工资和工伤事故及其他突发事件等。在农民工大量进城的高峰期，开展“企业招工我帮忙，农民求职我服务”的“春风行动”，明确进城务工人员享有免费的职业指导、职业介绍、政策咨询和就业信息服务，以及政府提供一定补贴的职业培训服务的优惠政策。同时，逐步建立乡镇劳动保障工作平台，为农村劳动力外出就业提供职业指导、职业介绍等就业服务。当年，全省80%的乡镇建立劳动保障事务所，农村劳动力转移就业55万人。

## 第三节 特殊群体就业

### 一、残疾人就业

1991年，福建省残疾人就业由民政部门负责，主要安置在社会福利企业，全省有福利企业695家。1994年，全省新办福利企业270家，新安置1738名残疾人就业，超额完成省委、省政府下达办实事的任务指标。

1996年6月，下发《福建省按比例安排残疾人就业规定》，规定本省机关、团体、企事业单位和城乡集体经济组织，都应按本单位在职职工总数1.6%的比例安排残疾人就业。不能按规定的比例安排残疾人就业的单位，必须按该单位报送给统计部门上年度本单位职工年人均工资收入的60%缴纳残疾人就业保障金，并对残疾人就业保障金的收缴、使用、管理做了明确的规定。全省拥有社会福利企业1524家，福利企业安置职工人数39945名，其中残疾人员15405名。

1997年，省政府下发《关于对全省残疾人实行优惠政策的若干规定》，对申请从事个体工商业的残疾人，工商部门应优先给予核发营业执照，确有困难，经当地残联证明，可准予减免工商管理费。1999年，贯彻国务院办公厅转发劳动和社会保障部等部门《关于进一步做好残疾人劳动就业工作若干意见的通知》，各级劳动部门配合残疾人就业服务机构，以盲人按摩为重点，开展职业培训，提高残疾人职业技能，促进盲人就业。全省福利企业中残疾人员占生产人员的比例平均达57.6%，残疾职工的合法权益依法得到保障，其基本生活收入和社会保障水平也有所提高。

2000年3月，省政府办公厅转发《关于进一步做好残疾人劳动就业工作若干意见的通知》，提出残疾人劳动就业工作的政策和基本要求，在“十五”期间使福建省残疾人就业率达到90%，社会有关单位推行残疾人按比例就业的覆盖面达100%。加大职业培训的力度，多渠道开展对残疾人中、高层次的培训，适应残疾人就业的需要。2002年3月，出台残疾人社会保障工作“十五”实施方案，在全省实施。福州市鼓楼区启动弱势群体再就业“110”援助热线，帮助弱势群体含“4050”、夫妻双下岗、低保等下岗职工或失业人员就业2470人。

2004年，省劳动和社会保障厅、省残疾人员联合会联合下发《关于促进残疾人就业、加强职业培训工作的几点意见》，明确残疾人劳动就业的方针：实行集中与分散相结合，落实优惠政策和扶持保护措施，通过多渠道、多层次、多种形式，使残疾人劳动就业逐步普及、稳定、合理。对残疾人福利性企业事业组织和城乡残疾人个体劳动者，实行税收减免政策，并在生产、经营、技术、资金、物资、场地等方面给予扶持。并规定地方政府和有关部门应当确定适合残疾人生产的产品。当年，全省共有福利企业710家，安置各类残疾人员就业13505人。

2005年，贯彻省政府批转省民政厅等部门关于切实加强扶助贫困残疾人工作的意见，大力推进贫困残疾人就业和再就业。全省残疾人有就业需求的约49.6万人，其中城镇11.4万人、农村38.2万人。已就业的约43.6万人，其中城镇10.1万人、农村33.5万人，就业率达87.9%。未就业的6万人，其中城镇1.3万人、农村4.7万人。当年，全省新安置城镇残疾人就业7833人，其中，分散就业2213人、集中就业2136人、个体从业3484人，就业率达87.9%。

## 二、妇女就业

1991年，福建省保障妇女的就业权利，用人单位凡适合妇女就业岗位的，不得以性别为由拒绝录用，也不得提高妇女的录用标准。1993—1994年，在推进国有企业改革中，一些企业富余职工增多，出现下岗女工转岗就业在企业内部无岗可转，山区、偏远、贫困地区下岗女工再就业十分困难的情况，甚至有些企业不愿意接受下岗女工，妇女就业面临着经济转型期的挑战和冲突。各级劳动部门积极促进妇女就业，要求用人单位每次招工，若有适合妇女就业的，必须招收一定比例或人数的妇女。同时，各地发展第三产业让更多的妇女走上工作岗位，维护妇女的劳动权利和利益。全省女职工约占职工总数的40%。1996年8月，省劳动厅与省总工会联合创办福建省女职工再就业服务中心，从事女性劳动技能开发、利用、交流，促进再就业；对下岗女工的情况进行登记造册，输入电脑，做到人人有着落，为每个下岗女工服务。当年介绍就业226人。

1997年，建瓯市劳动局、县妇女联合会、县总工会联合建立女职工再就业服务中心，帮助适合女职工特点和社会需求的各类培训班，提供就业信息和更新择业观念。同年6月，福建省女职工再就业服务中心与省人才中心、省私营企业协会、《福州晚报》联合举办下岗女职工专题招聘会，主题为“下岗女职工，党和政府以及社会各界在关心、帮助你”。有113家企业进行招聘，2000多名下岗女职工应聘，300多人被录用，610人签订用工意向书。1998年，开展国有企业下岗职工基本生活保障和再就业工作，10多万国有企业女性下岗失业人员基本生活得到保障，实现再就业，近3万名女性下岗失业人员领取再就业优惠证，享受再就业优惠政策，再就业率达56.2%。同年4月，省妇女联合会与省劳动厅联合创办福建省妇女就业服务协会，主要为下岗失业妇女提供职业指导、职业介绍、职业技能培训服务。同年，成立省妇女就业中心，与陕西、宁夏、黑龙江、安徽、湖北等省（自治区）和省妇联建立劳务合作关系，与全省 80 多个用人单位、57 个基层妇联的就业中心或所、站建立联系点，并在福建妇女网上开启就业和家政专区、建立局域网，使用劳动部软件，与全省劳动部门职业介绍服务中心使用统一的劳动网。1999 年，各级妇联发挥自身优势，开展“巾帼创业”行动，建立 57 个妇女就业服务中心职业介绍所，创办 54 个下岗女工再就业培训基地，自办或联合举办 472 期培训班，培训下岗女工 28435 人次，其中 13334 名女工实现再就业。同时为安置下岗女工创办 41 个经济实体，其中以安置下岗女工为主的社区服务有 30 个，安置 890 名下岗女工。

2002 年 3 月，为确保实现《中国妇女发展纲要》中提出的有关劳动保障方面的目标，保障妇女、儿童在就业、收入分配等方面的权益，省劳动和社会保障厅制定贯彻落实 2001—2010 年《福建省妇女发展纲要》《福建省儿童发展纲要》实施计划，各地采取措施，落实男女平等的就业原则，加强对妇女的职业培训，保障妇女享有与男子平等参与资本、技术等生产要素的分配权利，促进妇女就业。2003 年，省妇女就业中心被省政府评为“福建省就业再就业先进单位”，被省妇女联合会评为“福建省妇女创业与再就业先进单位”。是年，全省城镇单位女性从业人员 151.30 万人，女性从业人员所占比重高达 43.9％。2004 年，全省城镇女职工数已从 1995 年占职工总数的 40.6％上升到 48.3％，实现女性就业增长幅度不低于男性的目标。2005 年，莆田、厦门、泉州为代表的沿海设区市，女性从业人员所占比重较高，分别为 52％、48.8％和 45.3％，而三明市、龙岩市女性从业人员所占比重则分别为 37.0％和 34.7％。

## 三、大中专毕业生就业

1991 年，福建省大中专毕业生就业由省计委负责制订毕业生分配计划，省人事局和省教育厅分别负责非师范类和师范类毕业生调配派遣工作。1994 年，省毕业生就业指导中心与省内几所高校联合编写《福建省毕业生就业指南》，对毕业生进行就业指导。

1999 年，改革毕业生分配制度，除保留少量优秀毕业生计划就业外，其余毕业生都进入就业市场。同年 6 月，省政府办公厅转发省侨办、省劳动厅、省人事厅《关于做好归侨及其子女下岗再就业和大中专毕业推荐工作意见》，对大中专院校毕业的归侨、归侨子女，凭侨办确认身份证明，在同等条件下，各级劳动部门职业介绍机构和部门所属的人才中介机构优先推荐就业。大专及以下学历的归侨、归侨子女，需要继续报考各类成人高等院校的，保留原普通大中专学历。此外，选拔高校生到乡镇机关工作。

2002 年，成立福建省大中专毕业生就业工作领导协调小组，加强对大中专毕业生就业的管理，对用人单位接收毕业生实行就业登记，开展多种形式的毕业生供需见面双向选择活动约 900 多场。鼓励、支持毕业生科技创业、自主创业、自谋职业、自办企业和从事第三产业；鼓励、支持高校毕业生到农村基层支教、支农、支医、扶贫，引导毕业生到非公有制单位就业，选调 250 名优秀毕业生到乡镇机关和基层公、检、法机关工作，考核、录用 300 多名。

2003年7月，省政府办公厅转发国务院办公厅《关于做好2003年普通高等学校毕业生就业工作的通知》，鼓励普通高校毕业生自主择业、勤奋创业。各级劳动保障部门将大中专毕业生就业工作纳入当地就业的总体规划，鼓励大中专毕业生自主创业和灵活就业，为参加技能培训的结业生及时提供技能等级考核鉴定，考核合格者颁发国家职业资格证书，同时为大中专毕业生适当减免参加培训或鉴定的费用，所需成本费用向当地财政部门申请补贴。同年，全省各个街道劳动保障事务所和社区劳动保障工作站建立大中专毕业生的就业服务台账，有针对性地提供各种免费就业服务。毕业生半年后仍未找到工作岗位并有就业要求的，经街道乡镇核实，当地劳动保障部门组织进行失业登记，纳入城镇就业统筹管理。是年，全省大中专院校毕业生中落实就业单位的占80.5%。

2005年，全省普通大中专毕业生超过15万人，比2004年增加近2万人。各级劳动保障部门贯彻落实劳动部《关于引导和鼓励高校毕业生面向基层就业的意见》，采取措施，为到基层创业的高校毕业生提供创业培训、创业指导、咨询服务、扶持等“一条龙”服务，促进大中专毕业生到基层就业。是年，全省共举办毕业生供需洽谈会400多场，提供近10万个就业信息，非师范类高校毕业生就业率达到86.14%。

## 四、台港澳地区居民及外国人在闽就业

1991年，随着“三资”企业不断增加，不少企业雇用外籍或台、港、澳员工，福建省对此进行严格控制，招用职工以境内为主；特殊需要雇用的外籍或港、澳、台员工，必须遵守国家有关规定，除合同中确定聘任的高级管理人员外，必须经企业所在地劳动部门批准，为其申请领取就业证。1992年，全省累计办理外国人就业证231人。1993年，为加强外国人就业管理，省劳动局、省公安厅下发《关于外国人来闽就业的补充通知》，境外人员入境就业管理工作由省劳动局负责，为利于管理，方便用人单位，授权厦门市劳动局具体办理厦门地区审批发证手续。对港、澳、台人员在内地就业，建立临时性的就业许可证制度。是年，省劳动局配合省公安厅深入20多个县、市、区查处一批“三非”（非法入境、非法居留、非法就业）人员。厦门、福州、泉州、龙岩、宁德等地市先后查处29名非法就业的俄罗斯女青年。

1994年，执行劳动部下发的《台湾香港澳门居民在内地就业管理规定》，福建省加强台湾和香港、澳门居民在本省就业的管理，实行就业许可制度。用人单位聘雇台、港、澳人员，由省劳动局审批，厦门地区授权厦门市劳动局审批。

1996年，贯彻《外国人在中国就业管理规定》，明确外国人在福建省境内就业管理工作由地（市）以上劳动部门负责，用人单位聘用外国人在福建省境内就业实行申报审批制度，厦门市经济特区的用人单位聘雇外国人，由厦门市劳动局负责审批并签发就业许可证书，其他地市由省劳动局审批。单位聘用持职业签证入境的外国人，入境后双方应先订立劳动合同，再由用人单位凭就业许可证书、劳动合同及有效护照办理就业证，到公安部门办理居留

证。在福州省属、中央属、高等院校单位由省劳动厅劳动就业管理处办理就业证，再到福州市公安部门办理居留证。在中国留学、实习的外国人及持职业签证外国人的随行家属原则上不能在中国就业。外国企业常驻中国代表机构中除首席代表可免办许可证书，入境后凭职业签证及有关证明直接办理就业证外，其他工作人员入境前，必须申请就业许可。1999年，南平造纸厂引进88名外国技术员，市劳动部门主动服务，帮助该厂为外国技术员办理就业许可证书和就业证。

2002年6月，各地劳动保障部门加强外国人就业管理，配合公安机关开展清理“三非”外国人的专项行动，对查出的200多名“三非”外国人，分别按有关法律规定处理。

2005年6月，贯彻劳动和社会保障部重新颁布的《台湾香港澳门居民在内地就业管理规定》，逐步放宽台湾、香港和澳门居民在内地就业的限制，着重保护他们的合法权益。用人单位为台、港、澳人员在内地就业申请办理就业证，由所在地的地（市）级劳动保障行政部门审批发证。香港、澳门人员在内地从事个体工商经营的，由本人持个体经营执照、健康证明和个人有效旅行证件向所在地的地（市）级劳动保障行政部门申请办理就业证。

## 五、退役士兵安置

1991年，福建省执行国家统一政策，对退役士兵就业采取计划分配、包干安置办法。1993年7月，贯彻国务院、中央军委批转民政部、劳动部、总参谋部《关于退伍义务兵安置工作随用工单位改革实行劳动合同制意见的通知》，对到企业安置的退伍义务兵实行劳动合同制。11月，省政府下发《关于1993年冬季退役士兵接收安置工作的通知》，明确农村安置工作要帮助回乡退伍军人解决生产、住房、生活等方面实际困难；城镇安置工作要继续认真执行“按系统分配任务、包干安置”办法，依法保障退役士兵第一次就业。1990—1994年，全省回乡退役士兵共7万余名，均得到合理使用，妥善安置。

1995年，各地在坚持“按系统分配任务，包干安置”的同时，加强组织领导，强化调控手段，协调部门配合，制定优惠政策，扩大双向选择，鼓励多渠道就业和组织岗前技能培训等，妥善安置退役士兵。全省共接收退役士兵12932人（含转业志愿兵799人），其中城镇安置4666人，占接收总数的36.1%；农村安置8266人，占接收总数的63.9%。

1998年，随着市场就业机制的逐步建立，部分退役士兵开始自谋职业。职业介绍服务中心的服务窗口陆续出现部分退伍士兵登记求职现象。针对这种情况，全省各级公共职业介绍服务机构主动与驻地部队联系，了解退伍士兵择业意向并进行择业指导，及时调整他们的就业观念，帮助退伍士兵尽快走上就业岗位。1999年，全省共接收退役士兵14616人，其中回城镇安置的4630人（含转业志愿兵672人），占接收总数的31.7%。全省共安置城镇退役士兵4885人（其中志愿兵657人），当年安置率达92%，绝大部分县（市）完成城镇退役士兵安置任务。

2003年，改革城镇退役士兵和转业士官安置办法，采取“安置就业与自谋职业相结合”。

1月，省政府、省军区发出《关于做好2002年冬季退役士兵接收安置工作的通知》，要求确保自谋职业城镇退役士兵各项优惠政策的落实。城镇退役士兵自谋职业从事个体经营的，各有关部门要简化手续，优先给予办理证照、安排场地和摊位；除依法颁发证照收取工本费外，在3年内免收各项行政性收费（参照下岗失业人员再就业优惠收费政策）。当年全省共接收退役士兵16297名，其中城镇退役士兵4635名（含转业士官616名）。城镇退役士兵及士官安置率均达90%以上。自谋职业的比重有较大提高，其中泉州为81%，漳州为74%，龙岩为73%，厦门、南平为71%，福州为63%，三明为42%，莆田为30%，宁德为20%。

2004年7月，省民政厅等部门联合下发《福建省扶持城镇退役士兵自谋职业优惠政策实施意见》，明确1999年12月后退役的符合城镇安置条件，并与安置地民政部门签订《退役士兵自谋职业协议书》，领取《城镇退役士兵自谋职业证》的士官和义务兵，可以享受就业培训方面和税费减免方面的优惠政策。

2005年，贯彻《退伍义务兵安置条例》，鼓励退伍军人自谋职业，选择货币安置方法。各地对城镇退役士兵技能培训和就业服务工作进行统一规划，并纳入各级劳动保障部门的再就业技能培训计划，提高退役士兵就业能力。利用现有各类人才市场、劳动力市场和公共职业介绍机构，为城镇退役士兵举办各种形式的招聘洽谈会，拓宽城镇退役士兵和用人单位之间的沟通渠道，帮助实现就业。

## 六、军队干部随军家属就业

1991年，军队干部随军家属就业主要实行有工作的按调动工作安排，没有工作的由部队安排在军人服务社、部队招待所就业。1994年，贯彻国务院、中央军委批转劳动部、人事部、财政部、总政治部、总后勤部联合下发的《关于进一步做好军队干部随军家属安置工作意见的通知》，各地劳动部门加强与当地驻军联系，做好军队干部随军家属就业工作。

1999年12月，由于下岗职工逐渐增多，随军家属就业难的问题日益突出，为了转变随军家属就业观念，使家属更好地支持干部在警营建功立业，省劳动厅、武警福建省总队联合下发了《关于做好武警部队随军家属就业工作的通知》，各地劳动部门要以市场需求为导向，开展随军家属就业技能培训并填好培训意向表、求职登记表，送当地就业服务机构，力争到2000年底，把未就业随军家属普遍培训一遍，随军家属就业率达到95%以上。对无工作随军家属，参照再就业工程的办法，实施“131”工程，即免费进行一次职业指导，免费提供三次就业岗位，免费提供一次培训。随军家属自谋职业的，发给自谋职业优惠证，享受下岗职工再就业优惠政策；随军家属参加就业培训的，每人享受一次400元—600元的培训费补助，经费由部队解决70%；各地劳动就业服务机构从失业金中给予补助30%，超过规定范围的高额工种培训，参训对象自行解决。

2003年，福建省对安置随军家属和自主择业的军队转业干部新办的企业，以及随军家属和自主择业的军队转业干部从事个体经营的，其税收优惠按照财政部和国家税务总局有关文件执行。福州市劳动和社会保障局参照国有企业下岗人员的优惠政策，为省军区机关直属队158名无工作随军家属办理失业证、再就业优惠证和社会保险，解决随军家属的后顾之忧。开展“送岗位到军营”活动，通过鼓楼区先行试点，推荐53名驻榕部队随军家属上岗就业；召开“送岗位到军营”随军家属专场就业招聘会，南京军区驻榕部队380多名随军家属、福州市200多家企业用人单位参加招聘会，共提供2000多个岗位，285名随军家属与用人单位签订了就业协议。

2005年，福建省执行财政部、国家税务总局联合下发的《关于加强军队转业干部、城镇退役士兵、随军家属有关营业税优惠政策管理的通知》，加强对军队转业干部、城镇退役士兵、随军家属从事个体经营营业税优惠政策的管理，军队转业干部和随军家属均按照新开办的企业、城镇退役士兵按照新办的服务型企业的规定享受有关营业税优惠政策。

## 七、刑释解教人员就业

1991年，福建省对刑释解教人员实行已被原单位开除或除名，但改造表现较好；捕前系大专院校毕业生或科技人员；过失犯、渎职犯或刑期在3年以下的一般刑事犯；年龄在30周岁以下的青年，服刑期间有重大立功表现的人员，刑满释放经原单位录用后，按重新就业对待的政策。刑满释放人员捕前无职业或不具备回原单位安置条件的，与待业人员同等对待；其中有城镇正式家口，有经营能力的，可以申请从事个体工商业。1992年后，改变长期以来实行的对刑满释放、解除劳教人员实行的指令性安置办法由政府指导，社会参与，刑释解教人员自谋职业、自主择业取代，建立安置市场化、帮教社会化、管理信息化、职责规范化的工作方针。

1998—2001年，各地加强刑释解教人员帮教和就业安置工作，全省刑释解教人员46776名（其中刑释人员35248名，解教人员11528名），安置就业人员41958人次，安置就业率达89.7%。

2004年11月，贯彻落实中央综治委等部门《关于进一步做好刑满释放、解除劳教人员促进就业和社会保障工作的意见》，各级劳动保障部门对刑释解教人员提供就业指导服务和就业岗位信息，拓宽刑释解教人员安置就业渠道，鼓励刑释解教人员通过灵活多样的形式实现就业，刑释解教人员参加由各级劳动保障部门组织的再就业定点单位培训的，经考核合格并实现就业后，根据当地政府有关规定减免培训费用。城镇户籍的刑释解教人员在服刑、劳教前已参加失业保险或正在领取失业保险金，其刑满释放或解除劳教后，符合条件的，按规定享受或恢复失业保险金待遇；对判刑或劳教前已经参加企业职工基本养老保险的刑释解教人员，重新就业的，按国家规定继续参加养老保险。判刑或劳教前已领取基本养老金的刑释解教人员，按服刑或劳教前标准继续发给基本养老金，并参加以后的养老金调整。当年全省安置就业11430名，安置就业率达78%。2002年至2005年8月，全省帮助刑释解教人员5.24万人就业。

## 第四节　境外就业

1991年，全省签订对外劳务合同1958项，派出劳务人员1.72万人次，年末在外劳务人员1.62万人，在全国总量中约占1/6。是年，成立于1988年的福建省对外劳务合作公司，经国家对外经济合作部确认为福建省第一家以劳务输出为主的国际劳务技术合作专业性公司，对外经营范围是主营国际劳务合作；兼营国际工程承包、进出口贸易、投资、合作、合资等项业务。

1992年，全省签订对外劳务合同1895项，派出劳务人员1.75万人次；年末在外劳务人员2.13万人，省对外劳务合作公司营业额超过700万美元，外派人数超过2500人次，在外人数2590人，输香港地区劳工278名，立项签约137项，平均每项2人。全省公民因私出国劳务就业1134人。

1993年，省对外劳务合作公司对外劳务合作业务不断扩展，外派到新加坡的劳工立项签约40项，平均每项30多人，最多的一项100余人。同年，劳动部批准成立福建省劳动服务公司境外职业介绍所（1995年更名为福建省境外就业服务中心），隶属省劳动局，依托省劳动服务公司，开展境外就业服务工作。是年，省劳动服务公司境外职业介绍所组织劳务人员200人到台湾地区和新加坡、阿根廷等国家就业，劳务收入40万元。

1995年，全省对外劳务合作新签合同2800项，全年派出劳务人员30781人次，比1994年同期增长28.3%，年末在外劳务人员43711人，全省闽台近洋渔工劳务合作新签劳务合同2103份，派出人数1.41万人次，年末在外人数3726人，全省公民因私出国劳务就业4305人。12月，经对外贸易经济合作部批准，福州市劳务技术合作公司取得对外劳务合作经营权，是年，向新加坡、越南、柬埔寨、马来西亚、莱索托、墨西哥、多米尼亚、塞班、巴基斯坦等国家和地区派出各类劳务人员401人。

1998年，福建省拓宽出国劳务渠道，重点开发从事建筑行业、服务行业劳务输出，鼓励劳动者到国外投亲靠友和自谋职业，并根据国际劳务市场的需求，发展多种形式的职业技能培训，促进职业教育与劳动力就业的结合，使得各层次的人都能出国劳务。全年通过对外劳务合作派出人数3.18万人次。三明市明溪县引导和鼓励下岗失业人员和农村富余劳动力到境外就业，全县累计有8000多人在匈牙利、波兰等东欧国家就业。

1998—2001年，全省不断开拓新的劳务市场，向英国、爱尔兰、加拿大等欧美国家输送厨师等技术劳工；向约旦、卡塔尔、巴林等中东国家输送制衣工、建筑工等劳务。每年通过境外就业中介和劳务外派在境外就业人数平均近2万人，近洋渔工外派人数达6.63万人次，每年约1.7万人次。全省公民因私出国劳务就业9183人。

2002年，国家实行境外就业中介许可制度。省劳动保障部门负责境外就业活动的管理和监督检查，对境外就业中介服务协议书和境外就业劳动合同进行备案管理，对境外就业中介许可证实行年审制度，并对违法的境外就业中介行为进行查处。2003 年 5 月，福建省首批 18 家境外就业机构获劳动和社会保障部批准颁发境外就业中介经营许可证，具体是福建省华星、福州祥虹、福州诚安、福建创志、福建省信达成、福建省神州、福州创汇、福州中福、福州万龙、福州东方时代、福州华源、福建省人力、福建省长宏、福建中旅、福建省华闽、厦门中厦、泉州世通、莆田市宏发等境外就业服务有限公司。

当年，省劳动保障、公安、教育等部门先后出台境外就业、因私出入境、自费留学等中介管理的配套政策，省境外就业服务中心建立全省境外就业人才信息库和境外就业培训考核基地，在各级劳动力市场开设境外就业咨询服务窗口，疏通合法出境渠道，境外就业中介市场框架已基本形成。全省在境外合法就业的人数约 5 万人，占全国在境外就业人数约 40 万人的 12.5%。是年，省劳动和社会保障厅制定《境外就业中介服务协议范本》《境外就业确认书》等格式文本供境外就业中介机构参考。制定《福建省境外就业中介机构量化管理考证（试行）办法》《福建省境外就业中介机构年检办法》，加强境外就业中介机构的管理。同时建设福建境外就业信息网，建立人力资源信息库，对境外就业项目把关，为境外就业服务。由于受非典型肺炎（SARS）影响，18 家中介机构在 2003 年 9 月后才开展业务，到年底有 1081 人通过境外就业中介渠道出境就业。

2005 年，全省经劳动和社会保障部批准成立的境外就业中介机构有 22 家，境外就业 1.7 万人。全省公民因私出国劳务就业 2080 人，福建居民赴港澳地区就业 4647 人。省对外劳务合作公司累计外派劳务人员 5 万余人，合同额 1.5 亿美元，营业额列全国 600 余家外经企业第 45 位，纯劳务输出指标居全国外经企业前 20 名。

表 1-3　**2005 年福建省在国外和中国港澳地区就业人员区域与职业分布情况表**

单位：人

| 就业区域 | 合计 | 建筑业 | 制造业 | 服装加工/制作 | 餐饮/旅游业 | 海员/渔业 | 医疗/卫生/保健 | 管理人员 | 信息技术/电子工程 | 其他行业 |
|---|---|---|---|---|---|---|---|---|---|---|
| 合计 | 4167 | 167 | 835 | 420 | 324 | 1611 | 1 | 86 | 635 | 96 |
| 新加坡 | 2530 | | 689 | 77 | 41 | 1080 | | 4 | 635 | 4 |
| 其他亚洲国家 | 1053 | 156 | 63 | 172 | 129 | 531 | | | | 2 |
| 欧洲 | 32 | 3 | 28 | | 1 | | | | | |
| 北美洲 | 7 | | | | 3 | | 1 | 3 | | |
| 南美洲 | 275 | | | | 148 | | | 79 | | 48 |
| 大洋洲 | 59 | | 52 | 5 | 2 | | | | | |
| 非洲 | 208 | | | 166 | | | | | | 42 |
| 中国香港、澳门特别行政区 | 3 | | 3 | | | | | | | |

# 第二章　下岗职工再就业

## 第一节　再就业组织实施

20世纪90年代中期，福建省不少企业不能适应市场竞争，生产经营困难，出现大量富余职工。全省开展国有企业富余职工安置、减员增效、下岗分流再就业工作，先后出台一系列的政策措施，促进下岗职工再就业。

1998年，全面开展国有企业下岗职工再就业工作，全省有下岗职工的国有企业，全部建立再就业服务中心。下岗未就业的职工进入再就业服务中心，得到基本生活保障。同时，省委、省政府制定税收优惠减免、社会保险补贴、小额贷款等一系列优惠政策，鼓励下岗职工自谋职业，开发公益性岗位安置，发展社区服务业等促进再就业。下岗职工再就业率每年均达到60％以上，高于全国平均水平。

2000年1月1日起，福建省新下岗职工直接与企业解除劳动关系，不再进入企业再就业服务中心，而是领取失业救济金，进入劳动力市场再就业。2002年底，全省进入再就业服务中心16.24万名下岗职工全部出中心，在全国率先实现再就业中心基本生活保障制度与失业保险制度并轨，初步建立起市场导向的就业机制。

2003—2005年，全省下岗职工再就业工作基本结束，下岗失业人员进入劳动力市场就业。

### 一、部署推进

1991年，福建省针对部分困难国有企业出现的富余待岗职工，开展安置工作。1994年，结合国有企业富余职工安置和帮困工作，实施再就业工程，帮助富余职工和困难企业职工再就业。1995年，把实施再就业工程作为本年度乃至今后长时间内就业工作的重点。省政府颁布《福建省国有企业富余职工安置实施办法》，明确安置富余职工和促进再就业的政策措施，把实施再就业工程的重点放在破产、濒临破产和长期停产以及实行现代化企业制度改革试点的企业，以推向社会的失业人员和停产6个月以上的企业中基本生活无保障的待岗职工为实施对象。

1997年7月，省政府发出《关于进一步实施再就业工程意见的通知》，决定成立福建省解困和再就业工作领导小组，推动再就业工作的开展，再就业工程全面启动。各级政府相继出台实施再就业工程的各项政策和配套措施，福州、厦门、三明、南平4个优化资本结构试点城市普遍建立再就业服务中心，对企业下岗职工进行托管、培训并提供再就业服务。省计划委员会等部门根据中央下达的核销呆坏账准备金预分配规模，编制企业兼并破产和职工再就业计划，落实再就业资金，对列入全国试点计划的12家资不抵债、扭亏无望的企业依法实施破产，38家企业被兼并、20家企业实施下岗分流减员增效，核销银行贷款数6.49亿元，进入再就业中心1.14万人，分流8203人。是年，全省分流安置下岗职工8.8万人，再就业率在60%以上，完成年初省委、省政府部署的工作目标，下岗职工再就业机制开始形成。

1998年6月，中共中央、国务院发出《关于切实做好国有企业下岗职工基本生活保障和再就业工作的通知》，再就业工作全面展开，成为各级党委、政府头等重要任务。6月下旬，省委、省政府召开全省国有企业下岗职工再就业和深化社会保障制度改革工作会议，出台《中共福建省委、福建省人民政府关于做好国有企业下岗职工再就业和深化社会保障制度改革的通知》，对开展国有企业下岗职工再就业工作进行部署，并制定一系列促进再就业的优惠政策。各地全面开展再就业工作，福州市委、市政府提出再就业工程与社区经济发展两篇文章一起做的思路，开展“五月关怀行动”和元旦、春节期间“千家送岗暖万家”活动。漳州市各县市区新一届政府通过新闻媒体向社会做出“三项承诺”，即确保国有企业下岗职工全部领到基本生活费，确保离退休人员按时足额领到养老金，确保国有企业下岗职工60%以上实现再就业。社会各界广泛关心，共同参与再就业工作。工会组织从上到下建立女职工再就业服务中心，妇联组织开展“巾帼创业行动”，共青团组织开展“下岗青工创业”活动，省8个民主党派提出促进再就业倡议书，联手促进再就业，乡镇企业局、个私企业联合会举办招收下岗职工供需洽谈会。当年，全省国有企业分流和下岗的职工18.01万人，有12.09万人实现再就业，再就业率为67.13%。

1999年1月15日至20日，国务院总理朱镕基先后在厦门市、福州市调研再就业工作，在福州棉纺织印染厂召开福州市部分下岗职工座谈会，到下岗职工家庭慰问。2月4日至10日，全国人大常委会委员长李鹏先后赴宁德、福州、厦门等地市，调研下岗职工基本生活保障和再就业工作。走访下岗职工家庭，察看福州市劳动就业指导服务中心，并召开座谈会，就如何做好下岗职工再就业进行探讨。2月4日，省政府在福州市召开会议，部署国有企业下岗职工基本生活保障和再就业工作。省政府出台《关于建立两个确保和再就业工作目标责任制的通知》，明确各级政府在两个确保和再就业工作中的责任。8月，省政府办公厅发出《关于做好城镇集体企业下岗职工基本生活保障和再就业工作的通知》，对做好集体企业下岗职工基本生活保障和再就业工作提出要求和进行部署，在全国率先把集体企业纳入下岗职工基本生活保障和再就业工作范围。当年全省国有企业共有5.78万下岗职工实现再就业，再就业率62%，完成省委、省政府下达的再就业率60%的目标。泉州市下岗职工再就业率达到83%，南平市73.9%，莆田市、漳州市在65%以上，龙岩市、宁德地区在62%以上。

2000年，省政府规定从1月1日起，下岗职工不再进入企业再就业服务中心，直接与企业解除劳动关系，而是领取失业救济金，直接进入劳动力市场再就业。

2002年1月，省委、省政府召开全省劳动保障工作会议，明确各级政府建立促进就业工作目标责任制，并将开发就业岗位、落实优惠政策、控制失业率作为考核政府领导政绩的重要指标。9月，省委、省政府召开全省再就业工作会议，将积极的就业政策作为政府的一项长期战略和政策，把促进就业列为政府宏观调控的重要目标。10月底，省委、省政府印发《关于贯彻〈中共中央、国务院关于进一步做好下岗失业人员再就业工作的通知〉的若干意见》，制定新一轮促进再就业的10项优惠政策，构建具有福建特色的积极就业政策体系，推动各地深入开展下岗失业人员再就业工作，全省有8.9万名下岗失业人员实现再就业，下岗失业人员再就业率达61.3%。至2002年底，下岗职工全部出再就业服务中心，实现下岗职工基本生活保障制度向失业保险制度“并轨”。

2003年3月，省劳动和社会保障厅、省总工会联合举行大会，表彰102名再就业先进个人。8月，省委、省政府召开再就业工作座谈会，进一步推动再就业工作，新一轮10项再就业优惠政策全部启动实施。当年，全省下岗失业人员实现再就业8.4万人，完成全年任务数的112%。同年，全省各级党委、政府建立促进就业工作目标责任制，层层分解下达促进就业各项任务。

2004年，省委、省政府办公厅派出督查组，对全省各地上年度促进就业工作目标责任制完成情况进行督查考核，并将督查考核情况以省委、省政府办公厅名义通报全省。各设区市根据省督查组的督查反馈意见，逐项分解落实整改。8月，全国再就业工作表彰大会在北京举行，福建省4个再就业先进工作单位、4名再就业先进工作者、3个再就业先进企业受到表彰。是年，全省下岗职工和失业人员实现再就业7.5万人。

2005年1月，省政府召开全省就业再就业工作会议暨表彰大会，省委副书记、代省长黄小晶代表省委、省政府讲话。会议充分肯定全省就业再就业工作所取得的成绩，强调各级党委、政府要继续把就业放在更加突出的位置，切实提高做好就业和再就业工作对建设海峡西岸经济区重要性的认识，并对进一步做好新一年就业再就业工作提出新的要求。大会表彰一批全省就业再就业工作先进集体和个人，授予福州市鼓楼区人民政府等99个集体“福建省就业再就业工作先进单位”称号；授予郭成建等100人“福建省就业再就业工作先进工作者”称号；授予福州金麒麟美容美发用品有限公司等41个企业“福建省就业再就业先进企业”称号；授予陈建升等39人“福建省就业再就业优秀个人”称号。当年，全省下岗职工和失业人员实现再就业7.8万人。

## 二、宣传引导

1991年，全省各级劳动部门通过劳务市场和职业介绍机构，利用宣传栏、黑板报等形式，对求职的城镇待业人员和企业富余职工开展宣传，引导转变就业观念，实现就业。1995年，省委宣传部、省劳动厅、省总工会联合下发《关于认真做好实施再就业工程宣传的通知》，各新闻媒体配合再就业工作进行宣传，下岗职工由原来的抵触、反感、观望情绪逐步向理解、参与的方向转变。许多下岗职工主动参加再就业工程，全省涌现出一批再就业明星。

1998年，全省广泛宣传推动，开展再就业服务，促进长期失业人员、企业富余职工的再就业。3月，《福建劳动》杂志刊登《失业下岗职工必读》，对失业或下岗职工到哪去求职、求职时应提交什么材料、如何选择职业、确定岗位后应如何与用人单位洽谈、什么是转业训练、参加转业训练人员范围、失业职工应到哪去参加专业培训、培训主要内容是什么、失业职工参加转业训练的费用及补贴原则、转业训练结业证书的作用、转业训练后就业等问题，进行全面的指导和解答。8月，省委宣传部、省劳动厅联合下发《关于做好国有企业下岗职工再就业宣传工作的通知》。9月，省劳动厅组织福建电视台、福建省广播电台、《福建日报》《海峡都市报》《东南快报》等新闻媒体记者，赴漳州市芗城区、平和县和三明市、泰宁县等地，采访开展再就业工作经验及下岗职工自谋职业先进典型，在广播、电视、报纸广泛宣传，为再就业工作营造了良好舆论氛围。

2002年12月28日，全省各地市同时开展“手牵手再就业宣传日及供需见面会”活动，共设立政策宣传点130多个，发放宣传材料20多万份，现场招聘的工种有机械、化工、铁路、食品、物业、旅游业等230多个，发布10万多个工作岗位信息。当天现场发放“再就业优惠证”500本，为国内首批发放的新式“再就业优惠证”。

2003年，根据全国和福建省再就业工作会议的要求，全省各级劳动保障部门开展再就业宣传活动。省再就业服务中心专门成立再就业宣传工作小组，利用电视、电台、报刊等多渠道、全方位宣传再就业的方针政策、“再就业优惠证”发放条件、再就业先进典型，引导下岗失业人员转变观念。同时为《劳动就业》刊物撰写12期文章，介绍各地工作经验及做法。福州市劳动和社会保障局与《福州日报》联合举办宣传活动，撰写福州市社区就业系列报道，设立专门版面，介绍下岗失业人员基本情况，求职愿望，为下岗失业人员提供用工信息、培训信息、宣传政策等，得到《中国劳动保障报》等中央媒体的密切关注。泉州市举办“手牵手”大型公益性招聘会暨再就业宣传活动，200家企业参加现场招聘，提供9040个工作岗位。三明市举办再就业宣传政策咨询及招聘洽谈会17场。南平市3月份开始每日定期在下岗失业人员集中的区域进行宣传，举办现场咨询招聘会。宁德市在《宁德报》《闽东日报》等报刊上宣传各项再就业政策、介绍公共职业介绍机构职能、开辟再就业之路专栏和专题报道下岗职工再就业典型，在闽东电视台专门播放了“再就业优惠证”申领对象、办法及申领机构地址，扩大发放优惠证的宣传面。当年全省通过各种途径使8.4万名下岗失业人员实现了再就业，再就业率为62.7%，发放“再就业优惠证”15万本，筹集再就业资金4.3亿元，超过历年水平。

2005年1月，省政府召开全省就业再就业工作会议暨表彰大会，表彰一批全省就业再就业工作先进集体和个人，各地组织广播、电视、报纸、杂志等新闻媒体广泛宣传就业再就业工作先进集体和个人的事迹，发挥典型示范作用。同年，各地在开展再就业援助月活动期间，充分发挥社区平台功能，设立政策咨询服务点，走访居民家庭，分发有关社会保险政策为主的各项再就业政策的宣传材料，做到慰问一家送一家，对符合社会保险补贴政策的人员，及时办理相关手续并发放到位。

## 三、政策扶持

### （一）发放“再就业优惠证”

1994年下半年，全省开展帮助困难国有企业工作，给困难职工发放“帮困证”。1995年，省劳动厅下发《关于实行下岗职工优惠服务制度的通知》，下岗职工可以凭“帮困证”和本人身份证到劳动就业管理服务机构办理优惠服务申请手续。

1997年，省劳动厅下发《关于实行职工下岗登记制度的通知》，在全省范围内实行职工下岗登记制度，明确登记的范围和对象为进入再就业服务中心托管的下岗职工和国有企业、县级以上集体企业离岗3个月以上发不足或发不出工资的下岗职工。经登记机构审核后，发给“企业职工下岗证”，作为职工下岗的有效证明，凭证享受再就业优惠政策。

1999年1月，省劳动和社会保障厅、省地方税务局联合下发《关于加强国有企业下岗职工“下岗证”管理工作的通知》，确定下岗证分“下岗职工基本生活保障证”和“下岗职工再就业优惠证”，由省劳动和社会保障厅统一印制，各级劳动保障部门发放，全省通用。原发放的“下岗证”同时废止，不再作为享受优惠政策的凭证。同时，规定“下岗职工基本生活保障证”作为进入再就业服务中心的下岗职工享受基本生活保障待遇以及免费培训和职业介绍等优惠政策的凭证，不享受自谋职业减免各种税费优惠政策。对国有企业下岗职工愿意自谋职业，并与企业签订协议的，由劳动保障部门发给“下岗职工再就业优惠证”。“下岗职工再就业优惠证”有效期为两年，实行年检制度。集体企业下岗职工可按《中共福建省委、福建省人民政府关于做好国有企业下岗职工再就业和深化社会保障制度改革的通知》规定，享受与国有企业下岗职工相同的税费优惠政策。同年6月，全省多渠道发放“下岗职工再就业优惠证”，根据下岗失业人员的不同情况由街道、社区劳动保障机构以及县级以上劳动保障部门、就业服务机构共同发放。10月，为鼓励企业精干主体，剥离辅助，落实省政府关于推进企业主辅分离的文件精神，使剥离出来的经济实体安置原企业职工能享受到安置下岗职工同等的优惠政策，省劳动厅下发《关于发放“下岗职工再就业优惠证”有关问题的补充通知》，各地劳动部门在确认企业的辅助机构、后勤单位与主体分离，成立独立法人时，可给其安置的原企业职工发放“下岗职工再就业优惠证”，并统计到再就业报表中，同时协助企业督促有关部门认真落实各项再就业优惠政策，对持“下岗职工再就业优惠证”的分流安置职工在开展再就业培训等服务中视同下岗职工享受有关优惠待遇。同年，省政府出台《关于建立两个确保和再就业工作目标责任制的通知》，明确规定各级政府在两个确保和再就业工作中的责任。

2001年4月，针对当时“下岗职工再就业优惠证”等发放存在的实际问题，省劳动和社会保障厅下发《关于进一步做好“下岗职工再就业优惠证”发放工作的补充通知》，明确“下岗职工再就业优惠证”由省劳动和社会保障厅统一监印，对申领的条件和程序、“下岗职工再就业优惠证”的有效期等做出规定，并向社会公示举报电话。省政府组织落实再就业优惠政策大检查，促进再就业优惠政策的落实，全省累计发放优惠证3万多本。

2002年12月，省劳动和社会保障厅等11家单位转发劳动和社会保障部等11部委《关于贯彻落实中共中央、国务院关于进一步做好下岗失业人员再就业工作的通知若干问题的意见》，明确了享受再就业扶持政策对象的认定，“再就业优惠证”的发放管理，职业介绍补贴和再就业培训补贴标准以及企业享受税收减免政策条件的认定。同时，为做好“再就业优惠证”的发放工作，省劳动和社会保障厅印发《关于“再就业优惠证”发放管理有关问题的通知》。根据国务院办公厅文件精神，省劳动和社会保障厅又出台《福建省劳动和社会保障厅关于“再就业优惠证”发放管理有关问题的补充通知》，采取由县级以上就业服务机构在发放失业保险金的同时发给再就业优惠证等办法，加快发证速度，至10月底已发证13万本，超过全省发放目标任务数的2.5%。

2003年，全省再就业优惠政策逐步落实，省、设区市两级再就业配套政策已全部出台，各项政策全部启动实施。10月，省地方税务局、省劳动和社会保障厅联合下发《关于下岗失业人员再就业税收优惠若干问题的通知》，规范了下岗失业人员凭“再就业优惠证”享受再就业税收优惠的对象和政策。当年，全省发放“再就业优惠证”15万本。

2005年，加强“再就业优惠证”管理，确保各项再就业税收优惠政策落到实处，促进下岗失业人员再就业，各级部门建立信息交换和协查制度，劳动保障部门建立省内联网的“再就业优惠证”信息查询系统，建立信息查询制度。各级税务部门在审批企业享受再就业税收优惠政策时，严格审查“再就业优惠证”的使用情况，发现有疑问的，与劳动保障部门提供的“再就业优惠证”发放信息对照或提请劳动保障部门协查。当年，全省发放“再就业优惠证”5.5万本。

### （二）自谋职业税费减免

1997年7月，省政府印发《关于进一步实施再就业工程意见的通知》，明确鼓励下岗职工组织起来就业和自谋职业，下岗职工持有企业下岗证明申请从事个体经营的，经所在地工商行政管理机关登记备案后，发给临时营业执照，允许其试经营6个月，再正式办理登记注册和领照手续，并免交1年的管理费，对持有“帮困证”的下岗职工，在早市、夜市从事临时性的经营活动，可免交工商管理费。

1998年7月，在《中共福建省委、福建省人民政府关于做好国有企业下岗职工再就业和深化社会保障制度改革的通知》中，明确下岗职工自谋职业从事个体经营的，给予免征个人所得税3年。下岗职工承包荒山、荒地、荒滩，从事农、渔、林业生产的，经财政、税务部门批准，自获利之日起3年内免征所得税、农业税和农业特产税。同年，省工商局制定《关于实施再就业工程的若干意见》，各级工商行政管理机关设立下岗职工办证专用窗口，申办个体工商家或私营企业，登记注册，领取营业执照，并享受优先安排摊位，免收1年个体工商家管理费和市场管理费及3年个私协会会员费等优惠待遇。建阳市开辟再就业一条街，凭下岗证、失业证为下岗职工办理营业执照，按“一人一证一摊”划分摊位，免交工商管理费1年，其他有关费用也给予减免。

1999年8月，省政府下发《关于做好归侨及其子女下岗再就业和大中专毕业推荐工作的意见》，对归侨、归侨子女下岗职工从事个体工商经营、家庭手工业和开办私营企业的，工商、税务、城管等有关部门凭下岗证，可优先给予办理有关手续，税费优惠政策可按照《中共福建省委、福建省人民政府关于做好国有企业下岗职工再就业和深化社会保障制度改革的通知》执行。

2000年3月，省劳动和社会保障厅和省地质矿产厅联合下发《关于地质勘查队伍属地化管理后下岗职工享受当地有关优惠政策的通知》，明确规定地质勘查队伍下岗职工再就业享受当地减免税等有关优惠政策。同年，福建省开展优惠政策落实情况检查，落实对下岗失业人员税务优惠政策。

2002年10月，省委、省政府出台《关于贯彻〈中共中央、国务院关于进一步做好下岗失业人员再就业工作的通知〉的若干意见》，明确享受再就业扶持政策的对象是有劳动能力和就业愿望的下岗失业人员，规定对下岗失业人员从事个体经营的，3年内免征营业税、城市维护建设税、教育费附加和所得税；鼓励服务型企业吸纳下岗失业人员。同时，全面清理对下岗失业人员从事个体经营和灵活就业的各项行政事业性收费，明确免收费的项目，并向社会公布。同年，省工商局推出了6项优惠政策：下岗职工在申办个体工商家或私营企业时，经所在工商行政管理机关登记备案后，允许其试营业1年再正式办理登记注册和领取执照手续，在试营业期间免收个体工商家管理费用；下岗职工从事社区服务等活动的，经居委会统一报所在地工商行政管理机关备案后，免予办理工商注册登记，免收各项工商费用，不作为无照经营处理；下岗职工申办个体工商家或私营企业，可以通过各级工商局注册大厅的“绿色通道”优先登记注册、优先安排摊位，免收1年个体工商家管理费和市场管理费，自愿参加个私协会的，可免收3年个私协会会员费；特困职工（指停产3个月或半停产6个月以上，完全发不出工资的企业职工）从事早、夜市临时性活动，经当地工商机关备案后，可免予办理个体工商家登记注册；鼓励和支持个体工商家和私营企业优先招收下岗职工，对于接纳安置下岗职工达10人以上的，允许跨行跨类经营；下岗职工中的科技人员和有专业特长的人员，在申办个体工商家、私营企业时，其技术和知识产权经法定的中介机构评估、科技管理部门认定后，允许抵充20%的注册资本，属高新技术的还允许抵充35%的注册资本。

2003年1月，省财政厅和省物价局为鼓励和促进下岗失业人员从事个体经营，联合下发《关于贯彻落实下岗失业人员从事个体经营有关收费优惠政策的通知》，对自谋职业享受的税费减免政策，由过去仅限于下岗职工扩大到下岗失业人员，适用范围由过去仅限于从事社区居民服务业的8个项目扩大到除国家限制行业以外的所有服务型企业。对下岗失业人员从事个体经营，3年内免征营业税、城市维护建设税、教育费附加和所得税，并免收管理、登记、证照类的所有各项收费。对服务型企业吸纳下岗失业人员，将企业享受减征企业所得税所需吸纳下岗失业人员比例的起始标准由60%降到30%，对新办服务型企业达到条件的3年内免征四税；对国有大中型企业通过主辅分离和举办经济实体分流安置富余人员，3年内免征企业所得税。6月，省财政厅转发《财政部关于切实落实下岗失业人员从事个体经营有关收费优惠政策的补充通知》，规定在6月30日以前，制定落实下岗失业人员从事个体经营有关收费优惠政策的具体实施办法，督促有关收费部门严格贯彻中央各有关部门及福建省财政厅的有关文件的规定，落实对下岗失业人员从事个体经营有关优惠政策规定的免收中央和省级行政事业性收费，推进再就业工作。同时规定从第三季度开始，省级各有关收费收执部门和各级财政部门，要分别建立对下岗失业人员从事个体经营有关收费优惠政策落实情况的统计制度，并在下一季度第一个月的前5日内，将《落实下岗失业人员从事个体经营收费优惠政策情况统计表》及其书面说明报送到省财政厅。当年，全省下岗失业人员从事个体经营自谋职业享受减免行政性收费的有4.55万人，减免金额1269.35万元；享受减免税收政策的有6443家、7200人，减免税款5398.43万元。

2004年，省工商部门为下岗失业人员减免行政事业性收费211.6万元；税务部门为从事个体经营或自主创业的下岗失业人员减免税收660.13万元，为吸纳下岗失业人员的服务型企业减免税收491.5万元。2005年，各地税务、工商部门落实下岗职工自谋职业税费减免优惠政策，全省有2.5万名下岗失业人员从事个体经营、自谋职业，享受税费减免830万元。

### （三）企业税收减免

1997年7月，省政府下发《关于进一步实施再就业工程意见的通知》，鼓励用人单位吸纳下岗职工，企业为安置下岗职工兴办独立核算的经济实体，经劳动部门认定为劳动就业服务企业，其安置下岗职工和城镇失业人员达到规定比例的，可按国家有关规定享受劳动就业服务企业优惠政策；达不到规定比例的，按其安置下岗职工和失业人员占企业职工总数的比例，每增加1%，相应减征两年1.66%的所得税。

1998年7月，下发《中共福建省委、福建省人民政府关于做好国有企业下岗职工再就业和深化社会保障制度改革的通知》，明确规定鼓励各类新办企业，包括国有、集体、私营、“三资”以及劳动就业服务企业接纳国有企业下岗职工。凡当年安置省内国有企业下岗职工达到企业职工总数60%以上的，免征企业所得税3年。免税期满后，当年新安置下岗职工达30%以上的，减半征收企业所得税两年。安置人员未达到规定比例的，按安置下岗职工占企业职工总数的比例，每增加一个百分点，给予减征企业所得税1.66%两年。国有企业为安置企业下岗职工新办的经济实体，当年安置省内国有企业下岗职工超过企业从业人员60%以上的，地方征收的营业税、车船使用税实行先征后退两年。老企业安置国有企业下岗职工达到60%以上的，企业所得税以上年为基数，超过部分免征3年；安置国有企业下岗职工达到

30%以上，但不足60%的，企业所得税以上年为基数，超过部分减半征收3年。鼓励沿海地区企业到省内山区办厂或兼并国有企业，其安置国有企业下岗职工比例达到40%以上的，免征企业所得税3年。安置比例不足40%的，每增加一个百分点，相应给予免征所得税2.5%两年的优惠。当年，税务部门狠抓优惠政策的落实，共审批政策性减免税企业1402家，减免税款1.34亿元。

2001年12月，贯彻财政部、国家税务总局联合下发的《关于下岗失业人员再就业有关税收政策问题的通知》，规定对新办的服务型企业（除广告业、桑拿、按摩、网吧、氧吧外）、商贸企业、现有的服务型企业和对国有大中型企业通过主辅分离和辅业改制分流安置本企业富余人员兴办的经济实体，凡当年新招用下岗失业人员达到职工总数30%以上（含30%），并与其签订3年以上期限劳动合同的，经劳动保障部门认定，税务机关审核，3年内免征营业税、城市维护建设税、教育费附加和企业所得税。企业当年新招总数不足30%，但与其签订3年以上劳动合同的，经审核，3年内可按计算的减征比例减征企业所得税。同时，将起征点幅度由现行月销售额600元—2000元提高到2000元—5000元；销售额由200元—800元提高到1500元—3000元；每次（日）营业额50元提高到100元。优惠政策执行期限为2003年1月1日至2005年12月31日。

2002年10月，福建省出台《关于贯彻〈中共中央、国务院关于进一步做好下岗失业人员再就业工作的通知〉的若干意见》，明确规定鼓励服务型企业吸纳下岗失业人员。对现有的服务型企业新增加的岗位，当年新招用下岗失业人员达到职工总数30%以上，并与其签订3年以上期限劳动合同的，经劳动保障部门认定，税务机关审核，3年内根据招用人数按一定比例减征企业所得税。对新办的服务型企业当年新招用下岗失业人员达到职工总数30%以上，并与其签订3年以上期限劳动合同的，经劳动保障部门认定，税务机关审核，3年内免征企业营业税、城市维护建设税、教育费附加和企业所得税。当年新招用下岗失业人员不足30%的，根据招用人数，按一定比例减征企业所得税。国有大中型企业通过主辅分离和辅业改制分流安置原企业富余人员兴办的经济实体，凡符合条件的，经劳动保障部门认定，税务机关审核，3年内免征企业所得税。上述有关减免税收的政策暂定执行到2005年底。

2003年6月，执行财政部、国家税务总局联合下发的《关于下岗失业人员再就业税收政策的补充通知》，福建省将“商贸企业”界定为商业零售企业。对于只从事商品零售业务的商业零售企业（商品批发、批零兼营的企业除外），继续按照文件中规定的按比例计算的税收优惠办法执行。税收优惠按安置下岗失业人员数量核定，并一律从企业应缴纳的企业所得税税额中扣减，当年扣减不足的结转至下一年继续扣减，扣减年限截至2005年底。而从事商品零售兼营批发业务的商业零售企业，采用定额税收优惠办法，即凡安置下岗失业人员并签订3年以上期限劳动合同的，经劳动保障部门认定，税务机关审核，在2005年底前可享受定额税收扣减优惠。

2005年，全省劳务派遣企业招用下岗失业人员，符合财政部、国家税务总局《关于下岗失业人员再就业有关税收政策问题的通知》和财政部、劳动保障部、国家税务总局《关于促进下岗失业人员再就业税收优惠及其他相关政策的补充通知》规定条件的，按照文件规定享受有关减免税费的优惠政策。

（四）社会保险补贴

2002年10月，省委、省政府出台《关于贯彻〈中共中央、国务院关于进一步做好下岗失业人员再就业工作的通知〉的若干意见》，规定各类服务型企业（包括商贸、餐饮、服务业企业，国家限制的行业除外）新增岗位新招用下岗失业人员，并与其签订3年以上期限劳动合同的，由企业提出申请，劳动保障部门审核后，由再就业资金按招用人数提供为期3年的社会保险补贴。社区开发的公益性岗位安排大龄就业困难对象，由再就业资金按招用人数给予社会保险补贴。各地落实社会保险补贴政策重点做到“三落实”，即落实已在公益性岗位就业的就业困难对象的社会保险补贴；落实尚未与原企业解除劳动关系人员从事公益性岗位期间的社会保险补贴；落实在新开发公益性岗位上实现再就业的就业困难对象的社会保险补贴。对没有兑现社保补贴的人员认真进行清查核对，详细列出名单，针对不同人员采取不同方法落实社保补贴。同年10月，对各类服务型企业新增岗位招用下岗失业人员，与其签订3年以上劳动合同的，由再就业资金按招用人数补贴3年社会保险费。社区开发的公益性岗位安排“4050”人员（下岗职工中女40岁、男50岁以上的大龄就业困难人员）的，从再就业资金中给予社会保险补贴。

2003年，全省享受社保补贴人数1.58万人，社会保险补贴支出1032万元。厦门市采取社会保险补贴政策来促进再就业工作，对于招用下岗职工的企业，政府提供社会保险补贴，社区开发的公益性岗位安排男50周岁、女40周岁以上就业困难的下岗失业人员，由街道办事处提出申请，经劳动保障部门审核，按招用人数提供社会保险补贴。

2005年，完善社会保险补贴政策，省级财政安排就业补助资金1.69亿元，保证下岗失业人员再就业社会保险补贴、公益性岗位补贴等再就业扶持政策落实。省人力资源和社会保障厅督促各地落实社会保险补贴配套资金，保证按规定可以享受社会保险补贴政策的下岗失业人员都能得到社会保险补贴。

（五）小额贷款政策

2002年10月，福建省贯彻《中共中央、国务院关于进一步做好下岗失业人员再就业工作的通知》，制定小额贷款政策，为下岗失业人员自谋职业和自主创业提供小额贷款。贷款额度在2万元左右，贷款期限最长不超过2年，到期确需延长的，可申请延期1次。贷款利息按照中国人民银行公布的贷款利率确定。对下岗失业人员合伙经营和组织起来就业的，可根据人数和经营项目扩大贷款规模。省和各设区市建立下岗失业人员贷款担保基金，担保最高限额为担保基金的5倍，期限与贷款期限相同。小额贷款政策出台后，由于无法解决担保机构、筹集担保基金、各商业银行等金融机构的贷款规模、效益、成本、风险等问题，小额贷款发放、担保工作起步艰难。

2003年4月，省财政厅等部门联合转发《中国人民银行、财政部、国家经贸委、劳动和社会保障部〈关于下岗失业人员小额担保贷款管理办法〉的通知》，小额贷款政策启动实施。通知明确贷款对象和贷款程序，贷款额度不超过10万元。贷款贴息由各设区市财政据实全额贴息。微利项目的小额担保贷款不向借款人收取利息，由各设区市商业银行分支行承担并将贴息情况分别报人民银行和省财政厅。贷款担保基金用于对全市（市、县、区）范围内下岗失业人员小额贷款进行担保，所需资金主要由同级财政筹集。贷款担保机构担保费不超过贷款本金的1%。贷款银行要配合财政、劳动保障等部门严格贷款管理。同年7月，省财政厅等部门转发《财政部、中国人民银行、劳动保障部关于印发〈下岗失业人员从事微利项目小额担保贷款财政贴息资金管理办法〉的通知》，从事微利项目小额担保贷款财政贴息资金由设区市财政预算安排，按季审核并向地市级经办银行据实拨付贴息资金，年度终了两个月内编制贴息资金年度决算报省财政厅。为使这项优惠政策得到有效的贯彻实施，广大下岗失业人员自主创业、自谋职业能够得到资金的扶持，省劳动保障、财政等部门深入各地调查研究，广泛听取各有关部门的意见和建议，进行大胆探索，使小额（担保）贷款工作得到进展。当年全省筹集小额贷款担保基金4455万元，其中省级预算补助3000万元。小额担保贷款对象实行属地管理原则，由各地审核发放。微利贷款项目实行财政贴息。

2004年，各地推进下岗失业人员小额担保贷款政策落实，鼓励各商业银行、农村合作银行和城乡信用社对新增就业岗位吸收下岗失业人员达到一定比例的劳动密集型小企业给予贷款，支持下岗失业人员扩大再就业。完善下岗失业人员小额担保贷款管理办法、贷款担保和贷款审批手续。同年，全省再就业小额担保贷款共发放1691笔，贷款2976.4万元。屏南县在落实小额贷款方面闯出一条新路。该县地处福建省东北部，属于交通闭塞经济欠发达的贫困山区县，共有国有企业83家，职工总数3986人，到2005年止已解除劳动关系2000人。县委、县政府从实际出发，及时研究出台各项再就业优惠政策，特别是小额担保贷款贴息政策，推动全县下岗失业人员再就业工作的顺利开展。全县采取“一简”“二改”“三自”（“一简”就是简化贷款程序，取消到银行贷款前的所有申请、推荐、审查、审核等所有程序，直接到经办银行申请贷款。“二改”就是改革贷款申请审查、审核为贴息审查、审核；改革贷款控制规模为贴息控制规模。“三自”就是自愿申请贷款，不需任何审查、审核；自行提供担保，不受2万元左右贷款规模的限制；自主申请贴息，限制在2万元左右给予贴息，超期和超额利息全部由申请人承担）模式，千方百计落实下岗失业人员小额担保贷款贴息政策，取得了较好的实际效果。2004年全县累计发放小额贴息贷款56笔，贷款金额112万元。

2005年1月，为落实对吸纳下岗失业人员达到一定比例的劳动密集型小企业发放小额担保贷款的政策，省劳动和社会保障厅、省财政厅、中国人民银行福州中心支行联合下发《关于做好申请小额担保贷款的劳动密集型小企业认定工作的通知》，明确在省工商局注册的在榕劳动密集型小企业（除广告业、桑拿、按摩、网吧、氧吧以及国家产业政策不予鼓励的企业外）申请小额担保贷款，由省劳动和社会保障厅负责审核，其余由所在地的县（市）以上劳动保障部门负责认定。对符合条件的，由劳动保障部门核发《劳动密集型小企业吸纳下岗失业人员认定证明》，报同级财政部门复核。10 月，为规范符合条件小企业小额担保贷款财政贴息资金的管理，提高使用效益，省财政厅下发《福建省符合条件小企业小额担保贷款财政贴息资金使用管理办法》的通知，规定下岗失业人员小额担保贷款的对象为年龄在 60 岁以内，具备劳动技能的下岗失业人员、自谋职业、自主创业或合伙经营与组织起来就业的人员，开办经费和流动资金不足部分，在贷款担保机构承诺担保的前提下，持劳动保障部门核发的“再就业优惠证”向商业银行或其分支机构申请小额担保贷款。小额担保贷款按照自愿申请、社区推荐、劳动保障部门审查、贷款担保机构审核并承诺担保、商业银行核贷的程序，办理贷款手续。商业银行自收到贷款申请及符合条件的资料之日起，在 3 周内给予贷款申请人正式答复。小额担保贷款金额一般掌握在 2 万元左右，还款方式和计结息方式由借贷双方商定，对下岗失业人员合伙经营和组织起来就业，可根据人数，适当扩大贷款规模。贷款期限不超过 2 年，借款人提出延期且担保人同意继续提供担保的，可以延期，期限不得超过 1 年。小额担保贷款利率按照中国人民银行公布的贷款利率水平确定，不得向上浮动。从事微利项目的小额担保贷款由中央财政据实全额贴息，延期不贴息。当年，全省各级财政安排小额贷款担保基金 3946 万元；发放小额贷款 637 笔 1177.3 万元。屏南县 2005 年发放贷款 189 笔，金额 420 万元，受惠下岗失业人员 400 多人。至年底，到期的贷款基本上全部按时还本付息。

### （六）建设社区劳动保障服务平台

2001 年，省委、省政府印发《福建省城市社区建设纲要》，明确要求在街道设立劳动保障机构，街道劳动保障工作机构要在社区聘用专门的服务人员等，为下岗失业人员提供各种就业服务。各级政府按照中央和省委、省政府的要求，抓紧建立街道、乡镇就业和社会保障机构，承担起下岗失业人员、企业退休人员的社会化管理和服务工作，促进下岗失业人员再就业的工作落到实处。年底，省财政厅明确规定，街道一级的行政经费列入区（市、县）级财政预算，省级财政在安排专项资金，用于补助财力特别困难的区（市、县）的社区建设。对社区建设基金和街道兴办的社区有偿服务的净收，应按照预算外资金管理办法进行管理，纳入财政专家，实行专家存储，专款专用。是年，全省选择 5 个市 6 个街道开展社区就业试点，三明市三元区和漳州市芗城区都成立从区政府到各街道的社区就业工作组织，发挥社区基层管理优势，促进下岗失业人员再就业。

2002 年，福建各级政府发挥社区在就业和社会保障方面的服务功能，就业再就业任务重的乡镇、街道，设立或确定负责劳动和社会保障事务的机构。街道劳动和社会保障工作机构在社区聘用专门的服务人员，并提供工作经费，建立统一的社会保障和劳动就业工作体系，做到“六个到位”（即机构、人员、经费、场地、制度、工作到位），解决基层就业和社会保障工作“无机构、无职能、无经费”的问题。同年，全省 127 个街道已经有 66 个建立劳动保障服务机构，有 51 个街道劳动保障服务机构做到编制、人员、经费到位，已整合的社区居委会 865 个，已经有 473 个建立社区劳动保障服务平台，并把开展“灵活就业、灵活保障、灵活培训、依法维权”活动，作为社区劳动保障平台建设的重要内容。福州市委、市政府下发《关于建立社区劳动服务部的意见》，全市 262 个社区建立了劳动保障服务机构，每个社区配备 3—5 名工作人员。厦门市建立街道劳动保障工作机构，配备 3 名专职工作人员，经费由市、区财政承担，同时在社区聘用专职工作人员，并连续出台《关于建立街（居）社会保障工作网络的实施意见》《关于建立社区劳动保障机构改革和规范名称的意见》等文件。

2003 年，全省各地按照“三个衔接”和“六个到位”的工作要求，加大建立社区平台工作力度，形成就业服务网络。福州市编办出台文件，落实街道、社区工作平台的编制、人员和经费，从下岗失业人员中公开选聘 1000 多名社区工作人员。南平市对所有的街道和 148 个社区建立的劳动保障事务所、工作站，每个给予每年 5 万元的补助经费，由设区市、县各承担 50％。并将补助与业绩挂钩，社区工作站每帮助 1 名下岗失业人员实现就业，政府给予 30 元的奖励。龙岩市新罗区投入 50 万元在全市 4 个街道和 19 个乡镇劳动保障事务所配备了电脑、传真机、电话专线，建立包括工作职责、人员守则、服务公约等 12 项工作制度。至年底，福建省 127 个街道全部建劳动保障事务所，配备专兼职工作人员 368 人，落实人员和经费。989 个乡镇有 573 个乡镇也建成劳动保障事务所。全省已经整合的 1230 个社区，有 954 个社区建立劳动保障工作站，占社区总数的 68％，聘用工作人员 2566 人。人员编制、经费、电脑设备、工作制度已基本到位。提前 3 个多月完成劳动保障部提出街道劳动保障事务所组建的要求，名列全国前 10 名，为促进就业和再就业奠定了扎实的基础。

2004 年，全省建立基层劳动保障工作平台 2041 个，其中街道劳动保障事务所 123 个，配置工作人员 464 人；社区劳动保障工作部 1182 个，配置工作人员 3370 人；乡镇劳动保障事务所 736 个，配备工作人员 1298 人。到 2005 年，全省 130 个街道全部建立劳动保障事务所，77.6％的社区建立劳动保障工作站，57.9％的乡镇也建成劳动保障事务所。

## 四、经费筹集

1994 年下半年，随着国有企业改革的深化，福建省不少生产经营发生严重困难，工资不能正常发放。9 月，省政府颁布《福建省最低工资规定》，在全国率先实施最低工资保障制度。省政府发出通知，要求各地区各有关部门努力帮助解决部分国有企业特困职工生活问题，并成立福建省帮困领导小组，筹集资金开展帮困工作。省委书记和省长多次深入困难企业调研，慰问困难职工。

1995 年，全省困难企业（国有企业、城镇集体企业）有 1289 家，职工 15.01 万人，其中：国有企业 659 家，职工 7.11 万人，集体企业 630 家，职工 7.9 万人。发不出工资的企业有 533 家，职工 3.87 万人，发不足工资的企业有 756 家，职工 11.14 万人。为保障元旦春节期间困难职工的生活，省政府决定从失业保险基金和养老保险基金中拿出 3300 万元（其中失业保险金 1800 万元，养老保险金 1500 万元），用于参加全省失业保险社会统筹和养老保险省级统筹的困难企业职工“两节”期间的生活补贴费和企业离退休人员生活补助费。对参加失业保险社会统筹的国有、城镇集体企业发不出工资的509家3万名职工，“两节”期间每人每月补贴150元；发不足工资的677家企业6.2万名职工，在“两节”期间每人每月补贴70元。此外，省劳动厅从失业保险省级调剂金中拨出50万元专款，用于慰问宁德、龙岩、南平、三明等困难地、市、县的特别困难企业职工。

1996年，省政府发布《关于帮助部分国有企业特困职工解决生活问题的若干意见》，要求建立各级政府帮困工作责任制，帮助困难企业生产自救，妥善安置富余职工，解决职工生活困难。同时建立帮困资金救助困难职工制度，明确帮困资金的来源：各级财政每年在预算中按个人所得税收入的20%安排用于帮困资金；每年全省开展的财务、税收、物价大检查中罚没入地方库总额的20%为帮困资金；接受国内外人士、团体单位及企业的自愿捐款或赞助。并成立福建省帮困领导小组办公室，负责协调解决帮困工作中的重大问题，研究制定帮困工作规划和有关政策措施。福州、南平、三明、龙岩、宁德等地市相继成立帮困领导小组，保证帮困工作的深入开展。全省开展送温暖活动，发放帮困救济金3072.8万元，养老保险慰问金464.59万元，救济23.6万名困难职工和离退休工人。

1997年，全省有困难企业1815家，困难职工17.72万人，其中国有困难企业1105家，职工12.1万人；完全发不出工资企业545家，职工4万人，其中国有企业311家，职工2.51万人。全省纳入财政预算帮困资金7993.8万元，进入帮困资金专户6322万元，发放帮困资金4308万元、救助困难企业职工25.46万人次。“两节”期间，共安排帮困资金3702万，慰问8.26万名困难企业职工，还安排“两节”帮困资金1500万元，慰问困难职工12.94万人次。

1998年7月，省委、省政府印发《关于做好国有企业下岗职工再就业和深化社会保障制度改革的通知》，要求各级政府要建立再就业基金，再就业基金主要用于国有企业下岗职工进入再就业服务中心的基本生活和社保险费用，以及促进再就业的经费。基金主要来源从两个方面筹集：帮困资金，从个人所得税收入当地留成的20%部分安排预算，并逐级上解20%作为调剂金，财务、税收、物价检查中罚没入地方库金额的20%；各级财政每年按财政预算支出的2‰—5‰安排的部分（即“三三制”）。上述两项仍不足的，由同级财政追加支出安排；从结余的失业保险基金和提高失业保险费征缴比例的基金调剂；各级劳动部门向使用农村和外省劳动力的用人单位按所收的就业调节费的部分；社会捐赠款。再就业基金由财政部门按专项资金实行专户管理，免收各种税费。资金的安排，由企业再就业服务中心提出申请，企业主管部门审核报同级劳动部门商财政部门审批后拨付。当年，全省共筹集资金2.3亿元，列入各级财政预算的再就业基金1.7亿元，其中省级7200万元。同时向财政部争取无息借款3000万元。按照“三三制”和财政兜底的原则全年审批支出1.3亿元，其中省级4548万元，使1580个国有企业再就业服务中心中的3.12万名下岗职工基本生活得到保障，累计补助36万人次下岗职工和困难职工。

1999年，全省共筹集再就业基金3.46亿元，使用资金3.05亿元，其中失业保险基金承担再就业资金7100万元。全省各级财政共筹集再就业基金1.3亿元（其中省级4548万元），使进入国有企业再就业服务中心的3.22万名下岗职工基本生活得到保障。下岗职工基本生活保障资金每月人均标准平均280元，最高637元（厦门），最低196.2元（南平市部分山区县）。

2000年，全省共筹集再就业资金5.93亿元，其中各级财政预算安排再就业资金3.04亿，省级预算安排8000万元，社会筹集1.08亿元，企业筹集1.8亿元。在企业再就业服务中心的下岗职工2.08万人，基本生活得到保障。

2001年，全省共筹集再就业资金3.8亿元，其中财政安排1亿元，社会筹集0.4亿元，企业筹集2.4亿元，使用资金3.7亿元，其中发放基本生活费0.54亿元，在中心的下岗职工基本生活全部得到保障，下岗职工月人均基本生活费达341元（含代缴社会保险费）。

2002年10月，省委、省政府出台的《关于贯彻〈中共中央、国务院关于进一步做好下岗失业人员再就业工作的通知〉的若干意见》，再次明确各级政府要切实调整财政支出结构，加大再就业资金投入，将促进再就业资金列入财政预算，优先安排再就业资金。在“政府预算收支科目”中增设“就业补助”款科目，以反映各级财政用于社会保险补贴、岗位补贴、小额贷款担保和贴息、再就业培训补贴、职业介绍补贴、社区劳动和社会保障工作补贴等项支出。省财政对困难地区给予适当补助，并与地方财政投入和工作业绩挂钩。各级财政安排用于下岗职工基本生活保障和再就业的预算资金规模不减，在确保下岗职工基本生活的前提下，根据当地工作需要，安排一部分用于促进再就业、补充失业保险基金的不足以及补助困难企业支付出中心下岗职工解除劳动关系的经济补偿金。是年，全省财政预算安排国有企业基本生活保障资金2亿元。其中，省级预算8000万元，并争取中央补助4400万元，确保在再就业服务中心的国有企业下岗职工的基本生活。

2003年8月，贯彻《国务院办公厅转发国家经贸委等部门关于解决国有困难企业和关闭破产企业职工基本生活问题若干意见的通知》，积极稳妥地解决下岗职工基本生活保障制度向失业保险制度并轨中出现的问题。对企业新裁减人员和出中心的下岗职工，做好社会保险关系接续工作，按规定为其提供失业保险。对符合城市居民最低生活保障条件的，及时将其纳入最低生活保障。协议期满的下岗职工，原则上应按规定出中心，并与企业解除劳动关系。对协议期满暂时无法解除劳动关系的下岗职工，继续运用现有各类资金渠道筹措的资金保障其基本生活。继续按照“三三制”原则，做好困难企业职工最低生活保障工作。当年，全省筹集再就业资金4.3亿元，其中省级筹集2.6亿元，地方筹集1.7亿元。同时合理调整国有企业基本生活保障资金的使用方向。在“两个确保”的前提下，将基本生活保障资金调整用于促进就业和经济补偿金补助，落实社会保险补贴、免费职业培训和职业介绍补助等政策，发挥财政资金的导向作用。通过“保生活、断关系、接保险、促就业”，提高再就业资金的使用效益，并为建立市场就业机制奠定基础。

2004 年，全省财政预算安排再就业资金 1.63 亿元，其中省级预算支出 5600 万元。通过再就业社会保险补贴、职业培训和介绍补贴，公益性岗位补贴等优惠政策，鼓励用人单位吸纳下岗失业人员，鼓励下岗失业人员自谋职业、自主创业，鼓励职业培训机构加强下岗失业人员职业技能培训，提高再就业竞争能力。

2005 年，全省财政预算用于就业补助支出 1.69 亿元，保证下岗失业人员再就业社会保险费补贴、公益性岗位补贴、职业培训和职业介绍补贴等再就业扶持政策的落实，促进全省就业再就业目标的实现。同时，根据省委、省政府《关于加快县域经济发展的若干意见》，省级财政预算安排的再就业补助资金直接下达到县（市、区），减少中间环节，提高资金的使用效率。

## 第二节　再就业渠道

### 一、企业富余职工安置

1991 年，随着国有企业改革深入，省内部分企业出现富余职工，各地通过多种渠道安置。1993 年，全省新办第三产业劳动就业服务企业 473 家，占新办企业数的 77.54%，安置企业富余人员 3200 人，占当年安置富余人员总数的 68%。劳动就业服务企业在发展第三产业、安置企业富余人员取得新的进展，其中福州、漳州、宁德等地和省直单位尤为突出，第三产业安置企业富余人员比重都在 80%以上。同时，福建省还规定安置企业富余职工占新办企业职工总数 60%以上的单位，可享受减免所得税优惠政策。

1994 年，省帮困领导小组办公室，对全省企业进行抽样调查摸底。按撤离生产岗位，在企业待岗 3 个月以上，生活无基本保障的统计口径计算，全省富余职工总数 16.30 万人。按行业划分：建筑业 1.08 万人、工业企业 8.37 万人、交通运输邮电业 1.20 万人、商业供销粮食业 4.0 万人、其他 1.65 万人；按文化程度划分：小学 3.07 万人、初中 8.29 万人、高中 4.83 万人、大学 0.11 万人。这些富余人员中女性占 50%左右，年龄在 35 岁以上约 6.60 万人。

1995 年，省政府颁布《福建省国有企业富余职工安置实施办法》，规定企业应通过开拓新的生产经营项目、积极发展生产等途径，做好富余职工的内部安置工作；通过发展第三产业，组织劳务输出、劳务承包，开展厂际交流等形式，做好富余职工的分流工作。具体分流办法有两种：对不愿离厂的职工采用离岗不离厂的办法，兴办第三产业，享受企业现有的部分福利待遇，并在一定时间内，给予扶持和帮助；愿意离厂的职工，企业划出部分资产转为扶持资金，扶持富余职工发展个体、私营经济。企业为安置富余职工兴办的独立核算的第三产业企业，享受税收优惠政策。生产经营正常的企业，富余人员的分流实行企业自行安置为主、社会安置为辅；濒临破产或生产经营发生严重困难的企业，允许企业裁员，从企业流向社会，从隐性失业变为公开失业；通过试点让少数破产的企业，职工失业期间按规定享受失业救济。企业内部招工，须划出50%的比例来安置下岗职工。各地和企业采取措施安置富余职工，大田县以县内的骨干行业组建9个集团公司，使全县成为无亏损企业县，684名富余职工在企业内部得到合理安置。三明塑料厂兼并五金厂，安置富余职工158人；三明印染厂兼并织毯厂，使连续亏损3年的织毯厂200多名富余职工回到生产岗位。龙岩地区钢铁集团公司为妥善安置富余人员，成立地区劳务中心市场的分市场，对公司内部有再就业要求的富余人员进行登记，经转岗培训后再介绍到公司下属的各企业就业，从而形成公司内劳动力的良性循环，使大部分富余人员在企业内得到安置。同年，福建省通过兴办第三产业，发展多种生产经营安置富余职工3.97万人。1996年，全省企业富余职工有12.35万人，按照3年分流安置30万人的计划，全省组织10万失业人员和企业富余职工参加“再就业工程”，再就业率达到60%以上，城镇失业率控制在2.5%以内。

1997年3月，国务院下发《关于在若干城市试行国有企业兼并破产和职工再就业有关问题的补充通知》，对国有企业富余职工实施再就业工程，促进产业结构调整、企业优化结构和转换经营机制，并制订破产企业物资财产处置，破产企业职工的安置，以及以产定人、下岗分流、适当减免贷款利息、缓解企业困难等10条规定。同年，全省国有、集体企业富余职工23万人，其中下岗6个月以上占1/3，由于职工中年龄偏大、文化技能水平低、女职工比例大、分流安置再就业难度大。省委、省政府针对这种情况，把实施再就业工程作为为民办实事项目，省政协把实施再就业工程列为一号提案，推动再就业工程的进程。各级政府把再就业工程列为“一把手”工程全面启动。到年底，全省国有、集体企业富余职工中，分流安置12万人，完成省委、省政府下达的工作目标。

1998年6月，《中共福建省委、福建省人民政府关于做好国有企业下岗职工再就业和深化社会保障制度改革的通知》出台，全省富余职工安置纳入下岗职工基本生活保障和再就业工作。

## 二、鼓励自谋职业

1997年，省政府下发《关于进一步实施再就业工程意见的通知》，鼓励下岗职工组织起来就业和自谋职业，下岗职工持有企业下岗证明申请从事个体经营的，经所在地工商行政管理机关登记备案后，发给临时营业执照，允许其试经营6个月，再正式办理登记注册和领照手续，并免交1年的管理费，对持有帮困证的下岗职工，在早市、夜市从事临时性的经营活动，可免交工商管理费。当年，列入全国兼并破产下岗再就业试点城市的福州、厦门、三明、南平市，进入企业再就业服务中心的下岗职工1.53万人，分流0.7万人，大部分通过领取一次性安置费自谋职业。

1999年6月，福建省在福州市科技馆举行再就业产品展示会，榕城下岗职工自主创业研制、生产的400多种产品参加展示。8月，省政府下发《关于做好城镇集体企业下岗职工基本生活保障和再就业工作的通知》，鼓励集体企业下岗职工自谋职业。下岗职工自谋职业享受与国有企业下岗职工相同的税费优惠政策。同年，全省个体工商家、私营企业吸纳2.6万名下岗失业人员就业。2001年，全省已经实现再就业的6.67万名下岗失业人员中，约有六成是自谋职业。2003年，全省有4.55万名下岗失业人员从事个体经营自谋职业。2005年，全省共发放《再就业优惠证》5.5万本，有2.5万名下岗失业人员从事个体经营、自谋职业。

### 附：自谋职业再就业先进选介

建瓯市下岗女工郭美琴在1992年下岗时43岁。1996年11月，她投资6万元办起美琴竹箩厂，招收20多名下岗女工，年销售竹箩达2万多只，上缴国家税收1.2万元。2003年，郭美琴被省劳动和社会保障厅、省总工会评为“福建省再就业先进个人”。

华安县下岗女工林友凤在1995年底从县电影公司下岗后，自谋职业。她设计的“婴幼儿童睡袋”于1996年8月获国家新型实用专利证书。她被漳州市评为“首届十佳下岗青工领头人”“下岗女职工再就业标兵”，2003年被评为“福建省再就业先进个人”。

松溪县百货公司女工郑玉梅在1993年下岗后，创办湛卢龙凤宝剑厂，并招收8名下岗工人。生产的宝剑不仅畅销全国，还销往日本、东南亚等国家和地区，并在福建省乡镇企业精品展览会上，湛卢龙凤宝剑崭露头角、夺得金奖。

三明市三元区竹柴炭公司副经理刘俊于1996年12月因公司效益不佳下岗。1997年，他创办三元区荆西养猪场，从“商官”变“猪倌”。2003年，刘俊被评为“福建省再就业先进个人”。

福州市下岗女工陈晓萍于1996年下岗后，与几位下岗姐妹一道办起真味包点公司。两年后，真味包点公司被评为“福州市促进再就业先进单位”。真味包点公司已发展到拥有30多万元资产、33个网点、55名员工的工厂化专业生产、批发、零售的中式包点企业，而且接纳40多名下岗女工。1999年1月19日，国务院总理朱镕基到福建考察再就业工作，与福州市与部分下岗职工座谈，陈晓萍在会上与总理做成一笔包子“生意”。

福州下岗女工范碧玉自主创业创办福州红光饭店，吸纳下岗女工就业。1999年2月8日，全国人大常委会委员长李鹏到福建调研时，称赞她“是一位企业家了，不再是一个下岗女工了”。她先后被评为“全国青年兴业领头人”“福州市十佳创业标兵”。

## 三、公益性岗位安置

1991年，各级劳动部门对部分生产经营困难企业的富余职工，组织就业指导、转业训练、职业介绍和试工等活动，促进富余职工实现再就业。1995年，随着经济体制改革的深入，国有企业改制分流人员，下岗失业人员不断增多，各地对下岗失业人员，特别对就业困难群体通过公益性岗位开展再就业援助活动。1998年，全省通过街道社区劳动服务站，对就业困难群体开展再就业援助，对困难对象提供个性化就业服务和公益性岗位援助。设立公共就业服务和公益性岗位开发项目，对就业困难对象实行专人帮扶。同时，统筹管理政府有关部门开发的公益性岗位，有针对性地开展岗位援助。通过采取日常援助与集中援助相结合，各项帮扶措施并取得实效。

2001年，各级政府投资开发的公益性岗位，优先安排适合岗位要求的大龄就业困难对象。福州市提出开发公益性岗位“三个一千”送岗计划（即1000个社区就业服务岗位、1000个交通协管员岗位、1000个市场管理员岗位），招聘社区劳动保障工作人员887名，交通协管员557名，全部安置“4050”大龄就业困难人员。同时，机关事业单位清理3000个岗位，并下达500个消费品协管员岗位，开发社区就业岗位5000个，用来安置再就业困难人员。厦门市委、市政府要求机关事业单位腾岗3000个，下达综治协管员公益性岗位指标500个，用于安置下岗失业人员。泉州市举办“手牵手大型就业会”，提供就业岗位9040个，有5500人参加应聘，达成意向1021人，453人成功就业，南平市发展社区组织，实行灵活多样的就业形式，开发社区就业岗位3200个，安置下岗失业人员2300多个。

2002年，贯彻财政部、劳动和社会保障部联合下发《关于促进下岗失业人员再就业资金管理有关问题的通知》，对在社区开发公益性岗位安排大龄就业困难对象的企业（单位），地方财政可根据本地实际给予适当比例的岗位补贴，具体补贴标准和办法由各地政府制定。

2003年，对社区开发的公益性岗位安排大龄就业的给予岗位补贴。省财政从国有企业基本生活保障资金中安排3100万元补助经费。各地积极筹措资金，帮助下岗失业人员再就业。莆田市涵江区涵西街道多方筹措20多万元资金设立社区就业基金，无息提供给下岗失业人员，发放每次3000元为期两年的贷款，组建8个社区服务队，创300多个就业岗位，与辖区内12家企业结对子开展再就业援助行动，有330名失业人员实现再就业。

2005年，全省开展创建充分就业社区活动，各地把社区内的保安、保洁、保绿、车辆管理、公共管理等公共管理类的公益性就业岗位，用于安置社区“4050”人员和就业困难群体就业。莆田市荔城区扶持创办136个公益性劳动组织，安置下岗失业人员263人。福州市台江区滨江社区通过开放社区老人活动室、医疗服务站、图书阅报室和交通、城管、市场的协管员等公益性管理岗位共安置86名下岗失业人员就业。

## 四、发展社区服务业

1998年7月，省委、省政府发出《关于做好国有企业下岗职工再就业和深化社会保障制度改革的通知》，鼓励发展社区服务业，街道、居委会组织国有企业下岗职工从事环保绿化、电器维修、家政服务、社会治安、物业管理等家庭和社区居民服务业，所取得的收入，免征营业税、企业所得税、个人所得税以及各种行政性收费3年；从事商业、饮食业减半征收企业所得税和营业税以及各种行政性收费3年。

1999年，鼓励下岗职工通过从事社区服务业实现再就业。对从事社区居民服务业的下岗职工在3年内免征营业税、个人所得税、城市维护建设税和教育费附加。2000年，在福州、三明、厦门、南平、漳州五市10个街道社区开展发展社区服务业，安置下岗职工再就业试点。

2001年，福建省再就业援助行动在福州、漳州、南平、三明6个社区开展试点，福州台江区、漳州芗城区、三明梅列区和南平延平区等试点成效明显。同年5月，落实中共中央、国务院“关于积极扩大就业和推进社区建设”的要求，省劳动和社会保障厅等部门制定《关于推动社区就业工作的若干意见》，多渠道开发社区就业岗位，落实和完善再就业优惠政策，加强社区就业服务和再就业培训，加强部门配合，落实工作责任。8月，省劳动和社会保障厅下发《关于转发劳动和社会保障部培训就业司〈关于指导重点联系城市制定社区就业工作方案的意见〉的通知》《关于印发福州市等6个单位社区就业工作实施方案的通知》，明确全国社区就业重点联系城市为福州市、厦门市、南平市；福建省社区就业重点联系县（区）为福州市台江区、福州市鼓楼区、厦门市开元区、漳州市芗城区、三明市梅列区、南平市延平区；福建省社区就业试点街道（社区）为福州市台江区亚峰社区居委会、福州市鼓楼区鼓东街道、漳州市芗城区东铺头街道、三明市梅列区列东街道、南平市延平区紫云街道。11月，省劳动和社会保障厅等5部门联合下发《关于发展社区非正规劳动组织的通知》，加快发展社区非正规劳动组织，适应城市经济和社会发展需要，促进社区就业向社区要岗位活动。社区非正规劳动组织的服务项目包括家庭清洁卫生服务；婴幼儿看护（教育）、病人看护和养老服务等20余种家政服务及其他便民利民等项目。劳动保障部门对在社区非正规劳动组织中就业的下岗失业人员给予免费职业技能培训，免费考核发证，免费寄存档案等优惠服务；每年从就业经费中安排一定的额度，用于扶持发展社区非正规劳动组织。税务部门对社区非正规劳动组织的营业税、所得税等给予减免扶持；工商部门、城建、城管和卫生等部门也对社区非正规劳动组织给予政策扶持。

2002年，全省开发社区服务类、公益性服务类、后勤保障服务类三类岗位，累计有10万人在社区实现就业。南平市梅山街道大力发展社区非正规劳动组织，实行灵活多样的就业形式，开发社区就业岗位203个，安置下岗失业人员125人。福州市以“春风行动”为载体，采取送岗上门办法，共送岗8000多个，其中40%为社区就业岗位。在国棉厂社区开展“春风送岗”活动中，市劳动服务公司联系组织369个用工单位，提供716个就业岗位。三明市通过创办再就业基地，发展社区非正规劳动组织，鼓励创业等形式开发就业岗位，上半年就安置1400名下岗失业人员就业。同年，福州、厦门、漳州、莆田、三明、南平、龙岩市选择3个区、6个街道、2个社区居委会，作为城市社区就业示范点。在福州市、南平市、三明市开展对就业特困人员实行工资补助和社保补贴试点，取得明显成效。全省兴办社区就业实体2443个，安置下岗失业人员1.8万人。再就业援助2.14万人，其中得到工资和社保补贴有4500人，使用援助资金近1130万元。福州市军门社区、三明市圳尾社区等先进单位，起到典型示范和引路作用。福州市军门社区2001—2002年举办供需见面会5场，组织985家用工单位，提供1163个再就业岗位，456名社区及周边地区的下岗失业人员报名，当场介绍成功72人。通过发展社区服务，社区单位腾岗，以及鼓励下岗职工自谋职业，两年间安置下岗失业人员 212 人（其中女工 93 人，夫妻双下岗 38 对），就业率达 98%。社区尤其关注“4050”人员再就业。创办了有夫妻店、母女店、姐妹店、家庭店等的再就业一条街，16 个社区非正规劳动组织招用 28 名下岗失业人员，形成军门社区促进再就业的又一特色。军门社区先后获省级文明社区、省级“三八”红旗集体和“巾帼文明示范岗”的等称号。

2003 年，福建省根据国家税务总局《关于下岗职工从事社区居民服务业享受有关税收优惠政策问题的通知》的精神，规定从事“社区居民服务业”是指在社区内主要为社区居民提供服务和方便的行业和活动，包括家庭清洁卫生服务、初级卫生保健服务、婴幼儿看护和教育服务、残疾儿童教育训练和委托服务、养老服务、病人看护和幼儿、学生接送服务（不包括出租车接送）、避孕节育咨询、优生优育优教咨询等。根据下岗失业人员从事社区非正规就业实际情况，福建省又发出《关于延长社区非正规劳动组织试营业期限的通知》，将社区非正规劳动组织试营业期限由半年延长至 1 年。省民政厅、省劳动和社会保障厅等 16 个部门联合出台《福建省关于加快发展社区服务业的意见》，使就业融入社区建设中，形成多部门齐抓共管。同时，省劳动和社会保障厅召开全省灵活就业与扩大社区就业理论研讨会，广泛听取各方面意见，出台《关于努力扩大就业渠道，积极推行灵活就业的意见》，提出“灵活就业，灵活保障，灵活培训”的思路，鼓励支持下岗失业人员依托社区实现多种形式灵活就业。此外，福建省还对社区接纳属于重点援助对象的下岗失业人员给予补助，用人单位所支付给重点援助对象的工资由再就业资金补助 50%，用人单位缴纳的养老保险费由再就业资金补助 50%，特困人员自谋职业的，其接续养老保险缴费也由再就业资金补助 50%。福州市政府开发的公益性岗位，全部招收“4050”就业困难对象，经费由市、区各承担 50%。2004 年，福建省累计兴办社区非正规劳动组织 4971 个，通过非正规劳动组织实现就业的下岗失业人员 3.69 万人。

2005 年 4 月，省劳动和社会保障厅下发《关于开展创建充分就业社区活动的通知》，决定从是年开始，在福建省范围内开展创建充分就业社区活动，定期公布一批符合各项政策措施落实好、成效显著的社区，以推动福建各项就业再就业工作。同时明确创建充分就业社区的标准和要求。福州市鼓楼区安泰街道五一广场社区，通过开发社区就业岗位、发展社区非正规就业组织等多渠道安置下岗失业人员再就业，开展创建充分就业社区活动，使社区登记失业率始终保持较低水平，确保下岗失业人员再就业率不断上升。全社区原有下岗失业人员 153 人，其中“4050”人员 75 人，安置就业和再就业 150 人，占总数的 98%。被评为福州市就业重点示范社区。

## 第三节　再就业服务与援助

### 一、建立再就业服务中心

1997 年，贯彻国务院《关于在若干城市试行国有企业兼并破产和职工再就业有关问题的补充通知》，福建在开展再就业工作中，学习外省经验，开始建立企业再就业服务中心。7月，省政府下发《关于进一步实施再就业工程意见的通知》，要求各地成立再就业服务中心，建立下岗职工再就业的新机制。再就业服务中心的接收对象主要是：经批准的国有破产企业职工，兼并企业、实行现代企业制度试点企业、进行产业结构调整企业、优势扩张企业、实施减人增效停产转制等困难企业的下岗职工。建立再就业服务中心先在实行优化资本结构试点城市的厦门、福州、三明、南平和龙岩市进行试点。8月，省劳动厅、省财政厅联合下发《关于建立再就业服务中心试点指导意见的通知》，明确了试点范围和工作目标，中心的职责、审批程序和运作方式，经费来源和管理等。进入再就业服务中心的下岗职工第一年由中心每月按当地最低工资标准的60%发给基本生活费，社会保险费缴费标准以当地最低工资标准为基数缴纳，并鼓励下岗职工自谋职业，给予一次性补助。破产企业职工进入再就业服务中心，应按国家的规定，将职工安置费拨入再就业服务中心。被兼并企业职工进入再就业服务中心，所需费用原则上由兼并企业负担。减员增效企业下岗职工进入再就业服务中心，经费由企业、政府、社会三家共同负担，当地政府负责督促到位。当年，全省各地拨入再就业资金3000万元，建立再就业服务中心91个。全年分流安置下岗职工8.8万人，再就业率在60%以上。其中福州、厦门、三明、南平4个试点城市列入兼并破产计划的企业有74家，涉及职工8万人，计划分流1.97万人，建立再就业服务中心68个，进入再就业服务中心人数1.53万人，分流0.7万人，全面完成国家下达1997年度《全国企业兼并破产和职工再就业工作计划》中福建省的安置分流任务。同时在全省普遍建立再就业基金，建立征收就业调节费制度，按比例招收下岗职工制度等。为及时掌握企业下岗职工的基本状况、提供服务、实现再就业，省劳动厅下发《关于实行职工下岗登记制度的通知》，为进入再就业服务中心托管的下岗职工和国有企业、县级以上集体企业离岗3个月以上发不足或发不出工资的下岗职工，发放“企业职工下岗证”，作为职工下岗的有效证明，凭证享受再就业优惠政策。

1998年7月，省委、省政府下发《关于做好国有企业下岗职工再就业和深化社会保障制度改革的通知》，要求各地要自下而上地建立再就业服务中心组织体系，凡有下岗职工的国有企业，都要建立再就业服务中心。企业下岗职工基本生活保障和再就业工作，由企业再就业服务中心负责实施。下岗职工进入再就业服务中心时间一般不超过两年，两年期到后仍未就业的，中心与其解除管理协议，企业依法与其解除劳动关系，享受失业保险待遇。省劳动厅下发《关于加强再就业服务中心建设若干问题的通知》，明确对进中心的下岗职工，发给下岗职工基本生活保障证，对自谋职业工的职工，要签订协议发给下岗职工自谋职业优惠证。到年底前再就业服务中心要做到“五个到位”：工作到位，对下岗职工普遍进行职业指导；服务到位，对进入再就业服务中心的下岗职工，提供3个以上的就业岗位信息；培训到位，对需培训的下岗职工提供一次免费职业技能培训；保障到位，按时足额发放进中心下岗职工的基本生活费；宣传到位，做到把再就业的政策宣传到每个国有企业和下岗职工。9月，省劳动厅举办全省再就业服务中心管理培训班，全省共110多人参加培训。同时，开展“再就业宣传月”活动，宣传促进再就业的政策，进行政策咨询服务，推动再就业工作开展。是年，全省分流下岗职工18.67万人，其中企业分流9.82万人，社会分流3.87万人，下岗无求职要求1.35万人，下岗未就业3.62万人。全省有下岗职工的国有企业1446家，100%建立再就业服务中心。下岗未就业的3.12万名职工，100%进入再就业服务中心，其中97.29%进中心的下岗职工签订基本生活保障和再就业协议。进入再就业服务中心的下岗职工，100%得到基本生活保障。企业再就业服务中心体系的形成，为保障下岗职工基本生活和促进再就业奠定坚实的组织基础，基本上实现建中心、进中心和确保基本生活费发放“三个100%”的目标。

1999年，全省有下岗职工的国有企业全部建立再就业服务中心，累计有下岗职工9.31万名，基本生活都得到保障，年底在中心的下岗职工3万名。为加快下岗职工出再就业服务中心，解除劳动关系，完善劳动力市场机制和社会保障制度，实现再就业服务中心逐步过渡到劳动力市场的目标，福建省提出“二加一”的办法，即在中心的下岗职工与企业提前解除劳动关系，企业支付经济补偿金确有困难的，可向劳动和财政部门申请补助，由劳动和财政部门把下岗职工进再就业服务中心的两年基本生活保障经费加发1年，扣除下岗职工已享受费用后，一次性补助给企业，用于支付经济补偿金。是年，全省共筹集再就业基金3.46亿元，使用资金3.05亿元，用于保障进中心下岗职工的基本生活和支付出中心下岗职工解除劳动关系经济补偿金。

2000年，福建省下岗职工基本生活保障制度向失业保险制度“并轨”步伐加快，企业新下岗职工不再进入再就业服务中心。全省共有下岗职工10.07万人，其中上年结转2.93万人，新增7.13万人，年末在再就业服务中心的下岗职工2.07万人；下岗职工再就业6.68万人，再就业率66%，全省下岗职工出中心6.56万人，解除劳动关系7.03万人，占企业下岗职工减少数的88%。泉州、漳州、厦门、三明等市从2000年7月1日起实行下岗职工不进中心，直接由企业与其解除劳动关系进入市场就业。

2001年1月，省劳动和社会保障厅规定国有企业下岗职工进入再就业服务中心两年期满后，必须与中心解除管理协议。进入再就业服务中心的下岗职工全部期满或全部与中心解除管理协议后，再就业服务中心就关闭。当年，全省下岗职工出中心实现再就业5.67万人，再就业率达65%，莆田、龙岩、三明、南平、宁德等市均已关闭中心。至12月底，全省在中心的下岗职工只剩下3614人。

2002年，福建省顺利实现再就业服务中心与失业保险制度的并轨。同年底，全省全面关闭再就业服务中心，1998年以来进中心的16.24万名下岗职工全部协议期满出中心，市场导向的就业机制已初步建立。成为与上海、广东、浙江等东部省市最早关闭再就业服务中心的省份之一，在全国率先实现下岗职工基本生活保障向失业保险并轨。1998—2002年，全省进入再就业服务中心的16.24万名下岗职工已全部出中心，其中14.2万人实现再就业，再就业率连续4年保持在60%以上；出中心的下岗职工中有13.7万人已解除劳动关系进入劳动力市场，占出再就业服务中心下岗职工的85.6%，高于全国30%的比例。2003年后，贯彻劳动和社会保障部、财政部联合下发的《关于妥善处理国有企业下岗职工出中心再就业有关问题的通知》，全省国有企业不再建立新的再就业服务中心，企业新的下岗职工不再进入再就业服务中心，直接进入劳动力市场，通过政策引导扶持、加强就业服务和培训，帮助他们实现再就业。

## 二、开展再就业服务

1995年，省劳动厅下发《关于实行下岗职工优惠服务制度的通知》，参加失业保险的困难企业中已领取“帮困证”的下岗职工，可以凭“帮困证”和身份证到劳动就业管理服务机构办理优惠服务申请手续。全省开展以提高岗位能力的岗位培训和以适应新设备、新技术要求的转业训练，促进下岗人员重新上岗。

1996年，福建采取“困难救济与促进就业、就业指导与推荐就业、双向选择与强化调剂相结合”的做法，各级劳动部门建生产自救基地，安置困难企业职工再就业。南平地区确定松溪县劳动生产自救基地、建瓯县钟山经济开发公司、延平区浆甲竹制品有限公司等3家为首批试点基地。建瓯县钟山经济开发公司确定为试点基地后，对原厂房设备进行改造，新安置387人就业，并制定在3年内实现千人再就业的目标。三明市先后投入25万元扶持各县（市、区）创办再就业生产基地。福州市新开办的华榕超市连锁集团、阿庆嫂美食园、福建省商业总公司、福建省亚细亚商场等，解决一大批下岗职工的就业问题和生活困难。当年全省建立46个再就业基地，逐步形成帮困和再就业机制，共安置、分流失业职工和企业富余职工8.74万人，再就业率达51.47%。1997年，福建各地通过开发就业岗位，拓展就业门路，促进下岗职工再就业。福州市政府提出再就业和发展第三产业“两篇文章”一起做的思路。南平、漳州等地把工作重点放在发展为社区居民服务的行业，开辟“再就业一条街”发展街区经济，为下岗职工再就业提供了岗位。

1998年，全省国有企业分流和下岗职工人数为18.01万人，组织再就业培训7.67万人，参加职业指导11.35万人，有12.09万人实现再就业，再就业率为67.13%。从再就业资金中拿出10%作为培训费用，支持再就业培训工作，使下岗失业——培训——再就业，成为下岗职工再就业的重要环节。各地广泛开展面向下岗职工的再就业服务，福州职业培训集团组织50多家职业培训机构在五一广场开展大型再就业的现场指导，为6000多名下岗职工发出免费培训信息，接待下岗职工咨询2000多人次。南平市在全省率先实行统筹企业参保人员接续基本养老保险关系工作，南平市印刷机械厂、南平市机床维修厂、南平市曙光针纺公司等3家国有企业进行破产安置分流职工，职工与原企业解除或终止劳动关系，市社会劳动保险公司整体接续职工参保，代为缴纳基本养老保险费。此后，市社会劳动保险公司陆续为各类与原单位解除或终止劳动关系的参保人员接续参保，解除下岗职工再就业的后顾之忧。

1999年，各地积极落实再就业优惠政策，开展职业指导、转业转岗培训、职业介绍服务，累计为下岗职工进行职业指导9.21万人次，转业转岗培训6.53万人次，提供就业岗位8.67万个，千方百计促进再就业。4月，福州市实施再就业工程“五月关怀行动”和千家送岗暖万家活动。

2000年，各级劳动保障部门按照劳动和社会保障部的要求，建立国有企业下岗职工基本生活保障重点企业监控制度。省劳动和社会保障厅在全省选择35家企业实行重点监控。从政策、制度上提供保障，落实再就业政策，促进下岗失业人员再就业。同时，全省加强下岗失业人员再就业培训工作，完成“三年三十万”再就业培训计划，各地加强就业指导和职业技能培训等就业服务，从1998年起，共有27.05万名下岗职工、失业人员接受了再就业技能培训，30.03万名下岗职工、失业人员接受了职业指导，为下岗职工实现市场就业创造条件。

2004年，各地落实全国和福建省再就业工作座谈会精神，转变职能，大力发展劳务派遣等新的就业组织形式，通过劳务派遣帮助下岗失业人员实现再就业，全年全省有2.31万名下岗失业人员通过劳务派遣实现再就业。福建省建立就业再就业工作联席会议、监督检查、部门职责分工和情况通报等项工作制度，及时研究解决再就业工作中存在的问题，确保各项政策落到实处。各地落实再就业工作目标责任，各级就业服务机构落实就业按照专业化、制度化、社会化的要求，全面实施失业登记、就业登记、职业指导、职业介绍、职业培训、劳动事务代理等“一站式”“一条龙”服务，提高就业服务水平。福州市着力推进国有企业改革，及时帮助改制企业制定分流安置方案，并为解除劳动关系的下岗职工提供代管档案、送岗对接等“一条龙”服务；职工离开企业进入社会后，开展“春风送岗”“送岗进社区”“送岗进企业”“送岗进农家”“送岗入家”等全市性大型送岗活动，并对“4050”大龄困难人员就业实施工资性补贴和社保补助政策。全年受理申请补助单位2185家、6.9万人次；对解除劳动关系一时无法就业的人员及时办理社会保险接续手续，提供两年失业救济，到期仍未能就业的纳入城市居民最低保障；并设立专窗，及时为5.15万名流动职工接续养老保险关系，为7566名灵活就业人员办理养老保险参保手续，为5.49万名灵活就业人员办理医疗保险参保手续，解决职工后顾之忧。

2005年，各地开展“春风行动”，全面清理涉及农民跨地区就业和进城务工的政策规定。积极推进就业服务“新三化”建设，开展城乡一体化劳动力市场试点。全省9个设区市和86个县（市、区）建成适应当地经济发展的劳动力市场，制定统一的工作职责和规范的操作流程，提供政策宣传和各项免费服务。组织下岗失业人员技能培训8.4万人，组织创业培训0.8万人，培训后就业5.8万人，培训就业率达69%。

## 三、再就业援助

2001年，省政府办公厅下发《关于开展再就业援助行动的通知》，开展再就业援助行动作为帮助弱势群体解决基本生活的重要措施，把有劳动能力和就业愿望的“4050”人员作为就业援助的主要对象，在福州、南平、三明等市进行再就业援助行动试点，通过优先安排岗位、岗位补贴等措施，使就业困难群体重新获得就业。对大龄就业困难对象进行再就业援助，有劳动能力和就业愿望的下岗失业人员，可以申请领取“再就业优惠证”。愿意接受政府有关部门提供公益性岗位的大龄就业困难对象，在一定时间内，为其提供公益性就业岗位安排就业，提供适当比例的岗位补贴。当年，全省帮助2万名就业困难对象实现再就业。

2002年，全省全面开展再就业援助行动，为“4050”人员提供即时岗位援助等多种帮助。政府投资开发的公益性岗位优先安排大龄就业困难人员。省劳动和社会保障厅制定工资性补贴和社会保险费补助的具体办法，并在福州市、南平市先行试点。福建省从再就业资金中安排600万元用于再就业援助，三明市依托社区促进就业，受到劳动保障部调研组的好评。福州市从再就业资金中安排800万元用于重点援助对象的补助。南平市登记援助对象2660名，实现援助353名，每月发放8.8万元。全省试点市援助“4050”困难群体实现再就业达到4500人左右，发放援助资金500万元，使1.24万人得到职业技能培训、职业介绍等重点援助。

2003年，全省“4050”援助对象5.89万名。各地投入1309万元用于援助行动，帮助实现就业2.4万名，再就业率达41%。厦门市把再就业扶持政策帮助对象从国家规定的“四方面人员”扩大到集体企业下岗职工、单亲下岗失业人员、双下岗失业人员，“农转非”失业人员的“八方面人员”，通过实施再就业援助，促进下岗失业人员，特别是大龄就业困难人员实现再就业。福州、三明、南平三市实行岗位补贴制度，对“4050”人员从事社区公益性岗位就业的，按最低工资50%的标准给予工资性补贴。省职业介绍服务中心针对下岗职工和就业困难群体开展“一对一”职业指导活动。2005年，全省通过开展再就业援助，就业困难人员实现再就业从上年的2.3万名提高到2.7万名。至2005年，全省下岗失业人员实现再就业41.2万人，其中通过再就业援助，有11.4万名“4050”困难就业人员实现再就业。

# 第三章　职业培训与技能鉴定

1991年，福建省配合劳动就业制度改革，加强职业培训工作，实行“先培训后就业、先培训后上岗”制度，进行技工学校改革，发展技术工人教育，开展就业培训，企业、行业加强职工岗位培训和技能人才培养，评聘技师和高级技师。

1995年，福建省职业技能培训取得的成果有，中餐烹饪高级技师强木根荣获“中华技能大奖”，车工技师张红兵、高级电焊工王振泉、石雕工艺美术师刘碧兰荣获“全国技术能手”。同年，贯彻实施《劳动法》，实行职业资格证书制度，建立首家职业技能鉴定站。改革技校毕业生就业制度，采取学校推荐就业和学生自主择业相结合的形式，毕业生被企业招用后与企业签订劳动合同。

1998年，加强社会力量办职业技能培训机构管理，推动劳动预备制度的实施，对未继续升学的初、高中毕业生进行1—2年的就业技能培训。2002年，全省技工学校完成调整改革目标，建成一批高级技工学校和省级重点技工学校；毕业生成为企业欢迎的技能型工人，就业率达90%以上。同年，实行技师考评社会化管埋，全省社会化考评技师。

2005年，福建省市场化、社会化的职业培训运行机制初步建立，全省技工学校、社会培训机构。职业技能鉴定机构在改革中发展，培训大批下岗失业人员和农民工，为企业输送大量合格劳动者。

## 第一节　技校教育

### 一、技校建设

1991年，全省从1978年复办初期的10多所技工学校发展到147所（含分校100所），形成一定规模。技工学校按办学部门分为5类：第一类，部属技工学校，有铁道部的福州铁路运输技工学校等，办学经费由中央主管部门拨给，为所属系统培养后备技术工人。第二类，省、市主管部门办的技工学校，有福建省交通厅所属的福建省公路工程技工学校等，办学经费由省市有关主管部门拨给，所设专业（工种）主要为各自系统培养后备技术工人。第三类，劳动部门办的技校，有福建省劳动局技工学校，福州市第一、第二技工学校等，办学经费分别由省、地（市）财政部门拨给，由省和有关地（市）劳动局主管，为综合性技工学校，设置的专业有机械制造、机械加工、水电、化工、轻工、电子、仪器、仪表、电工、电气、建材、建工、林业（采伐、营运等）、交通运输、商业、饮食服务等。第四类，地（市）劳动部门办的技校与企业联合办学，以分校形式办在企业，依托企业，由企业提供校舍、师资和实验实习场所、设备，以及办学经费等，其中有部分分校由总校拨给经费或提供文化课教师。总校负责招生、分配及教学业务的管理和指导。第五类，大、中型企业独立办的技校，人财物都由企业负责，有省汽车运输公司的福建省汽车运输技工学校等，培养本企业所需的后备技术工人。

1993 年，省劳动局下达《技工学校深化改革的意见》，鼓励和提倡多规格、多层次、多渠道、多形式办学。4 月，省劳动局为全省首批评估合格的 76 所技工学校颁发“合格技工学校”牌匾。5 月，省政府批准福建省电力技校等 8 所技工学校为“省级重点技工学校”。当年底，全省有 148 所技校。1994 年 5 月，经劳动部组织评估，福建省电力技工学校、福建省建材工业技工学校、福州铁路运输技工学校被评为“国家级重点技工学校”，并颁发牌匾。

在这期间，在闽部属技工学校经过关停并转，或下放地方管理。省市主管部门（或控股集团）和大中型企业办的技校（含校企联办分校），在政府机构改革和分离国有企业办社会职能改革中，有的停办，有的划归地方政府管理，有的并入其他职业院校，剩余技校主要有电力、国防、信息、海洋、供销、船舶、海员、汽车运输等部门以及国有企业办的 20 所技校。

1997 年，随着经济建设对高层次技能人才需求的增长，改革技工学校办学层次，由过去单一培养中级技工，转变为培养初、中、高级技工，并逐年加大高级技工的培养力度。全省技工学校通过改革撤并为 135 所。7 月，国务院发布《社会力量办学条例》，省劳动厅成立贯彻实施《社会力量办学条例》办公室，鼓励社会力量举办技工学校，探索“政府主导，依靠企业，充分发挥行业作用，社会力量积极参与，公办与民办共同发展”的技工学校多元化办学新格局。同年，福建省建材技工学校（后改名“福建省高级技校”）、福州电力技工学校被劳动保障部确认为首批高级技工学校。

1999 年，随着国有企业用工制度改革，为促进企业主辅分离，减员增效，省政府下发《关于分离国有企业办社会职能的通知》，对长期招生困难、办学条件差的企业办的技工学校按照“撤销、换牌、分离”的原则进行调整改革，全省先后撤并 60 多所企业办技工学校。

2000 年，按照劳动和社会保障部《关于加快技工学校改革工作的通知》，贯彻“调整布局，提高层次，突出特色，服务就业”十六字方针，对技工学校采取撤并、重组等措施，抓大联小，汰弱扶强，技工教育资源配置得到进一步优化，通过优化职业教育资源，撤并 19 所技校，全省技工学校为 101 所。其中 8 所国家级重点技校，4 所高级技工学校，6 所省级重点技校。省、地（市）劳动保障部门举办的技工学校，成为全省技工学校的主要模式。其中有厦门市高级技工学校、龙岩市高级技工学校、南平市高级技工学校、福建省高级技工学校等。民办技工学校经过 10 余年发展，学校数量已超过全省技工学校总数的三分之一。

2002 年，福建省技工学校改革基本完成劳动和社会保障部提出的 3 年调整改革目标，全省共有93所技工学校，建成一批集职业需求预测、职业技能培训、职业技能鉴定、职业指导和就业服务为一体的综合性骨干示范技校，其中8所国家级重点技校被确认为高级技工学校，并经省委编办批准加挂“职业技能学院”牌子。6所高级技工学校，9所省级重点技工学校。

2003年，全省技校调整改革取得新进展，8所规模小、办学条件差的技工学校被撤并，并新批准成立6所民办技工学校。同年，按照劳动和社会保障部《关于开展技工学校评估工作的通知》精神，在福建省技工学校系统建立起技工学校评估制度，先后对全省技工学校开展省级合格技工学校评估、省级重点技工学校评估、国家级重点技工学校评估工作。确认11所国家级和11所省级重点技工学校以及一批合格（达标）技工学校，形成以重点技工学校为骨干的福建省技工教育新格局。

2005年底，全省有93所技工学校，其中11所国家重点技工学校（8所高级技工学校）、11所省级重点技工学校，并在重点技工学校全面实行学校质量管理体系。在93所技工学校中，37所为劳动保障部门办的技工学校，20所为国有经济单位办的技工学校，36所为民办技工学校。

## 附：福建省重点技工学校选介

### 一、福建省高级技工学校（福建省第一职业技能学院）

1979年5月，福建省建材工业技工学校创办。1994年，该校被劳动部评为国家级重点技工学校。1996年，经国家计划委员会、劳动部批准，升格为福建省高级技工学校。2002年，学校增挂“福建省第一职业技能学院”的牌子。同年，被劳动和社会保障部确认为首批国家高技能人才培训基地。2004年，省政府与德国莱法州政府及西门子公司在学校设立“福建省中德职业培训与咨询中心”。2005年，被教育部、财政部确认为全省首批全国职业教育培训基地。

学校开设中职部和高职部，中职部招收初中毕业生，培养中级技能人才；高职部招收高中毕业生或中等职校毕业生，培养高技能人才。学校占地10公顷，在校生4000多人，教职工3000多人。学校教学、实训和后勤保障设施完善，拥有机电实训中心、机加工中心、汽修实训中心、计算机信息中心、数控加工中心等，设有国家技能鉴定站，实训设施价值2000多万元。

学校先后被评为省级文明学校、全省职业教育先进单位、国家高技能人才培训基地。

### 二、福建省劳动和社会保障厅技术学校（福建省第二高级技工学校）

1979年5月，省劳动局技工学校创办。1996年7月，更名为“福建省劳动厅技术学校”，并成为劳动部综合性职业培训基地试点单位。2002年5月，福建省劳动厅技术学校更名为“福建省劳动保障厅技术学校”。2005年，省编制委员会批准福建省劳动保障厅技术学校与福建省轻工业技工学校合并，名称为“福建省劳动和社会保障厅技术学校”。2010年被劳动和社会保障部确认为高级技工学校（福建省第二高级技工学校）。

学校于1996年被国家劳动和社会保障部列为首批国家级综合职业培训基地，2001年成为国家劳动和社会保障部特许授权的计算机信息技术OSTA和ATA高新技术考试站。2005年4月通过了《国家重点技工学校质量管理标准》的评审。2007年组建全省技校系统首家电工电子公共实训基地。

学校面向全省开展中高级职业教育、在职管理人员培训、公务员培训、出国人员培训和转业转岗培训。学校占地面积70余亩，建筑面积4万平方米，专业门类齐全，教学及实习设备比较完善、功能先进，生活设施配套。拥有22实验室和实训工场，6个订单式教学点，52个定点实习单位，毕业生就业率达96%以上。学校现有在校生2500多人，在职教职工154人，专兼职教师125人，其中中、高级职称占70%。

**三、厦门市高级技工学校（厦门技师学院）**

厦门市高级技工学校（厦门技师学院），1979年建校，至2005年已发展成为集职业技术教育、技工技师培训、职业资格鉴定、出国劳务培训为一体的福建省内一流且在全国有较大影响的全日制综合性院校。

学校教师队伍中40%以上具有中、高级职称。现有在校生近4500人，高级工以上学生数占在校生总数的65%以上。近年来，毕业生就业率保持在98%以上。建校至今，学院已为社会培养了近10万名高级技术工人、技师和高级技师，

作为厦门市第一所通过ISO9000认证的职业院校，学校现已开设涵盖机械、车辆、模具、电气自动化、电子光电、建筑、现代制造、计算机、应用设计等10大类40多个专业；其中电气自动化设备安装与维修、机械设备维修、模具制造、汽车维修、数控加工（加工中心操作工方向）5个专业被评为省级精品专业。学校实习实训条件福建省内一流、全国领先：投入1亿多元从国内外陆续引进具有国际先进水平的实习实训设备，建有数控、汽修、模具3个中央财政支持建设的实训基地，3个国家级高技能人才培训基地（数字化创意设计、机电、电子）及厦门市高技能人才公共实训基地，与西门子公司共建国际先进水平的自动化示范实验实训中心，实训场所面积达40000平方米。此外，学院教学工厂可对外开展精密模具设计、加工、生产等服务，为学生提供六位一体生产性实习。

学校先后被评为“全国职业教育先进单位”“福建省文明学校”“厦门市文明学校”；被有关部门确认为“国家级高技能人才培训基地”、“电子信息产业高技能人才培训基地”、“福建省高级技师培训基地”、福建省首批“高技能人才培训基地”、“福建省闽台合作职业培训实训基地”、“闽台合作培养高技能人才基地”、“厦门市职工培训基地”。

**四、龙岩市高级技工学校（龙岩技师学院）**

龙岩市高级技工学校（龙岩技师学院）是培养高技能人才的综合性职业院校，其前身系创办于1979年的龙岩地区技工学校，1997年更名为龙岩市第一技术学校，1999年被评为

"国家级重点技工学校"，2002年被国家劳动和社会保障部公布为龙岩市高级技工学校。

学校占地9.47公顷，建筑面积10万平方米，第二校区规划面积29.45公顷，建筑面积30.3万平方米，于2017年秋季投入使用。学院拥有力量雄厚的师资队伍，全校教职工312人，其中高级实习指导教师、高级讲师104人，一级实习指导教师、讲师88人，技师、高级技师62人，"双师型"教师121人，占专业教师总数的67%。开设机械工程、电气工程、信息工程、汽车工程及经贸与管理等5个系28个专业，在校学生5368人，其中技师专业1458人，高技专业3091人，高级工以上专业占全省的1/4，是全省培养高技能人才规模最大的职业院校。学校拥有6000多万元的数控、模具、电气、汽车等现代化技能实习实训设备，目前已建有数控技术实训中心、模具制造实训中心、电气自动化实训中心、汽车维修实训中心、计算机网络实训中心、烹饪实训中心等52间实训室。2002年被评为"全国职业教育先进单位"，2007年被评为"福建省教育系统先进集体"。

学校实行"高级工十大专"和"技师十本科"的办学模式，毕业生通过相关专业考试，取得国家职业资格证书的同时，可获得国家承认、教育部电子注册的大专或本科学历证书。学院设立全国计算机等级考试考点，学生可在本院参加全国计算机等级考试。

表3-1　**若干年份福建省技工学校情况表**

单位：所、人

| 年份 | 学校数 | 在校生总数 | 教职工总数 | 专任教师数 | | | |
|---|---|---|---|---|---|---|---|
| | | | | 总数 | 高级职称 | 中级职称 | 实习教师 |
| 1993 | 148 | 40087 | 4993 | 2470 | 94 | 761 | 304 |
| 1996 | 148 | 44298 | 5215 | 2784 | 174 | 910 | 638 |
| 1999 | 110 | 46255 | 4468 | 2675 | 216 | 936 | 717 |
| 2002 | 93 | 55864 | 3857 | 2521 | 227 | 962 | 639 |
| 2005 | 93 | 78691 | 4500 | 3144 | 366 | 1322 | 804 |

表3-2　**2005年福建省公办技工学校情况表**

单位：所

| 办学部门 | 学校名称 | 所数 |
|---|---|---|
| 省劳动和社会保障厅 | 福建省高级技工学校、福建省劳动保障厅技术学校 | 2 |
| 福州市劳动和社会保障局 | 福建省机械工业技术学校、福州市第一技工学校、福州市第二高级技工学校、福州市烹饪技工学校、福州市连江县技工学校 | 5 |
| 厦门市劳动和社会保障局 | 厦门市高级技工学校、厦门市第二技工学校 | 2 |

续表

| 办学部门 | 学校名称 | 所数 |
|---|---|---|
| 漳州市劳动和社会保障局 | 漳州市第一技工学校、漳州市第二技工学校、漳州市龙海技工学校、漳州市平和技工学校、漳州市诏安技工学校、漳州市漳浦技工学校 | 6 |
| 泉州市劳动和社会保障局 | 泉州市技工学校、泉州市惠安技术学校、泉州市安溪技术学校 | 3 |
| 三明市劳动和社会保障局 | 三明市技工学校、三明市第三技工学校、三明市机电技工学校、三明市第二技工学校、永安市技工学校、福建省汽车工业技工学校 | 6 |
| 莆田市劳动和社会保障局 | 莆田市技工学校 | 1 |
| 南平市劳动和社会保障局 | 南平工业技术学校（南平市高级技工学校）、闽北高级技工学校、武夷山市中等技术学校、建瓯市技工学校、南平市机械中等技术学校、建阳市中等技术学校 | 6 |
| 龙岩市劳动和社会保障局 | 龙岩市高级技工学校 | 1 |
| 宁德市劳动和社会保障局 | 宁德市闽东高级技工学校、宁德市寿宁中等技术学校、宁德市霞浦中等技术学校、宁德市福鼎中等技术学校、宁德市古田中等技术学校 | 5 |
| 省海洋渔业局 | 福建省海洋技术学校 | 1 |
| 省粮食厅 | 福建省经贸技术学校 | 1 |
| 省机电控股公司 | 福建国防工业技术学校 | 1 |
| 省信息产业厅 | 福建省信息技术学校 | 1 |
| 省船舶工业总公司 | 福建省船舶工程技术学校 | 1 |
| 省轮船总公司 | 福州海员学校 | 1 |
| 南昌铁路分局 | 福州铁路高级技工学校 | 1 |
| 省电力公司 | 福州电力高级技工学校 | 1 |
| 省供销社 | 福建省供销技工学校 | 1 |
| 福州市商业集团公司 | 福州市高级烹饪技工学校 | 1 |
| 福州市工艺美术公司 | 福州工艺美术技术学校 | 1 |
| 福州市轻工业局 | 福州市轻工业技工学校 | 1 |
| 龙岩农业学校 | 龙岩市第三技术学校 | 1 |
| 青州造纸厂 | 福建省青州造纸技术学校 | 1 |

续表

| 办学部门 | 学校名称 | 所数 |
|---|---|---|
| 福州市汽运总公司 | 福建省汽车运输技工学校 | 1 |
| 宁德市汽运总公司 | 宁德市交通技术学校 | 1 |
| 省第五建筑工程公司 | 泉州市建筑工程技术学校 | 1 |
| 漳州市汽运总公司 | 漳州市汽车运输技工学校 | 1 |
| 龙岩市汽运总公司 | 龙岩市交通职业技术学校 | 1 |
| 南平市汽运总公司 | 南平市交通中等技术学校 | 1 |
| 合计 | | 57 |

表 3-3 **2005 年福建省民办技工学校批设情况表**

| 学校名称 | 创办年份 | 变更情况 |
|---|---|---|
| 福州市榕东技工学校 | 1989 | 2001 年 8 月更名为“福州市旅游技术学校” |
| 福州市第三技术学校 | 1994 | |
| 石狮市服装技术学校 | 1995 | |
| 泉州市华荣技术学校 | 1995 | |
| 龙岩地区思源技术学校 | 1995 | |
| 泉州市东海技术学校 | 1996 | 2004 年 12 月更名为“泉州市双十印刷商务技术学校” |
| 泉州市泉南技术学校 | 1997 | 2004 年 2 月更名为“泉州轻工业技术学校” |
| 福建省九三技术学校 | 1997 | |
| 福建中华职业技术学校 | 1998 | |
| 福建省新华技术学校 | 1998 | |
| 福州市新图技术学校 | 1999 | |
| 福建省东南技术学校 | 1999 | |
| 龙岩市世科技术学校 | 1999 | 2007 年 2 月更名为“龙岩市崇正技术学校” |
| 龙岩市金源技术学校 | 1999 | |
| 福建华夏中等技术学校 | 1999 | |
| 福建省东方中等技术学校 | 2000 | 2002 年 1 月更名为“福建省机电中等技术学校” |
| 龙岩市港鹏技术学校 | 2001 | |
| 泉州市泉港工业技术学校 | 2003 | |
| 福建烹饪商务中等技术学校 | 2003 | |
| 福建商贸技术学校 | 2003 | |
| 福建育民中等技术学校 | 2003 | |

续表

| 学校名称 | 创办年份 | 变更情况 |
| --- | --- | --- |
| 龙岩市剑桥女子技术学校 | 2003 | |
| 龙岩市龙翔技术学校 | 2003 | |
| 龙岩市东华职业技术学校 | 2004 | |
| 龙岩市龙津工业技术学校 | 2004 | |
| 龙岩市艺源技术学校 | 2004 | 2005 年 4 月更名为“龙岩市华洋技术学校” |
| 南平信息中等技术学校 | 2004 | |
| 南平武夷中等技术学校 | 2004 | |
| 厦门市鹭华中等技术学校 | 2004 | |
| 龙岩市人才职业技术学校 | 2004 | |
| 福建省时代人才技术学校 | 2004 | |
| 福建省大宇工贸技术学校 | 2004 | |
| 福建省四海中等职业技术学校 | 2005 | |
| 福建省建业技术学校 | 2005 | |
| 福建省海华尤溪工业技术学校 | 2005 | |
| 福建春华职业技术学校 | 2005 | |

表 3-4　　**2005 年福建省重点（高级）技工学校批设情况表**

| 类别 | 学校名称 | 批办时间 | 附　注 |
| --- | --- | --- | --- |
| 国家级重点技工学校 | 福建省高级技工学校 | 1994 年劳动部批办 | 1997 年确认为高级技校 |
| | 福州电力高级技工学校 | 1994 年劳动部批办 | 1997 年确认为高级技校 |
| | 福州铁路高级技术学校 | 1994 年劳动部批办 | 已并入省广播电视大学 |
| | 福州市第二高级技工学校 | 1999 年劳动和社会保障部批办 | 2005 年确认为高级技校 |
| | 厦门市高级技工学校 | 1999 年劳动和社会保障部批办 | 1999 年确认为高级技校 |
| | 龙岩市高级技工学校 | 1999 年劳动和社会保障部批办 | 2002 年确认为高级技校 |
| | 南平工业技术学校（南平市高级技工学校） | 2001 年劳动和社会保障部批办 | 2002 年确认为高级技校 |
| | 闽东高级技工学校 | 2001 年劳动和社会保障部批办 | 2005 年确认为高级技校 |
| | 闽北高级技工学校 | 2002 年劳动和社会保障部批办 | |
| | 泉州市高级技工学校 | 2005 年劳动和社会保障部批办 | |
| | 三明市技工学校 | 2005 年劳动和社会保障部批办 | |

续表

| 类别 | 学校名称 | 批办时间 | 附　注 |
|---|---|---|---|
| 省级重点技工学校 | 福建省劳动保障厅技术学校 | 1996 年省政府办公厅批办 | |
| | 福州市第一技工学校 | 1996 年省政府办公厅批办 | |
| | 福建省生态环境工程技术学校 | 1996 年省政府办公厅批办 | 已改为中专学校 |
| | 福建省公路工程技工学校 | 1996 年省政府办公厅批办 | 已并入高职院校 |
| | 福建省供销技工学校 | 1998 年省政府办公厅批办 | |
| | 漳州市第一技工学校 | 2003 年批办省政府办公厅 | |
| | 莆田市技工学校 | 2003 年省政府办公厅批办 | |
| | 永安市技工学校 | 2003 年省政府办公厅批办 | |
| | 福建中华职业技术学校 | 2005 年省政府办公厅批办 | |
| | 福建国防工业技术学校 | 2005 年省政府办公厅批办 | |
| | 三明市第三技工学校 | 2005 年省政府办公厅批办 | |

## 二、学生培养教育

### （一）招生

1991 年，全省技工学校招收新生 1.31 万名，比上年增加 1487 名。在校生达到 3.04 万名，比上年增加 2105 名。部分技校在完成计划招生任务后，挖掘潜力，发挥技校多功能作用，承担在职工人技术培训、待业青年就业训练及乡镇企业、军地两用人才培训共 1.23 万名，比上年增加 1550 人。

1992 年，全省技工学校招收录取新生 1.24 万名，完成国家下达计划的 113.5%。加上中央部属技校在福建招生 803 名（计划录取 846 名），合计录取新生 1.32 万名。在录取新生中实行劳动合同制的有 1.09 万人，占新生总数的 82.6%。

1993 年，福建省不再对地市、部门下达指令性技工学校招生计划指标，改为指导性招生计划，根据劳动力市场需求扩大招生。学校根据需要和可能，自主确定招生人数和设置专业，全省招收新生 1.85 万名（含部属技校），完成省下达的指导性招生计划 110.7%，比上年增加 5066 名，增长 37.6%。高级技工班招生 108 名。全省技校在校生达 4 万人，教职工 4993 人（其中专职教师 2470 人）。福建技校招生还突破所有制和区域界限，为“三资”企业和乡镇企业培养人才，共招生 2507 名，占新生总数的 13.6%。突破城乡界限，招收农村考生 5146 名，占新生总数的 27.8%，毕业后由农村乡镇企业录用或自谋职业，也可以不转户口为城镇企业录用，缓解一些艰苦工种在城市招生的困难。同时鼓励开展自费上学和有偿培训。全省技工学校招收委培生、自费生 9277 名，集资 1739.5 万元，为改善办学条件提供一笔资金。

1994年，劳动部颁发《关于深化技工学校教育改革的决定》之后，全省技工学校招生计划全部由指令性改为指导性，招生主渠道由原来参加中考统一录取，逐步改为深入基层、走村串家自主招生。除原有秋季招生外，增加春季招生。招生对象逐步从以招收城镇户口学生为主，改为以农村户口青年为主。招生数逐年提高，2000年招生数达到2.12万人。

2001年，福建省实施包括技工学校在内的中等职业学校学费制度，实行贫困学生补助，建立助学金制度等一系列积极措施，使来自农村学生特别是贫困生和城镇低保家庭的学生得以顺利完成学业。技工学校全年招生2.1万人，在校生4.8万人。2004年，在校生7.66万人，比2003年净增1.02万人，开设专业151个，11所重点技校开办了高级工班，在校高级工班学生达4558人，校均生数780人，比2003年增加70人。

2005年，全省技工学校招收新生3.45万人，比1990年1.16万人增长197%，在校生7.86万人，校均生数从1990年的200人上升到2005年的846人，高级工培养人数超过7000人。

### （二）专业工种与学制

1991年，技工学校专业（工种）主要涵盖机械制造、加工类；电工、电气类；文秘、财经类；交通运输类；轻工、化工、建材、建工类；商业、饮食、旅游服务业类；农、林、渔业类等门类。技工学校学制主要以招收初中毕业生实行3年制和高中毕业生实行2年制学生为主。此后几年陆续增加电子信息、计算机、数控机床加工等专业、学制基本一直延续至1999年.

2000年，劳动和社会保障部提出"调整布局、提高层次、突出特色、服务就业"的改革方针，省劳动和社会保障厅下发《关于贯彻劳动和社会保障部〈关于加快技工学校改革工作的通知〉的实施意见的通知》，调整技校专业设置，拓宽专业领域，增设一些与经济建设和社会发展密切相关、适应劳动力市场需要的复合型专业，重点开拓新职业领域和第三产业的专业。根据劳动和社会保障部《关于加快技工学校改革工作的通知》精神，对技工学校学制进行一系列的改革，对不同专业（工种）提出了不同的学制要求。招收初中毕业生的专业全日制集中授课，实行2—3年学制，其中部分三产类专业，实行2年学制（招收高中毕业生的可实行1年学制）；对国家实行准入控制、技术含量高的专业，仍实行3年学制（招收高中毕业生的实行2年学制）。全省各技工学校结合实际进行专业工种设置进行调整。

经过几年调整后，至2005年，福建省技工学校设置专业（工种）近160个，其中第二产业专业占58%，第三产业专业占42%，所设专业基本覆盖了我省经济建设的主要行业领域。省劳动和社会保障厅在全省技工学校实行灵活学制、弹性学习制度和试行学分制度改革，允许学生分阶段完成学业。技工学校可根据定向委培单位的需要，经省劳动保障部门核准后，适当调整学制。省劳动和社会保障厅结合国家劳动预备制度实施和福建省的实际，先后3次对福建省技工学校的专业目录及其学制和培养目标进行全面调整。

表 3-5　　**2005 年福建省技工学校专业目录和学制情况表**

| 专业名称 | 相近专业 | 学制 |
|---|---|---|
| 铸造 | | 2 年 |
| 锻造 | 锻铸工 | 2 年 |
| 汽车驾驶 | | 2 年 |
| 汽车与摩托车维修 | | 2 年 |
| 摩托车维修与营销 | | 2 年 |
| 汽车钣金工 | | 2 年 |
| 汽车配件与销售 | | 2 年 |
| 汽车装配 | 汽车焊装 | 2 年 |
| 汽车美容 | | 2 年 |
| 汽车站务 | 交通乘务、工交乘务、站务礼仪 | 2 年 |
| 建筑结构施工 | 木工、泥瓦工、抹灰工、钢筋工、混凝土工、石工 | 2 年 |
| 建筑管道 | 建筑水电安装与预算 | 2 年 |
| 建筑装饰 | 建筑室内装饰 | 2 年 |
| 物业管理与维修 | 物业管埋、物业管理与房产经营 | 2 年 |
| 空调与制冷 | | 2 年 |
| 电子装配 | 电子工艺、电子器件 | 2 年 |
| 计算机文字处理与办公应用 | 计算机与办公自动化、电脑文秘、办公自动化、文秘与办公自动化 | 2 年 |
| 计算机硬件组成与维修 | 计算机组装与调试 | 2 年 |
| 市场营销 | 商业营销 | 2 年 |
| 商品经营 | 商贸服务 | 2 年 |
| 旅游服务 | 饭店服务、宾馆服务、餐旅服务 | 2 年 |
| 导游服务 | | 2 年 |
| 旅游英语 | | 2 年 |
| 公关礼仪 | | 2 年 |
| 文秘 | 公关文秘、商务文秘、法律文秘 | 2 年 |
| 保安 | | 2 年 |
| 护理 | | 2 年 |

续表

| 专业名称 | 相近专业 | 学制 |
| --- | --- | --- |
| 实用英语 | 经贸外语、外贸英语 | 2 年 |
| 企业管理 | | 2 年 |
| 质量管理 | | 2 年 |
| 劳动人事管理 | | 2 年 |
| 海关与商检 | | 2 年 |
| 制浆造纸工艺 | | 2 年 |
| 食品加工工艺 | 酿酒工艺、啤酒工艺 | 2 年 |
| 化妆品工艺 | | 2 年 |
| 硅酸盐工艺 | 水泥工艺、陶瓷工艺、日用玻璃 | 2 年 |
| 油脂化工工艺 | | 2 年 |
| 成型工艺技术 | | 2 年 |
| 塑料成型工艺 | 树脂工艺 | 2 年 |
| 纺织工艺 | 棉纺织造、纺织与染整 | 2 年 |
| 林果竹 | | 2 年 |
| 木材检验与营销 | | 2 年 |
| 园林花卉 | 花卉园艺、园林绿化 | 2 年 |
| 经济作物栽培 | 食用菌栽培与营销 | 2 年 |
| 茶艺与营销 | | 2 年 |
| 茶叶技术与市场开发 | | 2 年 |
| 水产养殖 | 海水养殖、水族艺术与管理 | 2 年 |
| 水产品加工与检疫 | | 2 年 |
| 服装制作工艺 | 服装制作与经营、服装裁剪加工 | 2 年 |
| 鞋革设计与制作 | 鞋革制作工艺 | 2 年 |
| 美工彩绘 | 纸织画 | 2 年 |
| 彩色印刷 | 平版印刷、特种印刷 | 2 年 |
| 美容美发 | | 2 年 |
| 家政服务 | | 2 年 |
| 焊接 | 电焊、电气焊、铆焊、压力容器焊接 | 试行 3 年 |

续表

| 专业名称 | 相近专业 | 学制 |
| --- | --- | --- |
| 冷作 | | 试行 2 年 |
| 锅炉运行与检修 | | 试行 2 年 |
| 汽车维修电工 | | 试行 2 年 |
| 家政服务 | | 2 年 |
| 焊接 | 电焊、电气焊、铆焊、压力容器焊接 | 试行 2 年 |
| 冷作 | | 试行 2 年 |
| 锅炉运行与检修 | | 试行 2 年 |
| 汽车维修电工 | | 试行 2 年 |
| 建筑机电 | | 试行 2 年 |
| 发变电运行与检修 | 电气运行、小水电运检 | 试行 2 年 |
| 输配电运行与检修 | 供用电技术 | 试行 2 年 |
| 电子技术 | 无线电整机、应用电子技术 | 试行 2 年 |
| 家用电子产品维修 | 家电维修、电工与家电维修、电器维修 | 试行 2 年 |
| 电子电器 | 电子电器装配与维修 | 试行 2 年 |
| 电子通信技术 | | 试行 2 年 |
| 通信设备装调 | 无线电通信设备、通信设备维修 | 试行 2 年 |
| 仪器仪表 | 仪器仪表维修、仪表自动化、化工仪表维修 | 试行 2 年 |
| 计算机 | 计算机应用与维修、多媒体技术应用 | 试行 2 年 |
| 计算机图形图像处理 | 计算机图形设计、电脑美术、电脑绘图、电脑绘图与装潢设计、电脑广告设计 | 试行 2 年 |
| 计算机网络技术 | | 试行 2 年 |
| 电子商务 | 电子商贸 | 试行 2 年 |
| 计算机信息管理 | | 试行 2 年 |
| 烹饪 | 烹调技术 | 试行 2 年 |
| 酒店服务与管理 | | 试行 2 年 |
| 实用美术 | | 试行 2 年 |
| 工艺美术 | 工艺雕塑、工艺绘画、陶瓷雕刻 | 试行 2 年 |
| 工艺美术广告 | 美术装潢（装饰）、装潢广告 | 试行 2 年 |

续表

| 专业名称 | 相近专业 | 学制 |
|---|---|---|
| 摄影艺术 | | 试行 2 年 |
| 数控机床加工 | | 3 年 |
| 机加工 | 车工、铣工、镗工、刨工、磨工 | 3 年 |
| 钳工 | 工具钳工、机修钳工、模具钳工 | 3 年 |
| 机械维修 | 机械制造与维修、化工设备检修 | 3 年 |
| 模样制造 | 模具设计与制造 | 3 年 |
| 电梯安装维修 | | 3 年 |
| 机电一体化 | | 3 年 |
| 机电 | 机电维修、机电设备安装与维修 | 3 年 |
| 汽车修理与驾驶 | 汽车运用与驾驶 | 3 年 |
| 汽车制造与修理 | 汽车修理、汽车修配 | 3 年 |
| 汽车电气设备维修 | 汽车电气与驾驶 | 3 年 |
| 船舶驾驶 | | 3 年 |
| 船舶水手 | | 3 年 |
| 船舶轮机工 | 船舶机工 | 3 年 |
| 船体修造 | | 3 年 |
| 船舶动力装置 | | 3 年 |
| 船舶电气 | | 3 年 |
| 建筑施工管理 | 建筑施工与预算 | 3 年 |
| 铁路运输作业 | | 3 年 |
| 车辆检车员 | | 3 年 |
| （铁道）电力工 | | 3 年 |
| 给排水 | | 3 年 |
| 工业电气自动化 | 电气技术、电气工程与自动化 | 3 年 |
| 电工 | 维修电工、动力电工、电气维修、电工电子 | 3 年 |
| 综合电信 | | 3 年 |
| 计算机信息工程技术 | | 3 年 |
| 计算机数控技术应用 | | 3 年 |

续表

| 专业名称 | 相近专业 | 学制 |
|---|---|---|
| 经营核算 | 电脑财会、会计电算化、营销与会计、经贸与财会、电脑财会与营销 | 3年 |
| 化工工艺 | 精细化工 | 3年 |
| 工业分析 | 化工分析 | 3年 |
| 食品检验 | | 3年 |
| 粮食加工与储检 | | 3年 |
| 幼儿教育 | | 3年 |
| 服装设计与制作 | 服装设计 | 3年 |

## 三、教学工作

1991年，省劳动局逐步加强技工学校教学计划的规范管理，对教学计划采取报备和督查制度。全省技工学校公共课和机械类、电气类、计算机类、商贸类、餐饮类、旅游服务类、交通类、建筑类等通用专业（工种）的教学计划，基本执行劳动部颁布的技工学校教学计划、教学大纲。同年，省劳动局成立福建省技工教育研究室，负责研究和指导全省技工学校的内部管理、师资教材建设和教研教改等工作，综合指导技工学校办学。根据省体育运动委员会统一部署，将福建省技校体育教学研究会改为福建省技工学校体育运动协会。

1993年，全省技工学校通过创办实习工厂，配备生产实习指导教师，使学生理论学习和生产实习相结合，提高学生的实际操作技能水平。当年，全省技工学校有生产实习指导教师304名。省技工教育研究室先后参与组织全省技工学校机械类专业毕业生统考，轻、化、建材类专业统考和化学化工课程统考，召开全省技工学校电工类专业学科教学大纲、教材研讨会。

1995年，省职工教育委员会撤销，职能由省经济贸易委员会转至省劳动厅，其所属的福建省职工教育研究会（2000年后改名为福建省职工教育和职业培训协会）划归省劳动局管理。省技工教育研究室加强教学研究，先后组织全省技工学校机械制图论文评选，选拔选手参加全国首届青年奥林匹克技能竞赛，组织召开部编机械制图、电气制图两教材审定会，开展技工学校教学质量检查工作，组织编制技工学校电脑财会等专业教学计划，组织举办技工学校教师技术等级培训班，组织编写技工学校《计算机应用基础》《FOXBASE+程序设计》教材。

1997年，省内一些技工学校探索校企合作，改革教学模式，学生在校内完成技能训练和综合课题训练后，送到企业生产实习，进行生产性技能训练，并实行定课题、定学时、定岗位、定师傅、定期轮换、定期给学生讲课和辅导。

1998年，省技工教育研究室先后组织编制20余种技工学校教学管理工作规范表、卡，组织暑期教师技能培训班。与省职工教育研究会技校分会组织召开德育、机械、电脑 3 个专业委员会教研会议，共同组织承办全省技工学校首届计算机文字录入处理技能竞赛、技工学校学生钳工技能竞赛，并参与组织全省技工学校政治课统考，共同组织承办全省技工学校学生电子技能竞赛，举办可编程序控制器师资培训班，先后组织召开福建省技工学校化工、电工电子专业委员会教学工作研讨会，组织编制《福建省技工学校电子专业教学计划表》《维修电工生产实习教学大纲实施方案》，共同举办福建省数控加工技术应用师资培训班、计算机电气制图师资培训班。

2000 年，贯彻劳动和社会保障部关于加快技工学校改革工作的通知，全省各级劳动保障部门推动技工学校与企业建立合作关系，学生在校学习 1—2 年后，由学校与用工单位签订协议，学生到用工单位顶岗实习，毕业后由用工单位考核录用为正式员工。为使学生能尽快适应生产企业的岗位技能操作，技工学校逐步建设完善生产实习基地，将实习设施设备的投入摆在学校硬件建设首位，保证学生的基本技能训练和综合技能训练在校内完成。同时，充分利用企业和社会的生产设施设备、场所、师资、技术力量组织理论与实习教学，实行校企联合办学。2001 年，全省技工学校共有生产实习指导教师 628 名。

2003 年，全省技工学校加强教学内容和教学方法改革，组织力量开发新技术、新工艺等高科技职业教育培训课程体系、教材、教学软件，大量添置各种技能训练设施设备，推进现代化教学手段的运用。省技工教育研究室先后与福建省职工教育和职业培训协会技校分会共同举办全省数控加工技术应用师资培训班、全省技工学校德育教师培训班，组织召开福建省技工学校机械、德育专业委员会教研会，共同编制技工学校机电一体化专业教学计划，组织全省技工学校机械制图、电工基础课程抽考。福建省职工教育和职业培训协会技校分会先后组织召开福建省技工学校计算机专业、电工电子、机械专业委员会教研会会议，组织技工学校机械基础、电子电路基础和电子技术基础课程抽考（后因“非典”疫情而取消），组织技工学校政治课教材修订研讨会，举办电工电子多媒体教学师资培训班，组织召开技工学校德育、机械、电工电子和计算机专业委员会组长单位会议，组织技工学校电子电路基础、饭店服务礼仪课程抽考，举办中高级数控机床加工师资培训班、电力电子技术与变频技术师资培训班和重点技工学校质量管理培训班，组织召开技工学校电工电子、餐旅、机械、德育专业委员会教研会议，组织召开国家重点技校贯标复评审核工作业务研讨会，民办技工学校督导评估细则业务研讨会，编制印发技工学校两年制电子类专业教学计划表、技工学校两年制餐旅服务类专业教学计划表，组织技工学校政治和数控加工工艺课程抽考。

2005 年，福建省突出技工学校办学特色，文化基础课为专业课服务，专业理论课为生产实习课服务。计算机操作课程和就业指导课程作为学生必修课，注重劳动法律法规和职业道德教学。学校根据学生培养目标和国家职业资格标准要求调整教学计划，加大学生技能操作训练课时比例，全省技校生产实习指导教师到达到 804 名。省技工教育研究室举办技工学校电类专业教师业务培训班、技工学校高级计算机网络管理员师资培训班，组织召开技工学校电工电子、计算机和餐旅专业委员会教研会议，组织编制技工学校数控车床加工等8个专业（课程）实习教学计划。

## 四、毕业生就业

1991年以前，技工学校招生即招工，学生毕业由国家统一分配到企业后即为固定工。1991年，福建省实行定向招生、定向培训、定向分配的原则，全省技工学校有20多个行业、近100个专业、1.11万名毕业生输送到企业、事业单位，比上年增加592名。1992年始，对技工学校毕业生实行劳动力市场供需见面，双向选择。全省技校毕业的学生有9818人被输送安排到机械、电子、化工、电力、建材、建工、交通运输和商业、饮食、服务业等19个行业的有关企事业单位工作。

1993年，省劳动局在《关于一九九三年技工学校招生工作的意见》中提出，为加快劳动制度改革，技工学校毕业生应逐步取消国家包分配的办法，实行定向分配和推荐就业的制度。从当年起，技工学校招收的新生，毕业后分配到全民或城镇集体单位当工人的，均实行劳动合同制。

1994年，劳动部印发《关于深化技工学校教育改革的决定》，提出“学校自主招生，毕业生自主择业”的改革方针，技工学校招生计划由指令性改为指导性。省劳动局在《关于一九九四年技工学校招生工作意见》中提出，技工学校招生应做好需求预测，尽量扩大委托培训和定向培训的比例，学生毕业时由用人单位择优录用。对部分没有定向培训的，毕业时由学校推荐到需要用人的单位择优录用，或通过职业介绍机构推荐就业，学生自主择业。

1995—1997年，全省技工学校毕业生分配与就业基本上采取学校推荐就业和学生自主择业相结合的形式，毕业生被企业招用后与企业签订劳动合同。各技工学校普遍设立职业指导和就业服务专门机构（即招生就业科或办公室），为学生提供职业指导、职业咨询、职业介绍、就业服务，并建立毕业生跟踪管理和用人单位信息反馈制度。在教学中，学校增设了职业指导课程，并加强学生《劳动法》等法律知识教育，帮助学生树立正确的市场就业观念，维护劳动者自身权益。为促进技工学校毕业生就业，各级劳动保障部门要求用人单位的用工需求中体现职业资格要求，在劳动力市场中强化职业资格证书的作用。

1999年，省劳动厅下发《关于开设〈就业指导〉课的通知》，技工学校将《就业指导》列入学生必修课，帮助技工学校学生树立正确的市场就业观念。各级劳动部门对技工学校毕业生开展就业服务，建立与技工学校的定期联系制度，定期向技工学校提供就业预测分析资料，优先推荐技工学校学生就业。

2000—2005年，为促进毕业生就业，省劳动和社会保障部门结合劳动预备制度实施，进一步改革技工学校毕业证书管理制度。技工学校学生修满学业，除发给劳动和社会保障部统一印制的毕业证书外，学制1年及以上的技工学校毕业生分别发给初、中、高级职业资格证书。省级以上重点技工学校中，经省劳动保障部门认定符合要求的主体专业，其毕业生在完成教学计划规定的课程和技能训练、经考试考核取得毕业证书的同时，直接发给相应等级的职业资格证书；对省级以上重点技工学校的其余专业以及合格技工学校，经省、市劳动保障部门认定，其考试考核合格后取得毕业证书的毕业生在参加职业技能鉴定时可免试应知内容。根据劳动保障部门统计年报，技工学校毕业生受到企业欢迎，就业率逐年提高。

表 3-6　**2001—2005 年福建省技工学校毕业生就业情况表**

单位：人、%

| 年份 | 毕业生人数 | 就业人数 | 就业率 |
|---|---|---|---|
| 2001 | 14074 | 12137 | 86 |
| 2002 | 15140 | 14541 | 96 |
| 2003 | 16826 | 15838 | 94 |
| 2004 | 18621 | 17767 | 95 |
| 2005 | 25625 | 24823 | 97 |

## 五、技校管理

1991 年，根据国务院部门的职能分工，劳动行政部门负责技工学校业务综合管理。省劳动局负责全省技工学校办学方向、发展规划、学校布局和专业设置，配备和培训师资，编审教学计划、教学大纲和教材，组织交流办学经验。各技工学校的行政管理实行校长负责制，由学校根据劳动部和福建省劳动厅的相关法律法规、政策以及各校实际情况，制定本校各项行政管理规范和规章制度。同年，福建省技工教育研究室成立，对技工学校的教学管理（含行政、教师、学生、教学及生产实习等管理）工作逐步进行规范。

1996 年，省劳动厅颁发《福建省技工学校教学管理规定》，对教学常规管理工作进行规范，省劳动部门对全省技工学校进行办学水平评估和教学检查。1999 年，省劳动厅在征求各设区市劳动部门和部分技工学校意见的基础上，重新制定下发《福建省技工学校学生学籍管理规定》。

2000 年，省劳动和社会保障厅负责全省技工学校业务综合管理。技工学校开办、调整和撤销，由省劳动和社会保障厅审定、核准。2001 年，省劳动和社会保障厅下发《关于实施〈福建省技工学校学生学籍管理规定〉有关问题的通知》，对福建省技工学校学生学籍管理中的具体事项进一步进行规范与完善。

2002 年，针对全国中职学校试行学分制管理的改革形势，省劳动和社会保障厅在福州市第二高级技工学校进行学分制管理试点工作。2003 年，省劳动和社会保障厅制定《福建省技工学校试行学分制学生学籍管理规定》，规定省级重点及以上技工学校可以试行学分制学籍管理。

2004—2005 年，贯彻全国人才会议精神，加大技工学校教育教学改革力度，突出技工学校培养技能人才的办学特色，省劳动和社会保障厅制定颁发《福建省技工学校教学管理规范》《福建省技工学校学生学籍管理规范》，全面规范学校的教学管理和学生学籍管理工作，使全省技工学校各项管理工作更加科学化、制度化和规范化。

### 六、教师队伍建设

1991 年，全省技工学校教职工总数约 4800 人，1993 年达到 5215 人。1996 年，全省技工学校教职工总数 4468 人，其中专职教师 2784 人，专职教师中高级职称 174 人，中级职称 936 人，生产实习指导教师 717 人。

1997 年，根据劳动部《技工学校校长任职要求（试行）》精神，为提高技工学校校长总体管理水平，省劳动局（厅）先后举办 6 期技校校长培训班，培训内容涉及职业教育发展趋势、技工学校常规管理、技工学校教育督导评估检查等。

2000 年，省技工教育研究室依托南平市高级技工学校、厦门市高级技工学校等，先后举办 13 期专业课程（含实习课）教师培训班，培训专业主要有德育、数控加工技术应用、可编程序控制器、电子技术与变频技术、电气制图、高级计算机网络管理员、多媒体教学等。依托省劳动和社会保障厅技工学校组织全省技工学校教师“教育学”“心理学”培训，经考试合格发给“双学”合格证书。

2001 年，全省技校教师总数 3959 人，其中文化理论课教师 1878 人，生产实习指导师 628 人，高级讲师（含高级实习指导教师）230 人，讲师（含一级实习指导教师）895 人，助理讲师（含二、三级实习指导教师）904 人；其中有 1 名教师获“全国优秀教师”称号。10 名教师获“福建省优秀教师（优秀教育工作者）”称号，68 名教师获全省劳动保障系统“优秀教师（优秀教育工作者）”称号。

2003 年，针对民办技工学校发展迅速、管理有待规范的实际情况，省劳动和社会保障厅举办以民办技工学校为主的校长培训班，培训内容除技工学校常规管理业务外，还增加《中华人民共和国民办教育促进法》等职业教育法律法规。是年，全省技工学校教职工总数 3911 人，其中文化理论课教师 2073 人，生产实习指导教师 643 人，高级职称 279 人，中级职称 971 人，初级职称 943 人。

2005 年，全省技工学校共有教职工 4500 人，其中专职教师 3144 人。专职教师中，高级讲师 325 人，讲师 912 人，助理讲师 652 人；生产实习指导教师 804 人，其中高级实习指导教师 39 人，一级实习指导教师 199 人，二级实习指导教师 281 人，三级实习指导教师 114 人，技师、高级技师 141 人。

## 第二节　就业培训

### 一、培训机构

1991 年，《福建省人民政府贯彻国务院关于做好劳动就业工作的通知》下发，规定实行

“先培训后就业、先培训后上岗”，社会各部门、各单位组织待业人员进行就业前培训举办的各种就业（职业）培训中心（班），由当地劳动部门统一审批、发证、管理，逐步实现规范化、制度化。全省有县（区）以上就业训练中心72所，拥有教室、学员宿舍、实习车间等就业培训用房4.59万平方米，比1990年扩大1.96万平方米，一次培训可容纳1.2万人，配备管理人员309人，专职教师90人（其中大学本、专科以上人数占34.4%）、聘任兼职教师539人。全省培训各类待业人员9.58万人，超过年计划数的47%。同年，为促进城镇待业青年就业，省内一些企事业单位、社会团体和个人创办培训机构，开展职业技能培训。省政府规定社会各部门、各单位组织待业人员进行就业前培训而举办的各种就业（职业）培训中心（班），由当地劳动部门统一审批和管理。省劳动局下发了通知，在全省范围内加强了就业训练的统一管理、统一审批、统一发证工作。

1992年，省劳动局制定《就业训练中心管理若干意见》和《培训中心评估认定实施方案》，首次开展全省培训中心评估认定工作，共评出优秀中心9所、良好38所、合格19所。三明市、龙岩地区、建瓯市3所训练中心被国家劳动部授予“全国优秀训练中心”称号。当年，全省劳动部门已有就业训练中心77所，拥有教室、学生宿舍、实习车间等就业训练用房5.41万平方米，比1991年扩大8200平方米，一次培训可容纳1.23万人。

1996年，福建省建立培训直接有效地为就业服务的新机制，组建5个由技工学校、政府办的培训机构、社会办的培训机构和职业介绍机构组成的职业培训集团，职业培训与劳动就业紧密结合，全省就业人员培训比例达81%。

1997年，全省有就业训练中心81所，开展就业前训练和转业转岗培训16.4万人。有5所技工学校和就业训练中心开展建立综合性职业培训基地的试点工作。省妇联女职工再就业服务中心、省中外企业家联谊会等单位为下岗女职工开展免费培训。8月，劳动部根据国务院《社会力量办学条例》精神，下发《关于贯彻落实〈社会力量办学条例〉的通知》。省劳动厅根据《社会力量办学条例》及有关文件精神，成立福建省劳动厅社会力量办学办公室，全省各地、市也相应成立该机构。同时，下发贯彻劳动部《关于贯彻落实〈社会力量办学条例〉的通知》《关于对社会培训机构开展检查评估工作的通知》，鼓励发展和规范社会力量举办职业培训机构。省劳动厅召开各地、市劳动局贯彻《社会力量办学条例》座谈会；向社会公布社会力量办学办培训的宣传提纲及申报、检查评估的的内容。同年，根据《中华人民共和国广告法》和《社会力量办学条例》的有关精神，省劳动厅、省物价委员会等单位联合颁布《关于对社会力量办学单位招生（简单）审查管理的规定》，公示职业技能培训收费标准，规范福建省社会力量办学行为。各地、市劳动部门对社会力量办职业技能培训机构清理登记300多家，其中检查评估120家。

1998年，省劳动厅印发《福建省社会培训机构申报审批和社会力量办学许可证发放办法》。各级劳动部门根据省劳动厅《关于对社会培训机构开展检查评估的通知》精神及《福建省社会培训机构检查评估细则（试行）》，认真开展检查评估。全年评估合格173家，其中企业单位49家、事业单位43家、社会组织和团体12家、个人69家，并颁发劳动和社会保障部统一印制的社会力量办学许可证。

1999年7月，省劳动厅下发《关于进一步加强再就业培训工作的通知》，提出实施下岗职工再就业“131”工程（即一次免费培训、三次免费介绍工作、一次职业指导）和“三年三十万”再就业培训计划。同时成立省劳动厅再就业培训工作指导小组，落实协调督导福建省“三年三十万”再就业培训计划的实施，推广“再就业培训伙伴计划”和政府“购买培训成果”的经验做法。

2000年，福建省抓住台湾地区制造业不断外移，职业培训出现教学训练设备闲置，师资过剩的机遇，批准成立民办职业培训实体“两岸金桥就业训练机构”，与台湾职业培训实体进行沟通和合作，引进台湾师资团队，开展汽车维护、模具技术等10多项职业技能专业培训。

2001年，全省共有职业技能培训机构266所，培训7.9万人，取得结业证书6.6万人，合格率84%。2002年，全省共有职业技能培训机构312所，培训11.18万人，取证10.1万人，合格率达90%；2003年，职业技能培训机构377所，全年培训12.1万人，取证10.19万人，合格率达84%。

2004年10月，省长卢展工与德国莱法州州长贝克先生及西门子公司在福州签署共同声明，确定在福建省高级技工学校设立中德职业培训与咨询中心。由西门子公司为中德职业培训与咨询中心提供教学设备开展教学活动。德国莱法州每年派出专家来闽讲学，福建省每年也组织技工教育工作者到莱法州进修学习。全省社会培训力量不断壮大，鼓励外省和台湾职业培训资源进入福建，省劳动和社会保障厅批准安徽文达培训集团在福建设立培训学校，扶持成立两岸金桥（福建）就业训练机构，激活职业培训市场。全省有350所职业培训实体。

2005年，劳动和社会保障部批准福建省作为开展海峡两岸职业培训交流，推进职业培训市场化试点省。福建本着鼓励的精神制定有利于开展两岸职业教育培训交流的政策，鼓励行业协会、社会组织、职业教育等培训机构主动与台湾职业教育界接触，允许职业教育培训机构自主聘用台湾教师引进台湾教学方法，组织台湾同胞来闽参加职业技能鉴定，开展闽台职业培训学术交流。是年，经省劳动和社会保障厅批准，中国茶都（安溪）职业技能鉴定站获准开展来闽台胞的培训鉴定工作。是年底，全省有352家社会培训机构。

## 二、培训规模

1991年，福建省待业人员参加就业训练7.78万人，比1990年增加0.6万人。其中，城镇待业人员结业7.16万人，待业职工、企业富余人员训练结业0.21万人；训练后就业率达91.16%。由劳动部门、就业训练中心组织的自培或联合培训占总数的82%，定向培训占总数的50%。训练质量不断提高，训练后就业率达91.16%，其中，安置到全民所有制单位2.59万人，占33.29%；安置到集体所有制单位1.29万人，占16.58%；安置到“三资”企业 0.92 万人，占 11.83%。

1992 年，全省共组织培训各类城乡劳动者 9.58 万人，超额完成年计划任务的 47.5%，其中培训城镇待业人员 9.17 万人，比 1991 年增加 1.57 万人；培训待业职工、企业富余人员、复退转业军人以及农村剩余劳动力等 4100 余人。由劳动部门就业训练中心组织的就业前训练 4.78 万人，占受训城镇待业人员总数的 52.12%。全年培训结业就业 8.42 万人，结业后就业率达 87.89%。

1993 年，就业培训面向市场需求进行改革。全省共组织就业训练结业的各类求职人员 10.78 万人，完成年目标的 154%。其中，社会各方面办学培训 4.54 万人，劳动部门就业训练中心培训 6.24 万人。参加就业训练培训结业的有城镇待业人员 9.94 万人，失业职工、企业富余人员、复员转业退伍军人、乡镇企业人员、农村剩余劳动力 9368 人，培训结业就业率达 94.2%。各级就业训练中心以自培或联合培训的方式，开展培训对象广泛、培训内容丰富、培训形式灵活、培训期限不一的全方位就业训练，共组织培训 4.29 万人。

1994 年，全省共组织就业训练结业 13.97 万人，比 1993 年增长 29.59%，完成年培训计划 14.71%。其中，城镇失业青年和失业职工参加培训 12.19 万人，占失业人员总数的 61.3%。参加转业、转岗训练的失业职工、企业富余人员、复退转业军人、农村剩余劳动力人数也比 1993 年有较大增长。城镇失业人员和失业职工的培训结业就业率达 90.1%。

1995 年，全省各级劳动部门按照“先培训、后就业”的原则，加强对城镇失业人员的就业培训和企业失业职员、富余职工的转岗、转业培训工作，提高他们的就业竞争能力。全年共培训结业 15.97 万人，比 1994 年增长 14.3%，完成年计划的 122.5%，其中培训待业人员 12.89 万人，占待业人员总数 60.5%。待业人员培训结业就业 11.84 万人，培训结业就业率为 91.9%。参加转业培训的企业富余职工比上年增长 12 倍多。福建省中华职业教育社在实施“温暖工程”中，对劳改、劳教人员技能培训，帮助他们掌握就业本领，与省监狱管理局联合创办福建中华曙光学校。福建省政法委对 400 名参加培训的刑释解教人员调查，95.7% 的学员回归社会后能遵纪守法，58%的学员学有所用，重新犯罪率明显降低。厦门劳教所开展创业培训，65 名参加创业培训的劳教人员获得结业证书，泉州劳教所在两年多时间里组织劳教人员培训，404 名劳教人员解教后走上工作岗位。

1997 年，福建省在实施再就业工程中，把转业转岗培训同职业指导相结合，通过企业内部培训，劳动部门组织培训和发动社会力量开展培训等形式，形成就业指导、转业转岗培训、推荐就业相结合的机制。福州、厦门、龙岩、莆田、泉州、南平等市都取得较好效果。全省 81 所就业训练中心，开展就业前训练和转业转岗培训 16.4 万人，其中失业、下岗职工参加转业转岗培训 5 万人。

1999 年，全省推动劳动预备制度的实施，对未继续升学的初、高中毕业生进行 1—2 年的就业技能培训，全省组织 7 万多名劳动预备制度实施对象参加职培训。为下岗职工进行职业指导 9.21 万人，转业转岗培训 6.53 万人，提供就业岗位 8.67 万个，千方百计促进再就业。

2001 年，推动国有企业下岗职工转业转岗培训和促进再就业工作，省财政厅、省劳动和社会保障厅联合下发《关于拨补转业转岗培训和促进再就业经费的通知》，用于开展政府购买培训成果及转业转岗培训。2003 年，全省各级财政共投入再就业培训资金 716.92 万元，人均享受 171.11 元，组织再就业培训 8.45 万人，培训结业后就业人数 5.71 万人，占培训人数的 67.57%。

2004 年，省劳动和社会保障厅贯彻全国职业教育工作会议和全国再就业工作会议精神，实施《加强职业培训提高就业能力计划》，在全省技工学校、就业训练中心和职业培训机构开展职业指导工作，根据《职业指导教学训练大纲（试行）》要求，组织教学和培训，帮助学生更新就业观念并选择部分技校和培训机构，作为职业指导实验基地；每所技校配备 3 名以上、培训机构配备 1 名以上职业指导员专职教师进行指导。把职业指导列入国家和省部级重点技工学校、就业训练中心评估内容，列入民办职业培训机构年检内容。同年 5 月，省劳动和社会保障厅下发《关于加强就业服务职业培训工作的意见》，各级劳动保障部门根据全国再就业工作座谈会和《中共福建省委福建省人民政府关于做好 2004 年农业和农村工作促进农民增收的意见》以及《福建省人民政府办公厅转发省农办等部门 2004－2010 年全省农民工培训规划的通知》的总体部署和要求，在就业服务工作中进一步加强职业培训工作，全省共组织 6.1 万人次农村劳动力参加转移就业培训，其中 68%以上实现转移就业。开展劳动预备制度等各种短期职业技能培训 3.3 万人次。组织下岗失业人员技能培训 8.39 万人，培训后再就业 5.84 万人，再就业率达 69.61%。

2005 年，全省组织再就业培训 8.58 万人，培训后再就业 5.63 万人，再就业率 65.62%。组织农村劳动力培训 32.3 万人。组织创业培训 0.72 万人，培训后创业成功率 90.28%。

表 3-7　**2001—2005 年福建省就业培训情况表**

单位：万人、%

| 年份 | 再就业培训人数 | 培训后就业人数 | 再就业率 | 创业培训人数 | 创业成功率 | 农村劳动力培训 |
|---|---|---|---|---|---|---|
| 2001 | 7.02 | 4.48 | 63.82 | 0.42 | — | 11.5 |
| 2002 | 10.43 | 7.01 | 67.21 | 0.78 | — | 18 |
| 2003 | 8.45 | 5.71 | 67.57 | 0.83 | 86.30 | 30.3 |
| 2004 | 8.39 | 5.84 | 69.61 | 0.73 | 86.50 | 30.5 |
| 2005 | 8.85 | 5.63 | 65.62 | 0.72 | 90.28 | 32.3 |

## 三、在职培训

1991年，福建省在企业中实行“先培训，后上岗”制度，企业、行业加强职工岗位培训和技能人才培养。一些国有企业、行业举办技工学校，为企业、行业培养技术工人，其中电力、国防、供销、船舶、海员、汽车运输等部门以及国有企业办有20所技校；部分劳动部门技工学校在完成计划招生任务后，挖掘潜力，发挥技校多功能作用，承担在职工人技术培训。有些企业招人进来后送出去培训，主要是培训技术工人，如：安全、特种设备及生产性技术（驾驶员、叉车工、电工）等工种培训。少数企业采取厂校挂钩的“订单式”培训，与职业中学联办，将培训后的学员吸纳到企业就业。4月，省劳动局出台《工人技术考核暂行条例（试行）》，加强企业工人技术培训和考核工作。各地、市建立工人技术考核委员会，各主管部门也成立工人技术考核组。在职技术工人的培训和考核工作把重点转移到岗位培训、高级工培训、技师评聘工作上来。11月，省政府批转省总工会等4家单位联合提出的《关于开展百万职工岗位技术大练兵活动意见》，至年底，全省有22万多名职工参加岗位练兵。

1992年，福建省按照劳动部下发的《关于加强工人培训工作的决定》，要求企业执行中共中央、国务院《关于加强职工教育工作的决定》所规定的按职工工资总额1.5的比例安排职工教育经费，保证技术工人培训的需要。一些技工学校开展在职工人、乡镇企业人员等多种短期培训5303名。

1993年，全省企业职工岗位技术练兵活动逐步走上全员化、规范化、制度化轨道。有些企业采取自行培训，举办专业技术培训班培训工人，并出现签订师徒合同、以师带徒进行培训的形式；一些企业开展技术达标赛，提高全体职工技术素质。至9月底，全省有63万人参加岗位技术培训和练兵活动。当年，全省技工学校培训在职职工9037人。

1995年，各地把提高职工技术技能作为贯彻《劳动法》的一个着力点，调动职工学技术的积极性，全年参加岗位技术练兵的职工逾百万。

1997年．福建省参加各类培训的职工有67.26万名，全员培训率达29.71%。其中参加岗位培训25.76万人，参加技术等级培训9.50万人，参加适应性培训31.99万人。全省226.34万名职工中，有技术工人133.25万人，其中初级工52.45万人、中级工56.99万人、高级工23.81万人。

1998年，福建省公布工人培训考核专业（工种）分类表，指导企业和职工进行技术培训考核。全省经贸系统共培训经济和企业干部12.2万人次。其中，大中型企业领导及后备人员参加工商管理培训499人，中层以下管理人员460人（其中非公有制企业378人），小型企业管理人员569人；参加继续教育2.48万人次；各类适应性短期培训8.97万人次；学历教育毕业人数中，中专518人，大专1707人，本科350人，研究生140人，参加专业证书班学习2015人。培训在总量上和质量上都比往年提高。

2000年，福建三明钢铁厂制订在“十五”期间培养高技能人才的目标计划。建立持证上岗制度，规定26个通用技术工种、32个专业技术工种必须持证上岗；建立岗位培训、技能鉴定、竞争上岗和工资分配相挂钩，技术等级与工资待遇相联系的分配激励机制。企业实行一岗五薪，设置5个等级，分别按200元—1000元发给技术等级津贴。鼓励职工积极参加职业技能竞赛，对参加竞赛获得名次的选手和被评为省级以上技术能手的人员给予奖励和晋级。

2003年，福建省城镇从业人员以及乡镇企业做从业人员有1010万人，按统计部门抽样调查的技术工人约占30%的比例计算，全省技术工人的总量约为320万人。其中，经过职业技能鉴定获得职业资格证书的有97万人，占技术工人的30%，技术工人中初级工占45%，中级工占50%，高级工占4.3%，技师、高级技师占0.7%。

2004年，全省11所重点技工学校开办高级工班，在职高级工班学生4558人，比2003年增长135%。全省职业院校学生获得高级工以上职业资格证书人数7310人。2005年，全省各级工会职工学校举办职工职业培训班1324期，培训9万余人次；组织新技术、新工艺和新操作法培训678期，培训职工3万余人。

表3-8　**1998年福建省工人培训考核专业（工种）分类表**

| 类别 | 专业（工种）名称 | 类　　别 |
|---|---|---|
| A类 | 车辆驾驶 | 包括各种客货汽车、电车驾驶和火车司机 |
| | 汽车维修工 | |
| | 铸造 | 包括熔炼、造型、配料、浇注清砂、精密铸造、粉末冶金等生产工艺操作 |
| | 焊工 | 气切割、气焊、电焊 |
| B类 | 木工 | 包括家具、木制农具及其他木器制造、修缮、营建木工。不包括木型工 |
| | 木型 | 工业用各种木型、模型的生产制作 |
| | 厨师、炊事员 | 包括餐厅、饭店、宾馆、招待所的厨师和企事业单位的食堂厨师、炊事人事 |
| | 锻造 | 包括坯件加热、手锻、模锻、水压机锻造生产工艺操作等 |
| | 冷作、铆 | 包括放样、冲剪、冲压、白铁、冷铆、热铆等生产工艺操作 |
| | 黑色及有色金属轧制 | 包括预热、初轧、中板、薄板、无缝管及种型材热轧、冷轧及铸管生产 |
| | 食品加工 | 包括糕点、糖果、蛋品、乳品、调料、腌渍及畜水产品等食品加工生产与质量检验 |
| | 缝纫 | 包括各种服装、鞋帽的加工生产、裁剪、缝纫、整烫等工艺操作与质量检验 |
| | 皮革、毛皮及其制品加工 | 包括制革、毛皮及裘品制品加工，不包括人造革 |

续表

| 类别 | 专业（工种）名称 | 类　　别 |
| --- | --- | --- |
| B类 | 工艺美术 | 包括工艺美术、泥塑彩绘、古建绘画、装潢广告、雕塑工艺、金属工艺品、抽丝、绢丝、首饰、漆器等工艺品生产 |
| | 动力设备运行与维修供热、供水通风、制氧 | 包括发电动力设备和工厂、企业中热能动力设备的运行与检修 |
| | 热处理、表面处理 | 包括各种热处理、工件校正、喷砂、电镀、发兰、抛光等生产工艺操作 |
| | 金属切削加工 | 包括下料、车、刨、插、磨、镗等和电火花加工等生产工艺操作 |
| | 钳工 | 包括机械装配、调试、划线、工具、量具、模具钳工 |
| | 金属管工和管道工 | 包括煤气管道、上下水管道、暖气、热力管道、化工管道等的安装与维修 |
| | 机械安装与维修 | 包括矿山机械、筑路机构、建设机械、传输机构、工程施工机械和纺织、染整、印刷、木材加工、食品、轻工、化工设备机械和机械加工设备、机械的安装维修，不包括安装维修中的铆、焊、电、钳、削加工、热处理等专业工种 |
| | 计量、测试、理化分析 | 包括工业计量、测试、理化分析、水质、金相分析、环境保护测试分析 |
| | 仪器、仪表、精密设备维修 | 包括热工、光学、电工、电子仪器、仪表、手表、各式钟表、眼镜、照相机等维修 |
| | 日用机电设备维修 | 包括电冰箱、洗衣机、自行车、摩托车、缝纫机等的修理 |
| | 电工 | 包括发电、输电、配电、供电、电力拖动、机动车电器等电力线路、用电设备的安装、运行与维修 |
| | 电机、电器、电工器材 | 包括绕线、浸漆、矽钢片、绝缘下线和电缆、绝缘器材、电机、电器等的装配、生产、检验等操作，不包括机构加工等方面专业工种 |
| | 电子元器件 | 包括半导体器件、集成电路、电真空器件、半导体材料、磁性材料及器件、陶瓷材料及器件、电阻、电容、电声等元器件制作及质量检验 |
| | 电子线路焊装和调试 | 包括有线通讯、无线通讯、微波通讯、广播电视、电子仪器、家用电器、计算器、计算机等电子设备的焊装调试与维修 |
| | 电子计算机操作 | 包括电子计算机录入、穿孔、值班等操作 |
| | 炼焦、煤气及煤制品生产 | 包括炼焦、煤气、煤制品生产供应 |
| | 化工操作 | 包括基本化学原料、化学肥料、化学农药、火药、化学原药、合成洗涤剂等产品生产，也包括有机化工原料、涂料、颜料、试剂、催化剂、黏合剂、合成橡胶、林产品化工等生产工艺和炼油、石油化工产品生产，不包括列有专业工种类别的机、电、后勤服务劳动者 |

续表

| 类别 | 专业（工种）名称 | 类　别 |
|---|---|---|
| B类 | 电信 | 市内电话，长途话务、报务、传真、译电、电讯营业等 |
| | 拖拉机驾驶、大型农业机械操作 | 包括拖拉机驾驶和大型农业机械（如联合收割机等）操作 |
| | 塑料、橡胶及其制品生产 | 包括塑料、人造革、合成地、泡沫塑料、橡胶及其制品加工生产，不包括列有专业工种类别的机、电、后勤服务劳动者 |
| | 木材采伐与加工 | 包括木（竹）采伐、集运、制材、干燥、防腐及人造板、胶合合板、纤维板等加工生产 |
| | 船舶驾驶轮机水手 | 包括内河、湖泊、近海、远洋船舶 |
| | 起重、装卸 | 包括港口码头、货场仓库、施工工地、厂内车间起运、装卸设备操作，不包括装卸力工 |
| | 建筑施工 | 包括房屋、道桥、矿山、工厂建筑施工中的砖瓦、抹灰、凿石、装饰、油漆、钢筋混凝土等建筑施工劳动者和测绘人员 |
| | 摄影、洗印、录像 | 包括照相馆、图片社及各单位的照、洗、印像及录音录像等人员 |
| C类 | 农业种植 | 包括粮食作物、经济作物、蔬菜、瓜果种植 |
| | 其他农业种植与采收 | 包括绿肥、饲料、花卉、苇子、蒲草、药材、牧草菌类等种植野生植物、药材的采集 |
| | 林木种植及林产品采收 | 包括林木采种育苗、植树造林、森林抚育、森林保护及林产品采收 |
| | 畜牧 | 包括大牲畜、家禽的饲养，放牧，貂、鹿、兔、蚕、蜂饲养，野生动物狩猎、诱捕、猎物饲养等 |
| | 水产养殖 | 包括淡水（内河、湖泊、水库）海水水生动物和植物的养殖 |
| | 水产捕捞 | 包括淡水、海水水生动物的捕捞及各种水域浮游生物、贝类、藻类、海带等的采集 |
| | 水利设施管理保护 | 包括水库、堤坝、闸涵、江河治理、防洪、防涝、水利工程、水土保持设施的管理与维护 |
| | 钻井地质勘探 | 包括石油采钻井、矿产、地质、水文、工程钻探、坑探等 |
| | 煤炭采选 | 包括开采、掘进、洗选、井下采运，不包括进下机电维修、通风防尘、土建后勤等专业工种 |
| | 石油、天然气开采 | 包括石油、天然气开采及油田内部集输，不包括列有专业工种的机电维修、土建后勤服务劳动者 |
| | 粮、油加工贮藏 | 包括榨油、碾米、磨粉等粮、油加工、贮藏与销售 |
| | 商业营业 | 包括日用、纺织、五金、交电、化工、建材、食品、饮料、农副产品、日杂、地产等商品的采购、销售检查、评价、包装、保管等，不包括粮、油销售与药品销售 |
| | 理发、美容、保健 | 包括理发、美容、保健 |

续表

| 类别 | 专业（工种）名称 | 类　　别 |
|---|---|---|
| C类 | 饮料、酿造 | 包括各种酒、酒精的酿造、无酒精饮料生产、冷饮、制茶等生产超做与质量检验 |
| | 烟草加工 | 包括烟叶复烤、切丝、配料、卷烟及其他烟草加工 |
| | 纺织、针织 | 包括各种纤维材料的预前处理、纺纱、缫丝、捻线织布、针织等生产工艺、设备操作及质量检验 |
| | 印染 | 包括各种纤维材料的染整、纺织品印染生产工艺、设备操作及质量检验 |
| | 造纸及纸制品生产 | 包括制浆、造纸、纸制品生产 |
| | 印刷工艺 | 包括印刷生产过程中排版、制版、印刷、装订等工艺和设备操作 |
| | 公共事业 | 包括旅店、饮食店、浴室、城市绿化、公园管理、殡仪等 |

## 第三节　职业技能鉴定

### 一、职业资格鉴定

1991年4月，省劳动局制定《福建省工人考核实施办法》，对技术工人等级考核、证书管理等做详细规定。1993年7月，省劳动局转发劳动部颁发的《职业技能鉴定规定》，要求各地各部门在原有工人考核组和专业技术考评组的基础上，统筹规划，进行试点，分批组建职业技能鉴定站，并选择在社会需求量大、涉及面广的机械、服装、汽车行业3—5个单位中的部分工种（专业）进行筹建职业技术鉴定所（站）的试点工作。

1994年6月，福建省首家职业技能鉴定站——福建机电职业技能鉴定站在福建机电学校筹建成立。同年，省劳动厅下发《福建省职业技能鉴定实施办法（试行）》《福建省职业技能鉴定规程》《福建省职业技能鉴定考评员和考评组组成管理试行办法》，对职业技能鉴定的对象、申报条件、程序，鉴定组织的管理，建立职业技能鉴定站（所）条件、程序、工作规划，考评员队伍建设，鉴定试题库建立，职业资格证书发放管理、鉴定收费等进行规范。

1995年1月1日《劳动法》正式实施，第六十九条规定“国家确定职业分类，对规定的职业制定职业技能标准，实行职业资格证书制度，由经过政府批准的考核鉴定机构负责对劳动者实施职业技能考核鉴定”。随后，国家相继公布首批社会化职业技能鉴定和持证上岗的职业（工种）名单。根据《福建省职业技能鉴定实施办法（试行）》，省劳动厅成立福建省职业技能鉴定指导中心。各地（市）劳动部门也相继成立职业技能鉴定指导中心。全省各地（市）通过试点，逐步建立职业技能鉴定站24个。7月，省劳动厅和省公安厅又联合下发《关于在全省范围内开展汽车驾驶员技术鉴定的通知》，成立福建省汽车驾驶员职业技能鉴定指导小组及鉴定中心，泉州、龙岩等地（市）也陆续成立鉴定机构。

1996 年，福建省以 13 个工种实行持证上岗为突破口，推动职业资格证书的实行，促进劳动者职业技能水平的提高。省劳动局贯彻劳动部《关于加强职业技能鉴定质量管理的通知》，在规范职业技能鉴定、加强质量管理的基础上，又下发《福建省职业技能鉴定考务管理规章制度》、《组建福建省职业技能鉴定专业委员会》和《福建省职业技能鉴定工作规则实施细则》等文件，强调职业技能鉴定工作要树立“社会效益和质量第一”的观念，建立健全检查、监督机制，提高职业技能鉴定工作质量。

1997 年，福建省职业技能鉴定机构站（所）逐步建立，参加鉴定人员、工种范围也逐步扩大。全省共有职业技能鉴定站（所）189 个，参加职业资格等级鉴定考核的 6.76 万人，其中技工学校的毕业生占总鉴定人数的 22.5%，26 所大中专学校学生占总鉴定人数的 7%。经鉴定考核获得职业资格等级证书有 6.35 万人，其中初级工 2.86 万人、中级工 3.03 万人、高级工 0.46 万人。福州举行了福建省首期摄影师技能等级考核鉴定，81 人参加。486 幅作品经考核鉴定全部合格，参考人员全部取得摄影师职业资格证书。

1998 年，全省已建立职业技能鉴定站 229 个，鉴定工种已达 160 个，62 个工种实行持证上岗。3 月，省劳动厅和省农业厅联合转发了《关于开展乡镇企业职工职业技能培训及职业技能考核鉴定工作的通知》，提出具体实施培训和鉴定的要求。随着社会化鉴定管理规范化的深入，劳动部对部分工种（职业、岗位）人员实行全国统一鉴定。福建省有 284 人参加推销员全国职业资格统一鉴定，134 人合格。之后，秘书、公关员、职业指导人员、电子商务师也参加全国职业资格统一鉴定。同年，省物价委员会和省财政厅联合批复省劳动厅报送的《关于调整职业技能培训考核鉴定收费标准的报告》，并从 1 月 1 日起执行。

表 3-9　　**1998 年福建省工人培训及考核鉴定收费标准情况表**

单位：元

| 类别 | 理论、技能培训费 | | | 考核鉴定费 | | | 材料费 | | |
|---|---|---|---|---|---|---|---|---|---|
| | A 类 | B 类 | C 类 | A 类 | B 类 | C 类 | A 类 | B 类 | C 类 |
| 初级工（含就业前及岗位培训） | 88 | 84 | 80 | 182 | 156 | 130 | 60 | 60 | 60 |
| 中级工 | 123 | 118 | 112 | 237 | 212 | 188 | 60 | 60 | 60 |
| 高级工 | 176 | 168 | 160 | 294 | 272 | 250 | 60 | 60 | 60 |
| 工人技师 | 176 | 168 | 160 | 294 | 272 | 250 | 60 | 60 | 60 |

1999 年，福建省对 66 个工种实行就业准入和持证上岗制度。职业技能鉴定的社会覆盖面和工种覆盖面日益扩大。省劳动厅下发《关于严格按照逐级考核鉴定的通知》，确保职业技能鉴定质量，实行职业技能鉴定逐级考核制度。当年全省有 6.70 万人参加职业技能鉴定，

6.12万人取得技术等级（职业资格）证书，其中获得初级技工证书3.28万人，中级技工证书2.52万人，高级技工以上证书0.32万人。

2000年，贯彻劳动和社会保障部颁布的《招用技术工种从业人员规定》，对90个技术工种（职业）实行就业准入制度，规定取得职业资格证书后方能就业。全省有职业技能鉴定站267个，考评员2908名，全年鉴定人数8.02万人，核发职业资格证书7.24万本。福建省参加全国推销员、秘书、职业指导人员等职业资格统一鉴定有2905人，获得统考鉴定合格证书2219人，计算机信息高新技术考试参加鉴定918人，鉴定合格率达83.4%。

2001年，推进职业技能鉴定考务管理编码，提高职业资格证书制度管理科学化。全省共有职业技能鉴定站289所，考评员3007名，全年鉴定人数9.2万人，核发职业资格证书7.9万本，鉴定合格率达86%。同年，省劳动和社会保障厅组织开展全省职业技能鉴定质量大检查，推动职业资格证书制度开展。

2002年，福建在全省36所高职高专学校、451所中等职业学校（国家级重点职业学校41所，省级重点54所，民办职业学校有56所），全面实行“双证制”，即毕业生经考试合格和职业技能鉴定合格，可同时获得“毕业证书”和“职业资格证书”。3月，省劳动和社会保障厅批准福建农林大学成立职业技能鉴定站，农林大学鉴定站也成为福建省高校第一个职业技能鉴定站。9月，省劳动和社会保障厅办公室转发《关于加强职业技能鉴定国家题库管理的通知》，按照题库的管理权限，对鉴定的试题每次使用完毕和使用每达到6个月，都要对其置信度、难度系数进行测评，并根据测评结论适时进行修改、调整。为保证鉴定内容的相对稳定性，调整比例控制在5%，每4年对题库内容做一次大的调整。对福建省进一步完善职业技能鉴定国家题库运行和网络的管理，提高职业技能鉴定质量，起到较好作用。各设区市劳动保障行政部门每年组织开展对市职业技能鉴定指导中心和鉴定站使用省题库运行质量进行检查。为确保鉴定质量和职业资格证书的发放，省劳动和社会保障厅对全省美容等5个职业（工种）培训、鉴定、发证等工作开展专项治理检查。同年，福建省劳动和社会保障厅分别会同省有关部门制定《关于建设行业生产操作人员实行职业资格证书制度有关问题的通知》《关于对全省锅容特种设备作业人员开展职业技能鉴定的通知》《在中等职业学校建立职业技能鉴定机构全面推行“双证书”制度的通知》《关于在全省药品生产、经营企业从业人员中开展职业技能鉴定工作的通知》，以及《关于对全省银行卡特约商家收银人员开展操作技能鉴定的通知》《关于联合开展消防安全从业人员职业技能培训鉴定工作的通知》等文件。厦门市的高级工职业技能鉴定工作，由厦门市劳动保障局按有关规定负责实施并核发证书。当年，全省有职业技能鉴定站344所，考评员4189名，全年鉴定人数14.76万人，核发职业资格证书12.25万本，鉴定合格率达83%，其中全国计算机信息高新技术考试21184人，全国统一鉴定7355人。

2003年，福建省职业技能鉴定站377所，考评员5110名，全年鉴定人数20.76万人，比上年增长40.7%，核发职业资格证书17.57万本，鉴定合格率达85%。建立的全国职业技能统一鉴定的报名点有164个，参加考试5.21万人，参加全国统一鉴定2.07万人。5—6月，省劳动和社会保障厅在全省范围内开展用人单位执行就业准入制度专项检查，对全省职业技能鉴定站进行年审，对鉴定试题库运行进行专项检查。5月，劳动和社会保障部颁布《职业技能鉴定机构质量体系标准（试行）》，并确定福建省为全国唯一试点省份。

2004年，省劳动和社会保障厅下发《县级职业技能鉴定工作有关问题的通知》，全省有38个县（市）先后成立职业技能鉴定指导中心。5月，省劳动和社会保障厅下发《关于设区市开展高级工职业技能鉴定有关问题的通知》，将开展高级工职业技能鉴定由省下放到设区市。6月，贯彻劳动和社会保障部下发的《进一步做好全国计算机信息高新技术考试推广工作的实施意见》，加强考务管理，促进全省计算机信息高新技术考试。当年，全省参加职业技能鉴定人数达31.8万人，比上年增长53%，名列全国第七位。在全国率先开展服装缝纫车工、制鞋针车工、食品雕刻等单项技能鉴定、职业经理人考核认证。福建省建筑行业根据建筑业的特点，改革现行职业技能鉴定办法，对达到一定年限的技术工人，采取现场复写、成果鉴定、实物鉴定的技能鉴定评价方式，有力地推动建筑行业实行国家职业资格证书制度，全省建筑行业参加职业技能鉴定人数达到6万人。

同年，省劳动和社会保障厅、省公安消防总队联合下发《福建省消防安全从业人员职业技能培训鉴定实施意见》，规定在全省各级机关、团体、企业、事业单位从事消防安全工作和法律规定须上岗前培训、持证上岗的从业人员，应参加培训、考核、鉴定，经考试合格、取得相应技能等级证后，方可上岗。全省有近万名企事业单位消防从业人员参加培训考核鉴定。

2005年3月20日，在劳动和社会保障部及部职业技能鉴定中心的帮助下，以部颁《标准》为依据，结合福建省的实际，在省职业技能鉴定指导中心开展职业技能鉴定质量管理体系建设，经过体系文件编写、体系建立、试运行、评价和完善等阶段，通过劳动和社会保障部专家组的审核认证，福建省职业技能鉴定指导中心成为全国首家通过质量认证的鉴定中心。福建省有46个县建立职业技能鉴定指导机构，到年底，全省职业技能鉴定机构达到455个，参加鉴定人数40.26万人，取得职业资格证书33.74万人，鉴定合格率84%。

表3-10　　**1994—2005年福建省职业技能鉴定站及鉴定人数情况表**

单位：个、人、%

| 年份 | 鉴定站 | | 鉴定考核 | | | | 鉴定合格发证人数 | | | 鉴定考核合格率 |
|---|---|---|---|---|---|---|---|---|---|---|
| | 机构数 | 考评员数 | 总人数 | 初级工 | 中级工 | 高级工 | 总人数 | 技师 | 高级技师 | |
| 1994 | | | | | | | | 855 | | |
| 1995 | | | 2万多 | | | | | | | |
| 1996 | 170 | 1285 | 60224 | 26464 | 28520 | 3639 | 52449 | 1353 | 30 | 87 |

续表

| 年份 | 鉴定站 | | 鉴定考核 | | | | 鉴定合格发证人数 | | | 鉴定考核合格率 |
|---|---|---|---|---|---|---|---|---|---|---|
| | 机构数 | 考评员数 | 总人数 | 初级工 | 中级工 | 高级工 | 总人数 | 技师 | 高级技师 | |
| 1997 | 189 | 1836 | 67625 | 30713 | 32164 | 3988 | 63591 | 748 | 12 | 94 |
| 1998 | 227 | 2404 | 84431 | 44168 | 35792 | 3921 | 81113 | 548 | 2 | 96 |
| 1999 | 246 | 2665 | 67062 | 35563 | 27565 | 3411 | 61879 | 511 | 9 | 92 |
| 2000 | 267 | 2908 | 80247 | 44227 | 33918 | 1775 | 72397 | 293 | 9 | 90 |
| 2001 | 289 | 3007 | 91652 | 44786 | 44394 | 2413 | 79483 | 46 | 6 | 87 |
| 2002 | 344 | 4189 | 147601 | 59041 | 79844 | 8496 | 122540 | 101 | 7 | 83 |
| 2003 | 377 | 5110 | 207621 | 69453 | 126642 | 11035 | 175696 | 206 | 11 | 85 |
| 2004 | 414 | 5904 | 317530 | 102261 | 177711 | 34174 | 267026 | 1453 | 51 | 84 |
| 2005 | 455 | 3566 | 402608 | 13776 | 218148 | 41599 | 337448 | 4147 | 321 | 84 |

## 二、技师考评

1991 年，福建省根据劳动人事部 1987 年发布的《关于实行技师聘任制的暂行规定》，在企业中实行技师聘任制，各地、市建立工人技术考核委员会，在高级工培训考核的基础上，从企业中具有高级工的专业技术理论水平和实际操作技能、有丰富的生产实践经验，能够解决本工种关键性的操作技术和生产中的工艺难题，具有传授技艺，培训技术工人的能力的技术工人中，经过县以上行业部门工人技术考核委员会评审考核后进行聘任。1992 年 3 月，省劳动局公布首批 204 家企事业单位评聘的 807 名技师和 5 名高级技师名单。1994 年，福建省企业试点建立工人技师制度，全省企业有技师 855 名。1996 年，有技师 1353 名，高级技师 30 名。1997 年，全省聘任技师 748 人，高级技师 12 人。1998—2001 年，全省聘任技师 1398 人，高级技师 26 人。

2002 年 4 月，省劳动和社会保障厅印发《福建省技师考评社会化管理暂行办法》，对技师考评实行社会化管理。凡是符合技师申报条件的各类人员，均可自愿申请参加技师职业资格鉴定。同时具体规定申报的条件。技师考评工作由省职业技能鉴定指导中心具体实施，主要负责统一标准命题、制作复习提纲、阅卷登分、制作证书、审定高级考评员名单等。担任鉴定技师的高级考评员必须是已取得由劳动保障行政部分颁发的本职业（工种）高级技师职业资格证书（或高级职称证书），并连续从事本职业（工种）3 年以上考评资格的人员，高级考评员的培训由省职业技能鉴定指导中心负责组织。技师考评方式分为技能鉴定和综合评审，技能鉴定是按照技师资格标准的要求，考核理论知识和技能操作，理论知识采取闭卷考试的方法；操作技能的考核，采取现场操作方式。对应具备计算机操作基本技能的职业（工种）还应增加计算机信息高新技术考试科目（加试职业［工种］目录和免试年限由省劳动保障行政部门另行通知）。综合评审采取审阅申报材料、论文答辩等方式，对职业工作业绩、潜在能力、技术革新、传授技艺等方面进行评议和审查。而理论知识、操作技能和综合评审3项实行百分制，对各项均达60分以上为合格。技师考评实行全省统一标准、教材、命题、考务管理及统一证书的原则，逐步实行全省统一鉴定。全省统一鉴定由省职业技能鉴定指导中心具体组织实施。职业技能鉴定理论知识、操作技能，综合评审3项中单项或两项鉴定成绩及格（60分）以上的，成绩2年内有效。鉴定收费标准按福建省物价局规定执行。职业技能3项成绩均合格者，由省劳动和社会保障厅核发技师职业资格证书或高级技师职业资格证书。证书评定成绩分别按60—79分为合格，80—90分为良好，在90—100分为优秀等级填写。而评定成绩按理论知识考核成绩和操作技能考核成绩两项中最低成绩确定。各鉴定机构应在职业资格鉴定合格人员花名册考试成绩总评栏中正确填写。当年全省社会化考评技师获证101人，高级技师获证7人。

2005年，省劳动和社会保障厅印发《关于开展福建省企业高技能人才认定试点工作的通知》，开展企业高技能人才认定试点工作。确认23家具备条件的大中型企业作为首批高技能人才认定试点单位，建立100个高技能人才培训考核基地。当年，全省考评技师4147人，高级技师321人。2003—2005年，全省考评技师5806人，高级技师383人。

表3-11　　**2005年福建省企业高技能人才认定试点单位名表**

| 负责单位 | 申报的试点单位名称 |
|---|---|
| 福建省劳动保障厅 | 福建省电力有限公司（含全省电力行业） |
| | 福建省船舶工业集团公司 |
| | 中国水利水电闽江工程局 |
| | 福建省南纸股份有限公司 |
| 福州市劳动保障局 | 福州天宇电气股份有限公司 |
| | 福州一化化学品股份有限公司 |
| | 福州同春药业有限公司 |
| 厦门市劳动保障局 | 厦门工程机械股份有限公司 |
| | 厦门港务集团股份有限公司 |
| | 林德（中国）叉车有限公司 |
| 漳州市劳动保障局 | 漳州长运集团公司 |
| 泉州市劳动保障局 | 福建凤竹纺织股份有限公司（晋江） |
| | 福建冠福现代家用股份有限公司（德化） |

续表

| 负责单位 | 申报的试点单位名称 |
|---|---|
| 三明市劳动保障局 | 福建省三明双轮化工机械有限公司 |
| | 福建水泥股份有限公司建福水泥厂 |
| | 福建纺织化纤集团公司 |
| 莆田市劳动保障局 | 福建雪津啤酒集团有限公司 |
| 南平市劳动保障局 | 南纺股份有限公司 |
| | 南平水泥股份有限公司 |

注：2005年龙岩市、宁德市尚未开展此项工作。

## 第四节　职业技能竞赛

1992年9月，省劳动局、团省委、省总工会等12部门联合印发《关于在全省青工中开展“岗位练兵，技术比武”活动意见》，要求企业每年要组织青工技术比武活动，技术比武的经费企业从职工教育经费中列支，县以上组织的竞赛，经费由同级财政、主办单位、参赛单位“三三制”解决。通过岗位练兵、技术比武，激发了青年工人学习技术，提高岗位技能的积极性。全省有百万职工开展岗位技术练兵活动，组织技术比赛。林业、轻纺、电力等12个行业先后举行163项（次）工种技术比赛。在6个行业45个工种技术比赛中，分别决出前3名，由省总工会、省劳动局、团省委授予“福建省职工技术能手”称号。10月21日，福建省安装技工学校88届电焊专业毕业生熊森芳，在全国焊接技术比赛中获二氧化碳气体保护焊项目个人总分第八名，成为中华人民共和国成立以来福建省参加全国焊接技术大赛进人前10名的第一位焊工。

1993年11月，省劳动局会同省总工会、团省委根据劳动部等部门联合制定的有关文件精神，下发《职业技能竞赛管理办法（暂行）》，规范各类技能竞赛活动的组织管理工作，推动全省职业技能竞赛活动的开展。11月14日，省总工会、省劳动局、省经济贸易委员会、团省委、省职工教委育委员会和省机械厅在南平电机厂联合举办全省车工、钳工“南电杯”技术比赛。比赛组委会向团体前3名代表队颁发奖杯，向车、钳工前6名选手颁发“福建省技术能手”荣誉证书和奖金。参赛选手中有37%是从技校毕业的青工，获得车、钳工前6名的12名优秀选手中有7名是技校毕业生。

1995年，福建省开展“福建省技能月”活动，推动各地、各部门和企业开展职业技能竞赛。同年，福建省中餐烹饪高级技师强木根获“中华技能大奖”，车工技师张红兵、高级电焊工王振泉、石雕工艺美术师刘碧兰获“全国技术能手”，并在人民大会堂受到党和国家领导人接见。1998年2月，省邮政运输局王为民、龙岩佳丽纺织装饰用品公司陈娟参加全国性职业技能竞赛，获“全国技术能手”称号，并出席“中华技能大奖和全国技术能手表彰大会”，接受国务院总理李鹏、副总理吴邦国、国务委员兼秘书长罗干等领导人的接见。

1999年6月，福州市总工会、福州晚报社联合举办“福州市下岗职工职业技能竞赛”，推动下岗和失业职工参加转岗转业培训，学习技能，有176名下岗和失业职工分别参加维修电工、钳工、管工、美容师、美发师、摩托车维修工、计算机文字录入处理员、珠宝技术等11个工种（岗位）的职业技能比赛。

2000年6月，省劳动和社会保障厅修订下发《福建省职业技能竞赛管理办法（暂行）》，规定竞赛分为省级、市地级一类和二类竞赛，一类竞赛为跨行业的竞赛，一般每两年举办一次；二类竞赛为本行业的，可每年举办一次。在省一类竞赛决赛中获得第一名的选手（职工），由省劳动和社会保障厅授予“福建省技术能手”称号，同时颁发获奖证书和奖章，并向劳动和社会保障部申报授予“全国技术能手”称号；获得第二名至第五名的选手，由竞赛组委会向省劳动和社会保障厅申报“福建省技术能手”，颁发获奖证书和奖章；获得第一名至第五名的选手在原有技能等级的基础上直接晋升职业资格等级。

2002年，福建省工业设备安装有限公司林雪纷、福建南平南孚电池有限公司黄东华获“全国技术能手”称号，14人获“福建省技术能手”称号。

2003年9—11月，省劳动和社会保障厅会同省总工会、省经贸委、省财政厅、省教育厅等16个厅局共同组织“福建省2003年职业技能大赛”活动，竞赛涉及二、三产业的31个工种，选手有国有企业及事业单位职工、个体从业人员、下岗失业工人、军人、学生、残疾人等2万多人。劳动和社会保障部及福建省有关领导出席决赛开幕式。339名选手在大赛中获优胜名次，在原有技能等级上晋升一级。其中，264人获得了高级工职业资格证书，有8名选手被授予“福建省技术能手”称号并颁发证书和奖章。

2004年，省劳动和社会保障厅在全省广泛开展岗位练兵技能月活动、技能运动会等职业技能竞赛的基础上，组织参加由劳动和社会保障部牵头举办的5个项目的国家一类竞赛，福建有9名参赛选手获得8个竞赛项目前10名。有80多名优秀选手通过大赛获得省级技术能手称号。是年，福建省组织开展广州数控杯全国技工学校技能竞赛选拔工作，并与福州市总工会联合举办职工计算机等4个职业工种技能竞赛，有746人获国家中、高级职业资格证书。南平工业技校学生王志海获得全国技工学校技能竞赛维修电工第一名。在当年举办的全国服装制作工职业技能大赛，民营服装企业福建九牧王有限责任公司职工获得第一名和第三名的好成绩，其中获得第一名的陈随丽获得“全国五一劳动奖章”。

2005年，省劳动和社会保障厅修订印发《福建省职业技能竞赛管理办法》，对举办竞赛单位的条件、活动的组织、竞赛活动的管理、参赛选手资格、竞赛经费来源、竞赛成绩评定、竞赛活动程序、竞赛信息交流和等问题做具体的规定。9月，省劳动和社会保障厅与省总工会、省经贸委、省科技厅等有关部门举办“2005年全省职业技能大赛”活动，参赛工种（职业）19个，全省有200多万名职工、学生参加各级选拔赛，10多万职工参加竞赛。共有15名职工获得福建省“五一劳动奖章”，141人获得“福建省级技术能手”称号，形成全社会重视学习职业技能，积极参与竞赛活动的新局面。

# 第四章　劳动关系

1991 年，福建省重点进行国营企业全员劳动合同制的试点，试点企业全部职工均应签订劳动合同，逐步实行全员劳动合同制。1995 年，全省全面推行劳动合同制度，打破国有企业、集体企业内部身份界限，为职工在国有、集体、“三资”等企业之间流动创造条件。

1997 年，贯彻《福建省劳动合同管理规定》《福建省企业集体合同条例》，劳动合同制度和集体合同制度走上规范化、法制化轨道。开展下岗职工再就业工作中，省筹集经济补偿金，妥善处理下岗职工劳动关系。至 2002 年底，全省出企业再就业服务中心的下岗职工中已有 15.2 万人与企业解除劳动关系进入市场。

2002 年，福建省建立劳动关系三方协调机制，协调研究解决欠薪、经济补偿金、签订劳动合同、创建和谐劳动关系工业园区等重大问题，推动构建和谐劳动关系。

2005 年，全省 90%以上企业实行劳动合同制度，大部分职工签订劳动合同，女职工未成年工劳动保护得到加强，劳动关系总体和谐稳定。

## 第一节　劳动合同制度

### 一、合同签订

1991 年，福建省加大企业劳动制度改革的力度，重点进行国营企业全员劳动合同制的试点，试点企业全部职工应签订劳动合同。每个地区选择两三个已进行优化劳动组合的国营企业开展试点，试点方案由省劳动局批准。厦门市、莆田县以及其他沿海开放窗口，在积极试点的基础上，加快改革步伐，在全省劳动制度改革中起示范作用。7 月，省劳动局印发《关于国营企业开展全员劳动合同制改革试点工作有关问题的通知》，明确试点的指导思想，规定试点的范围、内容以及若干政策措施，要求劳动制度改革要在巩固、充实、完善的基础上，向全员劳动合同化推进。9 月，省政府确定 10 家大中型企业进行综合改革试点，并把企业劳动制度改革作为重要的内容。各级劳动部门分别确定一批试点企业，加强对试点企业的指导。莆田造纸厂成为福建省首家试行全员劳动合同制试点的企业。厦门市在厦门糖厂、厦门橡胶厂、厦门工程机械厂 3 家企业进行劳动用工、工资、社会保险三项制度改革试点，随后在全市范围内推行劳动合同制。截至年底，全省实行劳动合同制工人近 18 万人。

1992 年，推动企业改革。省政府颁发《福建省人民政府关于深化国营企业劳动人事、工资分配、社会保险制度改革的决定》，要求巩固完善劳动合同制，逐步推行全员劳动合同制。省劳动局提出试行全员劳动合同制的目标、要求和实施范围，规定试行全员劳动合同制的基本规范和实施步骤，并制定9条具体政策。全年全省试行全员劳动合同制改革试点企业达285家，涉及职工11.4万人。龙岩地区试点企业占全区企业总数的42%，走在全省的前列。宁德地区已有合同制工人2.01万人，其中全民所有制合同工1.41万人，占70%；城镇集体所有制合同工0.40万人，占20%；“三资”（合资、合作、外商独资）等其他企业合同制工人0.20万人，占10%。

表4-1　　**1992年全省国有企业全员劳动合同制试行情况表**

单位：个、人

| | 综合配套 | | | 全员劳动合同制 | | | 优化组合或合同化管理 | |
|---|---|---|---|---|---|---|---|---|
| | 小计 | 其中：大中型企业 | 涉及职工人数 | 小计 | 其中：大中型企业 | 涉及职工人数 | 企业数 | 涉及职工人数 |
| 福州市 | 11 | 5 | 9786 | 12 | 5 | 10415 | 11 | 9786 |
| 厦门市 | 1 | 1 | 1263 | 2 | 1 | 1318 | — | — |
| 漳州市 | 1 | 1 | 3389 | 81 | 16 | 46251 | 283 | 56831 |
| 泉州市 | 2 | — | 1002 | 10 | — | 3274 | 9 | 2248 |
| 三明市 | 11 | 11 | 6432 | 11 | 11 | 6432 | 5 | 1233 |
| 莆田市 | 6 | 2 | 6695 | 24 | 4 | 8341 | 136 | 8948 |
| 南平地区 | — | — | — | 2 | 1 | 742 | 3 | 744 |
| 龙岩地区 | 80 | 3 | 27211 | 114 | 3 | 33207 | 51 | 17072 |
| 宁德地区 | 12 | 1 | 3618 | 29 | 1 | 3742 | 25 | 2455 |
| 合　计 | 134 | 24 | 59396 | 285 | 42 | 113722 | 523 | 99317 |

是年，省劳动局发出《关于对省属、中央属企业不再下达招工指标的通知》，对省属企业从城镇招收劳动合同制工人，由企业根据生产经营发展需要自主决定招工计划，直接从城镇待业人员中招收，省劳动局不再下达劳动指标；中央在闽和军队驻闽单位从城镇招收劳动合同制工人，在其主管部门下达的年度劳动工资计划内亦按此规定执行，省劳动局不再批转招工计划。福州市进一步简化招工手续，对不涉及家口指标的工人调动，由企业双方直接办理。厦门市贯彻国务院《全民所有制工业企业转换经营机制条例》，开始实现用工计划由指令性到指导性的转变，企业可以自主确定在厦门市城镇招工的时间、条件、数量和方式，市内人员调动由企业办理，企业使用厦门市户口的临时工不再上报计划，可以自行招收，并纳入年度工资总额，不再办理临时工工资追加手续，劳动部门也不再办理调出（入）人员的工

资基金增减手续。宁德市合同制工人以合同形式确定劳动者与使用企业之间关系，招用时双方签订合同，约定各自的义务和权利，一般有效期 3 年。

1993 年，省政府批转《省劳动局关于我省企业全面实行劳动合同制的通知》，加快改革用工制度，改原来国家职工为企业职工，实现用工主体由国家向企业的转移，并实现劳动关系的法制化。实行全员劳动合同制的企业，特别是国有企业、集体企业内取消干部与工人、固定工、合同工、临时工等身份界限，统称为企业职工；全面实行劳动合同制的企业职工按照劳动力流动的有关规定，可在国有、集体、私营、“三资”等企业间自行流动。全省国有企业劳动用工制度改革涉及职工 39 万人，占职工总数的 27.9%，已实行全员劳动合同制企业有 699 个，涉及职工 28 万人。福州市在各类企业中推行劳动合同制度。当年共有合同制职工 7.23 万人，占全市企业职工数的 20.17%。

1994 年，省劳动部门通过劳动立法、劳动监察、宏观调控等手段，配合省人民政府加快经济体制改革的部署，选择省定的综合配套改革试点地区——厦门、泉州、莆田、龙岩四地市，以及罗源、涵江，晋江、石狮、南安、建瓯、南平、永安、连城、龙海等 10 个县（市、区），推行区域性劳动制度综合配套改革。到 9 月底，全省实施劳动合同制度的企业 1.05 万家，占企业总数的 40%；全省实施劳动合同制度的职工 110 万人，占职工总数的 45%。其中，进展较快的莆田市分别占企业总数的 72.4%和职工总数的 75%；厦门市分别占企业总数的 62%和职工总数的 72%；漳州市分别占企业总数的 64%和职工总数的 65%。全省 20 多个省直企业主管部门专门下达文件进行部署，提出年内全面实行劳动合同制度的目标。当年全省共有 1.85 万家企业的 200 多万职工实行劳动合同制，其中生产基本正常的国有企业、“三资”企业和县以上集体、股份制企业有 80%建立劳动合同制度。

1995 年，省劳动厅下发《关于全面实行劳动合同制有关具体问题的处理意见》，对全面实行劳动合同制度中遇到的问题统一认识，统一政策。实行劳动合同制的企业，特别是国有企业、集体企业内部取消干部与工人，固定工与合同工、临时工等的身份界限，为职工在国有、集体、“三资”等企业之间流动创造条件。当年，全省有 95%的企业和 280 万名职工实行了劳动合同制度。其中，福州市共有 3185 家企业实行劳动合同制度，占统计企业总数的 98.69%；有 37.58 万名职工签订劳动合同，占职工总数的 97.51%。福建省劳动合同制度覆盖面和进度名列全国前茅，逐步实现用工主体由国家向企业转变，国家职工向企业职工转变，固定工制度向劳动合同制转变。劳动关系的建立和调整步入法制化、规范化的轨道。

1996 年 7 月，省人大常委会颁布《福建省劳动合同管理规定》，通过地方立法进一步推动全省劳动合同制度的实施。当年实行劳动合同制度的各类企业 6.45 万家、职工 318.9 万人，国有、城镇集体、“三资”、股份制企业 99.6%的职工已签订劳动合同，乡镇企业职工签订劳动合同率也达到 80%以上。

1997 年，劳动合同制度作为一种新型用工制度，已在全省企业普遍建立。为解决实施劳动合同制度过程中出现的一些具体问题，省劳动厅下发《关于进一步巩固完善劳动合同制度的意见》，规范订立和履行劳动合同的行为，促进劳动合同制度顺利实施。当年全省签订劳动合同人数达356.5万人，其中国有、集体企业职工劳动合同签订率为99%，乡镇企业职工劳动合同签订率为77%，私营企业和个体经济组织职工劳动合同签订率为66%。

1998年，为解决1984年以后在一些艰苦行业（工种）中招收的农民合同制工人的身份转换问题，省政府批转省劳动厅等部门《关于福建省解决艰苦行业、艰苦工种农民合同制工人“农转非”的意见》，提出在国有、集体艰苦行业及其他行业中从事苦脏累险工种的一线技术工人，且同时符合条件的农民合同制工人，在福建省计划委员会每年下达给劳动部门的年度“农转非”指标的15%以内安排“农转非”。同时明确符合条件的农民合同制工人“农转非”按用人单位隶属关系分别由省、地（市）劳动行政部门审批。当年福建省在城镇企业基本建立劳动合同制度的基础上，城镇私营和乡镇企业职工劳动合同签订率达81.4%。

2000年，省劳动保障部门进一步巩固劳动合同制度，开展劳动合同专项检查。全省实行劳动合同制的职工已达450万人，比上年增加40万人，其中国有企业劳动合同签订率达98.5%。

2001年，全省继续推动各类企业（特别是非公有制企业）签订劳动合同。开展劳动合同制度实施情况专项检查，突出检查女工、未成年工、工时劳动保护条款内容，查处违反女职工特殊劳动保护法规的案件215件，清退违法使用童工129人。全省实行劳动合同制度企业达19.8万家、职工472万人，其中私营企业和个体家从业人员中实行劳动合同达65.26万人；乡镇企业职工签订劳动合同136.5万人。

2002年，省级和9个设区市相继成立由劳动保障、财政、经贸部门代表政府方，工会组织代表职工方，企业与企业家协会代表企业和雇主一方的协调劳动关系三方会议组织，大力推进劳动合同制度和集体合同制度的推行和管理，并对企业改制改组过程中解除劳动关系支付经济补偿金情况进行专题调研，从源头上规范劳动合同管理。当年福建省实行劳动合同制职工467万人。

2003年，省人大会常委会修改《福建省劳动合同管理规定》，进一步规范订立和履行劳动合同的行为，全省签订劳动合同职工455万人。同年，省劳动和社会保障厅下发《关于〈国营企业实行劳动合同制暂行规定〉废止后有关终止劳动合同支付生活补助费（经济补偿金）问题的通知》，明确国有企业在2003年7月14日以前录用的职工，如在2003年7月14日后劳动合同期满与企业终止劳动关系的，企业计发劳动者的生活补助费（经济补偿）的工作年限，应计算至2003年7月14日，但最多不超过12个月。

2005年3月，省劳动和社会保障厅、省建设厅、省总工会、省企业与企业家联合会下发《关于加强建设企业与农民工签订劳动合同的通知》，推荐使用建筑企业简易劳动合同文本，切实加强建筑企业劳动合同管理，着力从制度上、源头上解决建筑企业劳动合同签订率低的问题。6月，省劳动和社会保障厅印发《福建省劳务派遣人员劳动关系试行办法》，规范劳务派遣用工行为。当年，劳务派遣员工全部签订劳动合同，全省企业签订劳动合同职工为

417.8万人。

## 二、合同管理

1996年7月，《福建省劳动合同管理规定》《福建省企业集体合同条例》相继颁布实施，为进一步推进完善劳动合同制度和集体合同制度提供法律依据。根据《劳动法》《私营企业暂行条例》《城乡个体工商家管理暂行条例》的有关规定，全省各级劳动行政部门通过提供政策指导、推荐劳动合同范本、加强劳动合同鉴证等工作，督促私营企业和个体工商家与劳动者依法签订劳动合同，建立劳动关系，认真履行劳动合同，切实保障双方的合法权益。

1997年，为了解决实施劳动合同制度过程中出现的一些具体问题，进一步规范订立和履行劳动合同的行为，巩固、完善劳动合同制度，促进劳动合同制度顺利实施，发挥新型劳动用人机制的作用，根据劳动部《关于加强劳动合同管理完善劳动合同制度的通知》和福建省人民代表大会通过的《福建省劳动合同管理规定》，福建省制定《福建省劳动厅关于进一步巩固完善劳动合同制度的意见》，对全省劳动合同管理采取有效的措施，进行全面管理。

2000年，各级劳动部门配合国有企业改革，研究深化改革中劳动关系的新变化，指导国有企业下岗职工和改制企业职工的劳动关系处理。省政府出台文件，对各地进一步理顺国有企业劳动关系，做好劳动合同管理工作提出具体要求和指导意见，要求用人单位都应与职工依法签订劳动合同，建立劳动合同台账，对劳动合同实行动态管理。用人单位应根据国家劳动法律、法规及省有关规定，制订本单位的规章制度。各级劳动部门开展了劳动合同制度实施情况专项检查，2001年通过检查，督促企业补签劳动合同31.41万人。

2003年7月，国务院废止《国营企业实行劳动合同制暂行规定》，省政府决定停止执行福建省《关于下达贯彻执行国务院劳动制度改革四个规定的实施细则的通知》。同年9月，省人大常委会修订《福建省劳动合同管理规定》，规范订立和履行劳动合同的行为，加强劳动合同管理，维护劳动关系双方的合法权益，

2004年，福建省重点督促建筑企业与农民工签订劳动合同。根据省劳动和社会保障厅工作部署，各地劳动和社会保障部门制订相应的工作方案，切实做到目标明确、措施有力、办法落实。针对建筑企业用工特点，对不足1个月或完成一定工作任务（一般工期在3个月以内的）的企业用工，推荐使用短期劳动合同。同时加强劳动合同签订情况检查，督促72.01万人补签劳动合同。

2005年，省劳动和社会保障厅针对大量企业采用劳务派遣用工形式的情况，为规范劳务派遣中劳动关系的处理，制定《福建省劳务派遣人员劳动关系试行办法》，对劳务派遣人员订立与履行劳动合同中有关签订劳动合同的主体、劳动合同期限、劳动合同内容、劳动合同终止、劳动合同解除、劳动合同变更等问题做具体规范，促进全省劳务派遣工作的顺利开展。同时，针对建筑企业用工特点，下发《关于进一步加强建筑企业与农民工签订劳动合同的通知》，对建筑企业不同用工实行分类指导，对短期劳动用工试行简易劳动合同文本，从

制度上、源头上提高建筑企业进城务工人员劳动合同签订率，建筑企业与农民工劳动合同签订率达到85%以上。

## 第二节　集体合同制度

1994年，福建省劳动行政部门开展集体合同的试点，省直确定5家企业，各地市确定2家企业进行集体合同试点。试点主要在非国有企业中进行。1995年5月，省总工会、省劳动厅联合下发《福建省企业建立平等协商签订集体合同制度试行办法》，各地劳动部门、工会组织有重点、有步骤地开展平等协商签订集体合同工作，用人单位与本单位职工根据法律、法规、规章的观点，就劳动报酬、工作时间、休息休假、劳动安全卫生、职业培训、保险福利等事项，通过平等协商签订书面协议。全省各级劳动行政部门开展签订企业集体合同的备案审查。

1996年，福建省劳动行政部门本着“建机制、广覆盖、求质量、保稳定”的原则，重点抓好国有企业和建立现代企业制度试点企业开展集体协商工作，建立集体合同制度。7月，《福建省企业集体合同条例》颁布实施，对集体合同的订立、变更、解除和终止、管理与监督、争议的处理等做明确规定，为福建全面推行集体合同制度提供法规保障。同年，省劳动厅转发劳动部《关于加强集体合同审核工作力量的通知》，加强集体合同审核工作；完善企业集体合同的报送、登记、审核、通知、备案、统计等程序；强化集体合同的履行、变更、解除、续订、争议处理等管理；抓台账微机管理，及时解决履行集体合同中发现的各种问题；执行劳动部颁布的季度集体合同报送审核情况统计报告制度，及时、准确报送集体合同进度报表，要求已签订集体合同报送率达90%以上，每个地（市）集体合同审核管理机构在季度末要向省劳动厅报送一份有情况、有质量的分析材料，以便交流情况，总结推广经验，加强监督检查，不断提高集体合同管理工作的水平。当年，全省有6191家企业建立平等协商和集体合同制度，其中外商投资企业1674家。

1997年，依照《福建省企业集体合同条例》，全省有1.17万家企业开展平等协商签订集体合同，已经登记生效的集体合同0.78万个，涉及职工人数119.7万人。各级劳动行政部门把抓集体合同质量放在首位，加强集体合同的审核管理。在集体合同的审核过程中，抓住“五个重点”（协商双方代表主体资格是否合格；所签订集体合同是否经过平等协商和经职代会审议通过等程序；是否体现维护劳动关系双方合法权益；企业内部规章制度是否符合劳动政策法规；集体合同是否易于履行）。逐步做到“三化”（指标要具体量化；合同条款内容结构要简化；合同涉及劳动标准要不低于国家和省规定的劳动标准，做到合法化）。当年全省签订的集体合同的报送审率查达67%。同年，为提高企业和职工的协商水平和集体合同审核管理水平，福建省各级劳动行政部门加强对集体合同协商双方人员和审核管理人员的培训，全省专门从事集体合同审核的管理人员普遍轮训一遍。同时加大宣传力度，进一步增强企业经营者和职工开展集体协商、建立集体合同制度的自觉性和主动性。

1998年，各级劳动行政部门以贯彻落实《劳动法》《福建省企业集体合同条例》等法律法规为统领，针对推进集体合同制度过程中出现的新问题，加强组织协调、指导帮助、咨询服务、争议处理等，确保集体合同工作目标任务的完成。全省有1.1万家企业签订集体合同。1999年，全省开展集体协商确定工资试点工作，制定统一的集体合同样式，以泉州市为主要试点地区，已有20家左右外商投资、合资企业开展或正在开展集体协商谈判确定工资的试点工作。

至2000年，全省开展平等协商签订集体合同实行集体合同的企业1.33万家，涉及职工156.94万人。其中，外商投资企业、私营企业3514家，涉及职工33.73万人。2001年，省劳动和社会保障厅、省总工会联合下发《关于认真做好工资集体协商试点工作的通知》，确定41家企业作为工资集体协商试点企业。当年，全省建立平等协商和集体合同制度的企业达1.36万家，覆盖职工162万人，250家企业开展工资集体协商工作。

2002年4月，省政府召开全省贯彻实施《劳动法》《工会法》，推进集体合同劳动合同工作会议。总结近年来贯彻实施《劳动法》《工会法》，推进集体合同劳动合同工作情况，分析中国加入世贸组织后，劳动关系工作面临的形势和问题，并对下一阶段工作进行了部署。各级劳动保障部门贯彻落实《关于进一步推行平等协商和集体合同制度的通知》，加强集体合同审核管理工作，把抓集体合同质量放在首位，做到指标具体量化、条款内容结构简化、劳动标准不低于国家标准、规范合法化；做好平等协商集体合同制度的调研统计工作，推动集体合同管理工作发展。平等协商集体合同制度政策性强，涉及面广，牵动社会、企业、职工的各方面利益，各级劳动保障部门、经贸部门、工会、企业家协会通力合作，密切配合，做好调研工作，总结经验，并按规定时间，及时报送集体合同统计报表，推动集体合同管理工作发展。截至6月底，全省开展平等协商、建立集体合同制度的企业达7万家、职工250万人。至年底，全省签订集体合同企业1.1万家，涉及职工108万人。同时，开展工资集体协商试点，全省已有300多家企业实行工资集体协商办法，涉及人数26万人。

2003年，省劳动和社会保障厅按照劳动和社会保障部《工资集体协商试行办法》的规定，在各类企业开展平等协商、建立集体合同制度的过程中，明确有订立集体合同的用人单位，工资集体协议作为集体合同的附件，与集体合同具有同等效力。各级劳动保障部门加强集体合同的报审工作，努力提高服务质量，在受理集体合同报审中，实行一次性告知制度，简化工作程序，限时办结；加强集体合同签订和履行的指导监督检查，及时受理因签订集体合同而发生的争议。各级地方工会组织加强对企业开展平等协商工作的指导，在提高集体合同签订率、职工覆盖率、履约率的同时，配合劳动保障部门做好集体合同的报审工作，依法维护企业和职工的合法权利。当年，全省新增签订集体合同企业1654家，实行工资集体协商制度的企业1863家。

2004年，福建省劳动保障部门贯彻落实劳动和社会保障部颁布《集体合同规定》，采取各种方式认真指导企业制定集体协商规则和具体办法，规范和完善集体协商程序，具体细化集体协商内容，建立集体协商自我约束机制，实现企业集体协商制度化、规范化。指导和帮助企业认真选派好集体协商代表，建立和完善委托本单位以外人员担任协商代表的办法，加强对职工协商代表的保护，在他们受到不公正待遇或打击报复时，有关部门坚决依法予以纠正和处理。加强对企业集体协商代表及相关人员的培训，使各企业和广大职工充分认识和了解新颁布《集体合同规定》的意义和内容，全面理解和掌握相关的法规政策、经济管理、企业财务知识和协商技巧等，提高业务水平和集体协商能力。依法规范用工行为，从源头上调整劳动关系，进一步提高劳动合同、集体合同签订率。

2005年，各级劳动保障部门指导帮助企业制定集体协商规则和具体办法，规范集体协商程序，细化集体协商内容，建立集体协商自我约束机制，实现企业集体协商制度化、规范化；指导帮助企业选派集体协商代表，建立委托本单位以外人员担任协商代表的办法，加强对职工协商代表的保护；加强对企业集体协商代表及相关人员法规政策、经济管理、企业财务知识和协商技巧等内容的培训，提高协商代表业务水平和协商能力。逐步将与劳动关系相关的劳动标准、劳动条件等纳入集体协商范围。通过工资集体协商，着力解决部分企业存在的拖欠、克扣职工工资问题，确保工资能够按时足额发放。2004—2005年，全省签订集体合同企业0.89万家，实行工资集体协商制度的企业达2771家。

## 第三节　协调劳动关系三方机制

### 一、建立机制

2002年3月29日，省劳动和社会保障厅、省总工会、省企业与企业家联合会在福州召开第一次三方会议，省劳动和社会保障厅、省总工会、省企业与企业家联合会等有关部门共60多人出席会议。会议审议并原则通过《福建省协调劳动关系三方会议制度》《福建省协调劳动关系三方会议组成人员》，明确三方会议的职责任务，指导、协调推动全省各地协调劳动关系三方会议制度的建立和开展工作，研究和讨论2002年协调劳动关系三方会议工作计划，通过每季度三方会议召开的时间。省级协调劳动关系三方会议主要研究分析福建省经济体制改革政策和经济发展计划对劳动关系的影响，协商解决福建省范围内的重大劳动关系问题，以及跨地区或在全省具有重大影响的集体劳动争议或群体性事件进行调查研究。此后，福州、厦门、漳州、龙岩、莆田、宁德等市相应成立“协调劳动关系三方会议”机构。12月，福建省协调劳动关系三方会议在福州召开第三次全体成员会议，增补省财政厅为省协调劳动关系三方会议政府方成员单位。各设区市纷纷建立协调劳动关系三方会议制度。12月12日，随着南平市三方会议制度的建立，标志着省级和所有设区市全部建立协调劳动关系三方会议制度。

2003 年 2 月，召开福建省协调劳动关系三方会议第四次会议，建立三方会议办公室工作人员例会制度。同年，省劳动和社会保障厅、省总工会联合下发《关于加强集体合同报送工作的通知》，各地劳动保障部门按照文件精神，结合当地集体合同报送的实际情况，简化报送程序，完善报送办法，从而加强各地集体合同报送工作，强化劳动保障部门对集体合同的审核监督。11 月，召开全省推进三方协调劳动关系工作经验交流会，着力推进全省县区一级以及非公经济比较发达地区的乡镇、街道一级协调劳动关系三方会议机制的建立；开展对区域性、行业性建立三方协商机制试点工作；加强对各级协调劳动关系三方会议工作的指导，各设区市按季度开展主题突出的活动，并逐步形成报告制度。当年，全省 9 个设区市市本级、66 个县（市、区）和 37 个乡镇建立协调劳动关系三方会议机构，围绕劳动关系热点难点问题，开展协商活动。

2004 年，福建省所有县（市、区）全部建立协调劳动关系三方机制。在全国率先全部建立县级以上三方协商机制。一些县（市、区）三方协商机制正向主要乡镇（街道）、村居延伸。各级协调劳动关系三方会议开展创建“和谐劳动关系企业”“和谐劳动关系工业园区”等多种活动，协调解决本地区劳动关系的热点、难点问题。国有、集体企业劳动合同签订率达到 95％以上，“三资”、私营、乡镇等企业劳动合同签订率达 80％以上。各地全年论证、审定、预复核 185 家改制、关闭、破产企业职工分流安置方案，国企改革过程中职工合法权益得到有效保护。

2005 年，协调劳动关系三方机制建设向纵深发展，全省县（市、区）以上全部建立协调劳动关系三方会议。一些沿海县（市、区）三方协调机制正向乡镇、村居延伸。同年 10 月，全国协调劳动关系三方机制工作暨表彰大会在福州召开，会议肯定福建省的工作经验，并向全国推广。

## 二、协调推动

### （一）协调解决经济补偿金难题

2002 年 4—8 月，福建省协调劳动关系三方会议组织开展全省劳动关系工作调研，分赴全省 9 个设区市及部分县区进行调研，督促检查工作，帮助基层解决问题，基本摸清全省尚在企业再就业服务中心的下岗职工数、出中心未解除劳动关系的下岗职工数、未进中心直接解除劳动关系被拖欠经济补偿金的下岗职工数，以及各地对企业解除劳动关系经济补偿标准的规定和好的做法，为制定政策，解决下岗职工经济补偿金问题奠定基础。9 月起，省协调劳动关系三方会议组织各方有关人员对省属企业处理职工劳动关系及支付经济补偿金情况开展调研；在全面调研基础上，形成《企业解除职工劳动关系的调研报告》。建议在研究经济补偿金政策和补助资金安排时，相对集中使用省级安排的经济补偿金补助资金，帮助各地解决下岗职工解除劳动关系被欠的经济补偿金问题。同年，省级再就业资金安排补助 1.38 亿元，帮助 3.56 万名下岗职工解决解除劳动关系欠发经济补偿金问题，全省因经济补偿金问题引起的集体上访事件明显减少。

2003年，福建省协调劳动关系三方会议组织调研撰写的《企业解除职工劳动关系的调研报告》引起省政府领导的高度重视。省级再就业资金安排1.8亿元帮助解决0.45万名下岗职工被欠发经济补偿金问题和3.22万名企业直接裁员的下岗职工被欠发经济补偿金问题。至2004年，已基本解决全省欠发出中心下岗职工经济补偿金问题，为1.5万名直接裁员的下岗职工解决欠发的经济补偿金。2005年，省级再就业资金安排经济补偿金补助资金2600万元、关闭破产补助资金8000万元，支持省属企业支付直接裁员的下岗职工经济补偿金，促进国企改革的平稳进行。

（二）协调解决欠薪问题

2002年12月，根据福建省协调劳动关系三方会议联合调研组关于泉州等沿海地区企业欠薪问题的调研情况，以及福州、厦门、泉州、莆田等市遏制企业欠薪的措施经验，针对每年岁末年初一些企业和业主拖欠工资问题比较突出的具体情况，联合下发《关于加强协调劳动关系三方合作，保证职工按时足额领取工资的通知》，要求各地发挥三方会议机制的作用，从源头上解决企业欠薪问题，维护职工合法权益和社会稳定，促进经济发展。各级劳动保障监察机构帮助11.17万名劳动者追回欠薪9761万元。

2003年，福建省协调劳动关系三方会议印发《福建省建立工资集体协商指导员的意见》，在全省开展企业工资集体协商指导工作，有效地缓解劳资矛盾，维护职工合法权益。10月，福建省协调劳动关系三方会议部署各级三方会议开展企业工资集体协商工作，建立工资支付及欠薪报告制度，保证职工按时足额领取工资。借助基层劳动保障平台和社区工会组织，将工作延伸到基层，通过日常巡查，及时了解发现问题；建立欠薪企业不良记录档案，劳动保障部门和企业家组织对欠薪2个月以上的企业实行重点监控，连续欠薪3个月又不改正的企业，由新闻媒体予以曝光。各级劳动保障监察机构为15.2万名农民工追讨拖欠工资1.8亿元。

2004年，福建省协调劳动关系三方会议办公室配合劳动行政部门对部分企业拖欠劳动者工资问题进行专项整治，在全省范围内开展企业依法按时足额发放工资承诺活动。福建省协调劳动关系三方会议各负其责，促使各项措施的落实。各级协调劳动关系三方加强协调，共同研究解决本地区的欠薪问题。各级政府把解决欠薪问题列入政府的重要工作日程，牵头协调有关工资支付过程中的问题，加大劳动监察力度，坚决查处无故拖欠或克扣工资违法行为。工会组织教育和引导职工树立自我保护意识，并对用人单位执行工资支付法律、法规情况进行监督。各级企业家组织在业主中广泛开展《劳动法》《工会法》等有关法律的宣传，鼓励业主诚信经营，按时足额发放职工工资，调动职工工作的积极性，实现“双赢”目的。同年，解决欠薪问题取得重大成果，全省共有24.4万名劳动者拿到被拖欠的3.49亿元工资。

2005年，福建省各级协调劳动关系三方从制度上规范企业工资支付行为，保障劳动者的合法权益。厦门市开展工资支付立法工作，制定《厦门市企业工资支付条例》；福州、三明等市建立工资监控预警制度，并要求建筑企业设立工资专户，将一定比例的工资款存入工资专户专款专用；泉州市丰泽区等地建立欠薪保障金制度；南平市提高劳动者在企业工资决策中的民主管理地位和参与程度，加大对企业开展工资集体协商工作的宣传，督促有条件的企业开展工资集体协商，全市有56家企业建立工资集体协商制度。

### （三）促进签订劳动合同

2002年3月，福建省协调劳动关系三方会议制定年度工作计划，将促进劳动合同签订作为工作重点，并召开贯彻实施《劳动合同法》《工会法》，推进集体合同、劳动合同工作会议，各方加强合作，指导全省各地协调劳动关系三方会议制度的建立和开展工作，指导企业开展平等协商和签订集体合同、劳动合同等工作。

2004年8月，省召开协调劳动关系三方会议第八次会议，会议决定在集体合同范本确定后，由福建省协调劳动关系三方会议负责组织省鞋业行业管理部门、鞋业协会、行业工会进行平等协商，并签订行业性集体合同，同时在晋江市率先进行推广有关制鞋企业开展平等协商、签订集体合同的试点工作。年内在福州、泉州、莆田、厦门等市推广，大幅度提高全省制鞋行业集体合同劳动合同签订率。

2005年，福建省协调劳动关系三方会议针对全省建筑行业劳动合同签订率偏低的状况，下发《关于加强建筑业劳动合同管理的通知》，要求全省建筑企业均依法实行劳动合同制度，建筑企业使用农民工，按照《劳动法》《福建省劳动合同管理规定》的必备条款，与劳动者（农民工）认真协商，签订劳动合同，明确企业与劳动者权利、义务和工资报酬等。针对建筑企业用工特点，对短期用工制定“简易劳动合同”的文本。各地三方在加强建筑企业与农民工签订劳动合同的工作中，制订相应的工作方案，开展建筑企业签订劳动合同有关政策法规的宣传，提高企业与企业家对签订劳动合同必要性认识，充分发挥各级协调劳动关系三方会议作用，提高建筑业劳动合同签订率，切实保障和维护建筑业广大农民工合法权益。

### （四）推动创建和谐工业园区

2002年8月，福建省协调劳动关系三方会议办公室及相关部门确定把三方机制的工作重点放在创建和谐劳动关系工业园区和产业集聚区上（以下统称“工业园区”），用3年时间在全省所有工业园区实现创建和谐劳动关系工业园区目标。

2003年11月，省三方协调劳动关系工作座谈会议后，部分市（县、区）探索建立协调劳动关系长效机制，在工业园区或产业集聚区开展创建和谐劳动关系试点活动，促进劳动保障法律法规和各项劳动标准在工业园区内企业的落实。

2004年，福建省以创建和谐劳动关系工业园区为突破口，以点带面，推动全省劳动关系的和谐发展。12月，省劳动和社会保障厅、省经济贸易委员会、省总工会、省企业与企业家联合会联合下发《关于创建和谐劳动关系工业园区（产业集聚区）的通知》，并制定统一的全省和谐劳动关系工业园区（产业集聚区）试行标准供各地参照使用，分期达标。

2005年3月，省政府下发《关于在全省开展创建和谐劳动关系工业园区的意见》，明确创建和谐劳动关系工业园区的指导思想、目标任务、和谐劳动关系的标准和组织实施要求。4月，省协调劳动关系三方会议确定以构建和谐社会、平安福建、建设繁荣的海峡西岸经济区为工作中心，从抓建制转到抓项目、找“抓手”，重点开展创建和谐劳动关系工业园区，推进建筑行业劳动合同管理、建立及时支付农民工工资长效机制等，带动全省三方协调劳动关系工作，促进全省劳动关系进一步和谐。8月24—27日，国家协调劳动关系三方会议副主席华福周率国家协调劳动关系三方会议调研组到闽调研，对福建省的协调劳动关系三方会议、创建和谐劳动关系工业园区等工作，给予肯定。全省各级协调劳动关系三方会议以创建和谐劳动关系工业园区作为加强三方协调劳动关系的“抓手”，指导本地区创建工作，带动全省劳动关系的和谐。泉州南安市、南平浦城县等地在工业园区、产业集聚区开展创建和谐劳动关系活动，探索建立协调劳动关系长效机制，促进劳动法律法规和各项劳动标准的落实，在改善企业软环境，缓解“招工难”，维护企业与职工的合法权益，提高企业竞争力等方面发挥应有的作用。当年，全省有67个工业园区开展创建活动，占全省工业园区总数的52%，覆盖企业2788家，涉及职工62万人。

## 第四节 职工劳动关系处理

1994年，福建省外商企业解除劳动合同的员工，按照《福建省中外合资经营企业劳动管理规定》发放类似经济补偿金的工资（生活补助费和医疗补助费），根据职工在企业的工作年限计算，生活补助费按每满1年发给相当本人1个月的实得工资；生活补助费和医疗补助费计发基数，按本人解除劳动合同前半年月平均实得工资计算。外商投资企业所称实得工资收入，包括基本工资、奖金、津贴、补贴等全部工资性收入。用人单位濒临破产进行法定整顿期间或者生产经营状况发生严重困难，必须裁减人员的，用人单位按被裁减人员在本单位工作的年限支付经济补偿金。在本单位工作的时间每满1年，发给相当于1个月工资的经济补偿金。劳动者患病或者非因工负伤，经劳动鉴定委员会确认不能从事原工作，也不能从事用人单位另行安排的工作而解除劳动合同的，用人单位按其在本单位的工作年限，每满1年发给相当于1个月工资的经济补偿金，同时发给不低于6个月工资的医疗补助费。

1995年4月，省政府制定下发《福建省国有企业富余职工安置实施办法》。企业自行安置富余职工确有困难的，可将符合条件的富余职工辞向社会，并向当地劳动行政主管部门备案，对经企业批准辞职的职工和按照前条规定被企业辞向社会的职工，企业按照有关规定发给其一次性生活补助费或经济补偿金，劳动行政主管部门对享有待业保险待遇的按规定发给其失业救济金。全省共安置、分流失业职工和企业富余职工8.74万人，完成年计划的124.9%。

1996年7月，根据《福建省劳动合同管理规定》，原国有企业固定职工第一次终止劳动合同，用人单位按其连续工龄，每满1年发给劳动者1个月工资的经济补偿金。合资合营、合作企业中的原国有企业固定职工（指随企业合资或组织调动的）第一次终止劳动合同的，也应按其连续工龄计发经济补偿金。劳动者患病或者非因工负伤，医疗期满后，不能从事原工作也不能从事由用人单位另行安排的工作，用人单位依法解除劳动合同，除按规定的标准发给经济补偿金外，并发给劳动者不低于6个月工资的医疗补助费。对患重病的劳动者还应增加50%—100%的医疗补助费。劳动者不能胜任工作，经过培训或者调整工作岗位仍不能胜任工作，由用人单位解除劳动合同的，用人单位按其在本单位工作的年限，工作时间每满1年，发给相当于1个月工资的经济补偿金，最多不超过12个月。经济补偿金计发基数低于当地最低工资标准的，以当地最低工资标准为计发基数。

1998年，省劳动厅在关于劳动合同终止有关经济补偿问题处理意见中，明确劳动合同期满或者当事人约定的劳动合同终止条件出现，劳动合同即行终止，用人单位可以不支付劳动者经济补偿金，台胞投资企业劳动合同终止的，中外合资经营企业劳动合同终止的，国有企业招用的劳动合同制工人劳动合同终止的，国有企业招用的农民合同制工人劳动合同终止的，原固定职工第一次终止劳动合同的，企业应按规定支付劳动者经济补偿金。

1999年5月，省政府下发《福建省人民政府批转省劳动厅关于国有企业下岗职工劳动关系调整有关问题的处理意见的通知》。下岗职工为实行劳动合同制以前参加工作的正式职工，劳动合同期满的，企业一般可以依法终止劳动合同，不再进入企业再就业服务中心；下岗职工为实行劳动合同制以后参加工作且合同期满的人员，终止劳动合同；下岗职工在本企业内部分流安置的，应当按照分流安置后的岗位变更劳动合同；分流到本企业自办并具有独立法人资格经济实体的，解除劳动合同，由独立的经济实体与其重新签订劳动合同；企业组织下岗职工到其他单位安置的，由企业办理解除劳动合同手续，与新安置单位签订劳动合同；下岗职工从事个体经营，已领取工商营业执照或从事家庭经营半年以上有正常收入的，企业与其解除劳动合同；对因私出国、出境定居的职工，在获得有关部门的批准手续后，企业与其解除劳动关系，并按规定发给离职费；对破产、关闭、撤销企业职工安置给付一次性安置费，鼓励职工自谋职业；对实行劳动合同制以前参加工作的职工，按照当地企业职工年平均工资3倍的标准，发给一次性安置费，领取安置费后不再享受失业救济；对实行劳动合同制以后参加工作的职工，按工龄每满1年发给1个月工资标准，支付经济补偿金，并按规定享受失业保险待遇；外资企业、台资企业原固定职工第一次终止劳动合同，用人单位按《福建省劳动合同管理规定》支付给劳动者生活补助费（经济补偿金）。各地贯彻省政府文件，突出抓好下岗职工劳动关系处理工作，多方筹措解除劳动关系经济补偿金，全省共有4.2万名下岗职工解除劳动关系，泉州、漳州两市和漳浦、云霄、东山、长泰、南安、惠安、永泰、建瓯等县市下岗职工解除劳动关系比例都达到70%以上。

2000年，省政府批转《省劳动和社会保障厅关于进一步理顺国有企业劳动关系及用人单位做好劳动合同管理工作的意见的通知》，明确国有企业中“停薪留职”人员、“挂名”“挂靠”人员、“两不找”人员、“退出工作岗位休养”人员、“长期病休”人员、“因私出国（出境）”人员、“放长假”人员、改制企业职工等8类人员劳动关系的处理、经济补偿问题，以及加强劳动合同和集体合同管理问题。同年，全省下岗职工出中心6.56万人，解除劳动关系7.03万人，占企业下岗职工减少数的88%。

2001年，全省各地把理顺劳动关系，加快下岗职工出中心解除劳动关系作为工作的重点，探索出许多行之有效的经验和做法。莆田市出台有针对性、可操作性强的国有企业改制改组职工分流安置规定；福州市对国有企业“停薪留职”等8类人员劳动关系进行全面清理，多渠道筹集资金，依法解除劳动关系，推进“并轨”，全市清理22742名离岗人员的劳动关系。全省已经出中心的15.25万名下岗职工中，有70%解除劳动关系，全省再就业资金中用于支付经济补偿金达3亿元，比上年同期增长20%，占资金支出总额的80%。

2002年，省劳动和社会保障厅、省经济贸易委员会、省财政厅、省改革开放办公室针对省属国有企业改革过程中遇到的处理劳动关系新情况、新问题，联合下发《关于处理省属国有企业改制改组中劳动关系若干问题的意见》，明确国有企业在改制改组中职工劳动关系处理和经济补偿金的支付形式、特殊群体职工劳动关系的处理、经济补偿金的计算办法、经济补偿金的解决办法和处理劳动关系工作程序等问题。职工被改制改组后企业重新录用的，在解除劳动合同支付经济补偿金时，职工在改制前单位的工作年限可以不计算为改制后单位的工作年限。此外，破产企业领取一次性安置费的人员原在国有企业的工龄及再就业后的工龄可合并计算为连续工龄。但在重新就业的单位与职工解除劳动关系支付经济补偿金时，原单位的工作年限不计算为新单位的工作年限。至2002年底，全省出企业再就业服务中心的下岗职工中有13.7万人解除劳动关系进入市场，占出中心下岗职工的93.83％。

2003年，福建省在妥善处理患病或者非因工负伤及因工负伤，或患职业病职工的劳动关系中，保障他们的合法权益。患病或者非因工负伤的职工医疗期满后，不能从事原工作也不能从事由用人单位另行安排的工作，用人单位依法解除劳动合同，按劳动者在本单位的工作年限，每满1年发给劳动者1个月工资的经济补偿金；工作时间不满1年的，按1年计算工作年限。除按规定标准发放经济补偿金外，并发给劳动者不低于6个月工资的医疗补助费。对患重病的劳动者增加50%—100%的医疗补助费。对因工负伤或患职业病的职工，经县以上劳动鉴定委员会鉴定伤残程度为5级—10级的职工，本人要求解除劳动合同的，原企业按规定支付经济补偿金和医疗补助费，或按原省劳动厅规定发给伤残就业安置费和一次性辞退补助费，与其解除劳动合同。新企业对原企业非因工负伤和患病的职工，根据不同情况处理其劳动关系。对医疗期满尚未痊愈的或在医疗期内医疗终结的，或经县以上劳动鉴定委员会鉴定伤残程度为5级—10级的职工，新企业确实无岗位安排的，或职工不能从事新企业所安排工作的，予以解除劳合同，按规定发给经济补偿金和医疗补助费。

2004年，福建省企业重组改制关闭破产中维护职工合法权益工作协调小组成立，各级劳动保障部门牵头制定实施方案，通过企业自查、市县复查、省组织挂牌督查等手段，督促企业按照政策规定处理职工的劳动关系，有效维护职工合法权益。省劳动和社会保障厅规范国企改革劳动关系处理，会同有关部门审核326家省属、中央属企业改制、关闭破产职工安置方案，基本解决出再就业服务中心下岗职工欠发经济补偿金的问题。省级财政共安排6991.28万元用于补助6家省属资源枯竭矿山企业关闭破产职工安置费用，安排1452.28万元帮助13家省属国有困难企业解决支付经济补偿金问题，同时安排4009万元帮助困难县市解决欠发经济补偿金问题，较好地维护社会稳定，促进国有企业改革与发展。

2005年，全省各地认真审核改组改制、关闭破产和经济性裁员企业职工的安置方案。同时筹措资金帮助解决困难国有企业和资源枯竭矿山企业关闭破产职工安置费用，省级财政安排7400万元用于补助省属资源枯竭矿山企业关闭破产职工安置，安排2295.14万元帮助8家省属国有困难企业解决支付经济补偿金问题，同时还安排2600万元帮助困难县市解决欠发经济补偿金问题。

## 第五节　劳动保护

### 一、女职工劳动保护

1992年，福建省根据1990年劳动部颁发的《女职工禁忌劳动范围的规定》，严格规范女职工在月经期间、已婚待孕女职工、怀孕女职工、乳母禁忌从事的劳动范围。

1993年，福建省按照国家的规定，国有企业富余职工在孕期或者哺乳期，经本人申请，企业批准可以给予不超过两年的假期，放假期间发给生活费。假期内的产假期间按照国家规定发给工资。

1995年，福建省贯彻《劳动法》规定，禁止安排女职工从事矿山井下、国家规定的第四级体力劳动强度的劳动和其他女工禁忌从事的劳动。对女职工在经期、怀孕期、哺乳期用人单位不得安排从事的工作予以明确。有不满一周岁婴儿的女职工，其所在单位应当在每班劳动时间内，给予其两次哺乳（含人工喂养）时间，每次30分钟。多胞胎生育的，每多哺乳一个婴儿，每次哺乳时间增加30分钟。女职工每班劳动时间内的两次哺乳时间，可以合并使用。哺乳时间和在本单位内哺乳往返途中的时间算作劳动时间。

1998年，省劳动厅会同省总工会、省环保局、省卫生厅联合开展女职工劳动保护执法检查，对新经济组织和制鞋业“三苯”治理进行检查，督促企业贯彻《劳动法》和《女职工劳动保护规定》，改善女职工劳动条件，落实女职工“四期”保护、妇科普查制度和参加生育保险。当年，全省有1.2万家企业，100.62万名职工参加生育保险。

1999年，在省人大常委会妇女儿童工作组和省妇女儿童工作委员会牵头下，省劳动厅会同卫生、工会、妇联等部门开展全省女职工劳动权益保障执法检查，书面抽样检查全省500家企业，并现场抽查70家企业（其中委托9地市抽查50家，省检查组现场抽查20家），对发现的问题督促企业进行整改。

2000年，福建省劳动保障部门加强对有毒有害作业场所女职工职业危害的劳动保护工作，重点强化对制鞋企业女职工苯毒作业场所的劳动条件分级和女职工劳动保护设施的审查、验收工作。8月，省劳动和社会保障厅与省环保局等部门联合下发《关于进一步加强制鞋业“三苯”废气整治，坚决制止苯毒职业危害的通知》。省劳动和社会保障厅会同省总工会、省妇联、省环保局、省卫生厅等单位直接对33家1000人以上的制鞋企业进行现场监督检查，涉及职工近48万人，其中女职工3.9万人，发现26家企业违法使用女未成年工从事有毒作业，当地劳动保障监察机构依法及时处理。全省约60%有90名以上工人的制鞋厂家进行了有毒作业分级，保证在苯毒作业场所作业的女职工特殊劳动保护工作有法定的数据依据，同时督促企业结合职业特点建立和完善女职工劳动保护制度，有效遏制制鞋企业女职工苯中毒的发病率和死亡率。对生产性建设工程项目，依法要求各企业单位必须落实女职工劳动保护设施并达到国家规范的标准，通过设计审查和竣工验收才允许正式施工和正式生产。同年1—10月，全省劳动保障部门对120家企业的女职工劳动保护设施进行“三同时”设计审查、竣工验收，对改善女职工的劳动条件起到积极的作用。同年，省劳动和社会保障厅、省卫生厅、省总工会、省妇联颁发《福建省妇女常见疾病筛查管理办法》，规范女职工两年一次妇科病检查的对象，确定对有关女职工的妇科病普查规定贯彻、执行情况进行两次督查，抽查不少于两市四区县10家企业，以总结经验，推动工作，保证女职工两年一次规范的妇科病普查工作经常化、制度化、规范化。

2004年12月，省人大常委会颁布《福建省企业女职工劳动保护条例》，规定福建省行政区域内的企业、个体经济组织等用人单位应当依法保障女职工的劳动权利，改善女职工的劳动条件，将女职工劳动保护内容纳入企业集体合同，建立相应的女职工劳动保护制度。用人单位应依法参加生育保险，如实申报本单位职工人数、工资总额，并按月足额缴纳生育保险费。缴纳的生育保险费转入生育保险基金账户。

2005年，贯彻《福建省企业女职工劳动保护条例》，各级劳动保障部门会同安全生产监督、卫生等有关部门联合开展对制鞋、箱包等行业使用有毒有害化合物进行专项整治，督促企业加强女职工劳动保护，企业90%以上在集体合同中专门列有女职工劳动保护内容，全省共查处违法女职工劳动保护案件512起。

## 二、未成年工保护

1994年，福建省贯彻落实《劳动法》，加强对年满16周岁未满18周岁的未成年工保护，用人单位在安排工作岗位之前、工作满1年、年满18周岁、距前一次的体检时间已超过半年时，必须对未成年工进行体检，未成年工体检应附有健康检查表。并制定文艺、体育、特种工艺单位招用未满16周的未成年人进行审批的程序。

1995年，福建省贯彻劳动部《未成年工特殊保护规定》，规定用人单位不得安排未成年工从事矿山井下、有毒有害、国家规定的第四级体力劳动强度的劳动和其他禁忌从事的劳动。对未成年工实行缩短工作日制度，并不得安排未成年工从事加班、加点和夜班工作，对经过批准允许招收16周岁以下的学徒的特殊行业，规定一些特殊的保护措施。用人单位应当对未成年工进行定期健康检查。2000年，通过加强监督检查等工作，全省企业未成年女工上岗前规范身体健康检查和持未成年工登记证上岗作业人数占企业实际使用未成年女工人数的20%以上。

2003年6月，省劳动和社会保障厅下发《关于进一步加强未成年工特殊劳动保护的通知》，各级劳动保障部门开展全方位、多层次的宣传和咨询活动，与有关部门，通过报纸、电视、广播、宣传栏等各种新闻媒体宣传渠道把未成年人法律法规及有关政策宣传到基层和各类企业，以及宣传到街道、社区、非公有制企业和中小企业，引导用人单位和经营者依法用工，守法经营；帮助未成年工增强法律意识，提高运用法律自我保护的能力。

2005年，福建省在源头上加强未成年工特殊劳动保护，规定用人单位招收未成年工，必须依法履行招工录用手续，检查招聘人员的年龄身份证明，组织未成年工到当地县级以上医疗机构进行健康检查，健康检查项目应按未成年工健康检查表规定内容进行，劳动保障行政部门应根据医疗机构出具的未成年工健康检查表和用人单位填写的未成年工登记，免费予以核发未成年工登记证。各级劳动保障部门积极参与综合治理，与公安、工商、教育等部门以及工会、共青团、妇联等组织密切配合，组织开展监督检查活动。

## 三、工作时间

1991年，福建省实行劳动者每日工作时间不超过8小时、平均每周工作时间不超过48小时的标准工作时间。

1995年1月1日起，贯彻《劳动法》规定，实行劳动者每日工作时间不超过8小时、平均每周工作时间不超过44小时的标准工作时间。用人单位未与工会和劳动者协商，强迫劳动者延长工作时间的，给予警告，责令改正，并按每名劳动者每延长工作时间1小时罚款100元以下的标准处罚。省劳动局对企业实行不定时工作制和综合计算工时工作制进行审批管理。企业中的高级管理人员、外勤人员、推销人员、部分值班人员和其他因工作无法按标准工作时间衡量的职工；企业中的长途运输人员、出租汽车司机和铁路、港口、仓库的部分装卸人员以及因工作性质特殊，需机动作业的职工；其他因生产特点、工作特殊需要或职责范围关系的职工，适合实行不定时工作制。对交通、铁路、邮电、水运、航空、渔业等行业中因工作性质特殊，需连续作业的职工及地质及资源勘探、建筑、制盐、制糖、旅游等受季节和受自然条件限制的行业的部分职工可实行综合计算工时工作制。同时，在保障职工身体健康并充分听取职工意见的基础上，采取“集中工作、集中休息、轮休调休、弹性工作时间”等适当方式，确保职工的休息休假权利和生产、工作任务的完成。对于以合同形式聘用的外籍员工，其工作时间仍可按原合同规定执行。同时规定福建省企业执行不定时工作制和综合计算工时工作制的，要报省劳动行政部门批准。并制定特殊生产企业实行不规范工时制度审批程序。

同年5月1日起，福建省执行《国务院关于修改〈国务院关于职工工作时间的规定〉的决定》，职工每日工作8小时，每周工作40小时。根据《劳动法》规定，用人单位由于生产经营需要，经与工会和劳动者协商后延长工作时间，一般每日不得超过1小时，因特殊原因需要延长时间的，在保障劳动者身体健康的条件下延长工作时间每日不得超过3小时，但是每月不得超过36小时。加班加点应支付高于劳动者正常工作时间工资的工资报酬。中央直属企业、企业化管理的事业单位实行不定时工作制和综合计算工时工作制等其他工作和休息办法的，报国务院劳动行政部门批准。地方企业实行不定时工作制和综合计算工时工作制等其他工作和休息办法的审批办法，由省劳动行政部门制定，报国务院劳动行政部门备案。

2000年，全省劳动保障部门贯彻执行法律法规规章关于工作时间、加班工资、休息休假的规定。督促各类经济类型的企业，特别是使用女职工较多的劳动密集型的非公制企业全面规范执行国家对工作时间、加班工资、休息休假的规定。2001年，福建省劳动保障部门对全省大中型宾馆、饭店、酒店等旅游服务企业女职工的工作时间、加班及加班工资支付等问题开展重点监督检查，进一步制止旅游服务企业违规使用女未成年工、违规加班、加班不支付（或少支付）加班工资问题。至2005年，全省继续执行国家工作时间的规定。

## 四、休假制度

1991年，根据国务院《关于职工休假问题的通知》，省委、省政府提出贯彻意见：职工休假天数，工作年限不满10年的正式工作人员（当年转正定级人员从下一年开始执行）每年休假5天；满10年至20年者休假10天；满21年以上者休假15天。休假方式一般以就地休假为主。1994年，福建企业职工按有关规定享受国家规定的节假日、公休假日、探亲假、婚丧假、女职工产假等假期，并制定特殊生产企业实行休息制度审批程序。

1995年，福建按照国家规定实行带薪年休假制度，劳动者连续工作一年以上的，享受带薪年休假。实行新工时制度后，企业职工原有的年休假制度仍然实行。全省国家机关、事业单位实行统一的工作时间，星期六和星期日为周休息日。企业根据实际情况灵活安排周休息日。

1996年，根据《福建省企业职工生育保险规定》，女职工产假90天，其中产前假15天；难产的，增加产假15天；生育多胞胎的，每多生育一婴，产假增加15天。晚育并领取独生子女证的，产假可延长135天至180天，由所在企业具体规定。女职工怀孕3个月内自然流产的，产假15天至30天；怀孕3个月以上7个月以内自然流产的，产假42天。

1999年，福建省执行国务院修订发布的《全国年节及纪念日放假办法》规定全体公民放假的节日：新年，放假1天（1月1日）；春节，放假3天（农历正月初一、初二、初三）；劳动节，放假3天（5月1日、2日、3日）；国庆节，放假3天（10月1日、2日、3日）。部分公民放假的节日及纪念日：妇女节（3月8日），妇女放假半天；青年节（5月4日），14

周岁以上的青年放假半天；儿童节（6 月 1 日），13 周岁以下的少年儿童放假 1 天；建军节，中国人民解放军建军纪念日（8 月 1 日），现役军人放假半天。凡属于全体公民之假日，如适逢公休日，应在次日补假，

2000 年，福建省加强监督、规范非公有制企业，特别是沿海地区的劳动密集型的非公有制企业，执行国家规定的女职工产假不少于 90 天，产假必须依法支付工资等规定。

2002 年 9 月 1 日至 2005 年，福建省机关、企业事业单位晚婚的，婚假为 15 天；晚育又领取独生子女光荣证的，女方产假延长为 135 天—180 天，男方照顾假为 7 天—10 天。婚假、产假、照顾假期间，工资照发，不影响晋升。

## 五、劳动安全

### （一）安全监察

1991 年，全省各级劳动安全监察机构强化劳动安全卫生监察工作，向企业提交监察意见 62842 条，企业已整改 41784 条，整改率达 66%。全省劳动部门参加建设项目审查 1080 次，增补或修改一大批职业安全卫生工程项目，同时还开展部分项目竣工验收的安全评价工作。各地矿山安全监察机构，对 154 个国营矿山进行现场安全技术监察，监察覆盖面达 62%；检查乡镇矿山 1318 个，查出隐患 2000 余条，并逐一发出监察意见通知书。

1992 年，全省各级劳动安全监察机构坚持依法监察，省劳动局组织有各地、市安监科长及有关人员参加的监察活动，运用“监察程序表”对莆田黄石青顺鞋业有限公司等 5 家企业进行全面监察，查出各类事故隐患 100 余条，并发出整改意见。南平地区把监察的重点放在大中型企业和骨干企业；放在易发生事故的重点行业及危险性较大的企业上，使工伤事故得到有效的控制。全年各级劳动安全监察机构通过监察活动共向企业提出监察意见 53237 条，企业整改 45084 条，整改率达 85%。

1993 年，省劳动局劳动安全监察机构 4 次组织有地、市、县安监人员参加的监察活动，运用《工业企业劳动监察程序表》《建筑施工企业安全监察程序表》和安全系统工程的方法对国家重点工程项目福建炼油厂、青州造纸厂等化工、轻工、建筑以及烟花爆竹企业进行检查。各地完善在用设备定期检验制度，全省锅炉定检率达 96%，压力容器定检率达 80%，综合治理锅炉房 662 座，基本完成综合治理的任务。开展气瓶充气站注册登记工作，有 18 家获得通过。省劳动部门对 6 家（劳动部门 5 家、化工系统 1 家）锅炉压力容器检验机构进行资格认可。当年，由于不少企业安全规章制度不健全，安全管理混乱，无章可循，有章不循，导致伤亡事故和重大死亡事故的发生，全省工伤事故起数、死亡、重伤人数 3 项指标大幅度上升。

1994 年 1 月和 11 月，省人大常委会先后审议通过和颁布《福建省实施〈中华人民共和国矿山安全法〉办法》《福建省劳动安全卫生条例》，劳动安全工作开始纳入法制化、规范化的管理轨道。全省把劳动安全监察的重点放在建筑、化工、冶金、烟花爆竹等危险性较大的

生产企业以及“三资”、乡镇和个体经济组织等非国有企业。省劳动厅4次组织力量到地市对部分建筑、化工等行业和“三资”、乡镇企业开展专项监察。当年，全省职工伤亡事故起数、死亡、重伤人数3项指标全面下降，安全生产局势好转。同年。省劳动部门开展劳动条件分级试点工作，对南平水泥厂等8家42个生产岗位进行粉尘分级；对福州汽车厂等单位的32个生产岗位进行体强分级检测，对福州炼油厂等8家148个生产岗位进行有毒作业分级检测。此外，根据劳动部矿山局布置，永定矿务局和潘洛铁矿作为全国矿山呼吸性粉尘危害分级试点单位，矿山呼吸性粉尘危害分级试点取得阶段性成果。

1995年，省政府印发《福建省劳动安全卫生条例》有关条文应用解释。5月份在全国“安全生产周”活动期间，省劳动厅在福州、厦门、南平等市安监机构配合下，监察建筑施工企业25家，提出隐患整改意见500余条。泉州、三明、南平等地对职业危害严重的企业开展监察活动，其中对“三资”企业特别是纳入全国“三资”工业企业500强的47家企业，进行专项监察。针对部分企业事故隐患整改不力的现象，依法对103家矿山企业实施处罚金额达10.4万元。对不具备基本安全生产条件、资金困难、技术不过关的企业，提请当地县级人民政府责令停产关闭的有12家。

1996年，全省开展建筑施工企业安全资格评估工作，福州市劳动部门会同市建委等5个部门完成100多家建筑施工企业的安全评估认证工作，建筑企业安全状况明显好转。省劳动厅对未经安全资格认证、事故隐患较多的部分省属一级建筑施工企业，实施依法监察与行政处罚，在社会上引起反响。全省开展对起重机械制造、安装、维修单位的资格认证和复审及对检测检验站安全资格的认证工作，完成对地市级检测检验站的计量认证和资格认证及对4千台电梯验收年检任务。

1997年，各地完善安全生产责任制，安全监督员队伍延伸到乡镇，建立一支500人的矿山安全监督员队伍。组织开展近5年来规模力度最大的煤炭生产秩序、建筑、液化气市场、三合一厂房等4个安全生产专项整治，乡镇企业安全生产综合治理受到了劳动部与农业部的表彰。全省开展工伤保险与事故预防相结合工作，运用工伤保险差别费率和浮动费率等办法，促进企业安全生产约束机制和激励机制的形成。

1998年，全省加强劳动安全生产综合管理工作，企业职工伤亡事故比1997年下降16.4%。省经贸系统对安全生产控制指标进行修订、完善和量化，明确考核范围，建立统一协调的行业和属地管理指标体系，形成以块为主，条块结合，齐抓共管的安全生产管理新格局。将安全生产指标完成情况纳入综合经济考评内容，实行安全生产一票否决，确保安全生产责任制落实和目标的实现。

1999年，全省落实安全生产目标管理责任制。各类事故四项指数全面下降，企业安全生产形势基本稳定。通过扩大安全文化建设工作试点，提高职工安全教育水平，建立工伤预警通报制度，召开事故频发县（区）领导专题通报会，以及强化现场监察专项整治等措施，加大安全监察力度，事故起数、重伤人数均比上年下降，因工死亡人数控制在省政府预定的指标以内。

2000 年，全省安全生产目标管理责任制，开展道路、水上交通、公共场所、易燃易爆行业专项整治。进行预防性劳动安全卫生监督检查工作，加强矿山、锅炉压力容器、有毒有害生产点和建设工程项目安全卫生的劳动安全监察。加强劳动安全卫生法规标准建设，适应劳动安全卫生工作发展需要。加强事故查处工作，发挥事故监察的教育、警示作用。经贸系统组织烟花爆竹、电子游戏机经营场所、成品油库和加油站的专项安全检查。开展大规模的烟花爆竹专项检查和整治工作，杜绝因烟花爆竹引起的爆炸及火灾事故。配合全国成品油市场整顿，各地对辖区内所有的油库和加油站进行全面的检查，共抽查油库 12 座，加油站 105 家，发出整改通知书 74 份，对其中存在重大事故隐患的 29 家责成停业整改或责令关闭，对存在一般安全问题的 45 家提出了限期整改意见。

同年，根据省政府办公厅印发的省劳动和社会保障厅“三定”方案，原省劳动厅承担的安全生产综合管理、职业安全监察和矿山安全监察职能交由省经济贸易委员会承担；职业卫生监察（包括矿山卫生监察）职能交由省卫生厅承担；锅炉压力容器、电梯等特种设备安全监察监督职能交由省质量技术监督局承担。

### （二）安全教育

1991 年，福建省各级劳动安监机构通过培训班形式，对特种作业人员进行考核，累计发证（包括复审）数 3 万多人次。

开展乡镇煤矿安全生产条件审查认证、矿长安全资格审查以及开展矿山特种作业人员资格审查，提高乡镇煤矿矿井安全生产条件，在全省 602 个乡镇办、村办、联办集体煤矿中，有 202 个矿井经过审核，取得安全生产条件合格证，占全省乡镇煤矿 33%。全省乡镇矿山矿长通过安全资格审查发证数达 1135 人，培训、考核特种作业人员 229 人（累计 2750 人）。

1992 年，针对“三资”企业、乡镇企业和私营企业安全生产存在的薄弱环节，省劳动局与福建日报社联合举办“他们呼唤劳动保护”专栏，连续刊载报道文章 11 篇，增强全社会的安全生产意识。此外，劳动部门还配合有关部门举办“安全文艺演出竞赛”，三明市举办第二届“安全杯”演讲比赛，受教育者逾 10 万人。

1994 年，根据国家对特种作业人员考核大纲和标准，全省先后举办电梯安装和维修人员、索道操作人员资格培训班共 4 期 226 人。举办 243 期乡镇矿长安全培训班，有 13000 多名乡镇矿长取得劳动部门颁发的福建省矿山矿长安全资格证。举办 2 期矿灯和提升设备检验员培训班，101 名工程技术人员取得检验资格，矿山特种作业人员全部实现持证上岗。

1995 年，全省各地开展学习、宣传《福建省劳动安全卫生条例》活动，同时配合全国“安全生产周”活动，举办“三资”企业法人代表安全生产法规学习班 3 期，年度发生工伤事故单位的法人代表、厂长（经理）安全生产管理研讨班 2 期。省劳动厅先后举办学习、宣讲《条例》骨干培训班 6 期，各地举办《中华人民共和国矿山安全法》及《福建省实施〈矿山安全法〉办法》学习班 27 期，举办非煤国有矿山矿长培训班 1 期，经考核有 32 人取得安全合格证。全省已有 6768 名矿长取得合格证书，占应取证人数的 60%。省、地两级还举办锅炉压力容器管理、检验、操作等各类人员培训班72期，受训人员共2612人。

1996年，全省各地深入贯彻劳动安全法律法规，增强安全法制观念。在《矿山安全法》颁布3周年的时候，从上到下，从部门到企业，通过办学习班、开座谈会、张贴标语、广播电视宣传和接受职工法律咨询等多种形式的活动，形成宣传声势。广大职工群众以法律为武器，自我保护意识也在逐渐增强。当年全省有50起以上的事故是通过群众举报而进行调查处理的。

1998年，在5月安全生产宣传周活动后，全省企业开展以“查隐患、建档案、促整改”为主题，以实现“企业安全管理零缺陷”为目标的第十次夏季百日“平安杯”竞赛活动。开展以提高职工素质为目的的安全意识和安全知识宣传教育，增强干部职工的安全生产意识，促进企业安全生产管理水平提高。

1999年5月，全省开展以“安全、生命、稳定、发展”为主题的安全生产宣传周活动，各地认真组织，形成一定的声势，并在宣传周活动中大力推进企业安全文化建设。省劳动厅在总结省煤炭系统安全文化建设试点经验的基础上，扩大试点面。各地也选择1—2个企业进行试点，促进企业领导、职工增强安全卫生意识，形成良好的安全生产人文环境。

2000年，福建省扩大企业安全文化建设试点工作，引导企业建立安全文化的理念，提高职工遵纪守法的自觉性。围绕“落实安全规章制度，强化安全防范措施”主题，开展“安全生产周”活动，先后组织开展大型安全生产咨询活动、安全生产电视系列报道、安全生产知识竞赛、典型事故案例处理情况曝光等一系列活动。各地抓安全生产教育培训，先后举办现代安全管理、乡（镇）长、企业安全注册主任等各种类型的培训班。

### （三）工伤事故处理

1991年，全省县以上企业发生因工伤亡事故249起（其中107起死亡事故、142起重伤事故），死亡124人、重伤162人。各地加强职工伤亡事故管理工作，严肃查处重大责任事故。全年死亡事故快报率达90%，伤亡事故结案率达83%以上。省劳动局参与“5·7”永安化工厂乳化炸药爆炸事故、“7·21”闽侯316国道新线工地边坡坍塌事故和“8·2”福州建新南堤加高加固工程西山土料场坍塌事故等6起重大事故的调查，并处理结案。检察部门依法对重大事故有关责任者立案起诉。

1992年，省劳动局会同省公安厅、省监察厅、省人民检察院、省总工会制订颁发《福建省企业职工伤亡事故报告和处理办法》，对工伤事故的报告、调查和处理作详细的规定。全省死亡事故快报率达89%，伤亡事故结案率达90.2%。省劳动局参与“3·11”福清宏路镇拆迁工程指挥部土建工程高坠事故、“9·21”福建机电学校拆除旧土地房坍塌事故和“12·31”福州特殊钢厂电炉钢水爆喷等3起重大死亡事故的调查处理，并全部结案。

1993年，各地安全生产工作开始纳入法制管理的轨道，在处理伤亡事故过程中，严肃调查处理和审批结案。南平市南山村鞭炮厂“8·29”爆炸事故的3名主要责任者，被依法追究刑事责任，镇以上领导包括市公安局、企业局、市政府有关领导受到党纪政纪处分。寿宁县麻竹坪水库“1·25”翻船事故，除追究2名事故主要责任者的刑事责任外，该水库主任、县水电局和县政府有关领导也受到处分。

1994年，全省发生死亡3人以上的重大事故15起，各地严格事故管理，依法查处重大伤亡事故。由省调查处理的有南安水头五交化商店“4·3”房屋坍塌致12人死亡事故，马尾福州港新区利比亚籍奥斯特罗货轮“5·21”中毒事故致3人死亡，永定矿务局瓦窑坪煤矿“4·7”提升跑车事故致4人死亡、3人重伤，省五建石料厂“12·28”放炮事故致6人死亡等14起。

1995年，省劳动厅建立“加强企业职工伤亡事故快报登记”等7项管理制度，对重大责任事故严格按“三不放过”原则审查、批复、结案。当年全省非矿山与矿山13起死亡3人以上重大责任事故全部结案。其中，9起事故追究主要责任者刑事责任，有的受到党纪政纪处分。

1996年，全省各地注意运用重大死亡事故作为反面典型进行教育，提高广大管理人员安全生产法制意识，促进企业安全生产“自我约束”机制的形成。莆田县黄石镇金山采石场12月26日发生死亡6人的重大事故，县政府立即召开现场会，市政府领导也在市电视台发表“加强乡镇矿山安全生产”专题电视讲话。1997年，省劳动厅建立企业职工伤亡事故预警通报制度、事故多发县、市（区）领导安全工作协调会制度。

2000年，省安全生产办公室重点对三明农药公司“1·15”“1·19”两起有毒有害气体泄漏事故开展调查，做出调查结论，供省政府领导决策参考。同时，根据三明市经委的请求，省安全生产办公室协调省环保局等有关部门，就三农公司中间体扫尾生产问题进行实地核查，推动三农公司顺利地进行中间体扫尾生产，及时消除安全隐患。

表4-2 **1991—2000年福建省职工伤亡事故情况表**

单位：起、人

| 年份 | 事故起数 | 死亡人数 | 重伤人数 |
| --- | --- | --- | --- |
| 1991 | 398 | 279 | 185 |
| 1992 | 455 | 328 | 193 |
| 1993 | 561 | 488 | 230 |
| 1994 | 479 | 437 | 181 |
| 1995 | 509 | 378 | 208 |
| 1996 | 501 | 371 | 254 |
| 1997 | 474 | 307 | 255 |
| 1998 | 61 | 33 | 50 |
| 1999 | 51 | 27 | 35 |
| 2000 | 39 | 24 | 20 |

注：1999—2001年，因机构改革，劳动部门职能变化，职工伤亡事故统计工作受到影响，缺少全省的统计资料，表中1998—2000年仅是全省经贸系统的统计数据。

## 附：重大安全事故案例选介

### 一、南平市南山镇南山村鞭炮厂爆炸事故

1993年8月29日9时45分，南市南山镇南山村鞭炮厂电光炮编织车间发生一起爆炸事故，造成死亡27人、重伤2人，直接经济损失近50万元。事故发生后，省、地、市的劳动、安办、工会、乡镇企业局、公安、检察、监察等有关部门的负责人组成事故调查组，展开事故调查工作。

南平市南山镇南山村鞭炮厂是一家村办企业，建于1979年，有职工110多人。8月29日，该厂电光炮编织车间第三工作间第二工作台女工张某在车间里使用铁剪刀剪切引线时，产生火花引燃引线，引起鞭炮爆炸，瞬间将电光炮车间4个工作间夷为平地，炸毁厂房面积112平方米，当场炸伤29人，虽经全力抢救，但仍造成27人先后死亡的重大事故。

事故调查查明这次事故是在镇、村领导干部管理不力，违反危险物品管理规定引发的重大责任事故：一是女工张某在进行编织鞭炮操作时违章使用铁剪刀剪切鞭炮引线，产生火花，引起堆放在工作台上和留存在车间内的近600盘半成品鞭炮爆炸。二是鞭炮用药配制成分中的氯酸钾、硫黄、铝银粉的比例超过规定的标准，并使用了严禁作为药物配伍的雄黄，致使鞭炮的危险性加大。三是按规定，在车间内生产鞭炮时每人只能存放5—10盘半成品鞭炮，而该车间每人平均存放的半成品鞭炮量在300盘左右。四是按规定，鞭炮编织和剪切引线这两道工序应严格分开，异地单独操作，而该女工张某将两道工序混合在同一车间内操作。五是该厂不重视安全教育和培训，工人未经培训就上岗操作，特别是管理混乱，致使未成年人进入车间。

按照事故责任处理有关规定，南山村鞭炮厂厂长吴某、副厂长魏某、车间主任吴某等人，身为企业主要管理人员，忽视安全生产工作，有章不循，构成违反危险物品管理规定的重大事故罪，由司法部门依法分别追究刑事责任。南山镇、南山村领导对上级有关部门关于烟花爆竹安全管理的有关法规贯彻不力，负有领导和管理责任，有关部门给予有关人员行政处罚。

### 二、福州市马尾高福纺织有限公司火灾事故

福州马尾高福纺织有限公司位于马尾经济技术开发区，系福州经济技术开发区经济发展总公司与香港效昌实业有限公司的合资企业，1993年12月13日凌晨4时36分6秒，该公司发生特大恶性火灾事故，造成61人死亡、7人受伤，烧毁建筑面积3979平方米，烧毁化学合成纶纱、纶回花、纶毛条等35万磅，直接经济损失达603.6万元。

事故调查组的调查查明，火灾直接原因为因偷窃而被公司开除的女工董某某纵火所致。12月12日晚，董某从苗圃混入公司宿舍，13日凌晨3时50分左右，她手拿一盒火柴经四楼仓库下楼，报复性地点燃西侧电梯附近的一堆毛球，看到毛球冒烟后，她离开公司回到长乐家中。

按照火灾的责任划分和处理规定，公司法人代表麦某某不重视安全生产工作，没有制定必要的防火安全制度，不履行消防安全职责，对该火灾负有主要责任，提请司法部门追究刑事重任，判处有期徒刑2年，缓期执行。女工董某某因偷窃而被公司开除，报复纵火，造成重大人员伤亡和财产损失，对该起火灾负有直接责任，于1993年12月25日正式批捕。1994年1月8日，经福州市中级人民法院审理，依法判处死刑，立即执行。

**三、厦门市群鑫机械公司仓库工地坍塌事故**

2003年8月9日下午6时，厦门市湖里区禾山镇高林村厦门群鑫机械工业有限公司厂区内，一幢在建仓库工程，在浇筑屋面混凝土面积达到20%时发生整体垮塌，造成7人死亡、38人受伤的重大伤亡事故。

事故发生后，国务院领导作出重要批示。建设部派出事故督察组对事故的调查处理工作进行督察。经省政府“8·9”重大建筑施工伤亡事故调查组认定，这是一起因厦门市湖里区禾山镇高林村村民林某某（甲）、林某某（乙）非法占地、违法抢建，无勘察、无设计、野蛮施工，有关单位和部门又未及时发现、制止而导致的生产安全责任事故。

省政府对事故有关责任单位和责任人进行处理：林某某（甲）、林某某（乙）非法占地、违法建房并雇佣民工盲目施工，导致工程质量低劣而发生重大伤亡事故，对本起事故负直接责任。其行为涉嫌重大责任事故罪，被刑事拘留，由司法机关追究刑事责任。

谭某某、孙某某、肖某某、林某某（甲）、钟某某、林某某（乙）、樊某某违法承包建筑工程，盲目组织民工施工，偷工减料，造成工程质量低劣而发生重大伤亡事故，对本起事故负直接责任。其行为涉嫌重大责任事故罪，被刑事拘留，由司法机关追究刑事责任。

厦门市湖里区区长李某某、厦门市湖里区禾山镇副镇长龚某某、厦门市湖里区禾山镇高林村党总支副书记林某某、厦门市湖里区建设局局长裴某某、厦门市城建监察支队支队长徐某某等15人，对本起事故负重要领导责任或监督责任，由纪检监察机关给予纪律处分。

厦门市土地房产管理局对非法占地监督查处不力，由厦门市政府给予通报批评。

# 第五章　职工工资

1991 年，福建省加强国有企业工劳动计划管理，实行企业工资总额同经济效益挂钩办法，调整工资结构，增强工资分配的激励功能。其后，改革企业工资分配制度，改进完善企业工资总额同经济效益挂钩办法，逐步实行岗位技能工资制，落实企业分配自主权，提高职工工资收入水平。推行以动态调控弹性工资计划为主体的劳动工资计划，通过动态调控弹性工资计划间接调控企业职工人数，建立适应市场运行的劳动工资宏观调控体系，

1994 年后，福建省加强企业工资收入宏观调控体系，建立健全弹性工资计划，限制过高收入，保障最低收入，保持平均工资收入适度增长。实施最低工资保障制度，公布最低工资标准，保障职工基本生活；将国有企业经营者收入与职工收入分离，充分调动经营者积极性。

1999 年，福建省以制度创新为重点，规范分配秩序，理顺分配关系。公布全省企业工资增长指导意见，建立劳动力市场工资指导价位制度，引导企业建立人工成本约束机制。其后，在 11 家省重点国有企业中开展经营者年薪制试点工作，探索建立以工资集体协商为主要形式的企业工资决定机制，着力解决企业拖欠劳动者工资问题。

2005 年，福建省在岗职工人均工资 17146 元，月最低工资标准在 320—600 元之间。全省在岗职工年人均工资从 1991 年的 2420 元增加至 2005 年的 17146 元。

## 第一节　工资水平

### 一、城镇单位在岗职工工资总额

1991 年，福建加快工资制度改革，企业实行工资总额同经济效益挂钩办法，全省职工工资总额 758992 万元。此后，贯彻“市场机制决定、企业自主分配、政府监督调控”的新型分配模式，职工工资总额较快增长，到 1995 年为 1966362 万元。2000 年，全省职工工资总额为 3346232 万元。2005 年达到 6481447 万元，比 1991 年增加 8.5 倍。

表 5-1　**1991—2005 年福建省在岗职工工资总额情况表**

单位：万元

| 年份 | 总额 | 按经济类型分 | | | 按单位性质分 | | |
|---|---|---|---|---|---|---|---|
| | | 国有单位 | 集体单位 | 其他单位 | 国家机关 | 事业单位 | 企业 |
| 1991 | 758992 | 537339 | 145568 | 76085 | — | — | 557161 |

续表

| 年份 | 总额 | 按经济类型分 | | | 按单位性质分 | | |
|---|---|---|---|---|---|---|---|
| | | 国有单位 | 集体单位 | 其他单位 | 国家机关 | 事业单位 | 企业 |
| 1992 | 913229 | 620492 | 166448 | 126289 | — | — | 672126 |
| 1993 | 1165278 | 757983 | 189922 | 217373 | — | — | 885463 |
| 1994 | 1688391 | 1076719 | 236401 | 375271 | — | — | 1238045 |
| 1995 | 1966362 | 1227943 | 261717 | 476702 | — | — | 1471646 |
| 1996 | 2262999 | 1392489 | 274892 | 595618 | — | — | 1667757 |
| 1997 | 2633794 | 1603602 | 295452 | 734740 | — | — | 1913922 |
| 1998 | 2821199 | 1623873 | 272216 | 925110 | — | — | 2003199 |
| 1999 | 3015869 | 1738981 | 258731 | 1018157 | — | — | 2054964 |
| 2000 | 3346232 | 1880727 | 266319 | 1199186 | — | — | 2266874 |
| 2001 | 3762325 | 2122374 | 262516 | 1377435 | — | — | 2477130 |
| 2002 | 4092316 | 2247221 | 264057 | 1581038 | — | — | 2688428 |
| 2003 | 4688946 | 2426973 | 258730 | 2003843 | — | — | 3201416 |
| 2004 | 5598454 | 2697450 | 254182 | 2646822 | — | — | 3913570 |
| 2005 | 6481447 | 2991407 | 247841 | 3242199 | — | — | 4561307 |

注：因国家机关、事业单位职工工资属于涉密资料，不予公开。

## 二、城镇单位在岗职工平均工资

1991年，福建省城镇单位在岗职工平均工资2420元。1992年后，实行“国家宏观调控，分级分类管理，企业自主分配”的工资调控和运行机制，落实企业分配自主权，职工工资水平提高较快。到1995年，全省在岗职工平均工资5857元。1996年开始，加快工资制度改革，加强企业工资收入分配调控，逐步建立健全工资增长指导线制度，开展工资集体协商，职工工资水平大幅提高，2000年为10584元，2005年增至17146元。1991—2005年，城镇单位职工平均工资年均增长15%。

表5-2　　**1991—2005年福建省城镇单位在岗职工平均工资情况表**

单位：元

| 年份 | 人均工资 | 按经济类型分 | | | 按单位性质分 | | |
|---|---|---|---|---|---|---|---|
| | | 国有单位 | 集体单位 | 其他单位 | 国家机关 | 事业单位 | 企业 |
| 1991 | 2420 | 2503 | 1936 | 2217 | — | — | 2310 |

续表

| 年份 | 人均工资 | 按经济类型分 | | | 按单位性质分 | | |
|---|---|---|---|---|---|---|---|
| | | 国有单位 | 集体单位 | 其他单位 | 国家机关 | 事业单位 | 企业 |
| 1992 | 2780 | 2846 | 2192 | 3649 | — | — | 2656 |
| 1993 | 3480 | 3506 | 2735 | 4420 | — | — | 3403 |
| 1994 | 4890 | 5001 | 3644 | 5763 | — | — | 4626 |
| 1995 | 5857 | 5790 | 4481 | 7305 | — | — | 5983 |
| 1996 | 6683 | 6608 | 5078 | 8076 | — | — | 6809 |
| 1997 | 7559 | 7261 | 5582 | 8636 | — | — | 7562 |
| 1998 | 8531 | 8682 | 6662 | 8999 | — | — | 8555 |
| 1999 | 9490 | 9867 | 7320 | 9587 | — | — | 9298 |
| 2000 | 10584 | 11170 | 8140 | 10442 | — | — | 10306 |
| 2001 | 12012 | 13313 | 9098 | 11028 | — | — | 11468 |
| 2002 | 13306 | 15026 | 10119 | 11987 | — | — | 12641 |
| 2003 | 14310 | 16460 | 11386 | 12719 | — | — | 13766 |
| 2004 | 15603 | 18529 | 12307 | 13745 | — | — | 14900 |
| 2005 | 17146 | 20897 | 13811 | 14647 | — | — | 16157 |

注：因国家机关、事业单位职工工资属于涉密资料，不予公开。

## 第二节　工资制度改革

1991年，福建省针对企业工资制度中存在的工资增长机制不健全、工资标准多年不动、工资结构不合理等问题，加强劳动工资计划管理，企业实行工资总额同经济效益挂钩办法，调整工资收入结构，增强工资分配的激励功能。在进行基本工资改革试点的企业，将1979年、1988年两次国家规定的副食品等价格补贴，按最低标准转入职工基本工资。清理各种有关工资收入分配的政策渠道，逐步理顺工资管理体制。对各单位自行规定的升级、奖励、补贴等进行一次清理；对不适当和重复的奖励规定予以取消。当年，福建全省地方全民单位工资总额达到43.68亿元，比1989年增长15.9%，城镇单位在岗职工年平均货币工资达到2420元，比1989年增长264元，增长12.91%，扣除物价因素后，实际工资增长5%左右。

1992年，福建省实行“国家宏观调控，分级分类管理，企业自主分配”的工资调控和运行机制。5月，省政府印发《关于深化国营企业劳动人事、工资分配、社会保险制度改革的决定》，深化企业工资分配制度改革，加强工资管理，改进完善企业工资总额同经济效益挂钩办法，落实企业有权自主使用按政策规定提取的工资总额等7项内部分配自主权。贯彻按劳分配原则，克服平均主义。在国家确定的工资总额范围内，在企业自愿的基础上，逐步实行岗位技能工资制。当年，全省城镇单位单位在岗职工人均工资为2777元，比1991年增长14.8%。

1993年，福建省推行以动态调控弹性工资计划为主体的劳动工资计划，通过动态调控弹性工资计划间接调控企业职工人数，建立适应市场运行的劳动工资宏观调控体系，经省政府批准，省与国家，省与地、市实行以非农国民收入为主要经济指标的动态调控弹性工资计划，省劳动局下发《福建省动态调控全民所有制企业劳动工资弹性计划实施办法》，具体指导全省弹性劳动工资计划的实施。

1994年，福建省企业工资制度改革按照“市场机制决定、企业自主分配、政府监督调控”的目标进行，在加强工资总量宏观调控、建立企业工资分配新机制、保障职工基本生活等方面取得新的突破。根据国家工资宏观调控有关规定，对国有企业继续实行动态弹性工资计划，按照企业产权关系、收入分配约束机制，分别实行不同工资总额调控办法。赋予企业工资分配自主权，企业在工资总额增长幅度低于经济效益增长幅度，职工实际平均工资增长幅度低于劳动生产率增长幅度的前提下，自主确定工资总额。当年，全省职工工资总额166.79亿元，比1993年增长43.1%。9月，省政府印发《最低工资规定》，公布最低工资标准，在全国率先实施最低工资保障制度。

1995年，省劳动厅、省财政厅、省经贸委、省国资局发布《福建省国有企业经营者年薪收入管理办法》，将经营者收入与职工收入分离，使经营者收入与企业经营成果、与国有资产增值保值挂钩，建立企业内部分配的自我约束机制，全省共有870多家企业试行。同年，省劳动厅下发《劳动部工资支付暂行规定有关问题的补充规定的通知》，转发《劳动部、财政部、审计署关于颁布〈国有企业工资内外收入监督检查实施办法〉的通知》，建立国有企业工资内外收入监督检查制度，成立福建省国有企业工资内外收入监督检查领导小组和办公室，重点检查高收入行业、企业和亏损企业中工资增长较快的企业，强化工资管理力度，规范企业的分配行为。

1997年，福建省加强企业工资收入宏观调控体系，在管理体制上，实行分级调控和分类管理；在调控内容上，突出限制过高收入，保障最低收入，保持平均工资收入适度增长；在调控方法上，实行直接管理与间接调控相结合，事前控制与事后监督调节相结合；在具体措施上，建立健全弹性工资计划、工资指导线、工效挂钩、人工成本管理、最低工资保障以及工资内外收入监督检查制度等。同时，贯彻落实国务院关于企业经营者工资收入必须“挂钩、封顶、审批、试点”的精神，省劳动厅会同省财政厅印发《福建省国有企业经营者工资收入暂行管理办法》的通知，对企业经营者收入应由企业提出意见按隶属关系报同级劳动行政、财政行政部门会同企业主管部门审批。同年，企业工资总额191.39亿元，比1996年增长14.76%，企业职工平均工资7562元，比1996年增长11.1%。

1999年，福建省工资分配制度改革坚持以市场为取向，以制度创新为重点，规范分配秩序，理顺分配关系。加强工资宏观调控，根据企业性质、规模、国有企业产权状况等确定不同的调控方式；加大推行企业工资指导线办法，公布当年全省企业工资增长指导意见。福州、泉州、莆田、三明、龙岩、南平等6个地、市分别公布当地的企业工资指导意见，引导企业建立人工成本约束机制，企业人工成本监测预警工作开始起步。贯彻中央文件精神，核增国有、集体企业工资使用总额计划，工效挂钩企业核增6%—8%，工资总额计划包干企业核增10%—15%，企业在国家政策允许增加的总额范围内自主决定职工的晋级增薪，全省约70%企业在岗职工兑现调整工资。开展集体协商确定工资试点工作，制定统一的集体合同样式，以泉州市为主要试点地区，有20家左右外商投资、合资企业开展集体协商谈判确定工资的试点工作。探索建立国有企业经营者收入激励约束机制，提出试行年薪和期权奖励相结合的新的试点办法，确定对省属11家重点企业进行经营者收入年薪制和期权奖励制的试点，调整全省企业最低工资标准。

2001年，探索建立以工资集体协商为主要形式的企业工资决定机制。省劳动和社会保障厅、省总工会下发《关于贯彻执行劳动和社会保障部〈工资集体协商试行办法〉有关问题的通知》，明确工资集体协商程序、审核的规定，每个设区市选择3—5家企业进行试点。随后又下发《关于认真做好工资集体协商试点工作的通知》，确定在福建清禄鞋业有限公司等41家企业作为工资集体协商试点企业，并指导企业主与企业工会组织按照劳动保障部门发布的工资增长指导线，结合本企业经济效益增长、职工工资水平、居民生活费用价格指数增长等情况进行工资集体协商，合理确定工资增长水平。同年，省经贸委、省人事厅、省劳动和社会保障厅转发国家经贸委、人事部、劳动和社会保障部《关于深化国有企业内部人事、劳动、分配制度改革的意见》，要求省属集团（控股）公司和27家国有及国有控股大中型骨干企业率先完善企业内部三项制度改革，加快建立和完善企业内部运行机制。其他国有大中型工业企业也要创造条件，加快改革步伐，实现经营机制的转换。2002年，全省有300多家企业实行工资集体协商办法，涉及职工人数26万人。

2003年，福建省进一步推进收入分配制度改革，试行按劳分配与生产要素分配相结合的分配办法，企业工资决定机制改革稳步推进，全省实行工资集体协商制度的企业达1863家，在全省建立企业工资集体协商指导员制度。

2004年，继续规范和推行企业工资集体协商工作，全省实行工资集体协商制度的企业达2500余家，工资集体协商指导员有625人。省劳动和社会保障厅出台《关于解决企业拖欠劳动者工资问题工作意见的通知》，解决企业拖欠劳动者工资问题。转发劳动保障部、建设部《建设领域农民工工资支付管理暂行办法》，规范建筑业企业工资支付行为。各设区市举行企业依法按时足额发放工资承诺活动，加快企业诚信建设进程，创造良好的用工环境，维护职工合法权益，全省有3758家企业加入承诺行列，向社会承诺依法按时足额支付劳动者工资。

2005年，福建省探索建立建筑业企业进城务工人员工资支付保障金制度，建筑企业向指定银行账户交存一定数额的工资支付保障金，发生拖欠工资行为时，从银行账户工资支付保障金中支付农民工工资。

## 第三节　工资宏观调控

### 一、工资总额管理

1991年，福建省对企业实行工资总额同经济效益挂钩办法，调控企业工资增长。1992年，福建省按照“国家宏观调控，分级分类管理，企业自主分配”的工资调控政策规定，对自我约束能力强，资产经营责任基本落实的企业，经批准在工资总额增长幅度低于企业经济效益（按实现税利计算）增长幅度、职工实际平均工资增长幅度低于企业劳动生产率（按不变价净产值计算）增长幅度的前提下，由企业自主确定年度工资总额，企业每年将使用情况向劳动部门报备。对国营企业实行工资总额同经济效益挂钩办法，企业的工资总额、实现税利基数由同级劳动、财政等部门核定。对经营性亏损企业实行工资总额包干控制，并实行增人不增工资总额，减人不减资原则，由劳动行政部门核定工资总额，企业不得超额使用。经批准参照“三资”企业管理的企业，按照国家有关工资管理规定执行。对新建企业未正式投产或投产前，实行工资总额计划控制办法，其年度工资总额由劳动行政部门核定，企业正式投产或达产后，经批准实行。

1993年，福建省对企业工资分配调控开始向“市场机制决定、企业自主分配、政府监督调控”的目标模式过渡。对9个地（市）按非农国内生产总值、工资利税率、资金利税率、劳动生产率等相关经济指标，测算和确定弹性工资计划；对具备条件的企业，加强指导和服务，引导企业实行自主确定工资总额办法。同时颁发《福建省国有企业试行自主确定工资总额暂行办法》，各级劳动部门对具备条件的企业，通过加强指导和服务等手段，引导其实行自主确定工资总额办法。全省已有362家企业、10.31万人经批准按照企业工资总额增长率低于实现税利增长率、职工实际平均工资增长率低于劳动生产率增长率的前提下，开始试行自主确定工资总额办法。省劳动局向省政府呈报福建省企业实行工资与物价挂钩办法，根据每年物价上涨情况给企业职工增加工资，实行物价补偿。全省企业根据劳动部门确定的年度工资总额，自行编制年度、季度、月份工资使用计划，填列工资基金手册，报开户银行监督使用。当年，全省职工工资总额达到116.52亿元，比上年增长23.99%，其中全民所有制企业职工工资总额达到75.79亿元。从1993年起，不再对企业规定职工工资升级办法和下达升级指标。

1994年，国务院召开关于严格控制消费基金过快增长和加强现金管理电视电话会议。福建省在全省范围内开展工资总额使用情况大检查。福建省地方单位工资总额计划达到122.02亿元，比1993年增加17.67亿元，增长16.93%，其中企业单位增长13.23%（其中国有企业增长13.06%，机关事业单位增长27.68%)。全省非农国民收入计划比上年增13.35%，净增非农国民收入额66.75亿元，按非农国民收入工资含13%计算，地方国有企业可增工资总量8.68亿元，实际发放数控制在2亿元以内，其余留作工资储备基金。

1995年，贯彻劳动部、中国人民银行《关于各类企业全面实行〈工资总额使用手册〉制度的通知》精神，各地市劳动部门与人民银行联合发文，采取企业自查、主管部门检查、劳动部门抽查有机结合的形式进行。各地市执行《工资总额使用手册》制度的情况良好，大部分地市对《工资总额使用手册》的管理已上轨道。三明市抽查1178家企业，其中国有企业599家，集体企业486家，三资企业93家，全部使用《工资总额使用手册》，使用率达到100%。泉州市国有企业使用《工资总额使用手册》率达到100%，集体企业使用率为63.5%，其他所有制企业正在办理《工资总额使用手册》。漳州市国有企业《工资总额使用手册》使用率为81.2%，集体企业为38.4%，三资企业为12.6%。宁德地区福安市共有国有、集体、三资企业共132家，除48家濒临破产、停产、半停产企业外，正常使用《工资总额使用手册》的有79家企业。各地建立《工资总额使用手册》年审制度。

1996年，加强对国有、城镇集体企业工资总额提取的管理。全省国有企业实行工效挂钩的企业有2070家，职工56万人，实行“两低于”自主确定工资总额的企业有377家，职工13万人；实行工资总额包干的企业有7030家，职工65万人；使用《工资总额使用手册》的国有企业已达100%，集体企业已达80%，“三资”企业已达30%。

1998年，福建省加强和完善国有企业工资总量的管理，强化企业工资总额同经济效益挂钩，对省属外贸企业实行工资总额同实现利润挂钩的办法，国有企业工资内外收入监督检查也已初步形成制度。职工工资收入得到较大幅度增长。全省企业工资总额达到200.31亿元，比上年增长5.81%；社会平均工资达到8531元，比上年增长8%；企业职工平均工资达到8555元，比上年增长6.18%。

2001年，依据2000年省劳动和社会保障厅会同省经贸委等6个部门联合印发《关于各类企业加强实行工资总额使用手册管理制度的通知》，各地劳动保障部门围绕国有企业改革，通过强化《工资总额使用手册》管理，加强对企业工资总额的宏观调控。各设区市及辖区内各级劳动保障部门审核和办理的《工资总额使用手册》累计16089家，比2000年增长5%，省劳动和社会保障厅直接审核和办理《工资总额使用手册》的省属企业573家，比2000年增长15%。2005年，福建省国有企业已全部实行《工资总额使用手册》。

## 二、工资总额与经济效益挂钩

1991年，福建省在国有企业实行工资总额同经济效益挂钩（简称“工效挂钩”）办法，对9个地（市）和冶金、石油、邮电（农话）等部门继续实行工资总额同经济效益挂钩总挂钩办法。由于资金紧缺、市场疲软，企业经济效益下降的趋势尚未根本好转，全省实现税利仅完成27.76亿元，为国家核定的经济效益基数的71.33%，按核定的工资总额基数和浮动比例计算，全省工资总额下浮 4.61 亿元，其中宁德地区下浮幅度最大达 64.747%，工资总额下浮 2736 万元。在企业外部条件变化、经济效益下降的情况下，根据企业实行工效挂钩办法运行情况，省劳动局提出评价企业经济效益挂钩指标体系，改单一指标挂钩为复合指标挂钩，实行灵活的挂钩浮动办法和挂钩期限；改变挂钩工资总额基数列支渠道，新挂钩企业实行“总挂分提”（企业工资总额同企业经济效益挂钩，分别提取工资基金和激励基金）、“分挂分提”（企业基本工资用某个经济指标挂钩，奖励基金随企业利润浮动）办法；工效挂钩企业工资总额基数严格随经济效益浮动，建立工资储备金制度。企业工效挂钩工作基本上得到巩固，全省挂钩企业总家数达 2379 家，职工总数达 75.52 万人。

1992 年，根据国务院《全民所有制工业企业转换经营机制条例》中“企业的工资总额依照政府规定的工资总额与经济效益挂钩办法确定”的规定，提出 12 条改进和完善意见。全省实行工效挂钩办法的国有企业 2187 家、75.21 万人，分别占企业总家数 32%和职工总数 68%。

1993 年，按照《福建省人民政府关于深化国营企业劳动人事、工资分配、社会保险制度改革的决定》，对全民所有制工业企业实行分类管理。推进“三项制度改革”，全省有 777 家企业实行不同层次的三项制度改革，其中，340 家实行了全员合同化管理，288 家企业实行岗位技能工资制等形式的工资改革。省劳动厅等部门发布《国有企业工资总额同经济效益挂钩办法有关规定的通知》，在贯彻劳动部、财政部有关规定的同时，提出 6 条规范化意见，规定企业职工全部工资收入均纳入挂钩工资总额基数；挂钩企业一律改为实行“总挂总提”办法；单列的原材料、燃料节约奖核入工资总额基数；企业富余人员调剂到新建投产项目的核增工资基数和效益基数；工效挂钩企业中人均税利率、劳动生产率、工资利税率、资金利税率等指标达到同行业平均先进水平的，适当提高挂钩浮动比例等。这些政策完善工效挂钩办法，为企业创造比较宽松的条件。到 1994 年底，福州市已实行工效挂钩的企业 565 家，占全市 1671 家企业的 33.81%，职工人数达 19.74 万人，占全市职工总数的 23.58%。

1996 年，福建省严格工效挂钩清算规则，把国有资产保值增值率作为否定指标，试行工资总额同经济效益、保值增值双挂钩；探索企业经济效益横向比较办法，对工资超常增长的企业实行分档递减计提效益工资办法。全省国有企业实行工效挂钩的企业有 2070 家，职工 56 万人。

1998 年，福建省根据国民经济发展对企业经济效益的要求和企业的生产经营特点，企业工资总额同经济效益挂钩，主要对上缴税利能够基本稳定增长的企业，继续实行工资总额同上缴税利挂钩；对已实行承包经营责任制和财务包干并确定上缴利润基数或递增比例的企业，在保证完成承包上交任务的前提下，实行工资总额同实现税利挂钩；对在较长时期内，生产国民经济急需、市场紧缺、品种单一的或可大量出口的产品，有严格、健全的质量检验制度和生产资料消耗定额管理制度的企业，实行工资总额同产品销售量及上缴税利或实现税利复合挂钩。

1999年后，福建省探索建立与现代企业制度相适应的工资收入分配制度和适应市场经济要求的宏观调控体系。根据企业产权制度改革的不同进展情况，分别采取“两低于”（工资总额增长速度低于经济效益增长速度，平均工资增长速度低于劳动生产率增长速度）自主确定工资、工资总额包干和工资集体协商等多种调控方式。通过企业工资指导线、劳动力市场工资指导价位等，逐步建立新型的企业工资决定机制。2005年，企业工资总额同经济效益挂钩办法基本取消。

## 三、工资增长指导线

1994年，福建省劳动部门根据国际惯例，提出探索和开展工资增长指导线试点工作。首先在“三资”企业中试行集体谈判确定工资，由雇主与工会双方按照政府有关规定，结合企业经济效益增长水平、职工生活费用价格指数增长等情况进行谈判，国家通过定期发布工资增长指导线，引导劳资双方谈判，合理确定工资增长水平。

1995年，开展工资增长指导线试点，泉州市、龙岩地区先后发布行业和地区工资增长指导线，用以引导企业、地区工资的合理增长。1996年，福建省劳动部门在连续实行弹性工资计划的同时，逐步建立工资指导线，理顺地区、行业间的工资关系。职工实际工资增长计划排在5.5%左右，职工工资总额最高增长控制在17%，合理增长安排在8%—12%。

1999年，福建省列入全国工资指导线试点地区。省劳动厅下发《关于下达1999年全省企业工资增长指导意见的通知》，确定以企业职工实际平均工资增长10%为预警线，以企业职工实际平均工资增长5%—7%为合理增长区间；经营困难、经济效益大幅度下滑的企业，建议其职工平均工资为零增长或负增长；困难企业应保证在岗职工不低于最低工资标准，下岗职工保证100%发放基本生活费；确有困难的，应及时与当地国有企业下岗职工基本生活保障和再就业机构协商解决办法。福州、泉州、莆田、三明、龙岩、南平等6个地、市公布当地的企业工资指导意见。从2000年起，福建省和9个地、市每年根据国家宏观经济政策，结合国民经济增长、物价、就业、社会平均工资等相关因素，发布工资指导线意见，促进企业工资水平与政府宏观调控目标相协调。

2001年，福建省确定以企业职工实际平均工资增长11%为预警线，以企业职工实际平均工资增长6.5%—8.5%为合理增长区间，对生产经营困难、经济效益大幅度下降的企业，建议其职工平均工资为零增长或负增长。全省9个设区市陆续公布当地工资增长指导意见。

2002年，确定以企业职工实际平均工资增长12%为预警线，以企业职工实际平均工资增长7%—9%为合理增长区间，对生产经营困难、经济效益大幅度下降的企业，建议其职工平均工资为零增长或负增长。全省9个设区市建立劳动力市场工资指导价位制度，并在调查的基础上每年发布一次劳动力市场工资指导价位，发布的工种数量和覆盖面逐年扩大，促进企业内部岗位工资水平与劳动力市场价位接轨；加强建立健全人工成本信息指导制度，指导企业加强人工成本预算管理。

2003 年、2004 年，福建省分别确定以企业职工实际平均工资增长 12%、14%为预警线，以企业职工实际平均工资增长 7%—9%、8%—10%为合理增长区间，对生产经营困难、经济效益大幅度下降的企业，建议其职工平均工资为零增长或负增长。引导企业合理确定当年职工工资水平，为企业实行工资集体协商提供参考依据。

2005 年，省劳动和社会保障部门继续完善企业工资分配宏观调控体系，9 个设区市定期公布企业工资指导线，劳动力市场工资指导价位，为企业合理确定工资水平和实行工资集体协商提供参考依据。

### 四、劳动力市场工资指导价位

1996 年，福建省对制造业 14 个通用工种的工资水平进行收集、调查，将各地市各工种工资水平向全社会公布，作为劳动力市场指导就业的劳动力价格信息。

1999 年，贯彻劳动和社会保障部《关于建立劳动力市场工资指导价位制度的通知》，加快在全省范围建立劳动力市场工资指导价位制度步伐。福州、厦门两市列入全国建立劳动力市场工资指导价位制度试点单位，其余各地、市按省里统一要求开展劳动力市场职位（工种）工资水平抽样调查，福州、厦门、泉州、南平、龙岩和三明等 6 个地、市公布各自的劳动力市场职位（工种）工资指导价位。

2000 年，根据“市场机制调节、企业自主分配、职工民主参与、国家监控指导”的思路，全省基本建立企业工资指导线制度，初步建立劳动力市场工资指导价位体系。福州、厦门公布的劳动力市场工资指导价位的工种分别达 125 个和 72 个，劳动力市场形成的劳动力价格成为企业决定职工个人工资和政府调控企业工资水平的重要参考。

2002 年开始，全省 9 个设区市全部建立劳动力市场工资指导价位制度，并在调查的基础上每年发布一次劳动力市场工资指导价位，发布的工种数量和覆盖面逐年扩大，促进企业内部岗位工资水平与劳动力市场价位接轨。

2003 年，福州、厦门、泉州、南平等市在发布通用工种（职位）劳动力市场工资指导价位基础上，还公布有技术等级（初级工、中级工、高级工、技师、高级技师）的劳动力市场工资指导价位。

2005 年，全省 9 个设区市全部按时发布企业工资增长指导线，并在原有发布当地劳动力工资指导价位的基础上，进一步扩大职位范围。厦门、泉州市建立人工成本预测预警制度，并发布行业人工成本信息。

## 第四节 工资支付

### 一、等级工资

1991 年，福建省根据国家有关规定，企业工资分配主要实行等级工资制度。根据职工技术复杂程度、劳动繁重程度、操作熟练程度和工作责任大小等因素，划分劳动等级，再按劳动等级规定相对应的工资等级标准，共分为8级，据以支付劳动报酬。企业每个职工工资等级的调整，必须经过劳动部门的审批。同年，调整工资标准，从5月1日开始，国家机关事业单位基础工资从40元提高到46元，国营企业等级工资的各个级别工资标准一律提高6元。

1993年后，福建省各企业可以根据国家和福建省制定的行业工资参考标准，自主确定工资标准。劳动部门不再对企业下达固定升级办法，企业在建立严格考试考核制度的基础上，自主制定适合企业职工晋级增薪、降级减薪办法，建立企业职工工资正常增长机制。

## 二、计件工资

1993年，福建省赋予企业分配自主权后，部分企业为能准确计量产品数量，方便结算劳动报酬，实行计件工资，并有直接无限计件工资、有限计件工资、累进计件工资、超额计件工资等多种形式。按照职工生产合格产品的数量（或作业数量）和预先规定的计件单价计发报酬。

1995年后，福建省实行计件工资的劳动者，在完成计件定额任务后，延长工作时间或在休息日、法定节日从事劳动，除领取计件工资外，用人单位应按《劳动法》第三十七条和第四十四条规定分别按照不低于其本人法定工作计件单价的150%、200%、300%给劳动者计发工资报酬。用人单位不得借口实行计件工资，按件计资而不发给劳动者延长工作时间、休息日法定休假日工作报酬。2005年，全省服装、鞋类、玩具等劳动密集型企业基本实行计件工资。

## 三、计时工资

1991年，福建省在企业中普遍实行计时工资制，按照职工的技术熟练程度、劳动繁重程度和工作时间的长短来计算和支付工资。计时工资形式有小时工资制，日工资制，月工资制3种。

1995年后，随着经济体制改革的深入，市场经济的建立，企业转换经营机制，福建省主要在不易单独计算个人的劳动成果的行业和工种，不便于用产品产量准确计量的工人和服务人员，不便于统计计量劳动量的企业行政管理人员和技术人员，产品、经营项目和生产条件多变的企业等行业、人员、工种中实行计时工资制。

2003年，福建省要求设区市所在地非全日制用工，原则上都实行小时最低工资标准。厦门市政府于6月12日率先公布2003—2004年度全市非全日制工作最低小时工资标准为：开元区、思明区、湖里区、鼓浪屿区非全日制工作最低小时工资标准为每人每小时5.9元；集美区、杏林区、海沧投资区非全日制工作最低小时工资标准为每人每小时5.5元；同安区非全日制工作最低小时工资标准为每人每小时4.9元。最低工资标准及非全日制工作最低小时工资标准的执行由市劳动保障部门监督实施。

2005 年 8 月 15 日，省政府办公厅发出《关于公布福建省最低工资标准及设区市所在地城区非全日制用工小时最低工资标准的通知》。公布福建省设区市所在地非全日制用工小时最低工资标准如下：厦门市思明区、湖里区：6.8 元/小时；福州市鼓楼区、台江区、仓山区、马尾区、晋安区：5.5 元/小时；漳州市芗城区、龙文区：5 元/小时；泉州市鲤城区、丰泽区、洛江区：6.8 元/小时；莆田市荔城区、城厢区：5 元/小时；三明市三元区、梅列区，南平市延平区，龙岩市新罗区，宁德市蕉城区：4.5 元/小时。

## 四、岗位技能工资

1991 年，福建省在国营企业工资分配制度改革中试行岗位技能工资制，以劳动技能，劳动责任，劳动强度和劳动条件，经过岗位劳动评价和技能考核，以及完成劳动定额的情况确定职工工资。对企业进行岗位结构工资制试点，把工资分配制度改革与企业用工制度改革结合起来，以充分体现各尽所能按劳分配的原则，增强工资的激励功能。为调动企业实行全员劳动合同制试点的积极性，参照北京的做法，对试点企业，在挂钩工资总额的基础上，再增加 4%的工资总额作为工资性补贴，其中 2%随工资按劳分配、2%作为职工个人的养老补充保险基金，待职工退休时，本息一并发给本人。1992 年，全省有福州人造板厂、福建水泥厂、福州第二化工厂等 154 家企业、14.77 万人试行岗位技能工资制。对试点企业，国家在政策上给予扶持，批准增加 10%工资总额，部分试点企业在年底已通过验收。

1993 年，福建省实行岗位技能工资制的企业，不再履行报批手续。正式运转时，符合要求的，可按一定比例增加工资总额（含推行全员合同制企业增加的工资总额）。其工资总额的增加可与年度的结算、核定工作同步进行。1994 年后，福建省落实企业分配自主权，企业内部分配采取岗位工资制、岗位效能工资制等灵活多样的内部分配方式，引导企业合理确定工资增长幅度和合理确定各类人员岗位工资以及工资差别。

2000 年，省劳动和社会保障厅等部门制定福建省国有企业按生产要素分配办法指导意见，在分配方式等方面规范企业开展这项工作。2002 年，福建省在企业实行岗位技能工资制的同时，探索多种生产要素参与分配形式，各地实行岗位工资制、职工持股、技术入股、劳动分红等办法的企业共有 1127 家。2005 年，随着企业内部分配全面放开，实行多种分配形式，岗位技能工资制不再推行。

## 五、企业经营者年薪制

1995 年，省劳动厅等部门发布《福建省国有企业经营者年薪收入管理办法（试行）》，围绕“效率优先、兼顾公平”的工资分配原则和“市场机制决定，企业自主分配，政府监督调控”目标，对企业经营者实行年薪制，将经营者收入与职工收入分离，使经营者收入与企业经营成果、与国有资产增值保值挂钩，充分调动经营者积极性，建立企业内部分配的自我约束机制。财政、国有资产管理部门负责确定国有资产保值增值和实现利润基数。经营者年薪制在现代企业制度改革试点单位全面实施。至1995年底。全省共有870多家企业试行这一办法。

1996年，福建省贯彻国务院关于经营者工资应“挂钩、审批、封顶、试点”的指导思想，重申加强企业经营者工资收入管理的意见，并提出在试点基础上进行规范的要求，对企业经营者年薪收入提出封顶，即其收入不得超过本企业职工平均工资收入的6倍、社会平均工资收入的4倍。两条封顶线就低不就高。全省企业经营者年薪制试点企业有807家。

1997年，省劳动厅、财政厅印发《福建省国有企业经营者工资收入暂行管理办法》，严格执行企业经营者收入报同级劳动、财政部门会同企业主管部门审批的制度。

2000年，省政府批转《省劳动和社会保障厅等部门关于部分省重点国有企业经营者试行年薪制意见》，对试点企业遵循原则、试点范围和对象、年薪的构成、年薪获取条件、奖励年薪的计算、年薪考核和兑现、建立经营者风险抵押和责任追究制度等方面进行规范。省政府确定在11家省重点国有企业中开展经营者年薪制试点工作。省国资委等有关部门积极稳妥推进试点工作。同时完善企业经营者年薪制政策，适当调整计算基本年薪的企业规模对应的倍数，特大、大型、中型企业的规模对应的倍数由原定的6倍、5倍、4倍调整为6倍、5.5倍、5倍；试点企业实现减亏的，减亏额可视同利润计算其经营者的基本年薪和奖励年薪；试点企业净资产收益率大于10%时，用于计算奖励年薪的余下利润与计算附加奖励年薪的余下利润不能重复；企业经营者奖励年薪与企业效绩评价结果相挂钩，企业效绩评价结果与上年度比较，提高一个档次，经营者所得的奖励年薪上浮5%；降低一个档次，经营者所得的奖励年薪下调5%。省级国有资产授权经营公司遵循和督促所属试点企业按照省政府有关文件规定试行年薪制，试点期间不得执行或制定其他年薪管理办法。企业工资内部重点推进岗位工资制度，并对企业工资内外收入监督检查工作，提高工资收入透明度，合理调节分配关系。

2001年，福建省经营者年薪制试点工作取得进展，三明钢铁（集团）有限责任公司、东南电化公司、三化有限公司、福建水泥股份公司、南平铝厂、马尾造船厂等6家试点企业经营者经过审核，全部获得基本年薪，三明钢铁（集团）有限责任公司、东南电化公司、三化有限公司等3家企业经营者还获得奖励年薪。其中三明钢铁（集团）有限责任公司经营者基本年薪57360元，奖励年薪715013元（即期奖励214504元和期权奖励500509元），初步建立起经营者激励和约束机制。同时，在2000年省政府确定的11家省属企业进行试点基础上，各设区市选择1—2家企业开展试点。

2002年，省政府确定的11家省属试点企业全面实行年薪与期权奖励相结合的经营者年薪制办法，有9家省属重点企业报送经营者年薪制测算方案。省劳动和社会保障厅会同有关部门研究制定省级资产授权经营公司经营者年薪制的试行办法。

2004年，福建省国有资产管理委员会成立，国有企业经营者收入分配由其负责管理。2005年，各设区市相继成立国有资产管理委员会，全省国有企业经营者年薪制工作交由各级国资委负责。

## 六、特殊工资

1991年，福建省法定节假日工资的支付按国务院1950年公布的《关于各地厂矿对法定假日工资发放办法的决定》中规定执行，即法定的假日工资照发，其发放办法：按月计资者不扣资；按日计资者，工资照发；按件计资者，有基本工资规定的按基本工资发给，无基本工资的按平均工资（即上月实际工作日除上月工资）发给。大中专毕业到所在单位报到之日起计算工资。上半月报到的，发给全月工资；下半月报到的，发给半个月工资。在发工资的当月，已领取助学金或生活费的应从工资中扣除。毕业生见习期满后第一个月起执行转正定级工资；在见习期间表现不好的，可延长见习期半年至一年，工资待遇仍按原待遇发放。企业职工延长工作时间的，企业发给加班点心费，在休息日加班的，安排补休。根据《劳动保险条例》规定，对职工病假在6个月以内的发给病假工资：企业工龄不满2年的，发给本人工资60%；满2年不满4年的，发给本人工资70%；满4年不满6年的，发给本人工资80%；满6年不满8年的，发给本人工资90%；满8年及以上的，发给本人工资100%。省劳动局对企业改革职工病假工资的最低待遇作规定，职工病假6个月以内，病假工资最低不得低于本人标准工资的50%。

1994年，福建省根据国家规定在试用、熟练见习期间，在法定工作时间内提供正常劳动其所在单位支付其不低于工资标准的工资。学徒工、熟练工、大中专毕业生在学徒期、熟练期、试用期及转正定级后的工资待遇由用人单位自主确定。

1995年后，福建省劳动者加班工资按《中华人民共和国劳动法》执行，即用人单位安排劳动者延长工作时间的，支付不低于工资的150%的工资报酬；休息日安排劳动者工作的又不能安排补休的，支付不低于工资的200%的工资报酬；法定休假节日安排劳动者工作的，支付不低于工资的300%的工资报酬。对休息日安排劳动者工作的，先按同等时间安排其补休，不能安排补休的，支付劳动者工作时间的工资报酬。法定节假日（元旦、春节、劳动节、国庆节）安排劳动者工作的，支付劳动者工作时间的工资报酬。对实行月工资制职工延长工作时间和休假日工作又不能补休的，发给劳动者工资报酬，加班工资的计发基数为劳动者本人月工资扣除奖金和特殊岗位津贴后的工资额；日工资标准折算，凡是实行五天工作制（每周工作40小时）的，按月工资计发基数除21.5天折算。如实行五天工作制有困难，暂按每周工作44小时的企业，按每月工作天数23.5天折算。计算小时工资按日工资标准除8小时即为小时工资。对实行计件工资的劳动者，在完成计件定额任务后，延长工作时间或在休息日、法定节日从事劳动，除领取计件工资外，分别按照不低于其本人法定工作计件时间单价的150%、200%、300%给劳动者计发工资报酬。此后，福建省加班加点工资支付一直执行这一规定。企业职工在医疗期间，其病假工资、疾病救济费和医疗待遇按有关规定执行。职工患病或非因工负伤治疗期间，在规定的医疗期内由企业按有关规定支付其病假工资或疾病救济费，病假工资或疾病救济费可以低于当地最低标准工资支付，但不能低于当地最低工资标准的80%。

1999—2005年，执行国务院修订《全国年节及纪念日放假办法》（国务院第270号令）规定，法定的节假日工资照发对部分放假期间工资发放，福建省执行国务院《全国年节及纪念日放假办法》中关于妇女节、青年节等部分公民放假的规定；在部分公民放假的节日期间，对参加社会或单位组织庆祝活动和照常工作的职工，单位支付工资报酬，但不支付加班工资。

## 第五节　最低工资保障制度

### 一、最低工资标准

1994年10月，省政府颁布《福建省最低工资规定》，在全国率先全面建立最低工资保障制度，规定劳动者在法定工作时间或依法签订的劳动合同约定的工作时间内提供了正常劳动的前提下，用人单位依法应支付最低劳动报酬，保障劳动者个人及其家庭成员的基本生活，并从1994年10月1日起施行。各地根据本地区低收入职工收支状况、物价水平、职工赡养系数、平均工资、劳动力供求状况、劳动生产率、地区综合经济效益等因素确定最低工资标准上报省政府。最低工资不含加班加点工资、津贴、劳动保险和福利待遇。用人单位支付给劳动者的工资不得低于当地适用的最低工资标准，县级以上劳动行政主管部门负责最低工资保障制度的组织实施和监督管理。最低工资标准发布实施后，职工收支状况、物价水平等各项因素发生变化，或本地区职工生活费用价格指数累计变动较大时，可以调整，但每年至多调整一次。

当年，省政府公布全省最低工资标准（月），根据各地区经济发展水平、居民生活费用价格指数、社会平均工资、劳动生产率、社会就业状况等，确定全省最低工资标准为5种。第一类地区280元，适用于厦门市（含6区）；第二类地区225元，适用于福州市（含5区）、同安县；第三类地区210元，适用于三明市三元区、梅列区、永安市，泉州市鲤城区、晋江市、石狮市、南安市、南平市，莆田市城厢区、涵江区、仙游县，福清市、长乐市、闽侯县，漳州市芗城区和龙岩市；第四类地区190元，适用于惠安县、永春县、德化县、龙海市、云霄县、漳浦县、诏安县、长泰县、东山县、南靖县、漳平市、永定县、宁德市、古田县、霞浦县、福安市、福鼎县、邵武市、建瓯市、建阳市、顺昌县、清流县、大田县、沙县、将乐县和泰宁县；第五类地区170元，适用平和县、华安县、武夷山市、浦城县、光泽县、松溪县、政和县、上杭县、武平县、长汀县、连城县、仙游县、明溪县、宁化县、尤溪县、建宁县、平潭县、连江县、闽清县、罗源县、永泰县、安溪县、周宁县、寿宁县、屏南县和柘荣县。

此后，省政府每年公布全省最低工资标准，根据各地区经济发展水平、社会平均工资况等的变化，对最低工资标准进行调整。

表 5-3　**1994—2003 年福建省最低工资标准调整情况表**

单位：元

| 调整年份 | 一类地区 | 二类地区 | 三类地区 | 四类地区 | 五类地区 | 附注 |
| --- | --- | --- | --- | --- | --- | --- |
| 1994 | 280 | 225 | 210 | 190 | 170 | |
| 1995 | 320 | 245 | 225 | 200 | 180 | |
| 1996 | 365 | 255 | 235 | 210 | 185 | 同安县 280 元 |
| 1997 | 380 | 260 | 240 | 215 | 190 | 同安区 290 元 |
| 1998 | 380 | 260 | 240 | 215 | 190 | 同安区 290 元 |
| 2000 | 420 | 350 | 300 | 260 | 220 | 同安区 330 元 |
| 2001 | 450 | 380 | 325 | 280 | 235 | 厦门集美区、杏林区、海沧区执行 420 元标准；同安区执行 330 元标准 |
| 2002 | 470 | 380 | 325 | 280 | 235 | 厦门集美区、杏林区、海沧区执行 420 元标准；同安区执行 350 元标准 |
| 2003 | 480 | 400 | 350 | 300 | 280 | 厦门集美区、海沧区执行 430 元标准；同安区、翔安区执行 360 元标准 |

注：1999 年、2004 年福建省未调整全省最低工资标准。

2005 年，省政府公布调整后的全省最低工资标准，厦门市思明区、开元区、鼓浪屿区、湖里区执行 600 元标准；集美区、杏林区、海沧区执行 550 元标准；同安区、翔安区执行 480 标准。福州市鼓楼区等 14 个区（市）执行 470 元标准；龙岩市新罗区等 8 个区（市）执行 430 元标准；闽侯县等 17 个县（区）执行 400 元标准；蕉城区等 26 个县（区、市）执行 350 元标准；顺昌县等 13 个县执行 320 元标准。

## 二、困难企业职工生活保障

1994 年，省劳动局与省财政厅等部门联合制定《关于保障困难企业职工基本生活的通知》，明确规定保障措施和办法。年底，全省发不出工资的企业有 478 家、职工 4.34 万人，发不足工资的企业有 723 家、职工 14.32 万人。为保障职工基本生活，省劳动局印发《福建省困难企业职工生活保障的通知》，规定停产、半停产暂时没有条件实行《最低工资规定》的企业，经当地劳动行政部门批准，可暂不执行最低工资标准，但这些企业的停工、待工职工的月基本生活保障标准不得低于当地最低工资标准的60%，以保障职工基本生活。1995年，为保障元旦春节期间困难职工的生活，省政府从失业保险基金和养老保险基金中拿出3300万元，对参加失业保险社会统筹的国有、城镇集体企业发不出工资的509家3万名职工，“两节”期间每人每月补贴150元；发不足工资的677家6.2万名职工，“两节”期间每人每月补贴70元。

1996年，省政府发布《关于解决部分国有企业特困职工生活问题若干意见的通知》，设立帮困资金，建立帮助困难企业职工基本生活保障制度，对帮困资金救助的范围和对象做出明确规定。对濒临破产、依法整顿期间或停产3个月以上、半停产6个月以上的国有企业和连续两年亏损，经营困难，经企业所在地劳动部门批准暂不执行最低工资标准的国有企业的困难职工属于帮困范围。成立省帮困资金领导小组及其办公室，地（市）、县（区）政府也相应成立帮困资金领导小组和办公室，办公室挂靠劳动部门。帮困资金按照“分级筹集，适当集中”的原则进行筹集，由各级财政设立帮困资金专家，对列入预算的帮困资金视库款情况分次拨入“帮困资金专家”。各地市每季度后10日内按地、市（含各县、市、区）划入帮困资金的个人所得税的20%上缴省帮困资金专家，用于对困难企业较多的地区调剂帮困。帮困资金的使用按照属地原则，由职工向企业申请，帮困领导小组办公室和财政部门进行核查审批，由帮困资金专家及时拨付给企业。企业按审批的救助款按月造册支付给救助对象。当年，全省发放帮困救济金3072.8万元，养老保险慰问金464.59万元，救济23.6万名困难职工和离退休工人。

1997年，福建省帮困责任制基本形成，帮困制度初步建立，帮困资金逐步到位并投入正常运转。全省财政预算安排帮困资金8000万元，进入帮困专户6322万元，发放帮困资金4308万元，救助困难企业职工25.46万人次；当年“两节”共安排帮困资金3702万，慰问8.26万名困难企业职工。次年“两节”安排资金1500万元，慰问困难职工12.94万人次。

1998年6月，福建省下岗职工基本生活保障和再就业工作全面开展，困难企业职工生活保障通过再就业服务中心发放基本生活费解决，帮困资金并入再就业基金。进入企业再就业服务中心的下岗职工基本生活全部得到保障，全省不再单独实施困难企业职工基本生活保障制度。

# 第六章　养老保险

1991年，福建省在重点巩固发展省级统筹企业职工养老保险制度的基础上，加快建立健全养老保险制度，先后建立农村社会养老保险制度和机关事业单位工作人员退休养老保险制度。同时实施企业职工基本养老金计发办法和财务体制两项改革，增强职工自我保障意识，调动企业和职工缴费的积极性，调动各级政府和社保机构征收基金的积极性。

1995年，福建省成立社会保险委员会，统一领导和组织全省的社会保险改革工作。1996年，实施企业职工基本养老保险制度改革，养老保险覆盖所有企业及其职工，以及城镇个体工商户、私营企业主和自由职业者等非工薪收入者，实行社会统筹与个人账户相结合的基本养老保险模式。集体企业职工的养老保险并入省级统筹，全省企业职工养老保险实行统一制度、统一标准、统一管理。

1998年后，全省不断完善养老保险金政策，持续扩大养老保险金覆盖面，加强基金征收管理，分别将华侨农场、农垦企业、城市社区专职工作人员纳入企业基本养老保险覆盖范围。全省推进企业退休人员社会化管理服务工作，实行养老金社会化发放，减轻企业负担。同时，完善机关事业单位医疗保险制度，规范农村社会养老保险管理。

2005年，福建省参加企业职工养老保险339.39万人，参加机关事业单位养老保险70.27万人，参加农村养老保险152.30万人。企业退休职工月人均养老金从1991年的150元提高到647元。

## 第一节　企业职工养老保险

### 一、养老保险省级统筹

1991年，福建省企业养老保险全省统筹覆盖面达到1.45万个单位，在职职工117.33万人，离退休职工23.85万人，较1990年分别增加1107个、4.63万人、1.43万人，增长8.2%、4.1%、6.4%；其中“三资”企业覆盖面达到508家、职工4.31万人（厦门市企业养老保险实行市级统筹，所有数据不含厦门市，下同），较1990年增加114家、1.18万人。社会统筹养老保险均衡减轻企业的负担，2906家企业（占参加全省统筹的企业总数的31%）从社会保险公司均衡拨补得益1.53亿元。

1992年7月1日，福建省开始在全省统筹企业各类职工中普遍实施个人缴纳养老保险费制度，养老保险费实现国家、企业、个人三方合理负担，改变养老保险完全由国家和企业包下来的做法。城镇集体企业职工的养老保险也在扩大，有1060家城镇集体企业（不含已纳入全省统筹的供销社和劳服公司企业）的5.2万名在职职工开展以市、县（区）为单位的养老保险基金社会统筹，有1.29万名离退休职工按月领到退休金，月人均退休金120元。同时开展个体劳动者养老保险的试点，在建瓯、顺昌等市、县试点，参加保险的有180家，收缴基金2.91万元。

1993年，围绕着扩大保险覆盖面、提高保险的社会化程度、发挥保障功能作用等方面的内容，在全省各地全面推进养老保险改革。当年，全省参加基本养老保险省级统筹的单位1.58万家、在职职工119.52万人、离退休职工28.04万人，分别较1992年增加276家、2948人、22338人，增长率分别为1.78%、0.25%、8.66%。参加城镇集体企业职工养老保险的职工达30多万人，投保率为84%，保障离退休职工7.2万人。

1994年，福建省实施基本养老金计发办法和财务体制两项改革，增强职工自我保障意识，调动企业和职工缴费的积极性，调动各级政府和社保机构征收基金的积极性。当年，全省纳入养老保险省级统筹的企业达到1.33多万家，职工146万多人，其中离退休人员29万多人，月人均退休金水平250元。

1995年2月21日，省政府召开研究社会保险制度改革的专题会议，明确全省企业职工养老保险制度改革的原则、要求，并成立福建省社会保险委员会，下设办公室，统一领导和组织全省的社会保险改革工作，负责审议社会保险事业发展的规划和政策，研究决定社会保险制度改革中的重大问题，监督社会保险基金管理和运营，审核社会保险基金的年度预算，组织社会保险制度改革的试点工作。5月，省社会保险委员会组织“福建省企业职工养老保险制度改革方案调研组”。经过调研，提出《福建省企业职工养老保险制度改革方案》。当年，全省参保国有企业达1.2万家，职工113万人，离退休职工29万人，月人均退休金260元；参保集体企业达3709家，职工19万人，离退休职工5.7万人，退休职工基本生活得到适当改善。

1996年2月，省政府颁布《福建省企业职工养老保险制度改革方案》，决定从1996年1月1日起将养老保险覆盖所有企业及其职工（含外商投资企业的中方职工），以及城镇个体工商户、私营企业主和自由职业者等非工薪收入者。实行社会统筹与个人账户相结合的基本养老保险模式，基本养老保险费由企业和职工个人共同缴纳，并按统一的费率缴纳养老保险费。养老保险基金管理实行“全省统筹，分省、地（市）两级管理”，省对地（市）实行“核定基数、定额缴拨、超收分成、超支共担”的财务管理体制。对养老保险基金的运作，在发挥政府的财政、监察和审计等部门行政监督的同时，成立由政府代表、工会代表、企业代表和离退休人员代表组成的社会保险监督委员会，以强化社会监督和群众监督。根据省政府颁发的《关于集体企业职工养老保险由人民保险公司移交社会劳动保险机构统一管理的通知》，1996年1月1日集体企业职工的养老保险并入省级统筹。原来由人民保险公司经办的集体企业职工养老保险业务移交劳动部门所属的社会劳动保险机构统一管理，实行“全省统筹、统一领导、统一政策”。移交后的集体企业职工养老保险基金的征收和待遇给付办法原则上按现行国有企业、“三资”企业职工养老保险规定执行，并逐步与现行的省级统筹管理体制和基金财务制度接轨。省劳动厅根据实施中新出现的问题，下发补充意见，保证这项工作的顺利进行。当年，全省已有5021家集体企业、25.12万名职工，10.50万名离退休人员移交社会劳动保险机构统一管理，离退休人员的月人均退休金由并入省级统筹前的56元—66元，增加到170元，月人均增加104元—114元，受到集体企业和职工的普遍欢迎。

1997年，福建省贯彻《国务院关于建立统一的企业职工基本养老保险制度的决定》，基本完成养老保险制度与全国养老保险制度的衔接工作。同年8月，省政府批转省劳动厅《关于三资、私营企业员工和个体工商家参加基本养老保险有关问题的通知》，促进这些企业参保。12月，省人大常委会审议通过《福建省城镇企业职工基本养老保险条例》，并于1998年1月1日起施行。对参加养老保险的对象、基本养老保险基金的组成和筹集、企业职工基本养老保险个人账户管理、基本养老保险金支付、基本养老保险基金的管理与监督等方面做出规定，福建省企业职工基本养老保险工作走上法制化轨道。当年，全省参加统筹的职工达129.85万人，比1996年增加18.86万人，离退休人员39.94万人，比1996年增加9.98万人，人均月退休金314元，“三资”企业中方职工覆盖面达20%。莆田市有70%的“三资”企业和63%的中方职工纳入省级统筹。同年，省劳动厅和南京军区后勤部、生产管理部联合转发劳动部总后勤部《关于军队企业职工养老保险问题的通知》，就南京军区军队企业职工纳入地方统筹做出规定，南京军区军队企业职工养老保险按照省政府颁发的《福建省企业职工养老保险制度改革方案》文件规定执行，南京军区军队企业职工全部参加养老保险统筹。

1998年，全省组织实施省人大常委会颁布的《福建省城镇企业职工基本养老保险条例》。5月，省政府办公厅印发《福建省华侨农场职工养老保险实施方案》，省财政出资2400万元，率先在全国范围内将华侨农场职工基本养老保险纳入省级统筹，全省14家华侨农场及其所属各类企业的各类职工纳入养老保险省级统筹。全省2.1万名华侨农场职工参加社会养老保险省级统筹的难点问题得到妥善解决。6月，省政府办公厅制定贯彻条例的实施细则，对贯彻实施条例的有关具体问题做出规定。当年，国有、集体、“三资”企业的养老保险覆盖面比上年提高5个百分点，达65%，综合基金征收率达80%左右，也提高5个百分点。8月，国务院印发《关于实行企业职工基本养老保险省级统筹和行业统筹移交地方管理有关问题的通知》，明确中央属行业单位从1998年9月起移交省级统筹管理，实现行业统筹转地方管理的平稳过渡，共有11个行业49个中央属企业14.83万人的基本养老保险统筹关系移交福建省实行地方管理，移交工作如期顺利完成，4.09万名离退休人员全部及时足额领到养老金。

1999年，省政府针对“三资”企业、私营企业和个体工商家流动性大的特点，出台《关于私营企业员工和个体工商家参加基本养老保险有关问题的通知》，促进私营企业员工和个体工商家参保。同年6月，福建省各级劳动部门认真抓好养老保险扩大覆盖面工作，省劳动厅建立旬报制度。截至6月10日，全省累计新增参保职工7.56万人。养老保险扩大覆盖面工作进展较快的厦门、福州、漳州和泉州等4个市，新增参保职工分别为3.84万人、1.52万人、0.66万人和0.53万人。到年底，全省新增参保职工达23.63万人。

2000年1月，省劳动和社会保障厅印发《关于进一步做好中央属行业单位养老保险工作的通知》，加快在闽中央属行业单位离退休人员养老金社会化发放进度，完善个人账户管理系统，加强和规范业务管理，提高工作效率。同年5月，省政府下达《关于福建省国有农垦企业实施〈福建省城镇企业职工基本养老保险条例〉方案的通知》，省劳动和社会保障厅出台关于贯彻《福建省人民政府关于福建省国有农垦企业实施〈福建省城镇企业职工基本养老保险条例〉方案的通知》的实施意见，就贯彻《方案》有关问题提出实施办法。全省共有139个农垦企业，3.86万名职工参加省级和厦门市级统筹，分别占应参保企业、职工的98%和64%。11月，省人大常务委员会对《福建省城镇企业职工基本养老保险条例》部分条款进行修改，确定企业职工基本养老保险费由各级地方税务机关征收；企业和城镇个体劳动者不按规定参加基本养老保险办理登记手续的，由受劳动保障行政部门委托的地方税务机关责令其限期参加；逾期仍不参加的，追办基本养老保险登记手续，并对企业法定代表人处以5000元至10000元罚款。当年，全省新扩面29.33万人，超额完成劳动和社会保障部下达的17万人的扩面任务，综合覆盖率达78.26%。全省参保职工与离退休人员之比（负担系数）为3.12∶1，与1999年的3.20∶1相比，负担略有增加。扩面任务完成较好的地（市）有：三明市（2万人，完成下达任务的465.12%），南平市（1.21万人，完成下达任务的417.24%），宁德市（0.63万人，完成下达任务的242.31%，）厦门市（7.09万人，完成下达任务的163.36%），福州市（5.99万人，完成下达任务的162.77%），漳州市（3.94万人，完成下达任务的154.51%）。

2002年，省劳动和社会保障厅根据省政府办公厅转发福建省建设厅等部门《关于福建省勘察设计单位体制改革实施意见》和《福建省城镇企业职工基本养老保险条例》等规定，下发《关于新参保的勘察设计单位改企后基本养老保险有关问题的处理意见》，就勘察设计单位转制改为企业后基本养老保险有关问题提出处理办法。同年12月，省劳动和社会保障厅印发《关于福建省农村信用社纳入省级统筹后基本养老保险待遇有关问题的通知》，对福建省农村信用社纳入省级统筹后基本养老保险待遇的有关问题提出处理办法。

2004年1月，省劳动和社会保障厅、省财政厅、省经济贸易委员会、省改革开放办公室、省地方税务局发出《关于贯彻〈福建省城镇企业职工基本养老保险条例实施细则〉有关问题处理意见的通知》，对参保范围、参保登记、保费征缴、基金核查、企业年金（补充养老保险）等问题提出具体处理意见。6月，省劳动和社会保障厅、省民政厅、省地方税务局下发《关于城市社区现有专职工作人员参加城镇企业职工基本养老保险有关问题的通知》，明确城市社区现有专职工作人员纳入企业基本养老保险覆盖范围的政策。

2005年，省劳动和社会保障厅下发《关于福建省农村信用合作社职工养老保险纳入省级统筹结算的批复》，确认全省农村信用合作社系统职工养老保险实行行业统筹，进一步扩大省级统筹覆盖范围。当年，全省参加养老保险的企业9.27万家，参保职工267.25万人，离退休人数72.14万人，月人均缴费工资974元。

## 二、基金征收

1991年，福建省养老保险基金收支实行预算管理，省劳动、财政部门下达收支预算，由各地（市）执行，并进行决算。全省统筹基金收缴率保持在98.3%，全年基金收入达5.15亿元，完成年度预算的106%，比1990年增长18.66%，支出达4.33亿元，比上年增长11.60%。

1994年4月，省政府办公厅转发省财政厅、省劳动厅共同制定的《关于调整全省社会养老保险基金财务管理体制的意见》，改变养老保险基金财务管理体制，将省级统筹基金实行"统一核算，统一缴拨，统一调剂"的办法，改变为省对地（市）实行"核定基数，定额缴拨，超收分成，自求平衡"的财务分级管理体制，建立起适时有效的养老保险基金征收的激励机制和支出的约束机制，调动了各级政府和社保机构征收基金的积极性，全省养老保险基金比核定的基数大幅度增收。当年，全省征收养老保险基金8.58亿元，完成年度预算的118.2%；比1993年增长24.17%，基金支出7.17亿元；结余基金1.27亿元，是1993年结余额的5倍。

1995年，全省养老保险基金收入11.71亿元，比收入基数增收2.29亿元，完成收入基数129.3%，比1994年增收4.14亿元，增长35.35%。

1996年2月，根据省政府颁布的《福建省企业职工养老保险制度改革方案》，养老保险基金管理实行"省级统筹，分省、地（市）两级管理"，省对地（市）实行"核定基数、定额缴拨、超收分成、超支共担"的财务管理体制，养老保险基金收支逐年增加。改革方案统一各类企业缴纳养老保险费的费率，企业缴费比例在方案实施当年统一按其缴费基数21%的比例缴纳养老保险费。以后每两年降低1个百分点，直到18%为止。职工个人在方案实施当年统一按其工资总额4%的比例缴纳，以后每两年提高1个百分点，直到提高到7%为止。城镇个体工商家、私营企业主、自由职业者等非工薪收入者按其缴费基数的25%缴纳。当年，全省养老保险基金收入15.67亿元，支出14.13亿元，历年基金滚存积累8.79亿元。

1997年7月，省人大常委会颁布《福建省城镇职工基本养老保险条例》，规定企业按其全部职工月工资总额的20%缴纳基本养老保险费，从1998年起每两年降低1个百分点，直至18%。职工个人按其月工资总额的5%缴纳基本养老保险费，从1998年起每两年提高1个百分点，直至8%。城镇个体劳动者按本人缴费基数的25%缴纳基本养老保险费。同年，全省纳入统筹的企业数17972家，比1996年增加1982家，增幅12.40%，在职职工133.71万人，增加3.86万人，增幅2.97%，全省养老保险基金收入17.85亿元，比增幅13.91%；基金支出17.56亿元，增幅24.27%。纳入统筹的在职职工月人均缴费工资389元。1998年，全省参加基本养老保险的单位1.94万个，参保单位职工153.15万人；全年基本养老保险基金总收入为26.10亿元，总支出为23.92亿元，收支结余为2.18亿元，滚存结余为12.84亿元。

1999年，福建省就“三资”企业、私营企业、个体工商户户籍在外地以及非城镇户口员工的基本养老保险有关问题进行处理，“三资”企业、私营企业员工和个体工商家按《福建省城镇职工基本养老保险条例》规定参加养老保险统筹和缴纳养老保险费。养老保险实行社会统筹与个人账户相结合的原则，养老保险费由用人单位和员工共同缴纳。没有能力按《福建省城镇职工基本养老保险条例》规定标准缴费的用人单位和员工可按缴费工资的18%缴纳养老保险费，其中用人单位为10%、员工为8%，用人单位和员工的缴费工资以省政府公布的当地最低工资为基数。个体工商家业主全部由本人缴纳，从业人员本人缴纳8%，其余由业主缴纳。

同年，福建省社会劳动保险局下发《关于公布全省8地（市）1998年月平均缴费工资的通知》，发布8地（市）1998年企业职工养老保险月平均缴费工资，作为1999年补缴基本养老保险费的基数。月平均缴费工资分别是福州市474.03元、莆田市315.85元、泉州市469.79元、漳州市370.64元、三明市459.96元、龙岩市350.75元、南平市301.77元、宁德地区263.75元。是年，全省基本养老金基金收入29.54亿元，比上年增长23.49%，支出27.29亿元，比上年增长14.09%。当年基金收支结余2.26亿元，实现当年养老保险基金收大于支且略有节余的目标。

2000年，根据省政府专题会议纪要《关于研究劳动工作的会议纪要》“养老保险基金力争做到年度收支平衡”的要求，福建省确定2000年基金支出控制目标为25.26亿元，其中8个设区市（不含厦门）基金支出20.83亿元，行业4.43亿元，基金收入目标为25.26亿元。其中8个设区市（不含厦门）和行业基金收入23.37亿元，厦门市纳入省级统筹按3%上缴的养老保险调剂金，约1500万元。6月，省劳动和社会保障厅、省财政厅联合下发《关于调整原行业统筹企业2000年缴纳基本养老保险费比例的通知》，规定各行业单位2000年1月起职工个人按其工资总额的6%缴纳基本养老保险费，行业单位1999年按13%比例缴纳基本养老保险费的，从2000年1月起根据各行业单位不同情况分别调整为15%至18%。当年，全省（含厦门和中央属行业）基本养老保险费收入34.62亿元，其中8个设区市和中央属行业单位基本养老保险费收入28.52亿元，超额完成征收任务。月人均缴费工资638.54元。

2001年，根据《福建省社会保障费征缴办法》，从1月1日起，全省养老保险费改为地税部门征收，登记申报工作由劳动保障部门委托地税部门办理。当年全省完成企业养老保险费征收37.61亿元，完成基金征收任务的102.8%，其中8个设区市和行业单位为30.91亿元，为任务数的100.0%；全省完成新扩面48.62万人，其中8个设区市扩面37.82万人，厦门市扩面10.68万人，行业单位1160人。全省参保职工达到183.61万人，比上年净增

8.89 万人。

2002 年，省劳动和社会保障厅、省财政厅、省地方税务局转发劳动保障部、财政部的批复，调整福建省原行业统筹企业 2002 年缴纳基本养老保险费比例。同时根据《福建省城镇企业职工基本养老保险条例》规定，职工个人缴纳基本养老保险费比例从 2002 年 1 月 1 日起调整为 7%。此外，省劳动和社会保障厅落实中央关于进一步做好下岗失业人员再就业工作的精神，出台《关于印发〈福建省基本养老保险费代收代缴窗口业务管理暂行办法〉的通知》，规范基本养老保险费代收代缴窗口的业务管理，解决自谋职业的原企业下岗职工和灵活就业人员的参保缴费问题，要求各市、县（区）尚未开设基本养老保险费代收代缴窗口的，尽快开设代收代缴窗口；已开设代收代缴窗口的，按《福建省基本养老保险费代收代缴窗口业务管理暂行办法》的要求抓好规范管理。当年，全省参保职工 223.48 万人，比上年净增 39.87 万人；基金收入 42.34 亿元，比 2001 年增长 9.24%。

2003 年，全省（不含厦门）城镇企业职工基本养老保险基金收入任务为 36.5 亿元，支出任务 36.37 亿元（不含待遇调整）。养老保险基金实行“核定收支、全额缴拨、短收自负、节支全留”的财务管理体制，即：各设区的市征收的基本养老保险费全部上缴省级；未完成省核定征收计划的（短收）部分由同级政府负担并通过省级财政在上下级财政体制结算中扣缴；实际支出比省核定的支出计划减少部分（节支），纳入地市基本养老保险基金财政专户管理。各设区的市政府省级测算的原则合理下达所属县（市、区）的收支任务。4 月，发布《2002 年福建省企业职工基本养老保险月平均缴费工资的通知》。当年，全省参保职工 230.76 万人，比上年净增 6.95 万人。全年养老保险费收入 50.79 亿元（其中厦门 10.04 亿元），支出 46.12 亿元（其中厦门 8.35 亿元），历年滚存节余养老保险基金为 32.6 亿元（其中厦门 8.17 亿元）。

2004 年 1 月，省劳动和社会保障厅发布《关于统筹企业参保人员基本养老保险个人缴费率调整的通知》，从是年 1 月 1 日起，统筹企业参保人员个人缴纳基本养老保险费的费率，由原来的 7%调整为 8%。统筹企业缴费率仍维持原标准 18%，不做调整。6 月，福建省劳动和社会保障厅下发《关于城镇企业参保职工缴费工资和缴费年限指数计算有关问题的通知》，对城镇企业参保职工缴费工资和缴费年限指数计算有关问题做出规定。同月，省政府发布《关于下达 2004 年全省（不含厦门）城镇企业职工基本养老保险基金收支计划的通知》。收入计划编制的原则：实行零基预算，不与上年实际收入挂钩；国有企业、集体企业按上年末参保人数为依据，个体私营、“三资”等其他企业以统计局提供的上年末未参保在岗职工人数，按一定比例扩面；缴费基数以当地在岗职工平均工资为基础，参照上年实际缴费基数做适当调整。支出计划的编制，在上年实际支出水平的基础上，考虑新增企业退休人员、离休干部特需费等各种增加支出因素。按以上原则核定，2004 年全省（不含厦门）城镇企业职工基本养老保险基金收入计划为 41 亿元，支出计划 40.9 亿元（不含待遇调整和个人账户一次性支出）。7 月，省劳动和社会保障厅发出《关于进一步完善基本养老保险费代收代缴窗口业务管理的通知》，要求各基本养老保险费代收代缴窗口建立基本养老保险关系接续告知制度，按规定提供打印发放个人账户对账单服务，规范养老保险关系接转手续，提高服务水平。当年，全省（含厦门）养老保险基金收入58.61亿元，支出50.33亿元。

2005年8月，省政府下达2005年全省（不含厦门）城镇企业职工基本养老保险基金收支计划，确定2005年全省（不含厦门）城镇企业职工基本养老保险基金收入计划为49亿元，支出计划为46.07亿元（不含待遇调整和个人账户一次性支出）。各设区市征收的基本养老保险费全部上缴省级；未完成省核定征收计划的部分（短收）由同级政府负担并通过省级财政在上下级财政体制结算中扣缴；实际支出比省核定的支出计划减少部分（节支），纳入地市基本养老保险基金财政专户管理。当年，全省（含厦门）企业职工养老保险参保339.39万人，基本养老保险基金收入75.69亿元，支出58.12亿元，累计结余60.89亿元。

表6-1　**2003—2005年福建省城镇企业职工基本养老保险基金收支计划表**

单位：万元

| 地区 | 基金收入 | | | 基金支出 | | |
|---|---|---|---|---|---|---|
| | 2003年 | 2004年 | 2005年 | 2003年 | 2004年 | 2005年 |
| 福州 | 91380 | 101500 | 123900 | 99450 | 112180 | 128100 |
| 莆田 | 12450 | 14500 | 18900 | 11460 | 13250 | 14700 |
| 泉州 | 33720 | 42000 | 57300 | 30570 | 34200 | 38400 |
| 漳州 | 26320 | 27900 | 34000 | 34780 | 41440 | 48300 |
| 三明 | 30800 | 35900 | 40000 | 45020 | 50630 | 57600 |
| 龙岩 | 18120 | 20300 | 24100 | 23350 | 26080 | 28800 |
| 南平 | 24620 | 25900 | 33000 | 43630 | 48760 | 55400 |
| 宁德 | 11950 | 13500 | 16800 | 13770 | 15860 | 18400 |
| 八地市小计 | 249360 | 281500 | 348000 | 302030 | 342400 | 389700 |
| 行业 | 115640 | 128500 | 142000 | 61690 | 66640 | 71000 |
| 全省（不含厦门）合计 | 365000 | 410000 | 490000 | 363720 | 409040 | 460700 |

注：厦门市城镇企业职工基本养老保险基金单独统筹，本收支计划不含厦门。

## 三、养老金调整

1991年，福建省纳入全省统筹的离退休职工月人均退休金150元，最低退休金99.5元。

参加全省统筹的离退休职工按规定享受当年新出台的粮油价格补贴，仅此一项社保公司全年增加支付退休金1700多万元。

1992年1月开始，福建省按基本退休金的10%增发离退休金，另加生活补贴费5元，人均月增加21.73元，全年增支6000多万元，并从4月开始，给离退休人员每月增发粮油补贴费5元。离退休人员月人均退休费达180元，

1993年，福建省给离退休人员增发离退休金和各类补贴，分别给企业离退休人员增发生活补助费，其中离休、1952年底以前参加革命工作的退休人员、1953年1月1日以后参加革命工作的退休人员和退职人员月人均分别增发43.50元、23.17元、15.81元和10元生活补助费，总平均月人均增加18元。

1994年10月，省政府颁发《关于调整企业离退休人员离退休金的通知》，全省统筹离退休人员再次调整提高待遇，除厦门市以外的八地（市）参加统筹的26.5万名离退休人员，月人均提高38元，包括补发15个月共近2亿元，在春节前后发至离退休人员的手中。

1995年10月，省政府出台《关于调整企业离退休人员基本养老金的通知》，根据劳动部、财政部《关于1995年调整企业离退休人员基本养老金的通知》精神，结合全省当年养老保险基金积累情况，福建省决定从10月1日起，提高企业离退休人员的基本养老金水平，凡1995年9月底以前参加养老保险省级统筹的企业退休人员每人每月增发15元；退职人员每人每月增发10元。企业离休人员比照机关事业单位离休人员调整办法执行，省级以上劳动模范最低退休金按当地上一年退休人员平均养老金的125%计发，退休人员调整后的养老金水平低于当地职工最低生活费标准的，按当地职工最低生活费标准（即当地职工最低工资标准的60%）发给。参加养老保险省级统筹的企业，其离退休人员增发的养老金由社会劳动保险机构负责支付。所需资金由省、地结余留成基金中各承担50%。

1996年，福建省再次提高企业离退休人员基本养老金，企业离休干部按其离休时的职务分四档分别增加40元、35元、30元、25元离休金，同时还会同省老干局对离休干部的工龄补贴。山区补贴、交通补贴、高龄补贴、遗属定期定额生活补助费进行了调整；企业退休人员待遇调整两次，全年人均增加46元退休金。提高养老保险待遇后，国有企业离退休人员月人均离退休金306.34元。

1997年7月，省政府出台《关于调整企业退休人员养老保险待遇的通知》，对1996年12月31日以前办理退休手续并纳入养老保险省级统筹的企业退休人员，从1997年7月1日起，每人每月增加养老金，其中福州市58元、莆田市40元、泉州市45元、漳州市40元、三明市70元、龙岩市35元、南平市45元、宁德市35元。对按规定办理退职的人员，按上述标准的50%增加养老金。对由人民保险公司移交社会劳动保险公司经办的集体企业退休人员，在1996年12月底以前未补足10年养老保险费的，按上述标准的50%增加养老金，这类人员增加后的月养老金超过省政府公布的当地最低工资标准60%的，按当地最低工资标准的60%发给，超出部分不予增加。调整后，月人均退休金335元，其中企业离休人员按机关同

职务同条件的离休人员待遇套改，月人均增加134元，待遇达到571.21元。对1995年10月1日至12月31日期间办理退休手续，并于1995年12月31日前纳入养老保险省级统筹的企业退休人员，从1997年7月1日起每人每月另增发15元退休金。同年12月，省人大常委会通过《福建省城镇企业职工基本养老保险条例》，建立企业退休人员养老保险待遇调整机制，每年7月1日根据各地（市）上一年度职工平均工资增长率和缴费工资增长率的一定比例确定调整企业退休人员养老保险待遇，具体调整标准由省政府确定并公布。

1998年，省政府下发《关于调整企业退休人员养老保险待遇的通知》，对1997年12月31日以前退休并纳入养老保险省级统筹的企业退休人员，从1998年7月1日起，增发养老金，其中福州市、漳州市、宁德市、南平市、三明市6元；泉州市、莆田市、龙岩市8元。福州、三明两市在1997年办理退休手续的退休人员，在增加以上待遇标准基础上，每人每月分别再增发养老金6元和10元。此次调整待遇增加的基金支出，由福建省和各地（市）各承担50%，地方留成基金不足支付的，由省调剂解决。企业退职人员及由人民保险公司移交社会劳动保险机构经办的集体企业退休人员未补足10年基本养老保险费的，按正常退休人员调整标准的50%发给；华侨农场退休人员不参加此次调整。

1999年，省劳动厅、省财政厅出台《关于提高企业退休人员基本养老金水平有关问题的通知》，从1999年7月1日起，对1999年6月30日前纳入基本养老保险省级统筹并办理退休手续的退休人员，全省（不含厦门市，下同）每人每月统一提高养老金26元。1998年12月底前退休的人员，按标准另增发养老金。企业退职人员、华侨农场退休人员及集体企业“四并三”中缴费年限满6年不满10年的退休人员，按规定标准的50%发给。1997年度办理退休手续的退休人员，在上述提高标准的基础上，福州市、三明市每人每月另增发养老金15元，其余地（市）每人每月另增发养老金10元。企业退休人员按规定增发养老金后，缴费年限（含视同缴费年限）满30年不满35年养老金低于370元的，按370元发给；缴费年限满35年以上养老金低于400元的，按400元发给。按规定全省每人每月统一提高养老金26元所需资金，由省调剂解决；其余所需资金，由省和各地（市）历年结余基金中各承担50%，地（市）留成基金不足支付的，由省调剂解决。中央属行业单位提高养老金所需资金，由省调剂解决。同年，省劳动厅出台《关于行业单位离休人员增加养老金有关问题的紧急通知》，规定中央属行业单位1999年6月30日前已办理离休手续和已达到离休年龄的人员及中华人民共和国成立前参加革命工作并按规定享受100%退休费的退休老工人，按照机关同职务同条件人员增资额增加养老金。为保证9月15日前将这次增加的养老金及时发给离休人员，7—9月按下列月人均标准预发：厅级140元；处级130元；科级及科以下和中华人民共和国成立前参加革命工作的退休老工人120元。从10月起按规定的标准如数发给，并补发7—9月的差额部分养老金。

2001年，福建省对2000年12月底前参加养老保险省级统筹的企业退休人员提高基本养老金（不含厦门市，下同）。省委组织部、省人事厅、省财政厅、省劳动和社会保障厅出台

《关于调整2001年企业退休人员基本养老金有关问题的通知》，从2001年1月1日起，对2000年12月31日前已办理退休手续的统筹企业退休人员分别按下列标准增加基本养老金：统筹企业（不含原中央属统筹企业）的退休人员每人每月养老金增加额为：退休人员所在县（市、区）2000年度月人均缴费工资×4.5%＋25元；原中央属统筹企业的退休人员每人每月养老金增加额为：原中央属统筹企业2000年度月人均缴费工资×4.5%＋25元；退职人员、集体企业“四并三”中缴费年限满6年不满10年以及2000年底以前按过渡方案纳入省级统筹的国营农场的退休人员按规定的标准减半发给；1999年7月1日至1999年12月31日期间退休的统筹企业退休人员（不含华侨农场退休人员）基本养老金从2000年1月1日起每人每月增加26元。1999年7月1日至1999年12月31日期间退休的华侨农场退休人员按13元发给；企业离休干部、“5·12”干部、中华人民共和国成立前参加革命工作符合规定享受100%退休费的退休工人，按省政府文件精神调整待遇。基本养老金调整所需增加的资金，由省调剂解决。同时追加各设区市和中央属行业单位2001年度城镇企业职工基本养老保险基金支出任务。调整后，企业离休干部、“5·12”干部、中华人民共和国成立前参加革命工作的老工人人均月增加养老金180元；企业退休人员人均月增加52元，全省人均基本养老金由442.58元增加到494.58元。

同年9月，省劳动和社会保障厅发出《关于职工被判刑后养老保险有关问题的处理意见》，规定退休人员在服刑或劳动教养期间停发基本养老金，在被拘役、服刑或劳动教养期满后，可以按拘役、服刑或劳动教养前本人的基本养老金标准继续发给基本养老金，并参加以后的基本养老金调整。退休人员被判处管制、有期徒刑宣告缓刑和监外执行的，继续发给基本养老金，但在缓刑或监外执行期间不参与基本养老金的调整。

11月，省劳动和社会保障厅、省财政厅出台《关于新参加基本养老保险企业及其职工补缴基本养老保险费若干问题的补充通知》，规定新参保职工纳入统筹后缴费年限满15年的，退休后按每月255元的待遇标准计发其基本养老金：缴费满15年以上的，每超过1年，其基本养老金在上述待遇标准基础上增加56元。在此标准基础上，增发1998年至办理参保手续期间历年企业退休人员基本养老金调整额。

2002年，省政府根据《中共中央、国务院关于转发〈国家发展计划委员会关于当前经济运行情况和做好下半年经济工作的措施意见〉的通知》和劳动保障部、财政部《关于2002年调整企业退休人员基本养老金水平的通知》的精神，对2001年12月底前参加基本养老保险省级统筹的企业退休人员提高基本养老金，月人均分别增加52元和36元。福建省城镇企业退休人员月平均养老金达到558.62元（含厦门）。2003年，福建省对全省企业退休人员养老金进行调整，月人均增加30元，城镇企业退休人员月平均养老金达到598.15元（不含厦门）。

2004年12月，福建省对2003年12月底前参加统筹的企业退休人员提高基本养老金。从2004年7月1日起，对2003年12月31日前已办理退休手续的统筹企业退休人员增加基本养老金。统筹企业中办理退职的人员、集体企业“四并三”中缴费年限满6年不满10年的人员，按规定的标准减半发给。基本养老金调整所需增加的资金，中央属行业单位由省级解决。其余所需资金分别由省和各市从历年结余基金中各承担50%，如各市结余基金不足支付的，由省调剂解决。2005年，福建省对2004年12月31日前已办理退休、退职手续的省级统筹企业退休、退职人员继续调整养老保险待遇。调整后，全省（不含厦门）企业退休人员人均基本养老金达到647元。

表6-2　**2003—2005年福建省统筹企业（不含厦门）退休人员增加基本养老金标准表**

单位：元

| 地区 | 调整标准 | | |
|---|---|---|---|
| | 2003年 | 2004年 | 2005年 |
| 福州 | 30 | 40 | 32 |
| 漳州 | 27 | 34 | 30 |
| 泉州 | 27 | 35 | 32 |
| 三明 | 28 | 36 | 34 |
| 莆田 | 27 | 31 | 30 |
| 南平 | 27 | 36 | 30 |
| 龙岩 | 28 | 35 | 32 |
| 宁德 | 27 | 33 | 30 |

表6-3 **1991—2005年福建省统筹企业（不含厦门）退休人员月平均养老金情况表**

单位：元

| 年份 | 金额 | 年份 | 金额 |
|---|---|---|---|
| 1991 | 150 | 1999 | 443.94 |
| 1992 | 180 | 2000 | 473.81 |
| 1993 | — | 2001 | 494.58 |
| 1994 | 250 | 2002 | 558.62 |
| 1995 | 297 | 2003 | 598.15 |
| 1996 | 306.34 | 2004 | 608.49 |
| 1997 | 335 | 2005 | 647 |

注：1993年、1998年未调整统筹企业退休人员养老金。

## 四、养老金发放

### （一）养老金计发办法

1991年，福建省参加养老保险的全民所有制企业退休职工按《福建省全民所有制企业职工退休养老保险暂行规定》的项目和标准领取退休金。1992年7月开始，福建省企业职工退休金计发基数改按“分段加权平均值”为基数，即月平均缴费工资减各种补贴加视同缴费年限的月标准工资，并以缴费前后的工作年限为权数平均求得。8月，经劳动部同意，确定莆田市为改革退休金计发基数和计发办法的试点城市，在莆田县进行国有企业职工基本养老金计发办法的改革试点，试行基本养老金与缴费工资、缴费年限挂钩，与国民经济发展和社会生活水平提高相适应。基本养老金由社会性养老金和缴费性养老金两部分组成，其中：社会性养老金以职工退休时本省上一年职工月平均工资为基数，按照职工本人缴费年限分段计发；缴费性养老金以职工本人指数化月平均缴费工资为基数计发。莆田市基本养老金计发办法改革为1994年全省全面实施这项改革提供经验。

1993年5月至1994年2月，省社会劳动保险公司组织三明、泉州等地市的专业人员对省政府关于企业职工基本养老金待遇计算办法改革方案进行精算预测。根据业务部门的计算要求、数据项目，建立1992年度福建省退休职工数据库，开发一套完善的养老金计发办法改革计算机测算软件，为制度改革提供科学的测算依据，这项工作走在全国先进行列。

1994年3月，省政府批准《福建省国有企业职工基本养老金计发办法改革方案》。基本养老保险金由3个部分组成：社会性养老金，根据缴费年限长短分两档，分别按职工退休时上一年社会平均工资的20％或25％计发；缴费性养老金，缴费每满一年，按职工在职时指数化缴费工资的1％计发；在职时国家、省规定的物价补贴。从1994年1月1日起，企业职工实行新的养老金计发办法，由原来按照职工的工龄长短和本人标准工资一定比例计发养老金，改为与职工平均工资水平、缴费年限和缴费金额挂钩计发。

1996年，根据福建省政府《关于企业职工养老保险制度改革方案》，决定从1996年1月1日起，全省养老金的计发办法采取“老人老办法，中人中办法，新人新办法”，以保证新、老办法的平稳过渡，同时还规定养老金的最低保障线和定期调整制度。企业离休干部按其离休时的职务分4档分别增加40元、35元、30元、25元离休金，同时还对离休干部的工龄进行补贴。山区补贴、交通补贴、高龄补贴、遗属定期定额生活补助费进行了调整；企业退休人员待遇全年人均增加46元退休金；放宽基本养老金计发办法封顶比例，由1995年的40％调整为1996年的70％。

1997年12月，省人大常委会颁布《福建省城镇企业职工基本养老保险条例》，规定退休人员基本养老金由基础养老金和个人账户养老金组成。参保人员退休时的基础养老金月发放标准为本省上一年度职工月平均工资的20％，个人账户养老金月发放标准为本人账户储存额除以120。

2000年，福建省规定从1月1日起，新纳入福建省城镇企业职工基本养老保险统筹的已退休人员，缴费年限满15年的，按每月255元的待遇标准计发其基本养老金：缴费满15年以上的，每超过一年，其基本养老金在上述待遇标准基础上增加5.6元。在此标准基础上，增发1998年至办理参保手续期间历年企业退休人员基本养老金调整额。

2001年，福建省规定下岗职工与企业解除或终止劳动关系后，凡按规定应继续参保而未参保的，达到法定退休年龄时，其累计中断缴纳基本养老保险费年限，每满一年相应减发2%基本养老金（不含个人账户养老金），累计中断缴纳基本养老保险费年限的尾数不满半年按半年、超过半年不足一年按一年计算。此外，实施前中断缴费的工作年限可按《福建省城镇企业职工基本养老保险条例》及其有关规定补缴；补缴后的工作年限可与中断缴费前后的实际缴费年限和视同缴费年限合并计算。

2003年，福建省农垦企业职工按规定补缴基本养老保险费后，退休时养老保险待遇按《福建省城镇企业职工基本养老保险条例》和省政府《关于福建省国有农垦企业实施〈福建省城镇企业职工基本养老保险条例〉方案的通知》规定分段核定计发。农垦企业退休人员基本养老金待遇调整执行当地企业退休人员养老保险待遇调整办法。

2004年，省劳动和社会保障厅《关于从国有企业剥离出来的学校、医院职工基本养老保险关系和基金转移的复函》规定：从国有企业剥离出来的学校、医院职工基本养老保险原则上执行省政府下发的《福建省机关事业单位工作人员退休养老保险暂行规定》，有关单位如何参保根据实际情况自行决定。现已参加机关事业单位养老保险或参加城镇企业职工基本养老保险并成建制转移，其养老保险关系和个人账户的转移，按照劳动和社会保障部办公厅《关于严格执行职工基本养老保险个人账户转移政策的通知》规定执行。原参加城镇企业职工基本养老保险的年限（含视同缴费年限），视同机关事业单位养老保险缴费年限。职工退休时，参加机关事业单位养老保险的最低实际缴费年限以本地规定的为准。7月，省劳动和社会保障厅下发《关于规范企业参保职工基本养老保险个人账户记账办法的通知》，对一些企业参保职工建立个人账户的有关问题提出具体处理办法。

### （二）养老金社会化发放

1991年，福建省实施退休金发放社会化的试点从1990年的6个试点县（区）发展到13个县（区）。1992年3月，三明市三元区在全省率先创办“福康储蓄所”，为离退休人员直接发放养老金，既方便退休人员，又减轻企业管理负担。7月，泉州市属41家国有企业一揽子与外商（印尼）合资经营。由于离退休职工已与企业脱钩，对4000多名离退休职工养老金的发放工作，委托银行实行“万事达信用卡”发放养老金，由市社会保险公司（劳动局所属）统一向建设银行申请账，逐月将退休基金存入银行开设的账户，并按城乡居民活期存款利率计息。离退休职工持信用卡在13个储蓄网点支取现金，亦可凭卡在指定的商店购买物品。当年，全省已有24个市、县（区）的523个企业实行退休金社会发放。

1993年，省劳动局颁发《关于进一步做好企业离退休费用社会化发放工作的通知》，全省退休费用社会化发放的县（市）有30个，企业增加到549家，服务的对象近2万人。1995年，全省已有42个市县开展退休费用社会化发放试点，参加试点的企业816家、职工26万人、离退休人员1.6万人。

1996年，福建省企业离退休人员养老金社会化发放程度明显提高，全省已有51个市县开展试点，参加试点的企业2515家、职工19.49万人、离退休人员5.71万人。1997年全省已有27.94万名离退休人员实施养老金社会化发放，其中8地市共对24.16万名离退休人员实施养老金社会化发放，占统筹离退休人数的63.7％，得到了劳动部的通报表彰。1998年全省有79个县市的30万名离退休人员实行养老金社会化发放，占离退休人数的69.5％。中央属13个行业统筹养老保险移交地方管理接收工作基本完成，从9月1日起，13个行业的4.09万名离退休人员全部及时足额领到养老金。

1999年6月，福建省个别县市由于没有全面实行养老金社会化发放，企业拖欠离退休人员养老金，引发不安定因素。针对这些问题，省社会劳动保险局出台《关于1999年全面实行养老金社会化发放确保离退休人员养老金按时足额领取的通知》。要求从1999年7月1日起，要100％实现社会化发放，实现基金收缴率达90％以上的目标，完成养老保险基金征收任务，保证养老金按时足额发放。年末，全省养老金社会化发放人数47.83万人，实行养老金社会化发放的人数占离退休总人数的99.22％（不含行业）。

2000年2月，福建省贯彻国务院办公厅《关于继续做好确保国有企业下岗职工基本生活和企业离退休人员养老金发放工作的通知》，在全省开展养老金社会化发放工作评估检查。检查内容包括养老金社会化发放进度，养老金社会化发放工作流程管理制度、工作责任制，离退休人员数据库的建立和使用情况，上年底养老保险基金收支结余情况，开展为企业和离退休人员优质服务情况。省劳动厅和中国工商银行福建省分行出台《关于实现基本养老保险个人账户电话查询的通知》，在全省实现基本养老保险个人账户电话查询，为企业职工查询基本养老保险个人账户余额、个人缴费余额、欠缴等情况提供语音信息服务。全省共为55.98万名离退休人员（其中，九市51.73万人，中央属行业单位4.25万人）支付养老金30.45亿元，月人均养老金473.81元，养老金实现100％社会化发放。

2001年，福建省巩固完善离退休人员养老金社会化发放成果，确保全省58.41万名企业离退休人员按时足额领到养老金，并实现100％社会化发放，受到劳动和社会保障部的肯定。2005年，全省71万名企业离退休人员养老金100％按时足额实现社会化发放。

## 五、企业补充养老保险

1991年，福建省最早推行企业补充养老保险与个人储蓄性养老保险挂钩的做法——企业补充的养老保险费用与个人储蓄养老保险的费用合二为一，一次性完成缴费。由社会保险主管部门制定具体办法，职工个人根据自己的工资收入情况，按规定缴纳个人储蓄性养老保险费，记入当地社会保险机构在有关银行开设的养老保险个人账户，并按不低于或高于同期城乡居民储蓄存款利率计息，以提倡和鼓励职工个人参加储蓄性养老保险，所得利息记入个人账户，本息一并归职工个人所有。职工达到法定退休年龄经批准退休后，凭个人账户将储蓄性养老保险金一次总付或分次支付给本人。职工跨地区流动，个人账户的储蓄性养老保险金随之转移。职工未到退休年龄而死亡，记入个人账户的储蓄性养老保险金由其指定人或法定继承人继承。当年，分别在莆田、三明、厦门、南平、宁德、龙岩等6个地（市）11个县（市）的82家企业进行试点，共有2795人参加补充养老保险。年补充保费143万元，并有348人离退休职工按规定领取1.07万元企业补充养老保险金。福建省企业补充养老保险试点工作受到劳动部的肯定和兄弟省、市的好评，并在全国社会保险工作会议上作经验交流，《中国劳动报》和《中国劳动科学》转载福建省经验材料，并收入全国编印的《绚丽的改革之花》一书。

1992年1月，省劳动局出台《福建省企业补充养老保险暂行规定》，到年底，全省已有44个县（市）的218家企业为职工办理补充保险，参加补充保险的人数1.97万人，基金收入261万元，支付10万元，累计结存406万元。1993年，福建省企业补充养老保险和个人储蓄性养老保险实施范围进一步扩大。年末，已有56个县（市）的513家企业办理补充养老保险和个人储蓄性养老保险，参保职工6.3万人，投保金额为1646万元，分别比1991年增加295家、4.3万人、1384万元，分别增长1.35倍、2.15倍、5.33倍，保费累计结存1790万元。1995年，全省参加补充养老保险的企业610家、在职职工7.88万人，基金收入1400万元，较上年同期增加116万元，增长9.0%，历年累计结余4000万元。

1996年，《福建省企业职工养老保险制度改革方案》颁发实施，企业补充养老保险和个人储蓄性养老保险，按企业职工工资总额的5%提取，并计入成本列支。由企业和个人自主选择经办机构。是年，全省参加补充养老保险的企业544家、在职职工4.36万人，基金收入2159万元，历年累计结余5887万元。1997年，福建省全省实行企业补充养老保险的职工7.04万人，比1995年底净增2.67万人，增幅达61.1%。有23个县（市、区）进行补充养老保险试点，全年补充养老保险费收入254.4万元，支出21.06万元；有7个县（市、区）参加储蓄性养老保险，全年保险费收入11.44万元，支出3.94万元。

2000年11月，省政府办公厅发出《关于集体和私营企业职工养老保险业务有关问题的函》，明确原由省政府委托福建省人寿保险公司承办的集体、私营企业补充养老保险业务应于省政府《关于转发〈国务院批转整顿保险业工作小组保险业整顿与改革方案的通知〉》下发之日起停止承办新的企业补充养老保险业务，对已办理的企业补充养老保险业务应暂停冻结，还未移交当地社会保险机构统一管理仍留在人寿保险公司承办的，由省人寿保险公司统计，会同省劳动和社会保障厅、省财政厅提出具体意见，报送省政府批准后予以妥善处理。年底，国务院在《关于完善城镇社会保障体系的试点方案》中，将企业补充养老保险正式更名为“企业年金”，并指出“有条件的企业可为职工建立企业年金，并实行市场化运营和管理”。同年，根据国务院《关于印发完善城镇社会保障体系试点方案的通知》，福建省严格选定试点市，精心组织实施。

2001 年，全省参加企业年金的单位 2430 个，参保职工 89241 人，全年年金收入 5038 万元，支出 1817 万元，领取年金 4794 人，滚存结余 20704 万元。

2003 年，按照财政部的《关于企业为职工购买保险有关财务处理问题的通知》，福建省一些经济效益好的企业为职工建立补充养老保险，提取额在工资总额 4%以内的部分，作为劳动保险费列入成本（费用）；非试点地区的企业，从应付福利费中列支。同年 8 月，福建省按照《国家税务总局关于执行〈企业会计制度〉需要明确的有关所得税问题的通知》规定，明确企业为全体职工按国务院或福建省人民政府规定的比例或标准缴纳补充养老保险、补充医疗保险，可以在税前扣除。企业为全体职工按国务院或省政府规定的比例或标准补缴的基本或补充养老、医疗和失业保险，可在补缴当期直接扣除；金额较大的可要求企业在不低于 3 年的期间内分期扣除。

2004 年，省劳动和社会保障厅出台《关于实施〈企业年金试行办法〉和〈企业年金基金管理试行办法〉的意见》，明确建立企业年金制度的指导原则和总体要求，开展形式多样和有针对性的宣传培训活动，使企业职工和社会各方面共同关心企业年金工作。企业年金费用筹措实行企业缴费和职工个人缴费相结合的办法，企业缴费每年不超过本企业上年度职工工资总额的 12%；企业和职工个人缴费合计一般不超过本企业上年度职工工资总额的 6%。建立企业年金所需费用在本企业职工工资总额 5%以内的，准予列入企业成本，在税前扣除。当年，全省建立企业年金制度的企业共有 4532 个，参保职工 13.76 万人，企业年金总额 47156.06 万元。

2005 年 8 月 1 日，劳动和社会保障部公布第一批认定的 37 家企业年金基金管理机构，并规定各地企业年金交由有资格的机构管理。但没有明确规定地方社保及行业经办机构管理的存量年金移交具备资格的机构管理的时间。因此，这一阶段既有严格按两个办法建立的标准的企业年金计划，也有由地方社会保险经办机构和行业经办机构管理的传统的企业年金计划，基金实行“双轨制”管理。福建省新建立的企业年金计划按新制度进行规范运作，而存量年金还是由地方社会保险经办机构和行业经办机构管理，制度处于失范和规范并存的状态。当年，全省有 4800 多家企业建立企业年金制度，约 20 万名职工参加企业年金，2 万人领取企业年金。

## 六、管理

### （一）业务管理

1994 年 4 月，省政府办公厅批转省财政厅、省劳动厅《关于调整全省社会养老保险基金财务管理体制的意见》，调整养老基金财务管理体制，建立基金征收的激励机制和支出的约束机制。当年，全省基金征收增长幅度大，比 1993 年增收 1.43 亿元，增长 24%。基金结余大量增加，结余额和结余率均是全省统筹 6 年来的最好成绩。

1995年2月，省政府成立福建省社会保险委员会，下设办公室（挂靠省经济体制改革委员会），统一领导和组织全省的社会保险改革工作。此后，漳州市、莆田市和漳平、连城、顺昌、罗源等县市也相应成立社会保险委员会，加强对当地社会保险工作的统一管理。

1997年2月，省劳动厅出台《关于加强企业基本养老保险年检工作的意见》，实行企业基本养老保险年检制度，6月底以前全面完成年检工作。年检监督检查的重点是按省政府规定的应参加养老保险社会统筹而未办理参保手续的各类企业和个体工商家以及未经批准无故拖欠养老保险费的单位和个人。年检由劳动监察机构根据各级社会保险机构提供的情况，组织开展监察，对未按规定参保缴费的企业督促限期改正，逾期不改的，要依法处理，并及时通报当地工商行政管理部门。工商行政管理部门在办理工商年检手续时，按照省劳动厅、省工商行政管理局文件规定，对其停发直至吊销其企业法人营业执照或营业执照。对新参加基本养老保险的企业，补缴养老保险费数额较大，且一次性补缴有困难的，要求办理缓交或分期缴纳手续，缓交的期限、金额和办法按省劳动厅规定执行。劳动监察机构开展此项工作所需费用，从监察增收基金提取的管理费中支出，具体开支数额由各地（市）劳动部门确定。

1999年9月，省劳动厅下发《关于转发劳动和社会保障部办公厅〈关于严格执行职工基本养老保险个人账户转移政策的通知〉的通知》，规定职工在省级统筹范围内（含厦门和原行业统筹单位）流动的，只转移基本养老保险关系和个人账户档案，不转移基金。职工跨省级统筹范围（含本省机关事业单位）流动的，按个人账户储存额全额转移，各级社会劳动保险机构统一使用《福建省企业职工养老保险关系转移单》。同年，省劳动和社会保障厅出台《关于认真做好流动职工基本养老保险个人账户转移工作的通知》，解决职工流动到厦门以后，造成流动职工基本养老保险关系转移受阻的问题。

2001年，省劳动和社会保障厅印发《关于参加养老保险全省统筹企业职工缴费年限认定有关问题的通知》，各级劳动保障部门组织力量，开展参保企业职工缴费年限的认定工作，作为计算参保职工养老待遇的依据，认定工作进展情况和认定中出现的问题及时汇总上报省劳动保障厅。全省还妥善解决2001年1月1日起新纳入福建省城镇企业职工基本养老保险统筹参保人员的基本养老保险费补缴问题，对补缴基本养老保险费的年限和补缴标准提出具体办法。同年2月，省劳动和社会保障厅、省财政厅发出《关于国有企业下岗职工接续社会保险关系有关问题的通知》，对下岗职工养老保险关系的接续做出具体规定，解除下岗职工再就业的后顾之忧。省劳动和社会保障厅下发《关于城镇企业职工养老保险若干问题的处理意见》，就企业职工退休年龄的认定问题，企业女干部、女工人的退休年龄问题，农村户口的劳动合同制工人解除劳动关系后基本养老保险关系的处理问题、职工流动转移基本养老保险关系问题、私营企业主和个体工商家主基本养老金领取问题、民办非企业单位的基本养老保险问题、参保企业职工病退的办理问题等提出处理意见，进一步规范养老保险管理。同年，福建省各级劳动保障部门贯彻省劳动和社会保障厅《关于进一步规范完善养老保险管理工作的通知》，开展养老保险业务“规范管理年”活动，规范城镇企业职工基本养老保险个人账户管理，做好个人账户对账单的打印发放工作，在7月1日以前把个人账户对账单发放到参保职工个人。全面开通个人账户查询系统，把查询系统延伸到社区。健全退休审核审批制度，把好因病、非因工致残、特殊工种、关闭破产企业等提前退休人员的审批关，对已办理退休人员组织开展清理检查，对违规审批予以纠正。加强基金管理，严格基金的收缴、拨付和管理监督。做好国有企业下岗职工接续社会保险关系和统筹企业职工缴费年限认定的工作。省劳动和社会保障厅对各地落实情况进行检查。“规范管理年”活动促进养老保险发展，当年，全省完成新扩面48.62万人，其中8个设区市扩面37.82万人，厦门市扩面10.68万人，行业单位1160人。全省参保职工达到183.61万人，比上年净增8.89万人。全省已建立企业职工养老保险个人账户174.71万人，并在年底前首次将个人账户对账单打印发放到每个参保职工手中。

2002年，省劳动和社会保障厅、省财政厅根据《福建省人民政府办公厅转发福建省财政厅等部门关于对2000年底前留存在中央属行业单位基本养老保险周转金及历年基金收支结余处理意见的通知》，下发《关于确定驻闽中央属金融行业单位基本养老保险统筹项目等有关问题的通知》。就驻闽中央属金融行业单位基本养老保险统筹项目等有关问题提出处理意见。同年，省劳动和社会保障厅、省财政厅、省地税局下发《关于新参保企业及其职工补缴基本养老保险费若干问题的处理意见》，明确新纳入统筹企业的在职职工及退休人员应补缴基本养老保险费的年限计算办法，各地应于2002年12月底前办理一次性补缴手续，从2003年1月1日起不再办理补缴手续。

2003年，福建省对农垦农场职工参加养老保险、城镇企业职工基本养老保险实施细则遇到的覆盖问题、灵活就业人员窗口缴费问题、参保职工缴费标准和缴费年限的认定等问题规定相应的政策。企业参保职工缴费年限和视同缴费年限的认定工作按预定的程序完成，对全省企业55.88万名参保职工进行确认，完成率达到40.6%；对全省113.53万名企业退休人员养老金领取资格进行核查。当年，全省参保职工230.76万人，比上年净增6.95万人。同年，经省政府研究决定，原中央属行业单位自2003年1月1日起，基本养老保险缴费费率按劳动和社会保障部、财政部《关于调整原行业统筹企业基本养老保险缴费比例的通知》中确定的缴费比例执行。

2004年3月，省劳动和社会保障厅办公室下发《关于参保职工缴费工资和视同缴费年限确认工作若干问题的处理意见》，对省外转入的参保人员、在省级统筹范围内流动的原全民固定工、原中央属行业单位的全民固定工流动到地方企业工作的等参保职工工龄和参保年限确认工作中有关问题提出处理办法。10月，福建省转发劳动和社会保障部办公厅《关于对异地居住退休人员进行领取养老金资格协助认证工作的通知》，并结合福建省实际，就进一步做好企业离退休人员领取养老金资格认证工作提出意见。各级劳动保障部门和社会劳动保险经办机构采取各种有效措施，定期开展养老金领取资格认证工作，防止冒领养老金的现象发生，保障基本养老保险基金的安全。

2005年，省劳动和社会保障厅下发文件，规范中央属行业单位参保职工解除劳动关系后基本养老保险关系转移接续问题。全省完成企业参保职工缴费工资和视同缴费年限确认的参保职工达175万人，占应确认职工总数的95%。

### （二）信息化管理

1991年，福建省养老保险业务经办基本上采用手工记账方式。1996年，省劳动厅与省工商银行联合开发基本养老保险个人账户信息系统，有效地缓解全省在实施养老保险计算机管理中面临的资金、技术等方面的困难。这项工作得到劳动部及国家工商银行的肯定并在全国推广。1997年，通过省劳动厅与中国工商银行福建省分行的共同努力，开发《福建省基本养老保险个人账户信息系统软件》并投入运行。

2001年，全省社会劳动保险经办机构实现社会保险管理信息系统省、市、县三级联网，业务数据库集中在设区市，县级经办机构作为业务终端。所有基本养老保险业务由手工处理转为信息化处理。

2002年11月，省社会劳动保险局与博士通信息台合作，开通个人账户电话语音查询系统。12月，福建省社会劳动保险局中央属行业单位职工基本养老保险个人账户电话查询系统正式使用。该系统具有查询方式简单、准确、快捷和能够提供个性化服务的特点，参保人员可随时查询本人历年个人账户缴费记录。2003年，福建省完成社会劳动保险管理信息系统试运行、数据移植工作，全面投入使用。

2005年，福建省贯彻劳动保障部《关于全面实施金保工程统一建设劳动保障信息系统的意见》，开展建设金保工程的前期可行性研究工作，为建设具备业务经办、公共服务、基金监管和宏观决策4项功能的劳动保障信息系统做准备。

### （三）企业离退休人员社会化管理服务

1991年，福建省企业离退休人员由原企业进行管理服务。随着国有企业改革深入，一些企业破产兼并重组，企业离退休人员处于无人管理的状态。

2000年，福建省开展企业离退休人员社会化管理服务试点工作。南平市在总结延平区试点经验的基础上，进一步完善试点内容，已有1.2万名企业离退休人员纳入街道社区社会化管理服务。厦门市、三明永安市政府出台全面推进企业离退休人员社会化管理服务方案，在市、区、街道设立管理机构，配备专职人员，为全省进一步推进企业离退休人员社会化管理服务工作提供经验。

2001年，根据省委、省政府《福建省城市社区建设纲要》，各地抓紧建立街道、乡镇就业和社会保障机构，承担企业退休人员的社会化管理和服务工作，退休人员管理服务社会化工作取得进展，厦门市、南平市、三明市等市的35个县（区）开展试点，纳入社区管理的退休人员8.1万多人。

2002年11月，省政府下发《福建省人民政府关于推进企业退休人员社会化管理服务工作的通知》，企业退休人员社会化管理服务工作从试点进入全面推行的阶段。全省已有66个街道建立劳动保障服务机构，有473个社区建立劳动保障服务平台，全省已实行社会化管理服务的退休人员达15.38万人。

2003年，全省实行社会化管理服务的企业退休人员达55.18万人，社会化管理服务率达到86.6%，福州市、厦门市、永安市、延平区实现劳动和社会保障部及省政府提出的企业退休人员社会化管理服务率100%的工作目标。

2005年，福建全省130个街道全部建立劳动保障事务所，77.6%的社区建立劳动保障工作站，全省纳入社会化管理服务的企业退休人员达67.2万人，社会化管理率为95.8%。

## 第二节 机关事业养老保险

### 一、制度建设

1992年5月，根据国务院下发的《关于企业职工养老保险制度改革的决定》，省长办公会议决定按国务院对社保工作分工意见，确定由省人事局负责机关事业单位养老保险工作。1994年1月，省政府印发《福建省机关事业单位工作人员退休养老保险暂行规定》，各市、县（区）普遍建立机关事业单位工作人员退休养老保险制度。

1996年，全省机关事业单位养老保险业务、财务管理制度全面建立，机关事业单位社会保险业务、财务管理得到规范和完善。1998年，全省规范养老保险业务办理程序，实行新的会计制度，凭证、报表、账簿统一，严格管理，确保基金安全可靠和保值增值。

2000年，根据省级政府机构改革方案，机关事业单位养老保险职能由省人事厅管理划转为由新组建的省劳动和社会保障厅管理，划转交接工作平稳顺利。同年，建立机关事业单位社会保险档案管理制度，规范档案管理，实现档案管理制度化。

2001年4月，省劳动和社会保障厅发文，进一步完善养老保险费征缴机制，按照养老保险费由国家、单位和个人共同合理负担的原则，合理确定统筹范围内的缴费比例，结合当地实际，提高个人缴费比例，逐步与企业职工的个人缴费比例相衔接，规范养老保险费征缴基数和方式，建立和完善体现机关事业单位特点的征缴机制。

11月，省政府办公厅出台《关于省政府专业经济管理部门转制后职工养老保险问题的补充通知》，明确2000年3月底以前已在省机关事业社会保险局参保的煤炭、冶金、建材等3个集团公司人员，继续维持原参保办法不变；尚未参保的物资、轻纺、机械、化工、国防工办、贸易等6个专业经济管理部门的人员也按机关事业单位养老保险办法执行；省政府9个专业经济管理部门（总公司）于2000年3月底以前已离休和符合政策规定条件办理提前退休（含离岗待退）的人员，其离退休费用由省财政负担；从2000年4月1日起9个专业经济管理部门（总公司）新招收录用和其他单位调入省政府专业经济管理部门（总公司）的人员，均按企业职工养老保险制度执行。

2002年4月，省劳动和社会保障厅出台《关于省政府专业经济管理部门转制后职工养老保险有关问题的处理意见》(以下简称《意见》)，确保省政府9个专业经济管理部门（总公司）转企后职工养老保险关系的衔接和平稳过渡。《意见》规定，尚未办理参加机关事业单位养老保险的省物资、轻纺、机械、化工、国防工办、贸易等6个专业经济管理部门（总公司），于月底前到福建省机关事业社会保险局办理职工养老保险参保手续，按福建省机关事业单位养老保险有关规定办理；省政府9个专业经济管理部门（总公司）2000年3月底以前在编职工仍执行机关事业单位养老保险政策；2000年4月1日起新进人员（含从其他机关事业单位调入人员）均执行企业职工基本养老保险制度；省政府9个专业经济管理部门（总公司）2000年3月底以前符合政策规定的提前退休条件（即男满55周岁、女年满50周岁且工作年限满20年；或工作年限满30年的人员)，经批准可延期办理退休手续的人员，于2002年6月底以前办理退休手续。办退后其离退休费用与2000年3月底以前已离休、退休（含离岗待退）人员的离退休费用一并由省财政负担；新参加机关事业单位养老保险的单位应按规定补缴养老保险费，2000年3月以前属行政机关、全额拨款事业单位的工作人员（不含聘用制干部、合同制工人)，其转制前符合国家规定的连续工龄可视同缴费年限，不再补缴。

同年6月10日，省长习近平主持召开省长办公会议，决定省直机关事业单位取消“双基数”，调整机关事业单位工作人员个人缴费比例后仍出现的基金缺口由省财政负责解决。7月，省政府办公厅印发《关于省直机关事业单位工作人员养老保险有关问题的通知》，规定从2002年7月1日起，凡参加省直机关事业单位养老保险的工作人员，个人缴纳养老保险费的比例由本人工资总额的2%调至7%，2004年7月1日起提高到8%，个人缴纳的养老保险费全部计入个人账户。离退休人员的养老金不再作为缴纳养老保险费的基数，不再执行由省机关事业社会保险局与单位商定负担养老金的过渡办法。为保持干部职工队伍的稳定及其养老保险办法的平稳过渡，对原已参加省直机关事业单位养老保险的机关事业单位成建制转为企业的，其新增人员执行企业职工基本养老保险制度，继续由福建省机关事业社会保险局经办；单位自愿转向社会劳动保险经办机构参保的，其在职职工和离退休人员的养老保险关系按规定一并转移至社会劳动保险经办机构。其他事业单位的养老保险仍按国家和省现行规定执行。凡在福建省机关社保局参保并执行企业职工基本养老保险制度，从2002年7月1日起办理退休手续的工作人员，其退休时的养老金按企业退休人员养老金办法计发并按月加发补贴费。具体补贴标准按劳动和社会保障部、财政部、人事部、中编办《关于职工在机关事业单位与企业之间流动时社会保险关系处理意见的通知》规定执行。补贴所需资金从机关社保统筹基金中支付。从2002年1月1日起参加省直机关事业单位养老保险的工作人员，退休时连续工龄满10年但按机关事业单位工资标准，实际缴费年限不足10年的，应补足10年养老保险费。同年8月，省劳动和社会保障厅、省财政厅出台《关于贯彻〈福建省人民政府办公厅关于省直机关事业单位工作人员养老保险有关问题的通知〉的实施意见》，就缴费基数和个人缴费比例调整、养老保险费补缴、一次性生活补贴费计发、养老保险关系和基金转移、中断缴费期间核减养老金、提前退休审批、出生年月认定、执行企业职工基本养老保险制度及改制补贴、养老保险费缓缴、清偿预留和个人账户计息等问题做出规定。10月，福建省机关事业社会保险局通过商业银行公开招标办法，筹集资金550万元用于建立省直机关事业单位社会保险计算机信息系统。

2003年，省劳动和社会保障厅为解决参加社会养老保险职工流动转移时有关养老保险关系问题，出台《关于职工流动有关基本养老保险关系转移问题的通知》，就参保职工在机关事业单位之间流动以及机关事业单位与企业单位之间流动人员做出规定。由机关事业单位流动到企业，以及在机关社保跨统筹地区之间流动的参保人员，其养老保险基金的转移，按劳动和社会保障部《关于严格执行职工基本养老保险个人账户转移政策的通知》执行。基金转移标准为1996年1月至1997年12月底的个人缴费部分的累计本息，加上自1998年1月1日起按职工个人缴费工资11%计算的缴费额本息。由机关事业单位流动到企业单位工作的人员，凡于1995年底以前参加工作的，由企业所在地社会劳动保险经办机构按企业职工个人账户建立的有关规定，补建自1996年1月起的个人账户。其中，1996年1月至1997年12月的个人账户，以转移当地上一年度企业职工月平均缴费工资基数的11%建立；1998年1月1日起的个人账户，以其相应年度实际转入额建立。1996年以后参加工作的人员，由企业所在地社会劳动保险经办机构从其参加工作之日起按规定为其建立个人账户。同年，贯彻劳动和社会保障部《社会保险稽核办法》，省机关事业社会保险局成立核查科，建立日常稽核、重点稽核、举报稽核相结合的核查制度，形成以劳动部门为主，财政监督、审计监督和法律监督的基金管理监管体系。全省机关事业社保经办机构实行会计核算工作统一电算化。

2004年，省政府出台《关于深化产权制度改革大力发展混合所有制经济的若干意见（试行）》，提出原已参加机关事业养老保险的改制事业单位，已按机关事业单位工资标准缴纳养老保险费的人员，经机关事业社保经办机构认定，可选择继续执行机关事业养老保险制度，也可自愿改为执行企业基本养老保险制度，并继续由原社保经办机构办理，对改革前在机关事业单位社保机构缴费的年限，由社保经办机构实行一次性补贴的意见。同年7月，省劳动和社会保障厅印发《关于省直机关事业单位养老保险有关问题处理意见的通知》，对涉及养老保险费补缴、养老保险待遇审核、缴费单位无力调资及缓缴申请、执行企业职工基本养老保险制度和非在编人员参保等问题进行再明确。同时，省劳动和社会保障厅又印发《关于机关事业单位参保人员自谋职业后养老保险关系接续处理意见的通知》，促进福建省事业单位改制转企工作开展，确保已参加机关事业单位养老保险人员在与单位解除劳动关系后顺利接续养老保险关系。8月，省劳动和社会保障厅印发《关于省直机关事业单位养老保险有关问题的补充通知》，规定省直机关事业单位参保人员申报养老保险费的月缴费基数为本人当月工资总额。参保人员申报的缴费基数不得低于《工资基金管理手册》所核定的本人档案工资，高于本省（不含厦门市）上一年职工月平均工资300%以上部分缴纳的养老保险费，其中70%记入参保人员个人账户，30%进入统筹基金。从2002年7月1日起，机关事业单位凡按规定的缴费工资（含提租补贴）缴纳养老保险费的，其离退休人员的提租补贴费列入统筹支付项目。改为执行企业职工基本养老保险制度的参保人员，其一次性补贴费的计发比例，在按省劳动和社会保障厅、省财政厅文件规定的基础上，再予以加发0.6个百分点，即调整后的补贴费标准为：改制时本人上一年度月平均缴费工资×缴费年限×0.9%×120，退休时连同今后建立的个人账户储存额合并除以120，按月发放。执行机关事业单位养老保险制度的参保人员，于2002年7月1日以后退休的，其退休时在按国家和省现行有关规定的退休待遇基础上，按月加发个人账户养老金，直至个人账户储存额发完为止。月个人账户养老金的计发标准为退休时本人个人账户储存额除以180。12月，福建省机关事业社会保险局开设个人缴费窗口，为已参加机关事业单位养老保险的人员在解除人事劳动关系后接续养老保险关系，同时中国海峡人才市场及福建省职业介绍中心新增档案寄存人员的养老保险业务，统一由福建省机关事业社保局个人缴费科办理。

2005年，福建省机关事业单位养老保险按照“严进宽出”的原则，实行“老人老制度、新人新办法”“一保两制”“两条通道”等政策，为机关事业单位的改革改制、人员分流安置后养老保险关系的接续提供支持和保障。

## 二、基金征收

1994年，省政府下发《关于印发〈福建省机关事业单位工作人员退休养老保险暂行规定〉的通知》，全省机关事业单位工作人员退休养老保险费按照“以支定筹，略有节余”的原则进行筹集，其中单位缴纳的基本养老保险费按单位全部在册人员工资总额25%以内的比例，个人缴纳的基本养老保险费按本人工资总额的2%的比例，按月向机关社保经办机构缴纳。逾期缴纳养老保险费的，按应缴费额日征收5‰的滞纳金。当年，全省参保单位有1.03万个，参保职工20.26万人，收缴养老保险费1.25亿元。

1996年，福建省各地推进机关事业单位养老保险制度改革，全省参保单位1.45万个，参保职工46.52万人，收缴养老保险费5.61亿元，比1995年分别增加16.3%和17.3%；养老保险基金结余1.4亿元，比1995年同期增长46.6%。全省有24个县（市、区）实行机关事业单位全员参保。

1997年，全省所有机关事业单位养老保险经办机构均开展机关事业单位养老保险业务，36个县（市、区）实行全员参保。参保单位1.58万个，参保职工52.34万人，其中在职43.99万人。全年收缴养老保险费7.35亿元，当年养老保险基金结余1.45亿元，比上年度增加4400万元，养老保险基金历年滚存结余4.2亿元。

1999年底，省机关事业社会保险局直接经办的省直参保单位970个，参保职工5.44万人，在职人员4.33万人，其中在职4.33万人，全年收取养老保险费1.34亿元，当年养老保险基金结余0.3亿元，历年滚存结余养老保险基金0.94亿元。

2001年2月，省劳动和社会保障厅、省财政厅下发《关于机关事业单位养老保险缴费基数及养老金支付项目调整有关问题的通知》，将机关事业单位养老保险缴费工资项目调整为职务（或等级）工资、级别工资（或津贴）、基础工资、工龄（或教护龄）津贴、岗位津贴、职务津贴、地区补贴、考勤奖、其他列入工资基金管理的补贴项目。当年，全省参保单位有1.72万个，参保职工51.16万人，收缴养老保险费17.84亿元，其中，参保的省直机关事业单位有979个，在职人员42855人，当年收缴养老保险费2.47亿元，支付养老金2.3亿元。

2004年，省劳动和社会保障厅下发《关于省直机关事业单位养老保险有关问题处理意见的通知》等3个政策性文件，对省直机关事业单位养老保险基金征收问题作进一步明确规定。文件规定参保人员申报的缴费基数高于全省（不含厦门市）上一年职工月平均工资3倍以上的部分所缴纳的养老保险费，其中70%记入个人账户，30%记入统筹基金。参保人员可以提前办理补缴，并将补缴比例明确为：补缴2002年6月底以前养老保险费的单位和个人缴费比例分别按25%和2%缴纳；补缴2002年7月1日至2004年6月底期间养老保险的，分别25%和7%缴纳；补缴2004年7月1日以后的分别按25%和8%缴纳。全省强化基金征收工作力度，采取自查和抽查相结合的方式开展核查工作，当期基金核查面达到20%以上，有效提高基金的收缴率。当年，全省参保单位有1.9万个，参保职工54.11万人，收缴养老保险费27.06亿元，当期结余2.59亿元，历年累计结余16.51亿元，其中参保的省直机关事业单位有1219家，参保的在职人员4.51万名，征收养老保险基金2.8亿元，历年结余2.86亿元。

2005年，全省参加机关事业养老保险的参保职工70.16万人，其中在职53.51万人，共征收基金29.68亿元，基金结余2.22亿元，累计结余18.68亿元，其中省本级累计结余2.8亿元。

## 三、养老待遇

1994年1月，省政府印发《福建省机关事业单位工作人员退休养老保险暂行规定》，参加机关事业单位养老保险的国家干部、固定职工，按国家有关规定办理退（离）休手续后，其基本养老金的给付与国家文件规定的退休费计发标准相衔接（工作年限满35年的，按本人退休前规则在职工资的90%计发；工作年限满30年不满35年的，按85%计发；工作年限满20年不满30年的，按80%计发；工作年限满10年不满20年的，按70%计发），给付项目为：退休费、退休补助费、生活补贴费、副食品价格补贴、粮油价格补贴；死亡丧葬费。基本养老金由机关社保经办机构按月拨给单位，由单位发给个人。

2001年2月，省劳动和社会保障厅、省财政厅出台《关于机关事业单位养老保险缴费基数及养老金支付项目调整有关问题的通知》，对省直机关事业单位养老金支付项目进行调整。养老金支付项目调整为：基本离退休（退职）费、生活补助费、生活补贴费、地区补贴、地区生活津贴。未列入上述养老金支付范围的其他项目，离休人员的护理费、交通费、每年增发1—2个月的生活补贴费以及离退休人员的高龄补贴费、归侨补贴费等，由单位按原经费来源渠道发放。养老金支付项目的调整执行时间以文件所规定的时间为准。从2001年1月1日起，参加机关事业单位养老保险统筹的在职工作人员缴费期间死亡的，死亡丧葬费由单位按规定标准支付，其个人缴费累计本息一次性退还其法定继承人。离退休（退职）人员的死亡丧葬费由机关社保机构按规定标准支付。6月，省劳动和社会保障厅、省财政厅出台《关于提高参保机关事业单位养老金支付标准的通知》，从2001年1月1日起，纳入机关事业单位养老保险统筹的机关事业单位离退休（退职）人员，按文件规定增加的离退休、退职费列入“基本离退休、退职费”项目，由机关事业单位养老保险统筹基金支付。参保的机关事业单位在职人员调整工资标准增加的部分，同时列入养老保险缴费基数。参保单位职工调整工资增加的部分没有按规定列入缴费基数缴纳基本养老保险费的，增加的退休、退职费由单位自行解决。但对离休干部、1949年10月1日前参加革命工作并按原国家劳动人事部《关于建国前参加工作的老工人退休待遇的通知》规定享受100%退休费的退休人员以及“5·12”退休干部增加的离退休费，由机关事业社保经办机构负责支付；没有参加社会养老保险统筹的，由原资金渠道解决。

2002年1月，省劳动和社会保障厅、省财政厅出台《关于纳入机关事业单位养老保险统筹的离退休人员增加养老金的通知》，规定2001年9月30日以前纳入机关事业单位养老保险统筹的离退休（退职）人员，从2001年10月1日起增加养老金。对在职人员已按省劳动和社会保障厅、省财政厅《关于机关事业单位养老保险缴费基数及养老金支付项目调整有关问题的通知》和《关于提高参保机关事业单位养老金支付标准的通知》的规定调整缴费基数，并按此次调整工资标准后的基数交纳养老保险费的，其退休人员增加的养老金，由机关社保机构按规定标准从统筹基金中支付；单位在2002年3月底以前，没有按上述规定调整缴费基数的，此次及此前增加的养老金由单位自行解决。

2003年，省劳动和社会保障厅出台《关于参加省直机关事业单位养老保险统筹的离退休人员增加养老金的通知》，2003年6月底前参加省直机关事业单位养老保险统筹的离退休人员，从2003年7月1日起按制定的标准增加养老金，并由省机关事业单位养老保险统筹基金支付。2003年7月1日至2003年12月31日期间参加机关事业单位养老保险统筹的离退休人员，按规定增加的养老金纳入统筹前由单位负责支付，纳入统筹后由省机关事业单位养老保险统筹基金支付。符合省政府文件规定，经有关部门批准提前退休，但未达到国家法定退休年龄的人员，提前退休期间按规定增加的养老金由单位负责支付。在福建省机关事业社会保险局参保，执行城镇企业职工基本养老保险制度的退休人员，此次增加养老金按福州市本级企业职工养老金调整标准执行。凡执行机关事业单位工资制度的在职人员应按规定调整档案工资，并按调整后的档案工资为基数（工资总额高于档案工资的，应按工资总额为基数，下同）缴纳养老保险费。按调整后的档案工资正常缴费的单位，退休（职）人员增加的养老金，由福建省机关事业单位养老保险统筹基金支付；没有按调整后的档案工资正常缴费的，由单位自行解决。比照机关办法套改确定离休费的事业单位离休干部和机关事业单位1949

年10月1日前参加革命工作并按原国家劳动人事部文件规定享受100%退休费的退休人员以及“5·12”退休干部增加的养老金，由原单位直接向福建省机关事业社会保险局申报，经核准后从福建省机关事业单位养老保险统筹基金支付。2005年，全省机关事业单位养老保险统筹的离退休人员养老金未作调整，仍执行2003年的标准。

表6-4　**1994—2005年福建省机关事业单位养老保险支付情况表**

单位：万人、亿元

| 年份 | 离退休人员数 | 支付养老金数 | 年份 | 离退休人员数 | 支付养老金数 |
|---|---|---|---|---|---|
| 1994 | 3.15 | 0.38 | 2000 | 12.8 | 14.26 |
| 1995 | 6.61 | 2.86 | 2001 | 12.18 | 16.37 |
| 1996 | 7.28 | 4.15 | 2002 | 13.63 | 19.48 |
| 1997 | 8.34 | 6.07 | 2003 | 14.77 | 20.55 |
| 1998 | 10.53 | 10.14 | 2004 | 16.16 | 24.48 |
| 1999 | 11.75 | 11.37 | 2005 | 16.65 | 27.46 |

## 第三节　农村社会养老保险

### 一、组织实施

1991年，福建省开始启动农村社会养老保险试点工作。8月，民政部批准漳州市芗城区、东山县为农村社会保险试点县（区）。12月，民政部又批准沙县、龙海、长泰、福清、长乐、泰宁、集美、同安8个县（市、区）开展农村社会养老保险试点。

1992年1月，民政部印发《县级农村社会养老保险基本方案（试行）》。4月，福建省召开全省农村社会养老保险工作会议，总结推广第一批试点工作的经验，部署扩大试点工作。经过半年时间，全省启动的县增加到26个，试点村扩展至1600多个，全省入保农民逾6万人。10月，成立福建省农村社会保险公司，为省民政厅直属正处级自收自支企业化管理事业机构，编制20名。同年，省编制委员会核定地（市）、县（市、区）农保机构编制：地（市）4—5人；县（市、区）3人；乡镇1人。12月，省政府下发《福建省人民政府关于加快建立农村社会养老保险制度的通知》，全省农村社会养老保险工作开始全面启动。

1993年，福建省农村社保工作稳步发展，其中南安市名列全省之首，平潭、长乐、集美、湖里、龙海、建阳、武夷山、连城、平和等县（市、区）都取得突出成绩，走在全省前列，涌现15个先进单位和28名先进个人。6月，省民政厅、省军区司令部、政治部转发民政部、总参谋部、总政治部《关于农村籍义务兵等优抚对象参加农村社会养老保险的通知》，在农村籍义务兵等优抚对象中开展农村社会养老保险。12月，省民政厅出台文件，公布农村老年农民（50周岁以上）、农村少年儿童、农村残疾人、农村计生对象社会养老保险暂行办法，将上述特定对象纳入农村社会养老保险参保范围。当年全省农村社会养老保险系统省、地（市）、县、乡、村5级工作网络基本形成。全省各级成立农村社会养老保险领导小组831个，农村社会养老保险机构635个，乡镇以上专职人员899名，村代办员4888人。农村社会养老保险启动县71个，乡镇720个，村4829个，参保农民达到120万人。

1994年2月，省民政厅、省教育委员会出台《关于在福建省推行农村幼儿教师社会养老保险的通知》，决定在全省范围内实行农村幼儿教师社会养老保险。保险费的缴纳本着集体、个人共同负担的原则，采取按月缴或趸交。所交的保险费由各幼儿园（班）或乡（镇）教委（文教办、学区）统一组织交付当地农村社会保险经办机构。保险费的来源包括乡（镇）、村财收入，乡（镇）、村多渠道筹措教育基金，幼儿园（班）收费和个人交纳4部分。集体补助部分，由各地根据财力自定比例，个人交纳部分一般占保险费的20%。已经参加农村社会养老保险的，保险对象可继续维持原险，也可再参加农村幼儿教师社会养老保险。3月，省民政厅与省委组织部联合下发《福建省村干部实行社会养老保险的通知》。5月，省民政厅与省乡镇企业局联合下发《福建省乡镇企业职工实行社会养老保险的通知》，扩大了农村社会养老保险的覆盖范围。同年，在《福建日报》开辟农村社会养老保险专栏，刊登77篇稿件。中央电视台到福建省拍摄农村社会养老保险专题片并在一套节目《与你同行》中播放。新华社《瞭望》杂志副主任陈四益来福建省调研，发表《要不要，好不好，早不早》文章；7月，新华社《国内动态清样》发表《福建省开展农村社会养老保险需要解决的几个问题》，国务委员李贵鲜、民政部部长多吉才让作了批示。当年，全省启动农村社会养老保险的县（市、区）73个、乡镇891个，村委会8944个。全省成立各级农村社会养老保险领导小组831个，建立各级保险机构940个。配备乡镇以上专兼职人员942名、村代办员4888人，形成省、地（市）、县（市、区）、乡镇、村5级工作网络。参保农民达100多万人。

1995年，省政府办公厅转发民政部《关于进一步做好农村社会养老保险工作的通知》，对农村社会养老保险工作提出要求。全年新增参保人数26.26万人，农村籍义务兵、民办幼儿教师、乡镇企业职工、村干部4类保险对象新增参保人数2.96万人，缴保费1913万元。全省有4034个农民领取养老金，领取总额105.3万元。

1996年5月，省委组织部、省民政厅联合下发《关于进一步组织村干部参加农村社会养老保险的通知》，省计生委、计生协、省民政厅联合下发《关于在全省联合开展农村计划生育养老保险工作的通知》，各地组织村干部、农村计生对象参加农村社会养老保险。当年新增25.6万农民参保，历年累计参保农民125.16万人。

1997年8月，省民政厅出台《福建农村社会养老保险基本方案（试行）》，实行农村务农、务工、经商等各类人员社会养老保险一体化的管理办法。参加保险对象包括所有非城镇家口，且不由国家供应商品粮的农村人口。养老保险费的筹集以“个人缴费为主，集体补助为辅，国家予以政策扶持”。缴费主体为个人，集体补助的比例和数额不做统一规定，由村或乡镇企业根据自身的经济状况自行确定，国家财政不出资金用于农村社会养老保险，但在税收及保险金增值方面给予优惠，并从组织上、政策上予以支持。同时建立个人账户，储备积累，按个人账户积累总额确定发放标准，个人缴费和集体补助均记在个人名下。缴纳保险费的起始年龄一般定在20岁，保险费的缴纳方式分为定期缴纳和趸缴；缴费标准实行多档次，农民根据自身的经济状况自行选择确定、灵活掌握。省民政厅出台《关于印发〈福建省农村义务兵社会保险暂行办法（修订）〉的通知》《关于印发〈福建省农村少年儿童社会养老保险暂行办法（修订）〉的通知》《关于印发〈福建省老年农民社会养老保险暂行办法（修订）〉的通知》《关于印发〈福建省残疾人社会养老保险暂行办法（修订）〉的通知》。制定出台《福建省农村社会养老保险稽核办法（试行）》。厦门市政府出台《厦门市农村社会养老保险暂行办法》，在福建省率先进行农村社会养老保险地方立法。10月，在烟台市举办的全国农村社会养老保险管理工作现场经验交流会上，三明市民政局、厦门市湖里区民政局、莆田市涵江区农村社会保险公司、福清市农村社会保险公司被评为先进单位，全省有8人被评为先进个人。当年，全省有农村社会养老保险领导小组831个，成立省、地市、县、乡农村社会保险事业经办机构1044个，共有专职人员806人，兼职人员938人，村代办员4468人，形成省、地（市）、县（市、区）、乡（镇）、村5级工作网络。

1998年8月，福建省规定全省农村社会养老保险自8月5日起停止办理村干部丧葬金保险，并下发《福建省农村社会保险公司关于停业办理村干部丧葬金保险的通知》。

1999年5月，根据国务院机构改革方案，福建省农村社会养老保险工作由民政部门管理改为劳动部门管理。农村社会养老保险工作从6月起，省一级机构业务由民政部门归口劳动部门管理。业务归口劳动部门管理后，各级农村社会保险机构做到工作不断、队伍不散、档案不丢、基金和国有资产不流失。

2000年7月，贯彻劳动和社会保障部《关于做好当前农村社会养老保险工作的紧急通知》，成立福建省整顿和规范农村社会养老保险工作领导小组，指导全省统一开展农村社会养老保险整顿规范工作。全省农村社会养老保险进入整顿规范时期。当年，全省收取续保保费2667万元，基金总额积累68000万元；累计参保农民158.9万人，累计领取养老金人数达6850人，发放养老金195万元。

2001年，福建省农村养老保险工作以搞好整顿规范为核心，以强化基础工作为重点，实现基金管理安全、增值。相继出台农村社会养老保险基金调拨、“收支两条线”、备用金使用等制度，加强农村社会养老保险基金的规范管理。全省参保农民152万人，当年实现保费收入2000万元，历年累积基金7亿元，当年为参保的9000名到龄老人支出养老金212.19万元。

2002年1月，福建省农村养老保险工作按照“理顺体制、稳定队伍、管好基金、搞好调研、做好整顿规范”的要求，省劳动和社会保障厅出台《贯彻执行劳动保障部办公厅关于调整农村社会养老保险会计制度（试行）部分内容的通知》《关于进一步规范农村社会养老保险金领取审批表有关问题的通知》《关于严格执行农保基金收支两条线和备用金管理制度的通知》，加强养老金发放工作的监督机制。当年，全省参保农民154.6万人，占全省农业人口的5.9%；历年收取保费5.7亿元，　累计发放养老金1140余万元，基金滚存积累7.4亿元。

2003年，根据国务院印发《中国21世纪初可持续发展行动纲要》中提出的“在有条件的地区探索建立农村养老、医疗保险和最低生活保障制度”的精神，探索全省农村社会养老保险制度的改革创新。当年，全省参保农民155.7万人，养老保险金收入5576.49万元，基金累计结余8.00亿元；领取养老金人数1.22万人，支出养老金1058.72万元。

2004年，省委、省政府下发《关于创新农村工作机制的若干意见》，明确要求“在农村城镇化进程较快和有条件的地方探索建立农村社会养老保险制度，制定被征地农民、进城务工经商农民、小城镇农转非人员和农村计划生育家庭的养老保险办法，完善养老保险基本制度和配套政策，稳步推进农村社会养老保险工作”。省劳动和社会保障厅发出《关于农村社会养老保险课题研究和对农村基本养老保险原方案改革完善情况的通报》，并随文下发了《福建省农村基本养老保险试行办法（讨论稿）》和《福建省被征地农民基本养老保险试行办法（讨论稿）》，提出农村社会养老保险的创新模式和管理办法。当年，全省农村养老保险参保人数158.28万人，1.47万人领取养老金，累计结余基金8.51亿元。各地利用银行网络，推进农村社会养老保险金社会化发放工作，三明市基本上实现养老金社会化发放，福州、漳州、莆田、龙岩等市养老金社会化发放工作也有所进展。

2005年，福建省三明市梅列区、宁德市福鼎市、龙岩市新罗区、莆田市涵江区、莆田市城厢区政府先后开展农村基本养老保险试点工作。省劳动和社会保障厅印发《福建省农村进城灵活就业人员办理农村养老保险服务窗口业务管理暂行办法》，规定农村进城灵活就业人员，到各（县）区劳动保障部门下属的农村社会保险经办机构办理农村社会养老保险，在正规部门就业的人员，单位按10%费率为其缴纳养老保险费，个人按8%费率缴纳养老保险费，非正规部门就业的人员，雇主应按10%费率为其缴纳养老保险费，个人按8%费率缴纳养老保险费，其他方式灵活就业的人员按18%费率自行缴纳养老保险费。6月，福建省劳动和社会保障厅下发通知，在以劳务派遣形式就业的农民工中开展参加农村养老保险试点。

## 二、基金征缴与存储

### （一）基金征缴

1992年，福建省农村社会保险试点县（区）征缴保费963.77万元。1993年，全省征缴保费4605万元。12月，全国部分省市农村社会养老保险基金管理工作座谈会在福州市召开，福建省在大会上作了经验交流。到1994年，全省累计征缴保费12256万元。已有3003人开始按月领取养老金。

1995 年，福建省首次完成农村社会养老保险费收取任务，全年收取 8965 万元。历年累计参保人数达 126.72 万人，收取保费 19971 万元，两项指标年均递增分别在 25%和 50%以上。加上增值部分，全省农村社保基金的积累总额达 22600 万元。在 9 个地（市）中，保费积累额在 3000 万元以上的已有 4 个，其他均在 1000 万元以上；保费积累额在 300 万元以上初具规模的县（市、区）达 18 个，占已开展此项工作的 73 个县（市、区）的 24.6%。全省有 4034 个农民领取养老金，领取总额为 105.3 万元。

1996 年，全省农村社会养老保险费收取 10923 万元，比 1995 年增收 1958 万元，增长 21.8%。其中南平、三明、厦门、龙岩、宁德 5 个地（市），长乐、鲤城、龙海等 49 个县（市、区）完成计划任务；收取保费比上年增长 1 倍以上的县有 11 个，其中鲤城区、芗城区、松溪县、东山县、政和县增长 2 倍以上。历年累计参保农民 125.16 万人，积累保费 3.43 亿元，名列全国第七位。其中，积累保费 1000 万元以上的县有 8 个；800 万元—1000 万元的县有 4 个；500 万元—800 万元的县有 8 个；总计占开展农保工作县的 25%。南平市历年积累保费 5382 万元，是积累保费最多的地区；南安市历年积累保费 2755 万元，是收取保费最多的县市。全省农村领取养老金的农民 1497 人，全年发放养老金 117.05 万元。同年，福建省对农村社会养老保险基金增值收益率做了两次调整。第一次由年复利 16%调整为 15.46%；第二次由 15.46%调整为 15.063%，给付标准年复利 12%不变。

1997 年，全省实现收取农村社会养老保险费 8299.7 万元，保险基金积累额达 4.8 亿元；历年累计参保人数 141.3 万人，3212 人领取养老金，累计领取金额 733.2 万元。同年，福建省调整农村社会养老保险责任金核算标准，由年复利 12%调整为 8.8%，农村社会养老保险基金由存储银行增值转为主要存储福建省财政专户增值。

1998 年，全省新增入保人数 11 万，保费收入 5637 万元。保险基金积累额达 5.8 亿元，实现安全增值，保障各级农村社会保险机构运转的经费。同年，福建省农村社会养老保险先后两次调整基金增值收益率，分别为由年复利 8.8%调整为 6.8%，再由年复利 6.8%调整为 5%，同时退保计息标准由年复利 5.6%调整为 4.7%。

1999 年 11 月，根据劳动和社会保障部《关于调整农村养老保险个人账户计息标准的通知》，省劳动厅出台《关于调整农村养老保险基金增值收益率的通知》，农村养老保险个人账户计息标准由年复利 5%调整为年复利 2.5%，全省各级经办机构存储于福建省农村社会保险专户的基金收益率也作相应调整，各级经办机构存储在福建省农村社会保险基金专户的基金月收益率由 6.2‰调整为 4.25‰，按季计算复利，年收益率为 5.2%。其中 2.7%部分滚入基金增值；2.5%部分解决管理费不足，按季提取并下拨。

2000 年，福建省在全国保险业整顿规范期间，抓好基金征缴工作，当年收取续保保费 2800.87 万元。2001 年，妥善做好义务兵、村干部、计生对象等人员的续保工作，避免不规范的退保现象，当年全省实现保费收入 0.54 亿元，历年累积基金 7.21 亿元。

2003 年，福建省农保工作在规范整顿的基础上，探索小康村、富裕村、城乡接合部及进城务工经商农民、失地农民和小城镇农转非人员的参保和制度建设，加强村干部、义务兵、计生对象的续保工作。当年，全省保费收入0.56亿元，基金累计结余8.05亿元。

2005年，全省共收取农村养老保险保费0.67亿元，保费收取绝对值较多的有厦门、漳州、三明等，分别为665万元、359万元和326万元。全年共有152.3万农民参保，积累基金9.04亿元。

表6-5　　1992—2005年全省农村社会养老保险费收取及基金结余情况表

单位：万元

| 年份 | 保费收入 | 基金结余 | 年份 | 保费收入 | 基金结余 |
|---|---|---|---|---|---|
| 1992 | 963.77 | — | 1999 | 4018 | 64131.89 |
| 1993 | 4605 | — | 2000 | 2800.87 | 67816.99 |
| 1994 | 4133.79 | — | 2001 | 5400 | 72139.81 |
| 1995 | 8965 | 22922.6 | 2002 | 5000 | 75935.94 |
| 1996 | 10923 | 35930 | 2003 | 5600 | 80492.72 |
| 1997 | 8299.7 | 48789 | 2004 | 6000 | 85110.97 |
| 1998 | 5637 | 58223 | 2005 | 6700 | 90458.18 |

注：1995年起基金结余含利息收入。

### （二）基金存储

1993年6月，省民政厅下发《关于加强农村社会养老保险财务管理的通知》，规定农村社会养老保险基金实行省级代管、县级核算。

1996年，经省民政厅批准，省农村社会保险公司与民政部农村社会保险管理中心签订农村社会养老保险基金委托管理协议。同年，省农村社会保险公司将农村社会养老保险基金2000万元汇入民政部农村社会保险管理中心。1997年又汇入民政部农村社会保险管理中心5000万元。

1997年6月，根据省财政厅要求，省民政厅召开厅长办公会研究同意将农村社会养老保险基金存入福建省财政专户。7月，省民政厅与省财政厅签订农村社会养老保险基金存储省财政专户协议，期限5年。协议签订后，省农村社会保险公司将存储在各个金融机构到期农保基金全部转存省财政厅指定开设在福建省华兴信托投资公司的福建省财政专户。

2002年6月，存储省财政厅的农村社会养老保险基金协议到期，省财政厅因省华兴信托投资公司的资金问题未如约如数返还基金。

2004年10月，厦门市劳动和社会保障局出台《厦门市农村社会养老保险基金管理运营管理暂行办法》。该办法在基金运营管理上有所创新，规定基金运营主要用于购买国家财政债券、金融债券，参加银行保值增值储蓄，参加市财政负责筹集偿还的信托凭证认购及期限为两年以下的财政性（市财政）投融资项目委托贷款。

2005年，福建省省级代管农村社会养老保险基金资产总额72438.95万元，其中代管80个县（市、区）基金70058.06万元，省级风险调剂金1857.28万元，基金暂收款（往来款）523.61万元，其中存储省财政专户64618.54万元、存储劳动和社会保障部社会保险中心3575.93万元。全省累计发放养老金2121万元。

## 三、规范管理

1992年，福建省在开展农村社会养老保险试点时，建立健全规章制度，完善业务管理，严格财务管理制度，确保基金安全增值。1992—1994年，省民政部门先后制发农村社会养老保险会计制度、财务管理、乡（镇）管理所账务处理暂行办法等10多个文件，统一了会计核算操作规程，并先后召开全省保险基金管理、会计统计汇编等专业会议，逐步完善了全省财务管理制度。

1995年，福建省农村社会保险系统开展农村社会养老保险业务、财务、档案工作大检查，并通报检查情况。同时在莆田市涵江区、莆田县黄石镇建立农保业务、财务、档案管理工作县、乡二级示范点。1996年4月，省农村社会保险公司发文组织检查组对9地市的24个县（市、区）、17个乡镇进行抽查，并通报了检查结果。5月，省民政厅在平和县召开全省农村社会保险工作现场会，总结推广平和县农村社会保险工作经验。

1997年9月，省民政厅下发《福建省农村社会保险稽核办法（试行）》。全省各地注重加强内部监督机制，严格执行财经纪律，规范操作，防范金融风险，收取的保费及时汇存省农村社会养老保险基金专户，没有出现直接投资、挪用、拆借、担保、抵押等不良现象。省级代管的存放各家金融机构和买国债的基金凡到期的全部按时足额返回，实现安全增值。同年，下发农社保编号、缴费阶段保费收缴、退保、保险关系转移、养老金给付、单证管理、业务档案管理、基金管理等28种管理文件，规范农村社会养老保险编号、保费收缴、退保、保险关系转移、养老金给付、会计工作、单证管理等基础管理制度。

1998年，省农村社会保险公司开展农村社会保险基金运营管理专项清理工作，就农村社会保险基金为非财政预算外资金向福建省清查财政预算外资金办公室做出说明。同时开展以农村社会保险基金管理为中心，以财务、经费清理为重点的内部审计工作，摸清基金管理情况和存在的问题，并对审计情况进行通报。省纪律检查委员会、省审计厅先后对福建省农村社会保险基金管理、运营进行专项检查和审计，全省农村社会保险基金管理、运营基本符合要求。同年，开展县级单位农保全程规范化管理试点工作，在顺昌召开现场观摩评议会，并将全程规范化管理试点推广至福清、长乐、泰宁、同安等12个县，当年11个县通过省农村社会保险公司达标验收。

1999年，省审计厅对全省农村社会保险机构移交前（1992年1月至1999年6月）的基金运营和经费使用情况进行审计，并先期完成对全省农村社会保险公司的审计。9月，省农村社会保险公司下发《关于严格农社保退保金、养老金等领取管理工作的补充通知》，完善报送、审核程序，减少领取管理工作中的正常理解偏差和计算错误。12月，省劳动厅出台《关于建立农村社会养老保险备用金支付管理制度的通知》，建立使用备用金支付保险金的管理制度，规范农村社会养老保险退保金、养老金等领取管理工作，执行保险费收入和保险金支出的“收支两条线”规定，简化支付保险金的申报拨付手续。

2000年，全省开展农保业务、财务、档案、基金检查及整改工作。同时严格基金管理，建立基金风险预警制度。完善保险金支出的审批程序，发挥地市级机构的监督指导职能，规范县级农村社保机构保险金支付工作。省社会保险监督委员在全省开展社会保险基金专项检查，并反馈检查意见。省审计厅组织对全省县级以上农村社会保险机构1998—1999年度基金、经费管理和使用情况进行审计，并反馈了审计意见。同年，省民政厅先后两次对拖欠基金的浦城、延平、永安、仙游、政和、南平等6单位发出催讨函。省农村社会保险公司按规范化管理要求开展二轮县级农保机构管理工作达标验收。东山、沙县、龙海、长泰等33个县（市、区）通过达标验收。

2001年5月，省政府办公厅下发文件，成立由省劳动和社会保障厅、省民政厅、省财政厅、省计划委员会、省体制改革委员会、省审计厅、省人民银行7个部门负责人为成员的福建省农村社会保险整顿规范工作领导小组。省劳动和社会保障厅向各市、县（区）劳动局下发《关于认真做好整顿规范期间农村社会养老保险有关工作的通知》，各地在完成农村社会保险机构移交工作同时，加强基金和财务管理工作。6月，省劳动和社会保障厅在全省开展农村社会保险调研检查工作，共调研检查9个设区市、66个县（市、区）、363个乡镇、391个行政村。在市县两级开展调研检查的同时，省农村社会保险公司派出9批人次赴9设区市的54个县、12个乡镇开展调研检查。收到42篇调研报告，77份检查表，省劳动和社会保障厅对调研检查情况进行通报。是年，省劳动和社会保障厅、省民政厅、省审计厅、省社会保险监督委员会联合向6家拖欠农村社会保险基金单位发出《关于归还农村养老保险基金的函》，敦促欠款单位还款。

2002年2月，福建省下发《关于严格执行农保基金收支两条线和备用金管理制度的通知》《关于进一步规范农村社会养老保险金领取审批表有关问题的通知》，加强养老金发放工作的监督管理。

2003年，福建省农村社会保险工作在规范整顿的基础上，对养老保险“空账”“倒算”和“不规范险种”进行清理。2004年，省劳动和社会保障厅下发《关于进一步规范农保基金收支管理的通知》。莆田、三明、宁德等市予以转发。

2005年4月，省劳动和社会保障厅印发《福建省农村社会养老保险参保及保费收缴操作规程（试行）》，制定农村社会养老保险参保及保费收缴、发放、退保操作规程、档案管理、单证管理5个管理办法。至2005年底收回6家拖欠农村社会保险基金单位农村养老保险基金464.5万元。

## 四、信息化建设

1998年，福建省农村养老保险个人账户软件由省农村社会保险公司与福建省实达系统集成有限公司联合开发成功，经组织培训后在12个县级单位试运行。农村社会养老保险管理工作开始由手工向电脑、传统向现代管理的飞跃。翌年全省9个地市、15个县（市、区）实现计算机管理。

2000年，省农村社会保险公司组织人员自行研发农村社会保险基金管理软件并获得成功。8月，在福州市举办计算机管理软件复训班，33名电脑操作员参加培训。2001年有30多个县级机构实现个人账户计算机管理。

2002年7月，省农村社会保险公司与福建省榕基软件开发公司签订软件开发合同，在农村社会养老保险单机版管理软件基础上，开发出农村社会养老保险网络版管理软件并在全省逐步推广。全省农村社会养老保险个人账户至此由单机版管理升级为网络版管理。

2004年5月，省劳动和社会保障厅下发《关于做好农村社会养老保险计算机网络化管理试点与推广工作的通知》，推进业务管理网络化，并在福州、莆田、南平市等33个单位开展试点工作。同时推进全省农村社会养老保险系统会计电算化和财务管理信息化，并在省级、9个设区市和部分县（市、区）试运行，33个县级试点单位中有25个单位基本完成历年数据录入工作，输入参保对象个人账户77万人，缴费明细记录17万条。

2005年，省农村社会保险公司下发《关于下发〈2005年业务网络化管理推广工作计划〉的通知》，向各设区市农村社会保险公司（中心）下发《关于推广农保财务电算化软件的通知》，由省农村社会保险公司统一购买福建华兴科技有限公司开发的网上财务集中核算监管系统CK300WEB农村社保专版，免费配备给各级农村社会保险经办机构，并在全省推广。同年7月，出台《计算机及网络安全管理暂行办法》，对网络安全责任的落实、信息发布、日常管理与安全管理、计算机病毒防治等，做出明确规定。8月，省劳动和社会保障厅下发《福建省农村社会养老保险业务财务网络管理试行办法》，对管理岗位职责、申报程序、档案管理、运行环境及网络安全管理做具体规定，为保障数据和网络安全，提高管理水平奠定基础。省农村社会保险公司向各市、县（区）农保公司（中心）下发《关于充分利用农保网络管理系统 加强信息交流工作的通知》，各地充分利用全省信息系统平台加强内部交流，并设置“农保动态”“政策文件”“文章推荐”等栏目。至11月，全省参保对象个人账户录入数达130.08万人，完成总任务数的85%，年底前完成90%以上，基本完成年初下达的90%以上参保人员录入任务。

# 第七章　失业保险

1991年，根据国务院规定，福建省在国营企业实行待业保险制度。其后，扩大待业保险实施范围，由原有单一的国营企业扩大到县（市、区）属以上的集体所有制企业、城市市区和县镇的股份制企业、外商投资企业。1995年，全省失业保险范围扩展到除私营企业外的全部职工。

1996年，福建省在机关事业单位试点实行失业保险制度。省政府贯彻国务院《失业保险条例》，将失业保险实施范围扩大到城镇企业事业单位及其职工、社会团体及其专职人员、民办非企业单位及其职工、有雇工的城镇个体工商家及其雇工。同时，发挥社会保险促进就业功能，失业人员在领取失业保险金期间，参加职业技能培训的，给予一次性的补贴，对招用失业人员的企业单位也给予一定的补贴。

2001年，福建省全面建立失业保险单位和个人缴费凭证制度，规范企业事业单位的缴费行为，完善失业保险金申领发放制度，保障失业人员失业期间的基本生活。2005年，全省参加失业保险人数266.59万人，8.61万人领取失业保险金。

## 第一节　失业保险基金征缴

1991年，福建省国营企业列入职工待业保险筹集单位1.22万家，比1990年增加181家，占应收单位的99.1%；参加统筹职工总数121.48万人，比1990年增加1.49万人。参加待业保险企业按本单位实行劳动合同制工人工资总额的1%缴纳待业保险基金，当年全省征缴待业保险基金1762.67万元，比1990年增长10.83%；基金收缴率99.9%。集体所有制企业纳入筹集单位340家，筹集基金348万元。

1992年5月，省政府批转省经济体制改革委员会、省劳动局、省财政厅联合制定的《福建省企业职工待业保险暂行规定》，对1986年省政府《关于贯彻〈国务院国营企业职工待业保险暂行规定〉实施细则》进行完善和提高，扩大实施范围，由原有单一的全民所有制企业扩大到县（市、区）属以上的集体所有制企业、城市市区和县镇的股份制企业、外商投资企业，增加“为实施政府调整产业结构方案原企业撤销而待安置的”和“全民、集体所有制企业实行优化劳动组合后经当地劳动部门核准、确属企业内部无法安置的”两种。7月初，省劳动局在福州召开全省职工待业保险工作会议，贯彻落实《福建省企业职工待业保险暂行规定》。会后，各地、市、县（区）迅速行动，狠抓落实。同时，根据《福建省企业职工待业保险暂行规定》，提高基金筹集比例，由企业按职工标准工资总额1%缴纳待业保险基金改为按企业职工工资总额的1%缴纳。引入个人缴费机制，职工个人按月工资总额的0.5%缴纳，并推行以地（市）为单位统筹，提高统筹层次。当年，全省参加统筹的企业1.09万家，其中国营企业0.93万家，集体企业0.12万家，股份制企业和外商、台商投资企业386家；参加统筹的职工总数124万多人，其中国营企业116万人，集体企业5.2万人，股份、外商、台商投资企业职工2.95万人。全省共征缴待业保险基金2723.28万元，比1991年增加54.5%。

1993年10月，省政府批转省体改委、省劳动局、省财政厅联合制定的《关于贯彻〈福建省企业职工待业保险暂行规定〉的补充意见》，进一步扩大实施对象，由原来的6种对象扩大到7种对象。至年末，全省列入筹集的单位1.15万家，其中全民0.96万家、集体0.13万家、股份制企业和外商投资企业0.06万家；参加统筹的职工总数128.68万人，其中全民职工118.25万人，集体职工6.56万人，股份、外商、台商职工3.87万人。

1995年，福建省失业保险范围由原来局限于国有企业职工扩展到除私营企业外的全部职工，同时还对停产企业中停工、待工职工的生活保障问题也做出规定。当年，全省有1.1万家企业、近138万名职工参加了失业保险，其中国有企业职工112.5万人，集体企业职工17.1万人，外商投资企业中方职工6.4万人，其他企业职工1.4万人。全省共征缴待业保险基金4647万元，超额完成年目标任务的23.9%，是历年收缴最好的一年。

1996年1月，省人事厅出台《关于机关事业单位工作人员失业保险制度改革试点工作的意见》，结合社会失业与机关事业单位失业的实际情况，逐步建立起有专项基金保证，给付标准符合社会经济发展水平，失业救济与再就业服务紧密结合、与机关事业单位工作人员辞职辞退制度相配套的机关事业单位失业保险制度。厦门、将乐、泰宁、明溪、沙县、武夷山、芗城等市（县、区）先后开展失业保险改革试点工作，1.87万名干部职工投保。从1996年下半年开始，省社会保险委员会有关成员单位对失业保险制度运作情况进行全面的调研。在此基础上制定《福建省企业职工失业保险条例（送审稿）》，并报省政府提请省人大常委会审议。全省各地加大失业保险基金征缴力度，截至年底，基金收入1.01亿元，支出0.60亿元，历年滚存积累2.20亿元。

1997年，省政府出台《关于贯彻国务院〈失业保险条例〉若干问题的通知》，明确《失业保险条例》的实施范围为本省行政区域内的城镇企业事业单位及其职工，社会团体及其专职人员、民办非企业单位及其职工、有雇工的城镇个体工商家及其雇工都必须参加失业保险。同年，省八届人大常委会第三十五次会议审议通过了《福建省企业职工失业保险条例》。当年，全省参加失业保险的企业职工已达131.5万人，其中，新参保的失业职工4.16万人，下岗职工12.62万人。全省收缴失业保险基金9000万元。

1998年，《福建省企业职工失业保险条例》开始实施。从7月1日起，将失业保险基金的缴费比例由1.5%提高到3%，其中企业缴纳2%，个人缴纳1%。当年，全省参加失业保险的单位有1.3万家，职工128万人，征缴失业保险金1.37亿元，支出1.05亿元，累计结余2.94亿元。

1999年，省政府发出《关于贯彻国务院〈失业保险条例〉的若干问题的通知》，进一步推进失业保险覆盖面的扩大。6月，省劳动厅建立了旬报制度，督促各地完成扩面征缴任务。至6月10日，5个设区市累计新增参保职工5.01万人，厦门、南平和莆田新增参保职工分别为3.81万、0.64万和0.52万人。当年，全省参加失业保险的人员达152万人，比1998年增加23万人。全省征缴失业保险金2.1亿元，支出1.5亿元，历年滚存结余3.8亿元。

2000年，省劳动和社会保障厅、财政厅联合下发《关于转发劳动和社会保障部、财政部〈关于切实做好事业单位参加失业保险工作有关问题的通知〉的通知》，各地进一步贯彻落实《失业保险条例》和《社会保险费征缴暂行条例》以及《国务院关于切实加强做好企业离退休人员基本养老金按时足额发放和国有企业下岗职工基本生活保障工作的通知》精神，做好事业单位参加失业保险工作，完善社会保障体系。省劳动和社会保障厅、省电力有限公司下发《关于福建省电力有限公司及其所属企业参加失业保险有关问题的通知》，各级电力管理机构及其所属企业一律按属地原则参加当地的失业保险。省劳动和社会保障厅出台《关于做好失业保险扩面和加强基金管理工作的通知》，要求进一步做好失业保险扩大覆盖面工作，加强失业保险基金管理，规范失业保险基金支出。当年，全省失业保险参保人数176.36万人，覆盖面为50.25%。失业保险基金收入2.86亿元，支出2.37亿元，滚存结余4.29亿元。同年，省劳动和社会保障厅、省地方税务局出台《关于基本养老保险和失业保险行政执法授权有关问题的通知》。省劳动和社会保障行政部门将参保单位和城镇个体工商家的社会保险登记、变更登记、注销登记、缴费申报及相应处罚权限，自2001年1月1日起委托给福建省地方税务局及其所属的各级地方税务机关办理。

2001年1月1日起，根据省政府令《福建省社会保险费征缴办法》规定，失业保险费改由各级地方税务机关按属地管理原则负责征收。5月，省政府办公厅出台《关于进一步做好养老、失业保险基金扩面征缴工作的通知》。各级劳动保障、财政、地税部门要各负其责，加强配合，做到“应扩尽扩、应收尽收”。当年，全省失业保险参保人数239.60万人，覆盖面达67.4%。基金收入3.87亿元，支出3.12亿元，支出比2000年增长31.6%，历年滚存结余5.15亿元。

2002年，福建省全面建立失业保险单位和个人缴费凭证制度，规范企业事业单位的缴费行为；强化失业保险基金管理，扩大失业保险覆盖面。当年，全省参加失业保险职工249.45万人，覆盖率达70%。失业保险基金征缴收入4.5亿元，比2001年增长16.4%；支出4.25亿元，比上2001年增长35.8%。

2003年，全省参加失业保险人数为266.36万人，比2002年增加16.9万人，增长7%，覆盖率为75.3%。失业保险基金征缴收入6.52亿元，比2002年增加2.02亿元；月人均缴费达18.5元，增长18%，基金累计结余10.13亿元。

2004年6月，省政府下发《关于下达2004年全省（不含厦门）失业保险基金收入计划的通知》，对收入计划的编制实行零基预算，不与去年实际收入挂钩；参保职工人数在上年末实际参保人数基础上，综合考虑省统计局提供的上年末未参保在岗职工人数等因素，按一定比例扩面；缴费基数以当地在岗职工平均工资为基础，参照上年实际缴费基数做适当调整。按以上原则核定，2004年全省（不含厦门）失业保险基金收入计划为4.76亿元。为进一步加强失业保险基金征缴工作，省政府继续把2004年失业保险基金收入计划的完成情况作为对各设区的市政府促进就业目标责任制考核指标之一。当年，全省参加失业保险人数266.41万人，比2003年增长0.02%，覆盖率达75.3%。失业保险基金总收入7.00亿元，增长7.4%；支出4.22亿元，减少2.5%，基金累计结余12.44亿元。

2005年，福建省进一步规范企业事业单位的缴费行为，保障参保人员的合法权益。当年，全省参加失业保险人数266.59万人，失业保险征缴收入7.60亿元，月人均缴费达26元；失业保险基金支出4.58亿元，基金累计结余16.3亿元。

## 第二节 失业保险待遇发放

1991年，福建省国营企业终止、解除劳动合同的工人及辞退的职工领取在待业期间的待业救济金和医疗补助费。当年，全省年待业保险基金支出653.1万元，占基金筹集额的37%。领取待业救济金人数8571人，发放救济金、医疗费270.30万元，比1990年增长286.62%。为59家停产半停产及关闭企业（其中全民企业23家，集体企业36家）发放救济金人数63609人次（其中全民31767人次，集体31842人次），发放救济金449.52万元（其中全民233.67万元，集体215.85万元），保障待业人员基本生活。

1992年，根据《福建省企业职工待业保险暂行规定》，参加待业保险的职工，享受如下待遇：宣告破产的企业职工和濒临破产的企业法定整顿期间被精减的职工，在待业期间的待业救济金；宣告破产的企业职工和濒临破产的企业法定整顿期间被精减的职工，在待业期间的医疗补助费、死亡丧葬补助费、供养直系亲属抚恤费、待业救济费；宣告破产的企业离休、退休职工和濒临破产的企业法定整顿期间被精减而又符合离休、退休条件的职工的离休、退休金；企业辞退的职工和终止、解除劳动合同的工人，在待业期间的待业救济金和医疗补助费。待业救济金以职工离开企业前两年内本人月平均标准工资额为基数，按以下办法发放：宣告破产的企业职工和濒临破产的企业法定整顿期间被精减的职工，连续工龄不满1年的，不发给待业救济金；工龄满1年以上不足5年的，每满1年发给3个月的待业救济金，每月为本人标准工资的75%，最多发给12个月。工龄满5年的和5年以上的，在上述发给12个月的基础上，每满1年增发2个月，每月为本人标准工资的50%，最多增发12个月；终止、解除劳动合同的工人，在扣除企业已发给本人的生活补助费的月份后，按照上述规定发给；企业辞退的职工，连续工龄不满1年的不发给待业救济金。工龄满1年以上不足5年的，每满1年发给3个月的待业救济金，每月为本人标准工资的60%，最多发给12个月。工龄满5年和5年以上的，在上述发给12个月的基础上，每满1年增发2个月，每月为本人标准工资的50%，最多增发12个月。享受待业保险的职工，由所在企业提供有关批准证件和职工档案材料，向企业所在地的市、县（区）劳动服务公司办理手续，经审核符合规定的，发给由省劳动局统一印制的《国营企业职工待业保险证》，凭证领取待业救济金。建立停产企业停工、待工职工的生活保障制度，为近2万名待业职工（含厂内待业职工）发放生活救济640万元。

1993年，福建省待业保险基金发放救济金和医疗费等1067万元，占当年筹集额的23%，是前7年总和的1.07倍。其中支持企业改革，发给厂内停工、待工职工基本生活费665万元，社会失业人员救济金402万元，发放数占筹集数的比例逐渐趋于合理。

1995年，福建省失业保险范围由原来局限于国有企业职工扩展到除私营企业外的全部职工，同时还对停产企业中停工、待工职工的生活保障问题也做了规定。当年，全省为2万名失业职工和3.4万名困难企业职工发放了救济金，同时还为8.5万名困难企业职工送去温暖，在维护社会稳定方面发挥了重要作用。1996年，全省支出失业保险金0.60亿元，为3.6万名失业职工发放了失业救济金，有40%的失业职工重新就业。

1997年，《福建省企业职工失业保险条例》规定，参加失业保险职工可享受以下待遇：职工失业期间的失业救济金；失业职工在领取失业救济金期间的医疗补助金，丧葬补助金和供养直系亲属的抚恤金；失业职工生活困难补助金。失业职工领取失业救济金的期限，根据失业职工失业前在企业连续工作时间确定：每满1年，发给2个月失业救济金，最长期限为24个月。失业救济金从职工失业之日起计发，月发放标准满1年不满10年的，按当地法定最低工资的70%标准发放；满10年不满20年的，按当地法定最低工资的75%标准发放；满20年以上的，按当地法定最低工资的80%标准发放。失业职工领取失业救济金期间，其门诊医疗补助金按不低于本人失业救济金6%的标准，随失业救济金按月发放。因患病确需到县级以上医院住院治疗的，由本人或其亲属提出书面申请，经当地失业保险机构审核批准，发给住院医疗补助金。失业职工领取失业救济金期间，可以申领生活困难补助金：生活困难补助金月发放标准为申领人所领取失业救济金额的40%以内。失业职工领取失业救济金期限届满，实际年龄距法定退休年龄不足2年，未能重新就业的，可以继续享受失业保险待遇至达到法定退休年龄止，其享受失业救济金的标准按原享受失业救济金标准的80%计发。失业人员应先进行失业和求职登记。持原单位为其出具的解除或者终止劳动合同关系的证明、职工缴费凭证和身份证明，到受理原单位失业保险业务的经办机构办理领取失业保险金或者生活补助费。当年，全省失业保险基金支出7500万元，其中发放失业救济金4998万元，领取失业救济金人数为14.74万人（其中，领取两节慰问金8.46万人、领取厂内救济4.24万人、领取社会失业救济金2.04万人），占参保职工总数的11%。失业职工再就业率为44%。

2000年，福建省加快下岗职工出中心解除劳动关系步伐，领取失业保险金人数大幅增加。全省支出失业保险基金 2.37 亿元，比 1999 年增长 51.9%。其中，失业金支出 12807.44 万元，占总支出的 58.08%，比 1999 年增加支出 4404.68 万元；全省领取失业保险金人数 5.16 万人，比 1999 年增长 123.6%。

2001 年，省劳动和社会保障厅下发《关于失业保险金申领发放有关问题的通知》，将领取失业保险金由原来根据失业职工失业前在企业连续工作时间确定，改为按失业人员失业前所在单位和本人累计缴费时间确定：每满 1 年，领取 2 个月，最长不超过 24 个月。累计缴费时间满 1 年不满 10 年的，按当地法定最低工资的 70%标准发放；累计缴费时间满 10 年不满 20 年的，按当地法定最低工资的 75%标准发放；累计缴费时间满 20 年以上的，按当地法定最低工资的 80%标准发放。失业人员领取失业保险金期间，其门诊医疗补助金按本人领取失业保险金 6%的标准，随失业保险金按月发放。因患病确需到县级以上医疗住院治疗的，由本人或其家属提出书面申请，经受理其失业保险业务的经办机构审核批准，按医疗保险支出规定的住院治疗费 20%—60%发给住院医疗补助金。失业人员在领取失业保险金期间，自费参加劳动保障部门定点的职业培训机构培训的，凭培训机构证明和职业培训证书或职业资格证书等有效证件，经经办机构审核，可给予一次培训补贴。培训收费不超过 500 元的，按实际培训收费金额补贴，高于 500 元的按 500 元补贴。同时可以享受职业介绍费补贴。同年，省劳动和社会保障厅出台《关于做好铁路系统职工失业保险有关工作的通知》。福建省铁路系统基层单位（即铁路二级站、段和相关实体单位）负责提供 2001 年以前缴费的原始凭证和职工参保花名册，并由所在地失业保险经办机构审核确认其参保时间及个人缴费凭证的办理工作。在铁路系统行业统筹期间结余的失业保险基金应一并转移至省财政专户。原铁路失业人员人事档案可移交到所在地就业服务机构；新发生失业人员申领失业保险金按《关于失业保险申领发放有关问题的通知》规定办理。铁路系统在厦门的二级站、段和相关实体按属地管理原则缴交失业保险费。原籍不在厦门的职工失业后回原籍领取失业保险待遇，其失业保险关系在福建省内跨统筹地区转移的，按规定将应享受的失业保险待遇所需资金随失业保险关系相应转移，失业保险待遇按迁出地的标准执行，由迁入地失业保险经办机构负责管理和失业保险金发放；失业保险关系跨省、自治区、直辖市转迁的，其需划转的费用按国家有关规定执行。

2002 年 2 月，省劳动和社会保障厅对寿宁县线毯厂挪用失业保险金问题进行调查，并向省政府报送《关于报送寿宁县线毯厂挪用失业保险金问题调查处理的情况报告》，报告指出寿宁县线毯厂未发生拖欠下岗职工基本生活费的问题，但存在违反《失业保险条例》关于支付失业保险金的有关规定，已经责成整改。同年，针对三明、南平、龙岩 3 个设区市出现失业保险基金当期收不抵支的状况，从省级失业保险调剂金中下拨 4000 万元的调剂金，保证失业人员失业保险金的发放。

2003 年 6 月，省劳动和社会保障厅出台《关于加强失业保险基金管理的通知》，不再执行从失业保险基金中调剂资金用于再就业服务中心，保障下岗职工的基本生活和代缴社会保险费的规定。失业保险基金必须依法专款专用，不得挪作他用。省劳动和社会保障厅对一些地方违反规定将失业保险金用于经济补偿金的问题，进行严肃处理并在全省通报。同年，省劳动和社会保障厅出台《关于执行失业人员失业保险关系转迁规定的通知》，失业人员失业前单位所在地与本人家籍所在地不在同一统筹地区，失业后要求在其家籍所在地领取失业保险金的，失业保障关系随之转迁，不办理失业保险基金转移。各地从健全巩固失业保险制度的大局出发，确保异地转迁的失业人员能够按规定及时领到失业保险金。同时，根据全省省国有企业下岗职工基本生活保障向失业保险制度并轨、失业人员大幅度增加、失业保险基金支出骤然增多、山区老工业基地出现当期收支缺口大、滚存结余降到历史最低点的情况，福建一方面加大省级调剂力度，及时下拨调剂金 5250 万元；另一方面强化市、县两级责任，加大县级责任，抓扩面征缴、增收节支、统筹调剂、自求平衡的落实，保证全省各地按时足额发放失业保险金。同时，全省加强失业保险基础管理工作，规范失业保险金申领发放程序，通过街道社区劳动保障工作平台，实行失业保险金申领发放公示制，并通过银行网点实行失业保险金社会化发放。全年支出失业保险基金 4.33 亿元，全省领取失业保险金人数为 10.01 万人，与上年相比减少 1.09 万人；月人均领取失业保险金达 261 元，居全国第十一位。

2004 年，福建省落实失业保险金申领发放公示和社会化发放制度，确保失业保险金的按时足额发放，全省失业保险基金支出 4.22 亿元，享受失业金人数为 9.49 万人，减少 5.2%。2005 年，全省失业保险基金支出 4.58 亿元，全年领取失业保险金人数为 8.61 万人，人均领取失业保险金每月 315 元。

## 第三节　促进失业人员就业

1991 年，福建省发挥失业保险促进就业功能，对待业人员开展转岗转业训练和生产自救活动，从待业保险基金中给予支出。全省用于支持企业举办下岗人员培训班，转业训练费支出 179.9 万元，借出生产自救费 271 万元，用于扶持企业发展生产，扩大安置效果。

1993 年，福建省帮助企业开展生产自救、发展第三产业，借出生产自救费 971 万元、转业训练费 264.44 万元，建立一批转业训练和生产自救基地，待业职工再就业率为 58.8%，高于全国平均水平。1993—1995 年，全省从失业保险基金中为“再就业工程”投入 2000 余万元，帮助 1.7 万名失业职工重新走上工作岗位。

1997 年，福建省加强就业扶持工作，失业人员在领取失业保险金期间，参加职业技能培训的，凭有效证件，经失业保险机构审核，可一次性给予不超过 500 元的补贴，失业人员在领取失业保险金期间，经各类职业介绍机构介绍重新就业，并与用人单位签订 1 年以上劳动合同的，经失业保险机构审核，可一次性给予不超过 200 元的补贴，单位招用的农民合同制工人，连续工作满 1 年以上，并且本单位已缴纳失业保险费、终止或解除劳动合同的，由失业保险机构按其缴费年限，每满1年，支付1个月当地法定最低工资40%的标准，发给一次性生活补助费。

2000年，全省失业保险基金调剂用于企业再就业服务中心8352.14万元，占总支出的37.87%，比1999年增加支出1903.34万元，有效地保证失业保险金的发放和再就业资金中所需社会部分资金的筹集到位。

2005年，福建省在保生活的基础上，发挥失业保险金促进就业的功能，促进失业人员再就业。全省从失业保险基金中支出3900万元，用于职业培训和职业介绍补贴，帮助7.8万人实现再就业。对失业保险基金出现缺口的地区，省级调剂资金3500万元，保证全省失业保险金按时足额发放。

# 第八章　医疗保险

1991 年，福建省机关事业单位实行公费医疗制度，职工医疗费用由财政负责；企业职工实行劳保医疗制度，医疗费用由企业负担。其后，一些地方进行医疗保险改革，试行医疗费用社会统筹，省有关部门出台城镇职工医疗保险制度改革方案。1996 年 4 月，福建省成立职工医疗保险制度改革扩大试点指导小组，厦门市、莆田市纳入全国城镇职工基本医疗保险制度改革扩大试点城市，并组织实施。

1999 年 5 月，《福建省人民政府贯彻国务院关于建立城镇职工基本医疗保险制度的决定的通知》，下发省劳动厅等有关部门加快制定医疗保险改革配套政策，各级劳动保障部门成立医疗保险机构，负责经办管理医疗保险工作。

2001 年 1 月 1 日，福建省城镇职工基本医疗保险制度正式启动并全面实施，基本医疗保险基金实行社会统筹与个人账户相结合，参加医疗保险的职工建立个人账户。同时建立公务员医疗补助、商业补充医疗保险和企业补充医疗保险，完善医疗保险体系。推进非公有制企业和困难企业职工以及城镇灵活就业人员参加医疗保险工作。同时，加强医疗保险管理，建设信息系统，为参保人员提供良好服务。

2005 年，全省医疗保险参保人数 332.98 万人，灵活就业人员参保人数达 28.9 万人。

## 第一节　基本医疗保险制度改革

1992 年，福建省在三明市梅列区和泉州市试行医疗保险费用社会统筹，有 5648 人享受到医疗保障。7 月，泉州市属 41 家企业一揽子与外商（印尼）合资经营，为合理解决合资后富余职工和离退休职工的医疗保险问题，泉州市政府颁发《泉州市属外商投资企业中方离退休人员医疗保险暂行规定》，离退休职工由合资企业按照职工工资总额的 4%，按月向市社会劳动保险公司缴纳保费。离退休职工门诊医疗费包干使用，每月 5 元，节约归己，超支不补，住院医疗费用由社保公司报销 80%，个人负担 20%，退休职工的大病医疗基本得到保障。在职职工的医疗保险，经合资企业与市人民保险公司协商，合资企业按职工工资总额的 4%，按月向市人民保险公司缴纳保费，在职职工门诊医疗费包干使用，每月 4.5 元，节约归己，超支不补。住院医疗费用由人保公司解决 80%，最高限额为 1 年 4000 元，其余个人负担。同时，作为医疗保险制度的配套措施，全市实行定点医疗制度，确定市医院为定点医疗单位。

1993年，医疗保险改革在泉州市和三明市梅列区等3个市（区）、3个行业中试点，纳入试点的单位有64家、职工14147人。三明市梅列区在各类企业中，推行职工医疗费用社会统筹的改革试点。医疗费用的筹集，由国家、集体、个人三者合理负担，实行全区统筹、职工以工龄、保龄时间为标准，享受一定的医疗保险待遇。

1994年，福建省扩大医疗保险改革试点，三明市梅列区、建瓯市、泉州市鲤城区、漳平市、福安市5个市（县）300家企业12万名职工参加医疗保险。三明市梅列区对全区企业职工实行的医疗费用社会统筹办法进一步加以完善，建瓯市将在供销系统、林业系统职工实行的大病医疗费用社会统筹办法扩展到全市所有企业职工。莆田县探索职工医疗保险基金由国家、单位和职工个人三方共同缴纳，建立个人医疗账户，职工患病就医时实行二级保险办法。将筹集的医疗保险基金的10%（含个人账户部分）交由定点医疗单位管理，并由其负责职工的一级医疗保险，具体承担多发病、常见病（包括门诊和住院）的医疗费用的赔付（在职人员赔付85%，退休人员赔付95%，离休人员赔付100%）；筹集的医疗保险基金的30%交由县公医办管理，并由其负责职工二级保险，主要承担危重病等大病、大手术的医疗费用的赔付；同时患者个人就医时也自负一定比例的医疗费用，并规定了个人年自负的最高限额（400元）。

1995年，省体制改革委员会同有关部门提出《福建省城镇职工医疗保险制度改革方案》，方案主要内容是城镇职工医疗保险实行属地原则，其范围覆盖城镇以上各类企业及其职工；医疗保险费由单位按工资总额10%缴纳，职工个人按其工资的1%缴纳，用于职工基本医疗和基本预防保健；征集的医疗保险费按以下方式分配：除1%固定用于职工的基本预防保健外，个人账户根据职工年龄段记入，45岁以下的按其缴费工资的4%计入，45岁以上的按其缴费工资的5%记入，已退休的按其退休时缴费工资的6%记入，剩余资金进入社会统筹；建立职工医疗预收款制度，参加医疗保险的职工首次预收款由用人单位按职工本人年工资总额的3%缴纳进入个人账户，职工个人按其本人年工资的2%缴纳进入个人账户，以后各年，职工个人账户医疗预收款如动用，由职工本人补足；职工就医时首先从个人账户资金中支付，个人账户资金支付完后，个人负担按分档累加负担办法（1%—20%）结算，其余由社会统筹金支付。同时还对定点就医、转院、医疗补助、医疗监督等制度做出了基本规定。同年，莆田县将社会统筹与个人账户相结合的医疗保险改革办法由机关、事业单位人员扩大到部分国有、集体企业职工。

1996年4月，福建省成立职工医疗保险制度改革扩大试点指导小组，厦门市、莆田市纳入全国城镇职工基本医疗保险制度改革扩大试点城市。同年，福建省又有漳平市、福安市和南平市本级相继实行社会统筹和个人账户相结合的医疗保险制度改革。福安市有46家企业5252名职工（其中离退休人员1030名）参加保险，医疗保险基本做到收支平衡，略有节余。南平市于10月16日开始实施市本级机关、事业单位职工医疗保险制度改革方案。至年底，已参保的单位227个，参保人数9420人。医疗保险制度改革初见成效：医疗费用增长过快的势头得到遏制。改革前每季度医疗费平均开支达159.3万元（不含省属包干单位），第四季度实施改革后，医疗费用开支为70多万元，比改革前每季度平均支出水平减少80多万元。同时确定7家定点医院，职工可以自由选择就医，实行医疗保险信息的电脑联网管理，促进医院信息化建设。

1997年，莆田市、厦门市医疗保险改革方案经省政府批准并通过国务院医改办审核同意，分别于4月1日和7月1日正式启动实施。改革的主要内容是：一是保险范围和对象实行属地原则。所辖区内所有党政机关、社会团体、企事业单位（含中央属、省属和外地驻本地单位）及其职工，外商投资企业的中方职工，城镇个体劳动者以及退休人员均应参加。二是实行社会统筹与个人账户相结合模式，医疗保险基金的筹集由用人单位和职工个人共同缴纳。莆田市规定除仙游县用人单位按在职职工年工资总额的7%缴纳外，其他县、区统一确定为8%，职工个人按本人工资的1%缴纳；厦门市规定机关事业单位按在职职工上年工资总额的10%，企业按8.5%，同安区按8%缴纳，职工个人按本人上年工资的1.5%缴纳。三是建立个人账户。莆田市规定职工个人缴纳的部分全部记入个人账户，单位缴费部分，对45岁（含45岁）以下和45岁以上分别按55%和45%记入个人账户；厦门市规定将所筹集的医疗保险基金，区别机关事业单位、企业和同安区，并依据年龄分档，在职职工按4%—7%的不同的比例记入个人医疗账户，退休人员以本人养老金或退休金为计算基数，按9%—11%的比例记入个人医疗账户。四是医疗保险待遇。采取定点医疗，职工患病就医时，首先从个人账户中支付，个人账户不够支付时由个人自付。按年度计算，自付的医疗费超过个人工资总额5%以上部分，由社会统筹基金支付，但个人仍需负担一定比例。将所支付的医疗费用分为5000元以下、5000—10000元、10000元以上3个部分，个人分别负担其金额的20%、10%、5%。两市对社会统筹医疗基金开支的医疗费用规定了最高限额，莆田市为3万元，厦门市为4万元。4月1日，厦门市出台《厦门市职工医疗保险试行规定》，与之相配套的13个文件于7月1日正式实施。当年，全市有2800多家单位、22.78万职工参加了医疗保险。同时，还出台《厦门市职工补充医疗保险暂行规定》，对参保职工超过社会统筹医疗基金支付最高限额的医疗费用采取商业补充医疗保险办法，解决高额医疗费用的负担问题，提高职工医疗保障水平。除厦门、莆田外，全省还有7个县550家企业、3.28万职工参加医疗保险制度改革试点。

1998年，厦门市有3702个单位的25.38万名职工参保，参保率达66.4%，筹集医保基金近2亿元，资金到位率97.5%，并在全国率先开展补充医疗保险试点。莆田市参加医疗保险的单位有1538个，职工12.46万人。福州、漳州、南平开展医疗保险制度改革的测算调研。11月，福建省成立医疗保险制度改革领导小组及其办公室。各地市也成立医疗保险制度改革领导小组其及办公室，漳州市、宁德市还分别成立医疗保险管理中心。至年底，全省各地基本上建立医疗保险改革工作领导机构。

1999年5月，《福建省人民政府贯彻国务院关于建立城镇职工基本医疗保险制度的决定的通知》下发，省劳动厅等有关部门加快医疗保险改革配套政策的制定工作。到年底，出台基本医疗保险用药范围管理办法、门诊特殊病种和治疗项目管理办法、定点医疗机构管理办法、定点零售药店管理办法、医疗费用结算办法、退休人员未达到缴费年限补交基本医疗保险费办法、诊疗项目管理办法和医疗服务设施管理办法等8个指导性文件。11月，福建省医疗保险管理中心正式组建成立，承担省、部属驻榕单位及其职工基本医疗保险基金、公务员医疗补助和工伤、生育医疗费用统筹经费的征收、支付、管理和服务工作，受省劳动和社会保障厅委托对全省医疗保经险办机构的业务进行指导。省编办核定省本级、福州、泉州市本级医疗保险机构定编在30—35人；宁德、漳州市本级定编为17—22人；个别设区市核定编制偏少。县级机构编制大多数定编10—15人。同年，各地市组织人员开展调查测算，制定适应本地情况的医改实施方案，南平、龙岩、漳州三市的医改方案经省政府批复，其他设区市的改革方案也陆续上报审批。先行试点的厦门、莆田两市对原来的政策进行调整，与省政府的规定衔接。各地制定出台定点医疗机构管理办法等20多个配套文件。各先行试点的地方拓展医疗保险覆盖面，提高参保率和基金到位率，全省参保人数达到48.07万人。

2000年8月，省政府审议通过《福建省省、部属驻榕单位职工基本医疗保险制度实施办法》《福州市城镇职工基本医疗保险制度实施方案》。随后，又出台《福建省公务员医疗补助暂行办法》《福建省城镇职工基本医疗保险诊疗项目管理暂行办法》，以及《基本医疗保险支付部分费用的诊疗项目目录》《基本医疗保险不予支付费用的诊疗项目目录》等配套文件。福建省医疗保险制度改革领导小组会议还审议通过职工补充医疗保险办法、封顶线以上医疗费用通过商业医疗保险解决办法两个配套政策。当年，福建基本建立城镇职工基本医疗保险制度，覆盖参保人数达120万人，是全国18个省市实施的参保人数超过100万的省份和覆盖参保人数占应参人保人数比例超过30%的全国6个省市之一。各地合理确定一批定点医院和零售药店，制定严格规范的医疗保险管理制度，各个统筹单位的医疗保险经办机构普遍建立财务管理制度、内部审计制度、计算机操作管理制度、文件档案管理制度和挂牌服务制度等一系列规章制度。全省绝大多数统筹单位都建立计算机信息系统。

2001年1月1日，福建省城镇职工基本医疗保险制度正式启动并全面实施，全省市、县（区）实施面达100%，省劳动和社会保障厅、省总工会、省财政厅、省人事厅印发《关于福建省机关企事业单位省级以上退休劳模医疗费用问题的处理意见》，妥善解决全省机关企事业单位省级以上退休劳模，特别是省级以上退休劳模中特困劳模的医疗费用支付问题。5月，省劳动和社会保障厅、省财政厅根据《福建省人民政府贯彻国务院关于建立城镇职工基本医疗保险制度的决定的通知》和福建省人民政府专题会议精神，出台《关于提前退休人员参加基本医疗保险有关问题的通知》，解决城镇职工基本医疗保险制度建立后，不符合国务院文件规定办理提前退休人员的参保问题。11月，省政府办公厅下达《关于加强工作力度切实完成全省医疗保险扩面工作目标任务的通知》，决定福建省当年医疗保险覆盖目标为200万人，力争215万人。省劳动和社会保障厅在福州召开医疗保险扩面工作专题会议，专门进行研究部署。当年，全省参保人数达到171.03万人，占全省应参保职工人数的65.45%，超额完成国家要求各省职工参保覆盖率50%的目标任务。发放医疗保险IC卡75万张，占已参保职工数的56.8%。逐步将部分困难企业的职工纳入医疗保险范围，全省10.06万多名困难职工实行大额医疗费用统筹，福州市14家破产国有企业的6000多名退休人员纳入医疗保险实施范围，改制企业解除劳动关系的4000多名分流人员也参加医疗保险。各级劳动保障部门成立医疗保险经办机构86个，编制995人，实际到位756人，到位率76%。基本医疗保险制度运行平稳正常，基本实现统筹基金和个人账户双结余。初步建立由基本医疗保险、商业补充医疗保险、公务员医疗补助、企业补充医疗保险构成的多层次的医疗保险体系。调整完善医疗保险政策措施，加大对重病参保人员、门诊大额医疗费用和公务员住院医疗费用的补助力度，出台多达61项的配套政策，形成一整套较为完备的医保政策体系。

2002年9月6日，省长习近平、副省长贾锡太、副省长陈芸到省劳动和社会保障厅调研并察看省医疗保险管理中心，对全省医疗保险改革进展情况给予充分肯定。同年，福建省推进非公有制企业和困难企业职工参加医疗保险工作，厦门、泉州、莆田等沿海非公有制经济活跃的地方，非公有制企业参保工作取得较大进展，参加医疗保险职工人数已达15.85万人，厦门市有7.6万名外来人员参加医疗保险。同时，福州、三明等设区市将破产兼并企业退休人员纳入医疗保险实施范围，以市政府名义出台破产企业退休人员参加医疗保险预留10年医疗费用由财政垫付的政策，解决破产企业退休人员医疗保险问题。当年，全省参加城镇职工基本医疗保险的总人数达230万人，比2001年增长34.5%，完成劳动保障部下达的214万的扩面任务，完成省政府确定的参保人数达230万人、职工参加医疗保险覆盖率达70%的任务。

2003年9月，省劳动和社会保障厅发出《福建省城镇灵活就业人员参加基本医疗保险指导意见》，9个设区市和48个县（市）及时出台实施办法，做好灵活就业人员参加基本医疗保险工作。制定相应的个人申报登记办法、个人缴费办法和资格审核办法，促进灵活就业人员参加基本医疗保险。省劳动和社会保障厅又出台《关于印发〈福建省省本级灵活就业人员参加基本医疗保险的实施细则〉的通知》，保障省本级灵活就业人员的基本医疗需求，促进与参保单位办理辞职、辞退手续或解除劳动关系人员的再就业，当年，全省参加医疗保险的职工人数达到247.77万人，提前超额完成劳动保障部下达的235万人和省政府下达的确保240万人的参保扩面任务，覆盖率达75%。全省已有12.2万灵活就业人员参加医疗保险。福建省本级参保人数24万人，参保率达99.8%。个人账户对账单发放率达100%，目录内个人现金负担率控制在22%以内，社会各界对医疗保险服务满意率达90%以上。

2004年，福建省以完善多层次社会医疗保障体系为重点，进一步推进医疗保险制度改革。当年，全省医疗保险参保人数285.93万人，比2003年增长15.4%，覆盖率达87.2%，比上年提高11.7个百分点，其中灵活就业人员参保人数18.7万人，增长207%。

2005年，福建省医疗保险覆盖各类所有制企业和用人单位，全省9个设区市和部分县实行公务员医疗补助办法，部分有条件的企业建立企业补充医疗保险制度，同时实施第二轮商业补充医疗保险，医疗保险政策不断完善，医保信息系统基本实现全省联网，为解决全省近10万异地安置、工作及转外就医参保人员医疗费用的异地结算提供便利。3月，福建省成立社会医疗保险协会，通过协助、协调、协作形式，发挥聚贤、纳言、立说、献策功能，协助主管部门，协调有关各方关系，协作推进医疗制度三项改革，服务于福建省医疗保险制度改革和发展的大局，致力于建立和健全福建省医疗保险体系。当年，全省医疗保险参保人数332.98万人，灵活就业参保人数达28.9万人，比2004年增长23%。

## 第二节　医疗保险基金

### 一、基金筹集

1993年，福建省医疗保险改革在三明市梅列区和泉州市等3个市县、3个行业中试点，全年医疗保险费收入、支出分别为155.11万元、123.47万元。

1997年，福建省有7个县市的550家企业，3.27万名在职职工和离退休职工参加职工大病医疗保险费用社会统筹和离退休人员医疗费用社会统筹，分别比上年增长25.57%、31.32%。医疗保险基金收入829万元，支出692万元，分别比上年增长31.38%和49.78%。厦门市医疗保险改革于7月1日正式实施，医疗保险基金的筹集由用人单位和职工个人共同缴纳，当年，全市筹集医保基金7055.63万元，资金到位率达87.16%。1998年，厦门市参加医疗保险有3702个单位，职工25.38万名，参保率达66.4%，已筹集医保基金近2亿元，资金到位率97.5%。莆田市参加医疗保险的单位有1538个，职工12.46万人。其他7个参加医疗保险改革试点的县，医疗保险基金收入829万元，支出692万元。

1999年5月，《福建省人民政府贯彻国务院关于建立城镇职工基本医疗保险制度的决定的通知》规定，基本医疗保险费由用人单位和职工个人共同缴纳，合理分担。用人单位按其职工工资总额的6%—7%缴纳基本医疗保险费，确需超过7%的，报经省政府批准，但最高不超过8%；职工个人以其月工资额的2%缴纳基本医疗保险费；城镇个体经济组织业主按用人单位缴费率和职工个人缴费率之和缴纳基本医疗保险费；职工退休后个人不再缴纳基本医疗保险费；用人单位和职工个人缴纳基本医疗保险费的基数，不得低于当地上年度职工月平均工资的60%；最高不超过当地上年度职工月平均工资的300%。根据省政府规定，各设区市用人单位医疗保险的缴费率有所不同，其中省本级和福州市、厦门市、龙岩市、三明市为8%，泉州市为7.5%，漳州市、莆田市、南平市、宁德市为7%。

2001年，各地市按照省政府的统一部署，全面组织实施基本医疗保险制度，全省参保人数达到171.03万人，基本医疗保险基金收入13.24亿元。

2002年，福建省参加城镇职工基本医疗保险的总人数达230万，基本医疗保险基金收入

20.78亿元，支出12.4亿元，实现医疗保险社会统筹和个人账户基金双结余。2003年，福建省医疗保险扩面目标任务超额完成，全省参加医疗保险的职工人数达到247万人，基本医疗保险基金收入26.46亿元。基金收支平衡、稳健运行，全省医疗保险统筹基金当期结余率13%，个人账户结余（积累）率37%。

2004年上半年，福建省基本医疗保险基金总收入15.9亿元，剔除一次性缴费1.7亿元及公务员划入个人账户基金3669万元，医疗保险基金实际收入为13.8亿元，比上年同期增加2.1亿元，增长17.95%；总支出10.1亿元，比上年同期增加2.3亿元，增长29.49%；当期统筹基金结余率为16.39%，个人账户结余率为3.46%。至2004年底，全省基本医疗保险基金收入34.21亿元。2005年，全省基本医疗保险基金收入达到40.51亿元。

## 二、统账结合模式

1995年，福建省出台《福建省城镇职工医疗保险制度改革方案》，初步明确实行社会统筹和个人账户相结合（简称“统账结合”）的医疗保障模式的方向。

1997年，莆田、厦门两市的职工医疗制度改革方案分别开始组织实施，在确定“统账结合”的医疗保障模式，保障职工的基本医疗，建立稳定的医疗保险基金筹措机制和医患双方制约机制以及建立多层次的医疗保障体系等方面进行探索。

1999年5月，《福建省人民政府贯彻国务院关于建立城镇职工基本医疗保险制度的决定的通知》规定，基本医疗保险基金实行社会统筹与个人账户相结合；医疗保险经办机构为每名参加基本医疗保险的职工建立个人账户；职工个人缴纳的基本医疗保险费，全部记入个人账户。用人单位缴纳的基本医疗保险费，一部分用于建立统筹基金，一部分记入参保职工的个人账户。划入个人账户的比例为用人单位缴费的30%左右。分为40周岁以下、41周岁至法定退休年龄、退休人员3个年龄段，按不同的比例分别记入其个人账户；职工年龄越大，记入个人账户的比例越高，退休人员个人账户的计入金额给予适当照顾；参保职工个人账户只能用于支付本人的医疗费用，不得提取现金和挪作他用。职工变动工作单位，其个人账户随之转移。11月，省政府办公厅出台《关于退休人员未达到缴费年限补交基本医疗保险费有关问题的通知》，明确规定参保人员退休时，未达到规定缴费年限的应补交基本医疗保险费。参保人员达到法定退休年龄，办理退休手续时，缴费年限满25年以上的，退休后个人不缴纳基本医疗保险费可继续享受基本医疗保险待遇。缴费年限不足25年的，按本人退休时上年度平均缴费工资为基数补足25年的基本医疗保险费后，按规定享受基本医疗保险待遇。各地实施基本医疗保险前，已参加养老保险省级统筹并办理退休手续的人员不再补交基本医疗保险费。各地实施基本医疗保险制度前，原在国家机关、事业单位、国有企业、县以上集体企业工作等累计工龄可以视同基本医疗保险的缴费年限。参保人员应补交的基本医疗保险费（含个人和单位缴费），由单位或职工负担。参保人员补交的基本医疗保险费，按各统筹地区规定比例划入个人账户。参保人员达到国家法定退休年龄时缴费达不到25年，又不补交基本医疗保险费的，个人账户不再记入，并停止享受统筹基金支付的基本医疗保险待遇。用人单位和职工不按规定参加基本医疗保险，缴纳基本医疗保险费，其职工达到法定退休年龄时，不能再补交基本医疗保险费的，不享受基本医疗保险待遇。

2000年，福建省在建立基本医疗保险制度的同时，把解决不同层次医疗消费需求的问题作为改革重点加以认真研究探讨，提出妥善解决的有效办法。12月，省劳动和社会保障厅、省财政厅联合下发《福建省省、部属驻榕单位基本医疗保险个人账户补助资金的安排意见》，为妥善解决城镇职工基本医疗保险制度改革工作启动实施阶段存在的参保人员个人账户积累少，患病后支付门诊费用困难，决定在福建省基本医疗保险制度改革启动阶段除按《福建省省、部属驻榕单位职工基本医疗保险制度实施办法》划入个人账户的资金外，安排一部分个人账户补助资金，按照省、部属驻榕单位参保人员不同年龄段于启动时一次性划入参保人员个人账户，并适当向年龄大的参保人员倾斜。

2002年，全省基本医疗保险基金收入20.8亿元，支出12.4亿元，实现医疗保险社会统筹和个人账户基金双结余。2003年，福建省医疗保险统筹基金当期结余率13%，个人账户结余（积累）率37%。

2005年，福建省医疗保险基金收支平衡，资金运行平稳。但相当部分地方统筹基金结余呈下降趋势，个别县市统筹基金出现当期收不抵支，参保人员医疗总费用和就诊量增加。

## 三、医疗保险待遇

1999年，出台《福建省人民政府贯彻国务院关于建立城镇职工基本医疗保险制度的决定的通知》规定，参保职工的门诊医疗费原则上由个人账户支付或个人自付。参保职工门诊医疗费用属于规定范围内特殊病种的医疗费用，达到统筹基金起付标准以上的部分，由统筹基金支付一定比例。参保职工的住院医疗费原则上由统筹基金支付。统筹基金起付标准原则上控制在当地上年度职工平均工资的10%左右，最高支付限额原则上控制在当地上年度职工年平均工资的4倍左右。起付标准以下的医疗费用，从个人账户中支付或个人现金自付。起付标准以上、最高支付限额以下的医疗费用，主要从统筹基金中支付，个人也要负担一定比例；超过最高支付限额的医疗费用，通过商业医疗保险等途径解决。

2000年9月，为减少公务员实施基本医疗保险制度改革后的医疗分担，省政府办公厅转发省劳动和社会保障厅、省财政厅《关于福建省国家公务员医疗补助暂行办法》，医疗补助经费主要用于基本医疗保险统筹基金最高支付限额以上，符合基本医疗保险用药、诊疗范围和医疗服务设施标准的医疗费用补助以及在基本医疗保险支付范围内，个人自付超过一定数额的医疗费用补助。

2001年，福建省在顺利实施城镇职工基本医疗保险制度同时，解决基本医疗保险统筹基金最高支付限额以上大额医疗费用问题，在全省9个地市及省本级通过招标实施商业补充医疗保险。6月，福建省医疗保险管理中心、福州市医疗保险管理中心分别与中国平安保险公司福州分公司正式签订参保职工大额医疗费用商业补充医疗保险协议。参保职工超过基本医疗保险规定的统筹基金最高支付限额以上的医疗费用，由商业保险公司赔付。商业保险公司赔付起付点至 8 万元的医疗费用，由商业保险公司赔付 90%，个人自付 10%；8 万元以上到 15 万元的医疗费用，由商业保险公司赔付 95%，个人自付 5%。每人每年只需支付 30 多元就可获得最高限额为 15 万元由商业保险公司赔付的医疗费用。

8 月，省劳动和社会保障厅、省财政厅发出《关于省、部属驻榕单位国家公务员医疗补助的补充意见》，享受公务员医疗补助待遇的参保人员住院，在统筹基金最高支付限额内，统筹基金起付标准补助 50%，统筹基金支付时个人按比例支付部分补助 60%。在一个医疗结算年度内，公务员住院医疗费用和门诊特殊病种（不含高血压、糖尿病）医疗费，符合基本医疗保险目录范围内的医疗费用个人支付部分；包括基本医疗保险统筹基金起付标准和个人按比例支付部分、商业补充医疗保险个人支付部分和社会医疗救助个人自付部分，超过 3000 元以上部分（含个人账户支付），年终由公务员医疗补助经费补助 80%。

12 月，福建省为妥善解决新中国成立前参加工作的退休工人按属地原则参加基本医疗保险后，这部分人员大多数年迈体弱，且医改前享受的医疗待遇较高，为保证他们的医疗待遇，省政府办公厅出台《关于妥善解决建国前参加革命工作的退休老工人医疗待遇问题的通知》，提出具体处理办法。当年，全省参加基本医疗保险 171.03 万人，其中在职职工 132.69 万人，退休职工 38.34 万人，全省基金医疗保险基金支出 7.05 亿元。

2002 年 2 月，省劳动和社会保障厅、省财政厅出台《福建省企业补充医疗保险指导意见》，明确企业补充医疗保险是基本医疗保险的补充形式。已参加当地基本医疗保险并参加统筹地区商业补充医疗保险的企业，可以为本企业参保人员建立补充医疗保险。企业补充医疗保险费的提取额在本企业上年度职工工资总额 4%以内的部分从成本中列支。企业补充医疗保险费主要用于补助参保人员在定点医疗机构和定点零售药店发生费用。企业补充医疗保险费专款专用，当年结余部分，结转下一年度使用。企业补充医疗保险由企业管理，也可在企业自愿情况下，由行业或几个企业联合建立企业补充医疗保险。企业补充医疗保险的具体管理办法以及每年度的预算方案须经职工（代表）大会审议，股份制企业还须经股东大会和董事会审议。企业补充医疗保险的执行情况接受职工（代表）大会审查，并向全体职工公布。

同年，省劳动和社会保障厅出台《关于 2003 年度省部属驻榕单位职工基本医疗保险统筹基金起付标准和最高支付限额的通知》，明确 2003 年度门诊特殊病种和治疗项目的医疗费用统筹基金起付标准、三级定点医疗机构基本医疗保险住院统筹基金起付标准暂不调整（即 1173.6 元、978 元）；二级及二级以下定点医疗机构基本医疗保险住院统筹基金起付标准暂定为 750 元；年度内统筹基金的最高支付限额上调为 5.1 万元。省劳动和社会保障厅出台《关于省部属驻榕单位职工基本医疗保险结算年度及起付标准有关问题的通知》。当年，全省参加基本医疗保险 230 万人，其中在职职工 175.26 万人，退休职工 54.74 万人，全省基金医疗保险基金支出 12.41 亿元。

2003 年 12 月，福建省下发《关于新一轮商业补充医疗保险工作有关问题的通知》，推进新一轮的商业补充医疗保险工作，明确商业补充医疗保险坚持以设区市为统筹单位，统一政策。在同一设区市范围只能由一家商业保险公司统一承保，以化小风险，禁止个别县（市）另行其事。新一轮补充医疗保险承保合同期限原则上为 3 年。当年，参加基本医疗保险 247.77 万人，其中在职职工 185.93 万人，退休职工 61.84 万人，全省基金医疗保险基金支出 16.66 亿元。

2004 年上半年，福建省基本医保费用支出总额比上年同期增加 2.9 亿元，增幅 32.79%，参保人员人均费用支出 425.23 元，比 2003 年同期增加 48.78 元，增幅 12.96%。退休人员统筹基金医疗保险待遇支出为 3.2 亿元，在职职工统筹基金医疗保险待遇支出为 1.9 亿元。退休人员占参保人数的 24.31%，医疗保险待遇支出却占总支出的 62.2%，是在职职工支出的 1.68 倍。个人账户医疗保险待遇支出中在职职工（2.6 亿元）是退休人员（1.3 亿元）的 2 倍。

2005 年，福建省参加基本医疗保险 332.98 万人，其中在职职工 255.76 万人，退休职工 77.22 万人，全省基金医疗保险基金支出 26.06 亿元。当年，全省 9 个设区市和部分县实行公务员医疗补助办法。

表 8-1　　**2001—2005 年福建省城镇职工基本医疗保险情况表**

单位：万人、亿元

| 年份 | 参保人数 | 基金收入 | 基金支出 |
|---|---|---|---|
| 2001 | 171.03 | 13.24 | 7.05 |
| 2002 | 230 | 20.78 | 12.41 |
| 2003 | 247.77 | 26.46 | 16.66 |
| 2004 | 285.93 | 34.21 | 22.25 |
| 2005 | 332.98 | 40.51 | 26.06 |

## 第三节　医疗保险管理

### 一、医疗保险目录管理

1999 年 7 月，福建省发出《关于转发劳动和社会保障部等七部、委、局〈关于印发城镇职工基本医疗保险用药范围管理暂行办法的通知〉的通知》。省劳动厅、省卫生厅、省财政厅下发《关于印发福建省城镇职工基本医疗保险门诊特殊病种和治疗项目管理暂行办法的通知》。11月，省劳动厅、省计划委员会、省物价委员会、省财政厅、省卫生厅联合下发《关于转发劳动和社会保障部等五部、委、局〈关于印发城镇职工基本医疗保险诊疗项目管理医疗服务设施范围和支付标准意见的通知〉的通知》，指导各地确定城镇职工基本医疗保险诊疗项目，加强基本医疗保险基金的支出管理。

2000年，省劳动和社会保障厅、省医疗保险制度改革办公室根据劳动和社会保障部的有关规定，下发《基本医疗保险乙类药品遴选工作办法》，对乙类药品的调整遴选工作提出规范要求，并举办各设区市有关部门参加的培训班，对从事乙类药品遴选工作的人员进行业务培训。同时完成省直和各地市推荐的中西药遴选专家名单的归类录入工作，初步建立起专家库。8月，省劳动和社会保障厅、省卫生厅、省财政厅出台《福建省城镇职工基本医疗保险诊疗项目管理暂行办法》。根据《福建省城镇职工基本医疗保险门诊特殊病种和治疗项目管理暂行办法》，省劳动和社会保障厅、省卫生厅、省财政厅出台《关于印发〈基本医疗保险门诊甲类特殊病种和治疗项目管理暂行办法〉的通知》。包括基本医疗保险恶性肿瘤病门诊化疗和放疗管理暂行办法、基本医疗保险重症尿毒症门诊透析治疗管理暂行办法、基本医疗保险结核病门诊规范治疗管理暂行办法、基本医疗保险器官移植抗排斥反应门诊治疗管理暂行办法、基本医疗保险精神分裂症门诊治疗管理暂行办法、基本医疗保险门诊危重病抢救管理暂行办法。12月，为保障职工基本医疗需求、合理控制药品费用、规范基本医疗保险用药管理，省劳动和社会保障厅、省卫生厅、省财政厅联合下发《关于印发〈福建省省、部属驻榕单位基本医疗保险药品使用管理暂行办法〉的通知》。省劳动和社会保障厅出台《关于印发福建省城镇职工基本医疗保险非处方药品目录的通知》，制定《福建省城镇职工基本医疗保险非处方药品目录》，福建省城镇职工基本医疗保险药品分为处方药品和非处方药品两类。根据福建省实际情况，从国家非处方药品目录选取部分已列入国家基本医疗保险药品目录的药品，首批确定福建省城镇职工基本医疗可用个人账户直接在定点零售药店购买的非处方药品120个品种，当年通过试点再进一步扩大范围。

2001年8月，省劳动和社会保障厅出台《关于印发〈福建省城镇职工基本医疗保险第二批非处方药品目录〉的通知》，依据国家药品监督管理局公布的“国家非处方药药品目录”和福建省制定的“基本医疗保险药品目录”，确定福建省城镇职工基本医疗保险非处方药品，印发《福建省城镇职工基本医疗保险第二批非处方药品目录》共128种。

2003年8月，省劳动和社会保障厅发出《关于基本医疗保险药品目录新增商品名对应认定的通知》，要求福建省医疗保险管理中心及电力、铁路分中心，省级医疗保险各有关定点医疗机构以“医保药品名对应基础表”为依据，对本医院信息系统库进行清理核对，并将校对后的医保药品名对应清单报送省劳动和社会保障厅备案。

2004年，省劳动和社会保障厅出台《关于调整省部属驻榕单位基本医疗保险部分药品个人自付比例的通知》，根据国家劳动和社会保障部等七部委局《关于印发城镇职工基本医疗保险用药范围管理暂行办法的通知》和省劳动和社会保障厅等部门《关于印发福建省省、部属驻榕单位基本医疗保险药品使用管理暂行办法的通知》精神，结合福建省省、部属驻榕单位职工基本医疗保险制度实施以来的运行管理情况，加强医疗保险用药管理，克服浪费，建立合理的分担机制。

2005年，福建省下发新版《福建省基本医疗保险药品目录》，新药品目录品种调整并扩大用药范围，将经济社会发展和医药科技进步的新成果运用到基本医疗保险领域中。

## 二、定点医疗服务管理

1999年7月，省劳动厅、省卫生厅、省财政厅联合下发《关于转发〈劳动和社会保障部、卫生部、国家中医药管理局关于印发城镇职工基本医疗保险定点医疗机构管理暂行办法的通知〉的通知》，进一步加强和规范城镇职工基本医疗保险定点医疗机构管理。定点医疗机构的资格认定，由各统筹地区劳动保障行政部门牵头，卫生、财政等部门共同审定，对符合规定条件的医疗机构，发给资格证书。省劳动厅、省财政厅、省医药管理局下达《关于转发〈劳动和社会保障部、国家药品监督管理局关于印发城镇职工基本医疗保险定点零售药店管理暂行办法的通知〉的通知》，要求各设区市劳动保障行政部门根据零售药店的申请及提供的各项材料，对零售药店的定点资格进行审查，加强和规范城镇职工基本医疗保险定点零售药店管理。

2000年，福建省开展医疗保险定点医院和药店的申报和资格认定工作。根据劳动和社会保障部的有关规定，省劳动和社会保障厅下发《关于开展城镇职工基本医疗定点医疗机构、零售药店申报与资格认定工作的通知》，会同省财政、卫生、药品监督部门，启动省本级两个“定点”的申报和资格认定工作。省医疗保险管理中心确定首批13家省、部属驻榕单位职工基本医疗保险定点医疗机构、2家基本医疗保险定点零售药店。

2001年，福建省着力解决省级首批定点医疗机构中专科医院不够齐全、基层医疗机构和零售药店偏少等问题，本着中西医并举、医疗机构和零售药店并重、基层、专科和综合医疗机构兼顾、方便参保就医购药的原则，省医疗保险管理中心根据城镇职工基本医疗保险定点医疗机构管理城镇职工基本医疗保险定点零售药店管理的有关规定，出台《关于确定省部属驻榕单位职工基本医疗保险第二批定点医疗机构和定点零售药店的通知》，通过全面考核确定并公布省妇幼保健院等10家医疗机构、省红十字会博爱药店等2家零售药店为福建省部属驻榕单位职工基本医疗保险第二批定点医疗机构和定点零售药店。3月，省物价局，省劳动和社会保障厅就加强医保药品价格管理联合发出通知，要求各定点医疗单位应在规定时间内向同级价格主管部门办理医药价格监测入网手续，经物价局审核确认后，由物价部门将信息传送医疗保险管理部门；各级医疗保险经办机构依据物价部门提供的信息制定医疗收费项目的费用结算办法；医疗保险定点单位不得虚报、瞒报、漏报、迟报，物价部门发现违规行为应及时予以纠正并依法进行处理。

同年，福建省在定点医疗保险机构中全面推行“一共识”（医保部门主动到定点医院做工作，取得共识)、“两协议”(医保经办机构与定点医疗机构之间签订医疗服务协议、定点医疗机构与参保人员之间签订使用基本医疗保险药品目录外药品和医疗服务协议)、“六指标”(个人负担总平均比率、基本医疗保险药品目录外费用控制率、基本医疗保险药品目录内药品备药率、药品费用占住院医疗总费用的比例、次均住院费用、平均住院天数)、“十举措”(建立月通报分析制度，建立挂钩联络制度、建立奖惩制度、建立新闻监督制度、建立基本医疗保险药品目录外费用分析制度、建立“六指标”警戒线制度、建立现场办公制度、实行基本医疗保险费用明明白白的消费制度、调整增补乙类药品目录、适时调整完善医疗保险的相关政策)，提高完善医疗机构医疗服务质量，有效地减轻参保人员个人负担。至12月底，福建省省级和设区市定点医疗机构医保目录内西药备药率已达70%—90%，中成药备药率从21%提高到50%，多数设区市住院参保人员目录外医疗费用平均比例，从上年初的25%降到8%左右，参保职工基本医疗保险基金支付以个人现金支付占医疗总费用比率，多数设区市也有明显降低，大大减轻参保患者的个人医疗费用负担。

2002年，福建省定点医疗保险机构范围进一步扩大，全省医疗保险定点医院已达798家，医疗保险定点零售药店147家，省本级定点医院从上年的13家扩大到36家。医疗保险定点零售药店增加到10家。

2003年，福建省强化定点医疗服务管理，对定点医疗实现“双百”管理，即医疗保险经办机构与定点医疗机构之间100%签订医疗保险服务协议，年终对定点医疗机构按百分制进行考核评比；积极开发医保基金收支监控系统，省本级实施计算机稽核、监控和就医“一卡通”试点，大部分定点医院实现了日清单传送，并开始实施病历首页的传送；强化竞争机制。省劳动和社会保障厅出台《关于加强城镇职工基本医疗保险定点零售药店管理的通知》，规范医疗保险定点零售药店服务管理，维护参保职工利益。各级医疗保险行政部门和经办机构加强医疗保险定点零售药店管理工作，建立对定点零售药店的管理、监控、稽查、巡查制度。医疗保险定点零售药店应杜绝违规行为。对违反医疗保险规定的定点零售药店，及时追回已经支付的有关医药费用，劳动保障行政部门视不同情况，责令其限期整顿改正，情节严重的取消定点零售药店资格。当年，医疗保险定点医院和定点零售药店范围进一步扩大，全省医疗保险定点医疗机构已扩大到1184家，定点零售药店已达378家。

同年，省劳动和社会保障厅根据国家有关部门《城镇职工基本医疗保险定点医疗机构管理暂行办法》要求，出台《关于电力及铁路等系统基本医疗保险定点医疗机构资格认定的通知》。经对申报基本医疗保险定点的医疗机构资格审查，有15家铁路系统定点医疗机构、28家电力系统定点医疗机构以及9家其他系统定点医疗机构通过资格审查。同时，各基本医疗保险统筹单位按照方便职工就医购药、促进竞争，提高医疗服务质量的原则，适时把通过资格审核的不同规模、不同所有制的各类医疗机构纳入定点范围。

2004年，全省定点医疗服务管理逐渐加强，各地续签的医保双方协议增加了医疗服务量化指标和违规处罚的内容。劳动保障、卫生、药监、物价、监察、新闻等部门建立紧密协作关系，构建医疗保险社会监督体系，合理控制医疗费用支出。8月，福建省医疗保险管理中心发出《关于强化医疗保险定点医疗服务管理有关问题的通知》，对省级定点医疗机构门诊医疗费用实行定额管理，加强住院医疗管理和大额医疗费用管理，对定点医疗机构发生的违规医疗费用依定点医疗服务协议要求，一律按3倍进行扣罚。9月，省劳动和社会保障厅、省政府纠风办、省卫生厅、省药品监督管理局印发《关于加强医疗保险定点医院和定点零售药店管理的意见》，加强定点零售药店管理。对定点零售药店实施记分制，发现定点零售药店将非医疗保险目录内药品或其他用品套换成医疗保险目录药品等违规情况，给予扣分处理。查实一次扣1分，并给予通报批评、责成限期整顿；半年内被扣3分或一年内被扣5分的，取消定点资格，一年内不再核准为定点药店。

2005年，省医疗保险管理中心开展全省医疗保险定点医疗机构基本医疗保险信用等级评定工作，定点机构信用等级评定工作与定点医疗机构年终考核工作同步进行，每年组织评定一次，由各市统一组织评定，评定结果在媒体上公布。5月，省医疗保险管理中心针对一季度福建省省级医保医疗保险欺诈行为频频发生的状况，就进一步规范医疗保险医疗服务管理下发专门通知，要求凡接诊医生不按规定书写医疗文书，造成重复用药欺诈行为发生的，福建省医疗保险中心将予以当事医生停止医保处方权3个月的处罚。是年，福建省参保患者门诊医疗费用得到控制，住院需求得到较好的保障。参保患者门诊次均医疗费用基金控制在65元左右。除2004年参保患者住院次均费用上升幅度较大外，其他年度卫生部门统计的所有患者住院次均费用均控制在5500元左右。参保患者次均住院天数除2004年增加较快外，其他年度基本保持在17天左右。

## 三、基金财务管理

1992年，福建省试行医疗保险费用社会统筹的三明市梅列区和泉州市，医疗保险基金执行国家财务管理制度。此后，实行医疗保险制度改革的试点地区，基金的筹集使用均严格执行国家财务管理制度。

1999年8月，省劳动厅、省财政厅、省经济贸易委员会、省卫生厅转发劳动和社会保障部、财政部、国家经济贸易委员会、卫生部、国家中医药管理局《关于印发加强城镇职工基本医疗保险费用结算管理意见的通知》，当年，各地（市）加强城镇职工基本医疗保险费用结算管理，并将执行情况及时报至福建省医疗保险制度改革办公室。

2000年，根据国家有关医疗保险制度改革的方针政策，从省到设区市都先后制定一系列配套政策。各个统筹单位的医疗保险经办机构建立财务管理制度、内部审计制度、计算机操作管理制度、文件档案管理制度和挂牌服务制度等一系列规章制度。省财政厅转发财政部《关于加强职工基本医疗保险财务管理工作的通知》，要求各地结合实际情况，对国家公务员和依照公务员序列管理的有关人员，其单位应缴纳的基本医疗保险费、公务员医疗补助费，由同级财政部门按规定在预算中足额安排，统一下达到机关单位，由机关单位按规定的缴费率向社会保险经办机构缴纳职工基本医疗保险费。

2001年7月，省劳动和社会保障厅、省财政厅为解决福建省（不含厦门）各级社会劳动保险经办机构参加当地基本医疗保险统筹经费缴纳问题，出台《关于下达全省（不含厦门）社会劳动保险经办机构医疗经费预算的通知》，下达全省（不含厦门）各级社会劳动保险经办机构单位缴纳的基本医疗经费预算81.01万元。各设区市按照省下达的医疗保险经费预算及具体分配意见，结合当地医疗保险制度改革的启动和缴费等实际情况，将预算下达各县（市、区）社会劳动保险经办机构。下达的基本医疗经费预算专项用于缴纳各级社会劳动保险经办机构职工的基本医疗保险费，任何单位和个人不得随意截留、挪用。2002年，全省基本医疗保险基金收入20.8亿元，支出12.4亿元，实现医疗保险社会统筹和个人账户基金双结余。

2003年5月，省劳动和社会保障厅发出《关于对全省医疗保险基金进行财务专项检查的通知》，对全省医疗保险基金进行财务专项检查，各地劳动保障部门和医疗保险举办机构认真组织实施，开展自查自纠工作，配合专项检查工作。处理医疗保险违规典型案例。省医疗保险管理中心查出的两例非参保人员冒用医保卡就医骗保28万元的案件，移交公安部门依法处理。对一例医疗费用高达74万元的案例，联合有关部门介入调查处理，查出多收费8.2万元，串换费用8.9万元，且用辅助用品过多、剂量过大等问题。

2004年，针对各地医疗保险基金管理仍存在一些不容忽视的问题，如拖欠医疗保险费现象比较普遍，严重挤占挪用基金时有发生，银行账户开设和管理不规范，财会工作有待加强和规范，有的设区市统筹范围政策不统一等现象，省劳动和社会保障厅发出《关于全省医疗保险基金管理使用检查情况的通报》，要求各级劳动保障部门、审计部门搞好清欠工作，严格医保基金管理、使用程序，审核审批等制度，确保基金的安全完整和保值增值。通过强化医疗保险基金收支管理，扭转部分统筹地区收不抵支状况，全年基本医疗保险基金收入34.21亿元，比2003年增长29.1％；支出22.25亿元，增长33.2％，收支略有节余。

2005年，福建省加强定点医疗服务管理，控制医疗费用过快上涨，细化医疗保险服务管理的具体内容，重点对住院参保人员是否存在冒名顶替、串换3个目录项目和不合理用药、不规范检查等欺诈骗保行为进行重点监控。全省各级医疗保险经办机构稽核参保单位1.9多家，涉及参保人数86.9万人，查处少报人数8万多人，少报缴费基数5000多万元，少缴医疗保险费506万元，追缴补交基金288.6万元，省级医疗保险基金稽核检查出违规费用375万元。

## 四、信息系统建设

1998年，福建省开始建设医疗保险计算机管理系统。1999年，福建省医疗制度改革办公室下发关于医疗保险基金存储银行选择和计算机管理系统开发建设的指导性文件。各地抓紧医疗保险计算机管理系统建设工作，基本确定基金存储银行，并陆续进行计算机公司的选择确定工作。南平市实行医疗保险信息的电脑联网管理，促进医院信息化建设，提高科学管理水平。2000年，加快计算机信息系统建设工作，泉州市通过试运行评估，漳州市、省本级信息系统建设工作也走在全省各地前列，进入试运行阶段。当年，省劳动和劳动保障厅确定全省的医疗保险业务实行计算机管理。除三明和宁德两市外，省级和其余地市根据公平、公开、公正三原则，通过公开招标的办法完成承建医疗管理信息系统的公司的选择确定工作。省本级和漳州市抓紧机房装修和软件开发、硬件购置工作；福州、南平两市也已着手医疗保险管理信息系统开发建设的前期工作。福建省医疗制度改革办公室会同福建省卫生厅信息中心，召开医院信息管理部门有关人员参加的座谈会，讨论研究医疗保险管理系统和医院接口规范等问题。泉州市医疗保险改革工作起点高，步伐大，完成机房装修和主机安装，并初步完成软件开发工作；在全省新启动实施的设区市中率先实现全市联网，建立起覆盖各县(市、区)、乡镇的医疗保险计算机管理网络。

2001年，全省9个设区市和省本级共投资1.7亿元，建设医疗保险经办机构的计算机信息管理系统，通过医疗保险经办机构与各定点医疗机构间的计算机网络，提高管理效率。7月，福建省医疗保险管理中心发出《关于加强医疗保险信息系统数据安全备份措施通知》，各地医疗保险管理机构、建立资源数据库，确保数据备份永久安全，实现信息网络系统所有医疗保险数据的异地备份。

2002年，全省9个设区市和省本级全部建成医疗保险计算机信息系统，大多数设区市实现市、县（区）、乡（镇）医疗保险信息管理系统的三级联网，建立起对定点医疗机构参保人员就诊医疗费用的计算机稽核监控制度，实现住院、特殊门诊、普通门诊实时管理和监控。是年，全省实现了医疗保险计算机信息系统管理，进一步提高了医疗服务管理水平和运行质量。

2003年，福建省开发医疗保险基金收支监控系统，省本级实施计算机稽核、监控和就医“一卡通”试点，大部分定点医院实现日清单传送，并开始实施病历首页传送。

2005年，福建省针对就业人员流动频繁、异地就医人数逐年增多的新情况，开始探索在不统一医保政策、不转移医保关系、不改变待遇标准、不影响常规就医流程的前提下，通过实施全省医疗保险信息系统联网、搭建异地就医医疗费用稽核与结算平台、统一全省技术规范与业务流程等手段，实现参保人员省内异地持卡就医、费用实时结算，解决参保人员异地就医费用垫付多、报销难、负担重及医保经办机构监管不到位等问题。

# 第九章　工伤与生育保险

1991 年，福建省开展企业职工工伤保险制度和生育保险的改革试点。至 1994 年，全省已有 44 个市（县）开展了工伤保险改革，35 个县（市）开展生育保险制度改革，近 4000 个企业单位的 25 万名职工参生育保险社会统筹。

1995 年，全省实施统一的企业职工工伤保险制度，工伤保险基金实行地（市）级统筹并建立省级调剂金制度。其后，全面建立并实施城镇企业职工生育保险制度。

2001 年，福建省配合城镇职工基本医疗保险制度实施，在全国率先开展机关事业单位职工工伤、生育医疗费用统筹管理。此后，贯彻国务院《工伤保险条例》，制定配套政策，加强工伤认定和劳动能力鉴定。实施《福建省女职工劳动保护条例》，促进生育保险工作。

2005 年，全省工伤保险参保人数达到 207.77 万人，参加生育保险达到 130.69 万人，参加机关事业单位职工工伤、医疗费用统筹管理的职工人数达到 31.37 万人。

## 第一节　工伤保险

### 一、制度建设

1991 年，福建省一些地方学习将乐、霞浦两县开展企业职工工伤社会保险制度改革试点的做法，改革工伤保险制度，完善社会保险体系建设，保障工伤职工及工亡职工供养亲属的基本生活，补偿职业性伤害带来的经济损失，促进企业加强安全生产管理。

1992 年 3 月，省劳动局下发《关于印发福建省一九九二年社会保险工作要点的通知》，总结在将乐、霞浦两县开展工伤保险制度改革试点的成效。省劳动局下发《关于工伤保险制度改革范围问题的批复》，就中央在闽企业是否纳入地方统筹问题请示劳动部，除经国务院批准的铁路企业外，其他中央属企业均纳入当地劳动部门管理的工伤保险改革范围，并由当地社会保险机构负责办理企业职工工伤保险具体业务。

同年，三明市又有 2 个县出台实施工伤保险改革方案。宁德地区工伤保险扩大试点方案上报地区行署审批。各地劳动部门对 1500 多家“三资”企业 10 万多名中方职工的情况进行调查，为全省建立外商投资企业中方职工工伤保险制度奠定基础。当年，宁德地区、三明市、龙岩市的 16 个县（市）试行工伤保险改革，参保职工达 15.6 万人，有 48 人次工伤（亡）职工按规定领到工伤（亡）补偿金 37.97 万元，人均 3497.92 元，工伤事故率仅为

0.31‰，较1991年下降50%。

1993年，福建省工伤保险制度改革在试点成功的基础上，由1992年的16个县（市）扩大到37个县、市（其中宁德、漳州两地，市实行地、市级统筹），参保职工29.63万人，分别较上年增长131.3%和89.8%。将乐县建立工伤保险制度、促进企业安全生产的经验材料，被劳动部选送到亚太地区安全学术会议上交流，得到好评。

1994年，福建省工伤保险试点覆盖面继续扩大。全省有44个市（县）开展工伤保险改革，比上年增加7个。参保企业单位和职工人数分别达到4400家和35万人。在总结试点经验的基础上，经过3年的调查论证，省政府于12月12日批转省劳动厅、省财政厅、省体改委制定的《福建省企业职工工伤保险试行规定》，决定从1995年1月1日起，实行全省统一的企业职工工伤保险制度，福建省成为全国第四个实施法定工伤保险的省份。《福建省企业职工工伤保险试行规定》根据“以支定收、留有储备”的原则征集工伤保险基金，保费由企业缴纳，职工个人不缴保费。企业缴纳保险费的费率根据各行业工伤风险类别和伤亡事故及职业病发生频率确定，分别按企业月工资总额的0.5%—1.5%比例计提保险费。同时扩大工伤保险的覆盖范围，由国有企业扩展到股份制企业、城镇集体企业、联营企业的全部职工以及外资企业的中方职工。按照国家统一制定的评残标准确定伤残程度，调整待遇结构和标准；提高享受工伤保险的待遇标准，强化工伤事故预防措施和明确违反工伤保险规定应承担的法律责任。

1995年，《福建省企业职工工伤保险试行规定》实施后，实行工伤保险地（市）级统筹并建立省级调剂金制度，打破城镇企业不同所有制、不同职工身份界限，国有企业、股份合作制企业、城镇集体企业、联营企业的全部职工及外商投资企业的中方职工都纳入统筹范围；实行差别费率和浮动费率，建立起工伤保险缴费与企业安全生产状况挂钩的激励机制。同时，配套建立健全劳动鉴定制度，实行企业管理与社会管理相结合的办法。是年，全省工伤保险制度改革普遍展开，工伤保险与工伤预防的工作通过试点，总结经验，逐步推开。全省68个市县实施工伤保险改革，纳入统筹的企业8900家。较1994年增加4500家，增长102.5%；在职职工83.64万人，较1994年增加48.49万人，增长137.9%。

1996年，福建省工伤保险制度改革已在80个县、市、区推开，纳入统筹的企业1.34万家，较上年增加4566家，增幅51.3%；在职职工121.13万人，较1995年增加37.5万人，增幅44.8%。工伤保险具有收费低、待遇水平高、社会化服务程度高的特点，深受企业欢迎，取得良好的社会效果。

1997年5月，福建省召开工伤保险与工伤预防相结合有关问题的专题协调会，根据《福建省企业职工工伤保险试行规定》，就工伤保险与事故预防相结合工作中，按一定比例合理提取和使用工伤预防费及鉴定费问题进行认真研究并形成一致意见，会后印发《关于工伤保险与工伤预防相结合有关问题的专题会议纪要》。福建省社会保险局根据会议议定内容，按照《福建省企业职工工伤保险暂行规定》的有关精神，向省财政厅申请提取5%—8%的工伤预防费和2%的管理费。省劳动厅发布《关于进一步做好工伤保险与工伤预防相结合工作的通知》，明确工伤保险制度具有预防、康复和补偿三大任务。当年，在全省85个县、市、区开展工伤保险，纳入统筹的企业1.49万家，比1996年增加1447家，增幅10.75%；在职职工125.62万人，增加4.49万人，增幅3.71%。

2000年9月，省劳动和社会保障厅、省财政厅联合下发《关于邮电企业工伤保险管理费和企业安全奖励金提取比例的批复》，根据《福建省企业职工工伤保险试行规定》中关于“企业在一年内未发生工伤事故的，社保机构于下年元月份按其上年度企业缴纳工伤保险基金总额的5%作为企业安全奖励金”的规定，决定对邮电企业一年内未发生工伤事故的，按其缴纳工伤保险基金总额的5%提取企业安全奖励金。同时为做工伤事故的预防、宣传和监督检查工作，同意按其工伤保险基金收入的7%提取工伤事故预防服务费，以上提取比例暂定3年。

2001年，福建省在全国率先开展机关事业单位工伤医疗费用统筹。先后有省本级、龙岩市、泉州市、福州市、漳州市和宁德市出台了机关事业单位工伤、生育医疗费用统筹管理办法，当年，6个统筹地区参加机关事业单位职工工伤医疗费用统筹管理的职工人数达到24.13万人。全省参加工伤保险的职工134.91万人。

2003年4月，国务院发布《中华人民共和国工伤保险条例》，各类企业、有雇工的个体工商家均应为本单位全部职工或者雇工缴纳工伤保险费。省政府出台《关于实施〈工伤保险条例〉做好工伤保险工作有关问题的通知》，各统筹地区按照“设区市统筹、省级调剂”的体制落实并确定工伤保险的具体费率；各市、县（市、区）经办机构按照行业分类和当地基准费率标准，开展工伤保险参保登记和缴费工作；各级经办机构落实《工伤保险条例》规定，切实维护工伤职工的合法权益；落实《工伤保险条例》规定的缴费基数和待遇计发基数；加强组织机构建设，履行工伤认定的法定职责；建立健全劳动能力鉴定机构，全面开展有劳动能力鉴定工作；继续开展机关事业单位工伤医疗费用统筹工作。9月，省劳动和社会保障厅召开全省贯彻《工伤保险条例》工作会议，部署贯彻实施《工伤保险条例》的各项准备工作。当年，全省参保职工人数达到144万人，累计近800名工伤职工享受到工伤保险待遇。省本级、福州、泉州、龙岩、宁德等6个统筹地区开展机关事业单位职工工伤医疗费用统筹管理，覆盖人数达28.24万人。

2004年4月，省政府印发《福建省实施〈工伤保险条例〉办法的通知》。将《工伤保险条例》授权省级人民政府制定的统筹层次、五级至十级工伤职工一次性医疗补助金和伤残就业补助金的具体标准等6项政策全部进行细化。9个设区市政府也按照《工伤保险条例》的授权，颁发了相应工伤保险配套文件。工伤保险费根据以支定收、收支平衡的原则，确定费率，还根据不同行业的工伤风险程度确定行业的差别费率，差别费率的标准按照行业类别规定为职工工资总额的0.5%、1.0%、2.0%左右，工伤保险费由用人单位按照本单位职工工资总额乘以单位缴费费率之积缴纳，个人不缴费，实行财政专家储存，并实行收支两条线。

工伤保险费率可以根据用人单位的工伤保险费使用、工伤发生率、职业危害程度等因素，1—3年浮动一次。可以在行业基准费率的基础上，上下各浮动两档。同年，福州市劳动和社会保障局根据福州市餐饮、美容美发及洗浴行业企业和有雇工个体工商家的用工特点，制定《关于福州市餐饮、美容美发、洗浴行业农民工参加工伤保险试行办法》。当年，全省参加工伤保险的企业职工176.20万人，比2003年增长22.4%；全年工伤保险基金收入2.06亿元，支出7600万元，基金累计结余6.69亿元。参加机关事业单位职工工伤、医疗费用统筹管理的职工人数29.21万人。

2005年，省劳动和社会保障厅出台《福建省工伤保险几个政策问题的处理意见》，首次就福建省工伤保险的相关政策做出具体规定。出台《福建省劳务派遣人员工伤保险管理试行办法的通知》《转发劳动保障部关于确定劳动关系有关事项的通知》《关于一至四级因工伤残农民工工伤保险长期待遇一次性支付有关问题的通知》等工伤保险配套政策文件，完善工伤保险相关政策。龙岩市劳动和社会保障局印发《关于贯彻〈龙岩市人民政府关于进一步加强煤矿安全生产工作的意见〉，切实做好工伤保险工作的通知》。加大煤矿企业参加工伤保险力度。煤矿企业所有从业人员均应参加工伤保险，做到应保尽保。当年，全省工伤保险参保人数达到207.77万人，比2004年增加31.57万人。参加机关事业单位职工工伤、医疗费用统筹管理的职工人数达到31.37万人，比2004年增加2.16万人。

## 二、基金征缴

1991年，将乐、霞浦两县试点工伤保险改革，工伤保险基金的统筹，本着“以支定收、留有储备”的原则，企业按照工伤事故频率实行差别费率，以工资总额的0.5%—1.5%交纳保费，并结合安全考绩，调整费率。1993年，福建省开展工伤保险制度改革试点的37个县市，共征缴工伤保险费547万元。

1995年1月1日，实施《福建省企业职工工伤保险试行规定》，工伤保险基金按“以支定收、留有储备”的原则，由当地社会保险经办机构统一筹集，专项储存、专款专用。工伤保险基金根据行业风险类别和工伤频率实行差别费率，以企业职工工资总额为基数征收，标准为：矿山、建筑、冶炼、化工、交运、海运、森工行业的企业1.5%，其他行业的生产性企业1%，其他行业的经营性企业0.5%。工伤保险基金实行地（市）级统筹，省级部分调剂，财政专家储存的管理体制。地（市）按征集工伤保险基金总额的5%上缴省作为调剂储备金。各级社会保险经办机构工伤保险基金年终结余存入同级财政部门专家，专款专用。当年征集的工伤保险基金收不敷支时，由当地社会保险经办机构提出报告，从财政专家中拨付，再不足时，向省社会劳动保险公司申请调剂或由当地财政部门垫付。社会保险经办机构应根据企业安全生产状况，对其缴纳的工伤保险费实行浮动费率。浮动标准定为，连续两年有或无工伤事故企业，可在原差别费率1.5%、1%和0.5%的基础上分别上下浮动其下年度费率的0.3%、0.2%和0.1%，直至2%最高费率或0.3%最低费率；企业当年发生工伤事故，其工伤保险费用支出超过当年缴纳工伤保险费总额的85%时，从下年度起恢复原缴费费率。到年底，全省工伤保险基金收入3100万元，较上年同期增加2240万元，增长260.5%。

2004年4月，省政府印发《福建省实施工伤保险条例办法》，规定工伤保险实行差别费率和浮动费率制度，由统筹地区劳动保障行政部门会同有关部门根据用人单位工伤保险费使用情况、工伤发生率、职业病危害程度及必要的风险储备金等因素提出具体办法，并征求工会组织和用人单位代表意见，报统筹地区人民政府批准后执行。统筹地区经办机构根据工伤保险费率浮动办法确定用人单位费率浮动档次。

同年，龙岩市劳动和社会保障局、市财政局、市卫生局、市安全生产监督管理局联合下发《关于龙岩市用人单位工伤保险费率问题的通知》。规定用人单位工伤保险费率按三类行业的最低基准费率确定，即一类为风险较小行业，基准费率为0.5%；二类为中等风险行业，基准费率为1.0%；三类为风险较大行业，基准费率为2.0%。其中，福建省煤电股份有限公司、福建省红炭山矿业有限责任公司，由于工伤发生率高、职业病职工较多，历年来收不抵支，2004年其征缴费率按2.4%确定。二、三类行业的工伤保险费率实行浮动，从2005年起每两年浮动一次。费率浮动按每两年在行业基准费率的基础上，上下各浮动两档：上浮第一档到本行业基准费率的120%，上浮第二档到本行业基准费率的150%；下浮第一档到本行业基准费率的80%，下浮第二档到本行业基准费率的50%。漳州市、莆田市、宁德市均下发工伤保险费率问题的通知，根据三类行业的工伤风险程度，制定相应的工伤保险费率。当年，全省工伤保险基金收入2.06亿元。2005年，全省工伤保险参保人数达到207.77万人，机关事业单位职工工伤医疗费用统筹管理参保人数达到31.37万人，当年征收工伤保险基金2.43亿元。

## 三、工伤认定

1991年，福建省工伤认定由县级以上劳动部门劳动安全监察机构负责，在企业工伤事故中伤亡的职工均认定为工伤。1992年，全省16个试行工伤保险改革的县（市）认定工伤（亡）职工48人。1993年全省37个试行工伤保险改革的县（市）认定工伤（亡）职工46人。

1995年1月1日，实施《福建省企业职工工伤保险试行规定》，工伤认定改由县级以上劳动部门社会保险机构负责。对工伤范围进行界定，明确职工因下列情况之一负伤、致残或死亡的属于工伤保险范围：从事企业日常生产、工作或企业领导临时指派与生产有关工作的；在紧急情况下，虽未经企业领导指定，而从事有益于本企业工作的，或从事抢险救灾救人等维护国家、社会和人民群众利益的；在生产工作环境中接触职业性有毒有害因素造成职业病的；在本企业生产工作区域内遭受不可抗拒的意外伤害的；因公外出期间执行公务时，发生伤害事故或患重病没有医疗抢救条件导致残疾、死亡以及失踪的；复员转业军人因公、因战致残后旧伤复发的；劳动部门认定的其他工伤。并规定职工经县以上劳动鉴定委员会认定为工伤或经职业病防治机构确诊为职业病的，企业应向社会保险经办机构申报。职工个人或亲属应在2个月内向有关部门办理申请工伤保险待遇手续。全省68个开展工伤保险改革的县（市）认定工伤（亡）职工263人。

1997—2000年，全省分别认定工伤（亡）职工1217人、1590人、2136人、3463人，呈逐年上升趋势。

2003年4月，国务院发布《工伤保险条例》，对职工工伤、视同工伤及不得认定为工伤或者视同工伤的情形做出规定，同时规定工伤认定由统筹地区（设区市）劳动保障部门负责。同年9月，劳动和社会保障部颁布《工伤认定办法》，明确工伤认定的程序，工伤认定逐步统一和规范管理。当年，福建全省受理并作出工伤认定决定5453起。

2004年2月，厦门市劳动和社会保障局印发《工伤认定办法》实施细则，规范工伤认定申请和工伤认定工作。4月，省政府印发《福建省实施工伤保险条例办法》，规定工伤保险基金实行全市统筹的设区市劳动保障行政部门可以委托县、市、区劳动保障行政部门承担工伤认定的具体工作。用人单位、工伤职工或其直系亲属、工会组织依法作为工伤认定申请人的，应在规定时间内向用人单位所在地统筹地区劳动保障行政部门，或受设区市委托的县（市、区）劳动保障行政部门提出工伤认定或视同工伤认定的申请。当年，全省各级劳动保障行政部门受理工伤认定申请10445件，做出工伤认定决定10317件。

2005年，贯彻《工伤保险条例》，省政府和9个设区市政府出台《工伤保险条例》实施办法。省劳动和社会保障厅出台《福建省工伤保险实施平安计划工作方案》，解决煤矿、非煤矿山企业等高风险企业和大部分建筑企业农民工参加工伤保险问题，农民工受到事故伤害或者患职业病后，在生产经营地进行工伤认定。当年，全省完成工伤认定15541件。

## 四、劳动能力鉴定

1992年7月，省劳动局、省卫生厅、省人事局、省总工会印发《福建省劳动鉴定暂行办法》，规定省、地（市）、县（市、区）和各单位建立劳动鉴定委员会或鉴定小组，聘请有关劳动行政管理人员及医疗专家10—15人组成技术诊断组和评残鉴定组，开展劳动鉴定工作。

1993年，福建省37个试行工伤保险改革的县（市）认定工伤（亡）职工46人，其中15名伤残人员由劳动鉴定委员会根据劳动部、卫生部《职工工伤与职业病致残程度鉴定标准》进行伤残鉴定，一级—四级的4人，五级—六级的5人，七级—十级的6人。

1995年1月1日，实施《福建省企业职工工伤保险试行规定》，规定职工工伤致残医疗终结后，由企业劳动鉴定委员会按劳动部、卫生部《职工工伤与职业病致残程度鉴定标准》提出鉴定伤残等级意见，报县以上劳动鉴定委员会评定伤残等级后，由同级劳动部门发给因工伤残等级证件。县以上劳动鉴定委员会应对伤残等级定期复查，根据复查鉴定结论安排试工、复工、调整岗位或调整工伤待遇。劳动能力鉴定工作适应统筹层次，实行省、地（市）、县（区）三级鉴定程序，大量的鉴定在县（区）、地（市）两级完成，每年申请省级鉴定的案例极少。当年，全省进行伤残鉴定200余人。12月，厦门市政府制定颁布《厦门市劳动鉴定办法》。明确规定厦门市劳动鉴定委员会是劳动能力鉴定的法定机构，其做出的劳动能力鉴定结论具有法律效力。厦门市劳动鉴定委员会由劳动、卫生、人事、总工会、安委办和社会保障事业管理中心等有关部门的人员组成。市劳动鉴定委员会设立内科、外科，职业病和一般肢残外伤（五—十级）等4个医疗技术鉴定组，对伤病人员提出劳动能力鉴定意见。市劳动鉴定委员会设立医疗技术复审组，对申请复审的劳动能力鉴定案件提出复审意见。复审结论为终审结论。被鉴定人到指定的医疗机构为劳动鉴定进行各项检查所需的费用，由用人单位承担。

1996年4月，省政府批准成立省劳动鉴定委员会，指导全省劳动鉴定工作。委员会下设办公室负责日常工作，办公室设在省劳动厅社会保险处，承担单位或者个人对设区的市级劳动能力鉴定委员会做出鉴定结论不服的再次鉴定申请的具体受理等服务工作；承担省劳动能力鉴定委员会的日常工作。1997年，全省进行伤残鉴定1113余人。

2001年7月，根据政府机构改革后部门职能和人事变动的实际情况，经省政府办公厅批准，对省劳动鉴定委员会成员单位进行调整，办公室挂靠省劳动和社会保障厅医疗保险处，由于没有专门编制，日常工作由当时的医疗保险处兼管和组织开展鉴定工作。

2003年11月，省劳动和社会保障厅、省人事厅、省卫生厅、省总工会、省企业与企业家联合会转发劳动和社会保障部、人事部、卫生部、中华全国总工会、中国企业联合会《关于劳动能力鉴定有关问题的通知》。各地抓紧建立健全工伤保险有关组织机构，积极开展配套政策的制定、学习培训和摸底调查等准备工作，力争在年内夯实各项基础准备工作，确保《工伤保险条例》顺利实施。当年，全省各级劳动能力鉴定委员会受理并做出劳动能力鉴定结论7634件（含病残鉴定）。

2004年4月，省政府印发《福建省实施〈工伤保险条例〉办法》，明确省和设区市设立劳动能力鉴定委员会，省劳动能力鉴定委员会制定劳动能力鉴定规则。省和设区市劳动能力鉴定委员会按照劳动能力鉴定规则进行劳动能力鉴定，同时对鉴定申请人、申请程序、工作时限、鉴定专家小组组成等提出规范性要求。当年，全省各级劳动能力鉴定委员会受理劳动能力鉴定5164件，做出鉴定结论4880件。

2005年，省劳动和社会保障厅专门就未参加工伤保险农民工的工伤认定和劳动能力鉴定管辖权问题出台文件。规定用人单位注册地与生产经营地不在同一统筹地区的，不论用人单位是否已经办理保险参保手续，其确立劳动关系的农民工，凡未参加工伤保险的，在农民工受到事故伤害或患职业病时，本着方便就近原则，在生产经营地进行工伤认定和劳动能力鉴定，并按生产经营地的规定依法由用人单位给付工伤保险待遇。当年，福建全省完成劳动能力鉴定8450件。

## 五、工伤保险金支付

1992年，宁德、三明、龙岩3地（市）的16个县（市）试行工伤保险改革，有48人次工伤（亡）职工按规定领到了工伤（亡）补偿金 37.97 万元，人均 3497.92 元。1993 年，全省 37 个开展工伤保险改革的县、市、区，有 46 人次工伤（亡）职工（或遗属）按规定共领取 39.83 万元工伤（亡）补偿金，人均支付工伤（亡）补偿金 8658 元。

1995 年 1 月 1 日，实施《福建省企业职工工伤保险试行规定》，对工伤职工的工伤保险待遇做了明确规定，职工因工负伤或患职业病的医疗费，由社会保险机构支付。伤残职工需要安装康复辅助器具的，由医院提出意见，报县以上劳动鉴定委员会审批，其所需费用按国产普及型标准由社保机构支付。职工工伤全残需要护理的，由社保机构以当地上年度统筹企业职工月平均缴费工资为基数，根据护理依赖程度等级按月支付护理费。职工因工致残被鉴定为一级至四级的，退出工作岗位，其待遇由社保机构以当地上年度统筹企业职工月平均缴费工资为基数，发给一次性伤残补助金，按月发给定期伤残抚恤金，发给 12 个月易地安置所需的费用。职工因工致残被鉴定为五级至十级的，由社保机构以当地上年统筹企业职工月平均缴费工资为基数，发给一次性伤残补助金，合同期限内由企业安排适当工作。合同期满后，原则上应续订合同，对被鉴定为五级和六级的职工，安排工作确有困难，企业可按月发给本人工资的 70%，离岗休养至达到法定退休年龄办理退休手续时止。职工本人愿意自谋职业的，企业可按规定发给一次性辞退补助费和伤残就业安置费。职工因工死亡，其待遇由社保机构以当地上年度统筹企业职工月平均缴费工资为基数，支付丧葬补助费，供养亲属定期抚恤金。同时对一次性伤残补助金、定期伤残抚恤金、易地安置费、丧葬补助费、定期抚恤金的具体标准做了规定。当年，全省工伤保险基金支出 632.24 万元，其中工伤费用 326 万元，为 263 名职工支付人均 1.24 万元的工伤待遇，历年累计结余 812 万元。

1997 年，福建省工伤保险基金支出 2270 万元，全省享受工伤保险待遇的伤残职工和遗属 1217 人，人均伤残抚恤金 5921 元，因工死亡人员人均抚恤金 3.38 万元。

2004 年 4 月，省政府印发《福建省实施〈工伤保险条例〉办法》，对《工伤保险条例》中工伤保险待遇的一些规定做了细化，规定五级至十级工伤职工一次性工伤医疗补助金和伤残就业补助金合并计算。其标准按照所在统筹地区最后一次公布的人口平均预期寿命与解除或者终止劳动关系时年龄之差和统筹地区上年度职工月平均工资为基数计算：五级，每满一年发给 1.4 个月；六级，每满一年发给 1.2 个月；七级，每满一年发给 0.8 个月；八级，每满一年发给 0.6 个月；九级，每满一年发给 0.4 个月；十级，每满一年发给 0.3 个月。不满一年的按一年计算。五至六级工伤职工一次性工伤医疗补助金和伤残就业补助金低于 30 个月的，按 30 个月支付；七至八级工伤职工一次性工伤医疗补助金和伤残就业补助金低于 20 个月的，按 20 个月支付，九至十级工伤职工一次性工伤医疗补助金和伤残就业补助金低于 10 个月的，按 10 个月支付。患职业病的工伤职工，一次性工伤医疗补助金和伤残就业补助金在上述标准的基础上增发 30%。同年，宁德市政府下发《关于企业工伤保险有关问题的通知》，对工伤职工伤残津贴、供养亲属抚恤金和生活护理费进行调整：工伤职工伤残津贴和供养亲属抚恤金按《工伤保险条例》规定的标准按月支付，随着职工工资水平的提高，每年

7月1日社保经办机构核查两项待遇，当出现作为原计算基数的工伤职工本人工资低于本市上年度职工平均工资的60%时，以职工平均工资的60%作为计算基数重新核定伤残津贴和供养亲属抚恤金。重新核定的各供养亲属的抚恤金之和不应高于职工平均工资的60%。伤残职工生活护理费按《工伤保险条例》规定标准按月支付，每年7月1日社保经办机构应根据全市上年度职工平均工资的变化情况进行调整。7月，泉州市劳动和社会保障局依据《工伤保险条例》规定，为在3月11日于泉州市勇斗窃贼中不幸被害，并被市公安局确认为见义勇为行为的中国银行泉州分行原保卫干事许少强认定为视同工伤，及时为其直系亲属支付一次性工亡补助金和丧葬补助金共72270元，其儿子及母亲也被确定为供养对象，由工伤保险基金按月发给供养亲属抚恤金。当年，全省为10317名工伤职工支付工伤保险待遇7600万元，历年滚存节余7.26亿元。

2005年4月，省劳动和社会保障厅下发《关于一至四级因工伤残农民工工伤保险长期待遇一次性支付有关问题的通知》，一至四级伤残农民工自愿一次性领取工伤保险长期待遇(含应长期支付的各项工伤保险待遇)的，一次性待遇支付标准按照统筹地区最后一次公布的人口平均预期寿命与伤残农民工发生事故伤害或者被诊断为职业病之日时年龄之差和统筹地区上年度职工月平均工资为基数计算，具体标准为：一级，每满一年发给2.2个月；二级，每满一年发给2.0个月；三级，每满一年发给1.8个月；四级，每满一年发给1.6个月；不满一年的按一年计算。一至二级伤残农民工一次性领取的工伤保险待遇低于60个月的，按60个月计算；三至四级伤残农民工一次性领取的工伤保险待遇低于50个月的，按50个月计算；患职业病的伤残农民工。一次性领取的工伤保险待遇在上述标准的基础上增发30%。是年，全省为15541名工伤职工支付工伤保险待遇1.03亿元，历年滚存节余8.72亿元。

表9-1　**1992—2005年福建省企业职工工伤保险情况表**

单位：万人、万元

| 年份 | 参保人数 | 基金收入 | 基金支出 |
|---|---|---|---|
| 1992 | 15.6 | — | 37.97 |
| 1993 | 29.63 | 547 | 39.83 |
| 1994 | 35 | 960 | — |
| 1995 | 83.64 | 3100 | 632.24 |
| 1996 | 121.13 | 5444.38 | 1669.11 |
| 1997 | 125.62 | 6253 | 2270 |
| 1998 | 126.03 | 8165 | 2875 |
| 1999 | 128.95 | 9306 | 3081 |

续表

| 年份 | 参保人数 | 基金收入 | 基金支出 |
|---|---|---|---|
| 2000 | 132.96 | 10400 | — |
| 2001 | 134.91 | 11400 | 4400 |
| 2002 | 143.05 | 14800 | 4900 |
| 2003 | 144 | 18100 | 6400 |
| 2004 | 176.20 | 20600 | 7600 |
| 2005 | 207.77 | 24300 | 10300 |

## 第二节　生育保险

### 一、生育保险统筹

1991年，莆田市政府借鉴上年龙海市、福鼎市、霞浦县、寿宁县等地试行女职工生育基金统筹补偿办法的做法，总结全市进行女职工生育基金统筹试点的经验，印发《莆田市企业职工生育保险规定》，在全市开展城镇企业职工生育保险制度改革。1992年，莆田市、福鼎县试行女工生育基金社会统筹参保的企业达931家6.18万人。1993年8月，宁德地区行署批转地区劳动局、财政局、妇联、工会、计生委联合上报的《宁德地区企业职工生育保险社会统筹暂行办法》。漳州市政府也出台相关政策推进城镇企业职工生育保险试点工作。

1994年12月，劳动部发布《企业职工生育保险试行办法》，规定自1995年1月1日起生育保险按属地原则组织实施，费用实行社会统筹；其覆盖范围包括城镇企业及其职工。当年，全省有35个县（市）开展生育保险制度改革，3376家企业、26.9万名职工参加生育保险。

1996年7月，省政府发布实施《福建省企业职工生育保险规定》，在全省全面建立并实施城镇企业职工生育保险制度，覆盖对象包括本省行政区域内所有国有企业、股份制企业、城镇集体企业、私营企业及其全部职工，外商投资企业及其中方职工。当年，全省有56个市县的7496家企业、61.31万名职工参加生育保险，较上年分别增加2860家、25.01万人；增幅61.7%，68.9%。

2000年，全省参加生育保险的职工93.82万人，其中女性参保职工37.97万人，占生育保险参保职工总数的40.47%；比上年末净减5.83万人，负增长5.85%。

2001年1月，省劳动和社会保障厅、省财政厅联合下发《福建省省、部属驻榕机关事业单位职工工伤、生育医疗费用统筹管理试行办法》，在省、部属各驻榕机关事业单位开展生育医疗费用统筹管理工作。福州市、泉州市、龙岩市、漳州市、宁德市相继转发文件并陆续实施机关事业单位生育医疗费用统筹工作。用人单位按照其工资总额的0.7%缴纳生育保险费，职工个人不缴费。参保职工的产假工资仍从原渠道开支，由财政支付。生育医疗费统筹基金依托城镇职工医疗保险信息系统，参照医疗保险“三目录”（药品目录、诊疗项目目录、医疗服务设施标准）管理办法，与定点医疗机构实时刷卡结算，全部用于支付生育医疗费。当年，6个统筹单位参加机关事业单位职工生育医疗费用统筹管理的职工人数达到24.13万人。

2003年6月，厦门市结合全省各地生育保险制度实施情况，参考和借鉴“上海模式”，制定出台了《厦门市企业职工生育保险暂行办法》，对辖区内除机关、非企业化管理的事业单位外所有具有厦门市家籍的企业职工实施生育保险制度。当年，福建省参加生育保险的职工111.24万人，全省机关事业单位参加生育医疗费用统筹28.11万人。

2005年，实施省人大常委会颁布的《福建省企业女职工劳动保护条例》，用人单位依法参加生育保险，如实申报本单位职工人数、工资总额，并按月足额缴纳生育保险费，缴纳的生育保险费转入生育保险基金账户。当年，全省城镇企业职工参加生育保险达到130.69万人，机关事业单位参加生育医疗费用统筹达31.06万人。

## 二、基金征缴

1993年，福建省有24个县试行生育保险改革，其中莆田、漳州、宁德3个地、市实行了生育保险基金地、市级统筹，全年征收生育保险费189.19万元，期末累计结存244.32万元。

1995年，福建省生育保险试点全面展开，全省生育保险基金收入775万元，较1994年增加384万元，增长98.2%，历年累计结余812万元。

1996年5月，省政府颁布《福建省企业职工生育保险规定》，生育保险根据以支定收、收支基本平衡的原则筹集资金。企业按其工资总额（外商投资企业按中方职工工资总额）的0.7%按月向当地社会劳动保险机构缴纳生育保险费，列入企业成本费用支出。职工个人不缴纳生育保险费。除厦门市的缴费比率确定为0.8%外，各设区市起初的缴费比例均为0.7%。在当期生育保险基金屡次出险后，南平市、莆田市、漳州市人民政府先后下文分别将缴费比率上浮至0.9%。生育保险机构实行地（市）级统筹的管理体制，生育保险基金实行设区的市统筹。全省除厦门市、宁德市、莆田市、南平市实施设区市统筹外，福州市、泉州市、漳州市、龙岩市、三明市仍为县级统筹。生育保险基金由劳动部门所属的社会保险经办机构负责收缴、支付和管理。当年，全省生育保险基金总收入1203万元，比上年增收428万元，结余505万元，历年滚存积累1315万元。

2003年，厦门市实行养老、医疗、工伤、生育和失业五项社会保险经办合一，社保登记申报和征缴业务工作一并移交地税机关统一办理。其他地方仍由社会保险经办机构负责征缴。当年，全省征收生育保险基金7700万元，历年累计结余9000万元。

2004年，福州市、泉州市也开始实施“五险统一，地税代征”试点，生育保险费由地税机关统一征缴。宁德等其余6个设区市的征收体制尚未改变，仍由社会保险机构负责征收。当年，全省征收生育保险基金1.27亿元，历年累计结余1.54亿元。2005年，全省征收生育保险基金1.35亿元，历年累计结余2.04亿万元。

## 三、生育保险待遇

1992年，莆田市、福鼎县试行女工生育基金社会统筹，参保企业中有197名生育女工领到生育补偿金共16.78万元，人均851.78元。1993年，全省已有24个县试行女职工生育保险，参保的企业有486名生育女工共领到生育补偿金43.62万元，人均897.53元。

1995年，全省有40个市县的4636家企业、362968名职工参加了生育保险，基金支出426万元，较1994年同期增加253万元，增长146.2%。为2868人支付人均1400元的生育待遇，历年累计结余812万元。

1996年7月，根据实施的《福建省企业职工生育保险规定》，城镇企业参保职工生育符合本省计划生育规定的，生育保险经办机构对其发放相应的生育保险待遇。女职工在法定产假期间，生育保险基金按月支付生育津贴。生育津贴标准为上年度本企业职工月人均缴费工资。男职工配偶未享受生育保险待遇的，由生育保险基金给付一次性生育补助金，其标准按本单位女职工生育津贴的50%发给。女职工生育的产前检查费、接生费、手术费、住院费和药费由生育保险基金支付。自费药品、营养药品的药费和医疗服务费由职工个人负担。由于生育医疗费上涨较快，生育保险基金不敷使用，厦门市将生育医疗费用列入医疗保险报销范围，实行药品、诊疗项目和医疗服务设施标准“三目录”管理，与定点医疗机构实时刷卡结算；宁德等大部分设区市多采取定额报销的办法报销生育医疗费，顺产平均报销700—1200元，剖腹产平均报销1500—3000元。当年，全省生育保险基金支出692.91万元，较1995年增加266.91万元，增幅62.7%，为3452人支付人均1846.96元的生育待遇，历年累计结余1322.5万元。

1997年，全省有75个市县的11623家企业、106万名职工参加生育保险，基金支出1762万元，较1996年增加1071万元，增幅154.99%。全省有5633名生育女职工和1155名男职工享受生育保险待遇，人均生育补偿费用2483元。

2002年，厦门市开发设计生育保险软件运行模块，建立生育保险数据库，利用生育保险信息化管理平台，实行生育津贴社会化发放管理。同时借助医疗保险的管理服务措施和手段，实行定点医疗机构协议管理，实施与医疗保险统一管理的生育保险医疗服务管理模式。福州市、泉州市实行地税代征后，也探索实施生育津贴社会化发放管理试点。宁德市等其余6个设区市仍然采取手工报销的办法，维持生育保险经办机构与企业直接结算并支付生育保险待遇的经办管理模式。当年，福建全省支出生育保险基金4700万元。

2005年，实施《福建省女职工劳动保护条例》，增加生育津贴受益的对象，在领取失业保险金期间分娩的失业人员，失业前其所在单位已参加生育保险的，可以向所在地生育保险经办机构领取相当于本人三个月失业保险金的生育补助。当年，全省生育保险基金支出从2004年的6300万元增加到2005年的8600万元。

# 第十章　社会保险基金监督

1991 年，福建省各项社会保险基金分别建账，专款专用；劳动部门对社会保险基金运作情况进行稽查；财政、审计部门进行监督；工会组织进行群众监督。1996 年 6 月，成立福建省社会保险监督委员会，监督社会保险基金的征缴、管理、给付及基金营运、保值增值情况，维护社会保险基金安全。

2000 年，省、市两级劳动和社会保障部门建立社会保险行政监督机构，开展清理检查被拖欠、挤占、挪用的社会保险基金。建立社会保险基金监督举报制度，公布监督举报电话，办理群众的投诉举报。2002 年 9 月，省人大常委会通过《关于加强社会保障工作监督的决定》，各级政府有关部门每年向各级人大常委会报送社会保险政策法规执行情况和社会保险基金的管理、使用及发放情况，接受人大的监督。

2002—2005 年，福建省通过对社会保险基金检查，开展社会保险反欺诈和稽核工作，全省收回欠缴、少缴、漏缴的社会保险费 1.85 亿元，被冒领的养老金 43 万元、医保金 3.49 万元。

## 第一节　行政监督

### 一、清理检查

1991—1999 年，福建省劳动保障系统尚未成立专门的社会保险基金行政监督机构，社会保险基金清理检查由社会保险经办机构内设的基金稽核机构进行。

2000 年 2 月，省劳动厅转发劳动和社会保障部《关于开展企业补充养老保险清理检查工作的通知》，要求各市、县、区劳动局结合实际贯彻执行，加强对清理检查工作的组织和领导。开展养老保险清欠工作，加大稽核和清欠工作力度；对所有欠费企业的缴费情况进行动态跟踪，逐级实施重点监控。根据国家三部委《关于清理收回企业欠缴社会保险费有关问题的通知》的规定精神，对《社会保险费征缴暂行条例》发布前后企业欠缴的养老保险费，在 2000 年底前做到全面清理，基本收回。省社会劳动保险局下发《关于做好企业欠缴养老保险费清理工作的通知》，要求各地（市）在 3 月 20 日前将本地（市）的欠费情况按附表要求上报福建省社会劳动保险局。4 月，省劳动和社会保障厅设立社会保险基金监督处，加强全省社会保险基金行政监督。12 月，省劳动和社会保障厅成立企业补充养老保险清理检查领导小组。至年底，全省共收回欠费2.06亿元。

2001年，省劳动和社会保障厅下发《关于进一步加强社会保险基金监督工作有关问题的通知》，解决社会保险基金管理政出多门、管理分散，执行基金管理制度不够落实，缺乏有效的监督，违反国家政策规定，挤占挪用、违规动用基金的问题。同时，成立福建省清理回收挤占挪用和其他违纪基金工作领导小组，开展全省五项基金的清理检查工作，对企业补充养老保险情况也进行了清理，配合福建省纪律检查委员会、福建省监察厅对社会保险四项资金进行专项检查。通过检查，基本掌握了各项基金底数、基金资产存储状况、结存情况、收支两条线管理情况、基金存入商业银行情况、实物基金情况以及违纪违规的情况。加大基金回收力度，加强社会保险基金监督管理。当年，全省收回、核销挤占挪用基金845.63万元(养老保险基金9.01万元，失业保险基金500.82万元，医疗保险基金153.80万元，工伤保险基金182万元)。其中，1998年4月1日以前挤占挪用的基金回收437.26万元，1998年4月1日以后挤占挪用的基金回收408.37万元。是年，福建省加强社会保险基金监督工作有关措施被劳动和社会保障部基金监督司《监督摘报》选登，在全国劳动和社会保障部门进行交流。

2002年1月，省劳动和社会保障厅制定《福建省社会保险基金行政监督办法实施细则》，建立社会保险基金行政监督制度。2月，转发劳动和社会保障部办公厅《关于不得擅自扩大社会保险基金开支项目的紧急通知》，与财政、审计、地税等各部门密切协调，明确在各自职能范围内，加强对社会保障基金管理和运营机构贯彻执行基金管理法规和政策情况的监督检查，共同管好用好监督好基金，确保基金的安全完整。同时，研究社会保险基金现场监督与非现场监督的工作基本方法，拟定全省统一的内部审计文书格式，规范基金监督检查行为。

2003年，省劳动和社会保障厅、省医疗保险管理中心共同组织开展全省医疗保险基金财务专项监督检查，收回拖欠、挤占挪用医保基金1154.76万元，其中欠费990.54万元，违规支出164.22万元。是年，全省设区市一级基本上设立基金监督机构。

2004年9月，省劳动和社会保障厅下发《关于开展全省2003年度失业保险基金专项检查的通知》，决定开展全省2003年度失业保险基金收支、管理及使用情况专项检查。全省开展企业年金清理检查工作，初步掌握企业年金制度建立和资产状况。省社会保险监督委员会组织对2003年社会保险基金收支情况开展调研，对部分设区市机关事业养老保险工作情况和省级经济补偿金使用情况开展调研检查工作。同时向省人大常委会报告《2003年全省社会保险基金管理使用情况》；向全省各设区市劳动和社会保障局通报2003年全省医疗保险基金财务专项检查情况。2002—2004年，省劳动和社会保障厅共组织全面性检查2次，专项检查5次，配合有关部门检查2次，共收回各项基金欠缴、少缴、漏缴社会保险费12452.33万元，其中养老保险费9335.53万元、失业保险费500.51万元、医疗保险费1346.19万元、工伤保险费779万元、生育保险费491.10万元。

2005 年，全省完善社会保险基金监管机制，规范基金监督管理，加强检查稽核工作，共收回少缴的社会保险费 6126.30 万元。

## 二、专项检查

2001 年，省劳动和社会保障厅按照省社会保险四项资金专项检查联席会部署，对全省社会保障四项资金管理使用情况进行专项检查，重点检查基金纳入专户实行专项管理情况，基金的征缴和发放，以及基金的违纪违规行为。

2002 年上半年，省劳动和社会保障厅成立企业年金检查工作小组，对 2001 年全省企业年金收支、管理、投放以及经办机构受托管理情况进行清理检查。6 月，省审计厅对 2001 年全省养老保险基金管理使用情况进行专项审计检查，重点检查中央和地方财政部门补助资金、地方财政调整支出结构以及实行“收支两条线”管理的情况。检查中发现的 2001 年财政安排补助省级养老金 12450 万元因财政未开具缴拨凭证，社会保险机构未入账，与专家存款不一致问题、应收未收中央属行业 26 个单位基本养老保险周转金和历年基金结余 13024 万元等问题及时纠正整改到位。

2003 年 6—10 月，福建省组织开展全省医疗保险基金财务专项监督检查工作，对各级医疗保险经办机构 2001 年、2002 年医疗保险基金管理使用情况进行监督检查。检查采取自查和重点抽查相结合的方法。自查工作由设区市劳动和社会保障局负责实施，自查面为 100%。各设区市在所辖县（市、区）自查的基础上组织检查，按时上报医保基金检查报告。省劳动和社会保障厅组织重点检查，邀请省监察厅、省财政厅、省审计厅参加，分赴各设区市开展重点检查工作。重点抽查 8 个设区市本级和 15 个县（市、区）医保经办机构，重点抽查面分别为 89%和 23%。

2004 年，省劳动和社会保障厅在全省范围内开展对农村养老保险和企业年金基金的专项检查，同时开展对失业保险基金的专项检查。在各设区市和县（市、区）自查基础上，组成 3 个检查组抽查 6 个设区市及所辖的 12 个县（市、区）失业保险经办机构的失业保险基金管理使用情况，发现并纠正一些问题，初步摸清全省企业年金情况。

2005 年，根据劳动和社会保障部办公厅《关于进一步加强失业保险基金管理认真开展自查自纠活动的通知》精神，福建省开展失业保险基金管理自查工作。在上年专项检查的基础上，组织全省各地对 2004 年失业保险基金收入、支出、结余管理开展自查自纠工作，并将自查汇总情况以及存在的问题，专题向劳动和社会保障部和福建省人民政府李川副省长报告。4—9 月，组织开展全省企业职工养老保险基金财务专项监督检查工作，对各级社会保险经办机构 2004 年基本养老保险基金管理使用情况进行监督检查。从检查情况看，全省 2004 年基本养老保险基金收入 58.47 亿元，支出 50.33 亿元，当年结余 8.14 亿元，累计结余 40.73 亿元，管理运行情况总体是好的，各级养老保险经办机构能做到专款专用，按时足额发放，财务管理和内部控制制度建设进一步加强，未发现重大违纪违规行为。

同年，省劳动和社会保障厅根据劳动和社会保障部、财政部《关于调查养老保险基金投资国债有关情况的通知》要求，会同省财政厅组织落实养老保险基金投资国债调查工作，重点对全省养老保险基金管理方式，养老保险基金收支结余、资产分布情况，基本养老保险基金可调度的数量和能力，以及上年度基金实际收益率等进行调查和测算，并对基本养老保险财政专家存款余额进行核对和确认。

## 三、基金稽核

1998 年，按照劳动和社会保障部部署，全省开展社会保险基金清理稽核工作。到 2001 年 5 月，全省共清理回收被挤占挪用及其他违纪的社会保险基金养老保险金 1736 万元、失业保险金 1688 万元。

2002 年，开展养老保险基金银行开户情况调查，规范养老保险基金账户管理。对省社会劳动保险局、省机关事业保险局和福州、厦门、泉州市劳动和社会保障局市本级及所辖各 3 个县（区）开展养老保险基金银行开户情况调查。调查涉及银行账户 57 个，银行存款金额 13 亿元，总体情况良好。通过检查，基本掌握被调查单位的养老保险基金银行开户情况。

2003 年，根据劳动和社会保障部《社会保险稽核办法》和《福建省社会保险费征缴办法》规定，开展社会保险稽核工作。对企业社会保险和机关事业社保经办机构对用人单位申报的缴费人数和缴费基数的真实性、参保单位和个人是否按时足额缴纳社会保险费情况、企事业退休人员领取养老金的情况进行核查。宁德、漳州通过开展养老金领取资格核查，分别追回被冒领的养老金 4.86 万元和 7.8 万元；厦门市加大力度对冒用他人医保 IC 卡套取医保基金的违规违法行为进行查处，福建省医疗保险管理中心通过稽查，查出两例冒卡案件，涉及违规医药费用 28 万元，已全部收回。从 5 月 10 日开始，全省开展社会保障基金反欺诈调研工作，对基金的征缴、支付、管理、运营等过程中可能存在的欺诈行为进行分析和界定，提出反欺诈行为的措施，加强基金的安全完整，并将调研报告上报劳动和社会保障部。

2005 年，省劳动和社会保障部门开展社会保险反欺诈和稽核工作，防止基金流失。根据基金运行特点和监管重点，着力在基金收入支出两个关键环节，建立反欺诈和稽核工作机制。在收入环节，重点监管参保单位申报的参保人数及缴费工资基数；在支出环节，重点对享受社会保险待遇人员领取保险金的行为开展监管。通过反欺诈和稽核，全省通过基金监督检查和稽核累计共收回各类社保基金欠费 27212.48 万元。追回冒领养老金 43 万元，冒领医保金 3.49 万元。

## 四、审计监督

2001 年，省审计厅组织全省各级审计机关对 2000 年度全省企业职工基本养老保险基金进行专项审计，共查出违规违纪金额 18262.19 万元，其中少征养老保险费 3615.82 万元，出借养老保险基金 1801.71 万元，未按期限缴入基金专户 12844.66 万元。对审计查出违规违纪问题，省审计厅统一下达审计决定和审计意见书，分别做出处理和提出审计意见。省劳动和社会保障厅根据审计意见进行整改。7 月，省劳动和社会保障厅颁布《社会保险基金内部审计暂行办法》，加强社会保险基金管理，对各类社会保险基金的筹集、支付和管理情况进行内部审计。

2002 年 5—10 月，根据基金监督工作需要和年度工作计划，组织开展全省社会保险基金内部审计检查工作，针对各级劳动保障部门、省级社会保险经办机构 2001 年各项社会保险基金贯彻执行财务会计制度情况、管理使用情况、以前年度已发现问题的纠正整改落实情况、以前年度被挤占挪用基金的回收情况等进行内部审计监督检查。检查采取自查和重点抽查相结合的方法。自查工作由设区市劳动和社会保障局负责实施，自查面为 100%。8—10 月，省劳动和社会保障厅重点抽查龙岩市本级、新罗区和漳州市本级、南靖县和龙海市，以及福州、南平、宁德市的部分县（市）。对设区市和县（市）的抽查面分别为 55%和 10%。2001 年，全省各项社保基金收入 76 亿元，支出 62 亿元，累计结余 66 亿元。管理运行情况总体是好的，未发现新的挤占挪用基金等违纪违规行为。

2003 年 6—10 月，省劳动和社会保障厅根据省人大常委会《关于加强社会保障工作监督的决定》，对各地上半年企业养老保险、失业保险、医疗保险、工伤生育保险、机关事业养老保险、农村养老保险等基金管理、使用及发放情况进行归集分析，各社会保险经办机构密切配合及时报送有关报表资料，并针对基金管理使用中存在的问题，提出合理化意见和建议。泉州市配合审计部门对企业养老保险、失业保险基金和再就业资金进行审计；莆田市根据年度基金监督工作安排，各社会保险经办机构分别开展各项基金稽查，全市并将医保基金检查时间范围延伸至 1997 年；南平市结合医保基金财务专项检查，将基金监督检查面扩大到养老保险、失业保险、工伤保险、生育保险基金。福建省农村养老保险公司组织全省农村养老保险基金内部审计。

2005 年，省审计厅对 2004 年度省级社会保险资金筹集、管理和使用情况进行专项审计。审计中发现社会保障资金征缴方面的问题有：2004 年末各设区市应缴未缴省级财政专家企业职工养老保险基金 13884.79 万元，2004 年末各设区市企业工伤保险调剂金累计欠缴 772.58 万元未能收回，41 家省级机关事业单位养老保险参保单位总计欠费 273.34 万元未清收等，以及社会保险基金管理、使用方面的问题。省审计厅对存在问题提出审计意见。省劳动和社会保障厅对审计报告反映的问题，督促被审计的社会保险经办机构对审计意见落实整改，对基金监督检查和内部审计中发现的问题，提出整改意见和建议 45 条，下达基金监督检查和内部审计意见书 10 份，并跟踪落实整改情况，促进提高基金监督检查工作质量。

## 第二节　社会监督

1996 年，福建省成立社会保险监督委员会，监督全省社会保险政策的贯彻执行情况；监督社会保险基金的征缴、管理、给付及基金营运、保值增值情况；维护社会保险各方的合法权益。社会保险监督委员会的成员由政府代表、工会和职工代表组成。社会保险监督委员会下设办公室，挂靠在福建省总工会。到1997年底，除寿宁县、石狮市外全省各地市县已完成机构组建工作。至此，省、地（市）、县三级社会保险监督委员会基本组建完毕，形成比较健全的社会保险社会监督体系。省政府还出台《福建省社会保险监督委员会工作制度》，完善福建省社会保险监督机制。

1999年，省社会保险监督委员会在全省选聘100名企事业单位职工代表为社会保险监督员，宣传社会保险政策法规，收集职工对社保机构工作和服务质量的意见和建议，报告当地社会保险政策执行情况，建立群众性监督网络。

2001年，建立社会保险基金监督举报制度，受理群众对社会保险基金问题的投诉举报。省劳动和社会保障厅及全省各设区的市以及莆田、南平、泉州、宁德市等所辖36个县（市、区）都开设社会保险基金监督举报电话，并在《福建日报》和《福建劳动和社会保障》杂志以及其他新闻媒体上向社会公布，接受社会各界监督，逐步建立全省基金监督电话举报系统。省劳动和社会保障厅自基金监督电话开设以来，共受理群众举报、咨询电话30多起，办理转办举报案件4件。同时，还建立社会保险基金监督举报案件受理和办理情况定期汇总上报制度。

2002年9月，省人大常委会通过《关于加强社会保障工作监督的决定》，加强对基本养老保险、失业保险、基本医疗保险和居民最低生活保障等社会保障工作的监督，保证有关社会保障的法律、法规的遵守和执行。根据《决定》，省劳动和社会保障厅每年向省人大常委会报送社会保险基金的管理、使用及发放情况，并会同财政、卫生部门报送基本医疗保险基金的管理、使用及发放情况。11月，省劳动和社会保障厅出台《福建省社会保险基金监督举报工作管理办法实施细则》，明确社会保险基金在收支、管理、运营中违规违纪行为的监督举报范围是：截留、挤占、挪用、贪污社会保险基金；将社会保险基金用于投资、购买股票或购建固定资产等；将社会保险基金存入非银行金融机构；未按规定征收社会保险费和支付社会保险待遇；基金财务管理和会计核算中弄虚作假，信息失真；其他违规违纪行为。各级劳动保障部门加大社会保险基金举报案件的查处力度，建立基金监督举报系统，主动接受社会监督，落实专人具体经办，对受理的举报材料和举报电话，由专人拆阅、记录和登记，较大事项及时报主管领导阅示。全省社保基金监督举报电话系统已基本形成。9个设区市及莆田、宁德、泉州、漳州、南平等5市所辖48个县（市、区）均开设基金监督举报电话，建立群众来信、来访举报案件受理和办理情况汇总定期上报制度。全年共受理举报、咨询电话40多个，举报案件2件，已办结2件，涉及金额71.31万元，已全部纠正结案。同时，在查清核实的基础上，提出处理意见，对责任单位、责任人进行全省通报批评。

2003年，全省大部分地市开设社会保险基金监督举报电话，莆田有7个县区，宁德有11个市县区，漳州有12个市县区，泉州有12个市县区，南平有11个市县区，福州、厦门、三明、龙岩市本级均开设社保基金监督举报电话，并向社会公布。全年受理基金监督举报案件5件，全部办结，涉案金额167.7万元，并配合纪检监察等部门查处有关案件。

2005年，成立福建省社会保险社会监督委员会，同时取消省社会保险监督委员会。省社会保险社会监督委员会为社会监督机构，监督全省社会保险政策执行情况和社会保险基金的征缴、管理、给付及营运情况，维护社会保险各方合法权益；通过开展民意调查、设立社会保险监督员、开通举报专线电话、开辟政策咨询专栏等形式，广泛收集社会各界对社会保险有关情况的反映，并就存在问题及时向有关部门提出意见和建议；向省政府报告社会保险监督有关情况。

# 第十一章　法治建设

1991年9月，福建省首家劳动监察机构——厦门市劳动监察大队正式成立。1993年，省政府颁布《福建省劳动监察暂行规定》，建立劳动监察制度。同年，按照《中华人民共和国企业劳动争议处理条例》规定，在各级劳动部门成立劳动争议仲裁委员会。

1994—1998年，省人大常委会、省政府先后颁布施行《福建省劳动合同管理规定》《福建省最低工资规定》等地方法规和规章，全省开展法律法规宣传，加强劳动监察，建立劳动用工年检工作制度，依法查处违反劳动法律法规的行为，并通过新闻媒体进行曝光。同时，建立处理集体劳动争议预案制度，妥善处理集体劳动争议，全省85％以上的乡镇都建立劳动争议调解机构。

2001年后，全省开展劳动保障法律监督检查、禁止使用童工、劳动保障监察等专题宣传活动，查处企业劳动违法案件，纠正拖欠农民工工资行为，整顿规范劳动力市场。同时，健全劳动争议预防机制，在小企业集中的地区，建立区域性劳动争议调解组织，把劳动争议解决在基层。

2005年，全省推行企业劳动保障诚信档案制度，各级劳动保障机构共检查用人单位3.4万家，纠正用人单位违法案件1684件。全省处理劳动争议案件7626件，涉及劳动者人数2.12万人。劳动争议案件结案率95.67％。

## 第一节　劳动保障立法

1991年，福建省配合国有企业改革和经济体制改革，加快劳动保障制度改革。根据改革中遇到的问题，加快劳动保障法规制度建设。

1993年，针对福建省非公有制经济快速发展，一些企业侵犯劳动者合法权益现象时有发生的情况，在全国率先以政府令形式颁布施行《福建省劳动监察暂行规定》，在各级劳动部门建立劳动监察机构，开展劳动监察，对违反劳动法律法规的案件进行查处。

1994年7月，省人大常委会通过《福建省企业职工合法权益保障条例》。9月，省政府根据《劳动法》等有关规定，制定《福建省最低工资规定》，用人单位违反规定的，由劳动行政部门给予处罚。12月，在总结工伤保险改革经验的基础上，省政府批转《福建省企业职工工伤保险试行规定》，从1995年1月1日起在全省所有企业全面实施新的工伤保险制度。

1995年4月，省政府颁布实施《福建省国有企业富余职工安置实施办法》，通过发展第三产业，组织劳务输出、劳务承包，开展厂际交流等形式，进行富余职工的分离安置工作。当年，福建省通过兴办第三产业，发展多种生产经营共安置富余职工 3.97 万人。5 月，省政府制定《福建省企业劳动争议处理实施办法》，其后颁布《福建省职业介绍机构管理规定》，对职业介绍机构设立的条件，服务的内容以及政府的监督管理等进行详细规定，促进职业介绍机构的规范发展。

1996 年，福建省加大企业劳动关系调处力度，出台一批与劳动法相配套的法规，为劳动关系的确立和调整提供操作性更强的法律依据。同年 7 月，省人大常委会通过《福建省劳动合同管理规定》和《福建省企业集体合同条例》，推动劳动合同和集体合同制度的实施，劳动关系调整走上规范化、法制化轨道。

1997 年，在 1996 年省政府制定和公布《福建省企业职工生育保险规定》，建立生育保险制度之后，省人大常委会又颁布《福建省企业职工失业保险条例》《福建省城镇企业职工基本养老保险条例》。全省除医疗保险外，养老、失业、工伤、生育保险法规制度全部建立。

1998 年 5 月，省人大常委会通过《福建省劳动力市场管理条例》，为建立统一开放的劳动力市场，维护劳动力市场秩序提供法律保障，推动劳动力市场的规范有序发展。

2000 年 12 月，省政府通过《福建省社会保险费征缴办法》，明确社会保险费（基本养老保险费和失业保险费），由各级地方税务机关按照属地管理原则负责征收，增强了社会保险费的征缴力度，保证社会保险费按时足额征收。同年，厦门市人大常委会颁布实施《厦门市失业保险条例》。

2004 年 12 月，省人大常委会通过《福建省企业女职工劳动保护条例》，加强对企业女职工的劳动权利、劳动安全与身心健康的特殊保护，对女职工职业病防治、“四期”保护等做出详细规定，保障女职工平等就业权利和身心健康权利，促进《妇女发展纲要》在福建省的落实。

2005 年，省劳动保障部门配合省人大常委会、省政府做好《福建省企业职工失业保险条例》《福建省就业促进条例》《福建省职业培训条例》《福建省企业职工生育保险规定》等有关法规规章的调研、起草、修改工作。开展清理劳动保障行政许可项目和非行政许可审批事项，健全行政执法责任体系，规范行政执法行为。

## 第二节　劳动保障监察

### 一、劳动用工检查

1991 年，随着改革开放的深入和经济成分的多元化发展，劳动关系日趋广泛、复杂，出现许多侵犯职工合法权益的问题。同年 9 月，福建省首家劳动监察机构——厦门市劳动监察大队正式成立，对厦门境内的用人单位执行劳动法律法规的行为进行监督检查，对违反有关规定的企业行使处罚权。随后，福州市、石狮市也相继成立劳动监察大队。

1993年8月，省政府出台《福建省劳动监察暂行规定》，全省劳动监察制度全面建立，监察工作随即在全面展开。同年，省劳动局颁布《福建省劳动监察规程》《福建省劳动监察员管理办法》，对劳动监察的程序、监察员的管理、行为等进行规范，初步建立劳动监察法规制度体系。全省培训500多名劳动监察员，建立起一支劳动监察队伍，实行持证上岗，全省劳动监察工作走上轨道，并初具成效。当年，全省立案监察案件2234个，其中使用童工案件136件，欠缴养老保险费案件101件，待业保险费案件130件，社保待遇给付案件147件，劳动工时案件226件，处理违反劳动法律法规给予相应处罚的438件。

1994年，贯彻《福建省劳动监察暂行规定》，开展企业劳动用工大检查，依法纠正各种违反劳动政策法规的行为。到9月底，全省共监察企业1.64万家，占企业总数的58.3%，其中“三资”企业4251家，占同类企业的95%；发出劳动监察指令书2541份，提出整改意见1.4万条；补签劳动合同17.37万份，补办劳动合同鉴证16.10万份，补缴养老保险费406万元，失业保险金136万元，接受群众举报案件2100余件，结案率98%。

1995年2—3月，全省组成125个检查组，抽调800多名人员，深入到1049家企业和184家职业介绍所进行企业招用农村和外省劳动力情况的劳动用工大检查。全省建立企业用工年审制度，每年11月至12月为年审时间，主要审查用人单位招聘劳动者行为，用工签订劳动合同、执行基本劳动标准和参加社会保险的情况等。通过年审，评出1万家劳动用工先进单位并进行表彰。同年，全省省、地（市）、县（区）三级劳动监察网络初步形成，配备专职劳动监察员201名，兼职劳动监察员438名。各级劳动监察机构共监察企业2.59万家，发出整改意见书4005份，提出整改意见11081条，补签劳动合同38.36万人，补缴社会保险金935.14万元，补办务工证卡46.42万人，追回被查扣、拖欠的职工工资177.34万元，清退童工100余人。

1996年，各级劳动部门根据劳动部《关于建立劳动用工年检工作制度的通知》对用人单位开展劳动用工年检。各级劳动监察机构加大劳动监察力度，以推行劳动合同制为工作核心，有计划、有重点地开展日常巡视监察、重点抽查、举报专查、专项大检查将劳动监察范围逐渐扩大到各类企业和个体经济组织。劳动监察机构参与处理集体上访、罢工、怠工等突发事件，厦门专门成立由副市长任组长，劳动、工会、公安等部门参加“处理突发事件应急领导小组”。全省多次组织开展了对劳动用工、劳动工资、劳动安全卫生等为主要内容的执法大检查，督促企业遵守劳动法律、法规、落实基本劳动标。全年监察各类企业2.93万家，清退童工190人，补签劳动合同32万人，补缴社会保险费1420万元，查处劳动违法案件2196件，并对其中925件实施了行政处罚。当年，全省共配备专兼职劳动监察员1062人，其中专职劳动监察员305人，兼职劳动监察员757人。

1998年，省劳动厅组织开展实现国有企业下岗职工基本生活保障和离退休人员养老保险金100%按时定额发放的“两个确保”专项监察，共检查企业3249家，责令308家企业参加养老保险，涉及职工 11744 人，金额 664 万元；责令 1500 家企业补交养老、失业保险费 4441.4 万元，督促 170 家企业签订欠款协议书 170 份，金额 2490 万元。全年劳动监察机构共检查用人单位 3.42 万家，查处违法违规企业 3542 家，对 1.1 万家企业开展了用工年检，处理职工集体罢工等突发性群体事件 54 起。

1999 年 4—6 月，贯彻国务院《社会保险费征缴暂行条例》，全省专门组织开展社会保险扩面征收执法大检查。检查结束后，各级劳动监察机构按照省劳动厅的部署继续奋战 7—9 月，做好大检查扫尾工作。10 月，省劳动厅对 24 个积极参保的典型单位予以通报表扬，对 8 个拒不参保的典型单位予以通报批评。当年，全省各级劳动监察机构共检查用人单位 3.96 万家，查处违法企业 6100 家，共追缴养老保险费 4201 万元，涉及职工 33.5 万人，追缴失业保险费 1125 万元，涉及职工 20.18 万人。全省各级劳动监察机构按“110”联动工作预案，运用“110”社会联运机制，全年各级劳动监察机构共处理突发事件 196 起，涉及职工 2.08 万人。

2000 年，各级劳动监察机构围绕劳动保障工作中心任务，采取日常巡查、专项大检查、举报专查、重点抽查，劳动用工年检和用人单位规章制度报备审查等形式，及时查处违反劳动法律、法规的行为。全年全省各级劳动保障监察机构主动检查用人单位 2.52 万家，责令补签劳动合同 40.2 万份，为 5.36 万名职工追回被克扣、拖欠工资 4681.3 万元，取缔非法职业中介机构 274 家。2619 家单位被责令整改，其中对 288 家用人单位做出行政处理决定，清退童工 237 人，对 110 家违法用人单位处以罚款 12.32 万元。各级劳动监察机构积极参与“110”社会联动，全省确定 35 家企业为重点监控企业，福建省劳动厅直接监控 7 家企业，做好调研、咨询和协调工作，努力把突发事件消除在萌芽状态。厦门市运用电脑对劳动保障监察工作进行管理，开始尝试运用互联网对企业用工行为进行监管，提高执法效率和质量。

2001 年，各级劳动监察机构先后开展劳动合同签订、遵守女职工和未成年工特殊劳动保护、贯彻实施《禁止使用童工规定》情况检查活动。检查用人单位 2.894 万家，涉及职工 223.67 万人；督促用人单位补签劳动合同 31.4 万份，纠正用人单位违法案件 8435 件，追回风险抵押金和被克扣、拖欠工资 7669 万元。处理因劳资纠纷引发的罢工、怠工、集体上访等突发事件 618 件，涉及职工 71564 人。

2002 年，围绕改革、发展、稳定大局和劳动保障中心工作，通过日常巡查、举报专查、劳动保障年检和专项执法大检查等形式，及时查处违反劳动法律、法规的行为。各级劳动监察机构检查用人单位 2.78 万家，涉及职工 290.16 万人；查处劳动违法案件 10376 件，对其中 511 件实施行政处罚，罚款 109.1 万元；责令用人单位补签劳动合同 36.01 万人，取缔非法职业中介机构 343 家，责令用人单位退还非法收取劳动者的风险抵押金 281.9 万元，责令清退童工 262 人：处理突发事件 522 件，涉及人数 2.732 万人。对 11445 家用人单位进行劳动保障年检，涉及劳动者 90.7 万人，年检合格率 96.5%。

2003年，省劳动和社会保障厅开展劳动法律法规执行情况、工资支付情况、农民工权益保护情况和职业中介情况专项大检查。元旦春节期间，全省出动劳动保障监察员590名，检查用人单位8032家，涉及职工64.5万人，受理举报2401件，督促用人单位补签劳动合同9.85万份，为6.41万名农民工追回工资7504.7万元，开展法律法规咨询活动112次，共发放宣传材料52374份。各级劳动保障部门成立由劳动和社会保障局长为组长的检查工作领导小组，制定工作方案，明确任务要求，并由劳动监察，工资、法制、劳动就业中心等有关部门组成的检查组，深入用人单位进行检查。集中力量重点检查使用农民工多的建筑施工，制衣餐饮等行业及民营企业、劳动密集型企业和个体工商家。当年，各级劳动监察机构检查用人单位3.07万家，涉及职工322.18万人；纠正用人单位违法案件3683件，对其中630件实施了行政处罚，罚款277万元；处理突发事件561件，涉及人数4.7万人；责令用人单位补签劳动合同36.10万人，取缔非法职业中介机构295家，责令用人单位退还非法收取劳动者的风险抵押金226.6万元，责令清退童工222人。各级劳动保障监察机构对8636家用人单位进行劳动保障年检，涉及劳动者81.8万人。

2004年，检查用人单位3.48万家，涉及职工240.42万人，责令用人单位补签劳动合同72万人，取缔非法职业中介机构239家，责令用人单位退还非法收取劳动者的风险抵押金286.9万元，责令清退童工238人；查处劳动违法案件16036件，对其中610件实施了行政处罚，罚款316万元，处理突发事件610件，涉及人数3.4万人。各级劳动保障监察机构对4923家用人单位进行劳动保障年检，年检合格率91.9%。

2005年，福建省推行企业劳动保障诚信档案制度，将企业用工诚信情况进行记录，实施分类管理。各级劳动保障机构共检查用人单位3.4万家，涉及职工257.63万人；纠正用人单位违法案件1684件，责令用人单位补签劳动合同60.46万份，清退童工147人，为17万名进城务工人员追回被拖欠、克扣工资16700万元。

## 二、劳动力市场整顿规范检查

1992年，福州、厦门通过建立劳动监督制约机制，加强劳动监察工作，疏导聚集在市区的外来盲流人员，对用工单位违反规定招用的农村劳动力和非法雇用童工的，配合有关部门给予处罚。两市共检查4851家企业，发出责令整改和处罚决定书1611份，责令登报检讨企业37家，并对80多家严重违反用工规定企业罚款22.37万元、清退童工88人，取缔3家非法劳务市场。

1993年，福建省把社会劳动力管理，非法使用童工，招用农村劳力和外省劳动力不按规定办理务工许可证，招用工人不签订劳动合同作为专项检查重点检查的内容，全省查处非法劳务中介案件43件。1994年，福建省各级劳动监察机构会同公安机关和工商行政管理部门对各种非法职业介绍机构及其非法劳务中介行为进行清理整顿。经过清理整顿、46家非法劳务中介机构被取缔。

1996年，全省在春节前后开展民工有序流动大检查，重点检查2500多家企业和近400家职业介绍机构，处理不同程度违法职业介绍机构150家，取缔12家；责令399家企业整改。1997年，全省注销、取缔严重违规、违法的职业介绍机构和非法职业介绍机构93家，处罚款11000元，责令退还非法收费7000元。

1999年，针对劳动力市场中存在非法中介机构和一些民办职业中介机构违法违规行为较严重的状况，各级劳动部门采取定期组织清理整顿和经常性的检查、监督、指导相结合的办法，取缔非法职业中介机构198家，其中，泉州、石狮、厦门等地劳动力市场规范管理的经验和做法还得到劳动保障部的肯定。2000年，全省取缔非法职业中介机构274家。

2001年6—8月，省劳动和社会保障厅对全省清理整顿劳动力市场秩序进行动员和部署，并与省公安厅、省工商行政管理局联合印发《关于清理整顿劳动力市场秩序的通知》，开展清理整顿劳动力市场执法专项检查，全省共取缔非法职业中介机构594家。

2002年5月，各级劳动保障部门与工商、公安部门开展整顿规范劳动力市场秩序专项联合执法活动，重点打击非法职业中介机构和坑害、欺骗劳动者的非法职介行为，查处重点是以营利为主要目的，群众投诉较多的民间职业介绍机构。共检查职业介绍机构480家，责令整改或停业整顿277家，取缔非法职业介绍机构132家；责令职介机构退还求职者报名费、服务费、风险抵押金31.114万元；对25家有违法行为单位实行曝光，处罚金额1.55万元。

2005年，省劳动保障部门与公安、人事、工商等部门联合执法，在全省范围内开展清理整顿劳动力市场秩序专项行动。深入各类职业中介机构、职业培训机构和职业技能鉴定机构开展执法检查，对各种违法犯罪行为及时有效地进行查处。截至3月31日，全省共出动专项行动人员3492人，检查职业中介机构2472家，发现违反职业介绍管理规定的违法案件486件，取缔非法职介212家，责令退回求职者费用48.72万元。全年共取缔非法职业中介机构304家。

## 三、维护农民工合法权益检查

1993年，随着大量农民工进城务工，维护农民工合法权益开始提上议事日程，各级劳动监察机构加强检查，维护农民工合法权益。1995年，全省通过监察，纠正违反劳动保障法规行为，为农民工补办务工证卡46.42万人，追回被查扣、拖欠的职工工资177.34万元。1996年，全省共查处劳动违法案件1326件，为6.6万名农民工追回被克扣、拖久工资1175.96万元，补办务工证12.07万人。

2001年4月8日至5月7日，在全省开展为期一个月的农民工权益保护专项检查。各级劳动保障监察机构共检查用人单位8297家，涉及农民工42.79万人；查处侵犯农民工权益案件2507件，清退童工48人；责令支付农民工被拖欠、克扣的工资807.45万元，责令补缴社会保险费96.08万元；处罚用人单位84家，罚款24.01万元；提请工商行政管理部门取缔无照经营单位32件，提请有关部门给予劳动安全卫生行政处罚4件。全省全年共为8.53万名农民工追回被拖欠、克扣的工资 7669 万元。

2002 年，全省开展维护民工合法权益、督促用人单位依法签订和履行劳动合同、禁止使用童工、整顿规范劳动力市场秩序、严厉打击非法职业中介等专项检查活动。各级劳动监察机构检查用人单位 2.8 万家，涉及职工 290.1 万人；查处劳动违法案件 10376 件，对其中 511 件实施行政处罚，罚款 109.1 万元；责令用人单位补签劳动合同 36 万人，取缔非法职业中介机构 343 家，责令用人单位退还非法收取劳动者的风险抵押金 281.9 万元，责令清退童工 262 人；为 11.2 万名劳动者追回被拖欠、克扣工资 9761.2 万元；受理群众举报投诉 9808 件，立案 8031 件，结案率 98.6%；处理突发事件 522 件，涉及人数 2.732 万人。对 11445 家用人单位进行劳动保障年检，涉及劳动者 90.7 万人，年检合格率 96.5%。

2003 年，各级劳动监察机构开展以维护农民工合法权益为重点的农民工工资支付、就业准入执行情况等专项执法大检查。省劳动和社会保障厅、省建设厅联合下发《关于坚决制止建筑业企业拖欠和克扣农民工工资有关问题的通知》，在劳动用工、工资支付、建筑市场规范、监督检查等方面对建筑企业支付农民工工资问题进规范。省劳动和社会保障厅与省建设厅部署于 2003 年 11 月 20 日至 2004 年 1 月 10 日在全省范围内开展农民工工资，支付专项执法大检查。12 月，国务院、省政府召开清理建设领域拖欠工程款和农民工工资电视电话会议，对拖欠工作进行强调部署。省建设厅、省劳动和社会保障厅联合下发《关于做好春节前清理拖欠农民工资工作的紧急通知》，要求企业在春节前必须按时足额发放拖欠的工资。各级劳动保障监察机构与建设部门开展联合执法，对建筑企业和工地开展拉网式人检查。在专项检查中，全省劳动监察机构参加检查人数 852 人，检查建筑企业 5980 家，为 7.4 万农民工追回被拖欠工资 8047.29 万元。全年共为 15.2 万名农民工追回被拖欠、克扣的工资 18000 万元。

2004 年，按照中央、省委、省政府的部署，采取措施，确保 2005 年春节前完成清理 2003 年以前拖欠的农民工工资。5 月，省政府下发《关于解决企业拖欠劳动者工资问题的工作意见》，从制度上保证清欠工作的开展。7 月，省劳动和社会保障厅牵头成立 15 个厅局组成的“福建省纠正拖欠和克扣农民工工资问题协调小组”，各职能部门按照“谁主管谁负责”的原则，配合劳动保障部门齐抓共管。10 月，省劳动和社会保障厅、省建设厅、省总工会联合部署在全省开展为期 4 个月的农民工工资支付专项大检查，并组织督查组，重点对拖欠农民工工资的 1008 个建筑项目进行督查。至 12 月底，全省清理拖欠农民工工资 3.5 亿元，涉及 24.41 万名农民工。其中，建设领域 2003 年度的拖欠已基本偿清，2003 年以前历年的拖欠已清偿 99.82%。11 月 1 日《中华人民共和国劳动保障监察条例》以国务院令第 423 号公布，12 月 1 日起施行，明确劳动保障监察的法律地位。全省各级劳动保障部门开展学习宣传活动，为条例实施做准备。到年底，全省共为 24.4 万名农民工追回被拖欠、克扣的工资 34900 万元。

2005 年，以维护农民工合法权益为重点，开展专项执法检查活动。全省各设区市在建筑领域实行工资保证金制度，防范和化解欠薪风险。10月底至2006年1月，全省开展为期3个多月的农民工工资支付专项大检查。由劳动保障部门牵头，联合建设、工会等部门和单位参加，重点对建筑施工、制衣、餐饮等行业及规模以下民营、私营企业的农民工工资支付情况进行检查，为11.8万名进城务工人员追回被拖欠、克扣工资1.2亿元。到年底，拖欠农民工工资现象明显减少，建筑施工企业基本上没有历年的积欠，农民工投诉有拖欠工资的集中在新建或在建施工项目，而且拖欠金额较少。但是在加工、服务等劳动密集型企业仍然存在拖欠工资现象。当年，全省共为17万名农民工追回被拖欠、克扣的工资1.67亿元。

## 四、执行劳动保障法律法规检查

1994年，福建省建立劳动监察制度以后，把企业贯彻执行劳动保障法律法规情况作为监察工作的重点，组织开展检查活动。1995年1月1日《劳动法》正式实施。10月，省劳动厅与省人大常委会法工委、省公安厅、省总工会联合，组织检查组在全省开展用人单位执行《劳动法》和《福建省企业职工合法权益保障条例》情况大检查，重点检查“三资”企业签订劳动合同和缴纳社会保险情况，各级劳动监察部门对劳动合同制实行情况进行检查。全省督促企业补签劳动合同38.36万人，补缴社会保险费935.14万元。

1996年，在全省组织开展《劳动法》宣传月执法大检查，开展“以完善劳动合同制，维护和谐劳动关系”为主题的宣传月活动，配合省人大常委会开展执法大检查，纠正大量违反劳动法规的行为，全省共查处劳动违法案件1326件，专查1031件，并对其中601件实施行政处罚。

1999年，全省各级劳动保障部门贯彻《福建省企业职工失业保险条例》《福建省城镇企业职工基本养老保险条例》，加大执法监察力度，统一组织扩大社会保险覆盖面工作队伍，督促企业参保，到年底，全省新增养老保险参保职工23.63万人，新增失业保险参保职工39万人。

2002年8月，省劳动和社会保障厅、省经济贸易委员会、省公安厅、省工商行政管理局、省教育厅、省总工会、团省委、省妇联联合开展贯彻执行《禁止使用童工规定》情况专项执法检查。各地组成检查小组，深入各地企业，督促指导用人单位开展自查自纠，重点对部分沿海地区的劳动密集型行业（制衣、制鞋、化工原料、塑料玩具、娱乐等）和私营企业以及辍学率较高的贫困地区、城乡接合部等重点区域进行执法检查，规范用工行为。省劳动和社会保障厅与省卫生厅、省总工会等单位一起重点抽查泉州、莆田两市的部分县区（市）企业，其中有泉州富超鞋业有限公司、晋江市华利鞋业有限公司、莆田郭氏鞋业有限公司等，发现企业违规行为责令其限期改正。全省派出监督检查人员1226人，监督检查用人单位5664家，涉及职工39.38万人，查处违法用人单位16103家，涉及劳动者人数205.7473万人，清退童工172人。

2005年7月20日至8月20日，福建省进行劳动保障法律法规专项大检查，重点对用人单位使用童工情况进行专项治理。检查用人单位5094家，查处用人单位非法使用童工49人，罚款20.5万元。

## 五、处理投诉举报

1991年，厦门市劳动监察大队对职工群众举报的企业违反劳动法律法规案件，进行调查处理，并给举报人反馈。1993年，根据《福建省劳动监察暂行规定》，对违反劳动法规的行为，每个公民均有权向劳动监察机关举报，各级劳动监察机构依法处理群众举报投诉的劳动违法案件。

1996年，根据劳动部《处理举报劳动违法行为规定》，全省各级劳动部门公布举报电话、设置举报信箱和设立举报接待室，依法查处违反劳动法律法规的行为，福州市在开展农民工工资支付专项大检查中，开辟“追薪维权绿色通道”，快接快办快结投诉案件。在春节期间，市劳动监察支队取消双休日，实行全员上班，24小时值班。坚持“现场投诉，集中办公”，坚持“即告即理”，坚持“案件跟踪督办”。厦门市成立统一的劳动保障投诉中心，实行一个窗口对外，把信访、监察和仲裁3家作为联合接访办案的主体，共同进驻投诉中心，统一对外接待、受理、处理。遇到有劳动监察案件，由投诉中心登记立案后，转至监察机构进行依法查处。

2000年，全省各级劳动监察机构受理群众举报投诉1.05万件，立案7235件，结案率99%。2001年，全省受理劳动者举报投诉10667件，立案7007件，结案6968件，结案率达99%。

2002年，省劳动和社会保障厅通过新闻媒体公布各级劳动保障监察机构的举报电话，并在开展劳动保障监察过程中，邀请新闻单位追踪报道，对用人单位严重违反劳动法律法规的行为进行曝光，对遵守劳动法律法规好的用人单位进行表扬。福州市劳动监察支队从12月24日起与《海峡都市报》联合开展“为你讨工资”行动，在报纸上公布报社热线和劳动监察支队的举报电话，通过《海峡都市报》对拖欠农民工工资数额大、时间长、性质恶劣的华盈桑拿城、福州信牌建筑装饰有公司等6批22家企业进行曝光；福建电视台、《福建日报》报道莆田市劳动保障监察机构开展农民工工资支付大检查的情况；泉州市劳动和社会保障局与邮电部门联合开通98168咨询热线，为农民工提供劳动法律政策咨询。全省受理群众举报投诉9808件，立案8031件，结案率98.6%。

2003年，全省受理群众举报投诉12485件，立案8804件。结案率99.5%。至2004年底，各级劳动保障部门设立举报电话111部，设置举报信箱110个，设立举报接待室108个，受理群众举报投诉14324件，立案12702件，结案率99.8%，处理群体性上访事件754起。2005年，全省加强劳动保障监察机构建设，新增监察编制31个，新增县（区）级监察机构6个。各级劳动保障监察机构受理群众举报投诉13331件，立案9898件，结案率99.7%。

表 11-1　　**2001—2005 年福建省劳动保障监察情况表**

| 年份 | 监督检查 | | 接受投诉案件数（件） | 投诉立案数（件） | 取缔非法职介机构数（户） | 纠正用人单位违法规章数（件） | 补签劳动合同人数（万人） | 追发劳动者工资等待遇 | |
|---|---|---|---|---|---|---|---|---|---|
| | 检查单位数（家） | 涉及劳动者人数（万人） | | | | | | 金额（万元） | 涉及劳动者人数（万人） |
| 2001 | 28941 | 223.67 | 10667 | 7007 | 504 | 8435 | 31.41 | 7669 | 8.53 |
| 2002 | 27800 | 290.16 | 9808 | 8031 | 343 | 4936 | 36.01 | 9761 | 11.17 |
| 2003 | 30725 | 322.18 | 12485 | 8804 | 295 | 3683 | 36.10 | 18000 | 15.20 |
| 2004 | 34755 | 240.42 | 14324 | 12702 | 239 | 7457 | 72.01 | 34900 | 24.40 |
| 2005 | 34091 | 257.63 | 13331 | 9898 | 306 | 1684 | 60.46 | 16700 | 17.00 |

### 六、劳动保障法律监督

1996 年 3 月，省总工会成立劳动法律监督委员会。1997 年，全省各级工会全面开展劳动法律监督工作。2000 年，全省工会劳动法律监督网络初步形成，有 9400 名工会劳动法律监督员获得省总工会统一颁发的资格证书。

2002 年，省劳动和社会保障厅下发《关于开展聘请劳动保障法律监督员工作的通知》，各级劳动保障行政部门根据工作需要，在工会、妇联、共青团、新闻单位、企业等单位的工作人员、新闻工作者、劳资管理人员中聘请劳动保障法律监督员。劳动保障监督员的职责是宣传劳动保障法律法规和国家劳动保障政策；依法对各类用人单位和个人遵守劳动保障法律法规情况进行监督；反映、传递人民群众对违反劳动保障法律法规行为的检举、控告；反映人民群众对贯彻实施劳动保障法律法规和加强劳动保障监察执法工作的建议、意见和要求。

2004 年，省劳动和社会保障厅、省妇女联合会联合举办妇联系统劳动保障法律监督员培训班，培训并聘请 90 名各级妇联系统干部为劳动保障法律监督员。2005 年，在全省工会、残联系统中通过培训，聘请 213 名劳动保障法律监督员。同时，对工会、妇联等系统聘请的劳动保障法律监督员开展培训工作，提高劳动保障法律监督的能力。劳动保障法律监督员发现用人单位违反劳动保障法律法规的行为，向劳动保障监察机构反映或举报，由劳动保障监察机构进行处理，维护劳动者的权益。当年，劳动保障法律监员向劳动保障监察机构举报一批劳动保障违法案件，劳动保障部门进行调查处理，90％以上案件得到受理。

## 第三节　劳动争议处理

### 一、劳动争议仲裁

1991 年，福建省在 13 个单位开展仲裁庭、仲裁员制度试点，试点单位先后拟定《仲裁庭、仲裁员组织及办案程序试行办法》《试行仲裁员、仲裁庭制度的试点方案》《仲裁员、仲裁庭制度和办案规则》。省劳动争议仲裁委员会在福州召开全省劳动争议仲裁庭、仲裁员制度试点研讨会，通过以会代训的办法，加强指导，解决试点单位在试点工作中遇到的问题，并建立回访制度，及时总结劳动争议案件处理中的经验和教训。全省各级劳动争议仲裁机构普遍对1987年以来处理的839起劳动争议案件双方当事人进行回访，在回访中，倾听双方当事人的意见，从中发现和纠正在仲裁工作中存在的问题。同时，省劳动争议仲裁委员会在福州召开全省劳动争议仲裁工作经验交流会，总结1987年以来全省各级劳动争议仲裁委员会开展仲裁工作经验，表彰16个先进单位和数名先进工作者。

同年，省劳动局印制福建省劳动争议仲裁工作人员执行公务证，要求劳动争议仲裁工作人员实行持证上岗。全省各地共举办仲裁干部和企业劳动争议调解委员会成员、劳工科长、企业厂长（经理）培训班126期，参训人数2216人次。同时还委托福建省经济管理干部学院举办《经济法专业证书》大专班。福州市制定《福州市劳动争议仲裁暂行办法》，对福州市范围内劳动争议案件的仲裁做出规定，及时妥善处理劳动争议，维护社会的正常秩序。当年，全省共受理劳动争议案件380起，涉及1024人。其中集体争议17起，劳动合同制工人争议案件268起，固定职工争议案件91起，其他争议案件4起。劳动合同制工人争议案件268起中因生产数量质量10起，劳动报酬165起，保险福利15起，生产工作条件1起，劳动纪律28起，变更劳动合同2起，解除劳动合同32起，终止劳动合同13起，续订劳动合同7起，其他争议12起，固定职工争议案件91起中，开除29起，除名20起，辞退6起，其他行政处分案件中，辞职辞退11起，劳动报酬7起，保险福利4起，生产工作条件3起。380起争议案件都得到依法及时处理，结案率100%，另有案外调解解决69件。

1992年，制定劳动仲裁制度配套办法，包括《福建省贯彻执行〈中华人民共和国企业劳动争议处理条例〉的实施细则》《福建省劳动争议仲裁庭、仲裁员制度和庭审程序办法》，劳动争议专职仲裁员和兼职仲裁员的保障措施等。各级劳动仲裁委员会把试点工作作为重要的工作来抓，已试行仲裁员、仲裁庭制度的地、市继续巩固成果，完善制度建设，还未开展仲裁庭、仲裁员制度试点工作的地（市），选择具备条件的单位进行试点。全省劳动争议仲裁部门在处理各类争议案件中，对国营大中型企业实行"全员劳动合同制"后出现因履行劳动合同发生的劳动争议，围绕搞好国营大中型企业这个中心，依据劳动部《关于实行全员劳动合同制后因履行劳动合同发生争议的受理问题的复函》的有关规定，妥善处理因履行劳动合同发生的争议。

1993年，按照《中华人民共和国企业劳动争议处理条例》规定，在各级劳动部门成立劳动争议仲裁委员会。对受理劳动争议的范围、诉讼参加人、处理劳动争议的原则、处理劳动争议的程序进行规范。同时根据《全国民事审判工作法律会议纪要》的规定，规范对劳动争议案件的法律适用问题。劳动争议仲裁委员会受理劳动争议案件，按照《劳动合同鉴证和劳动争议仲裁收费管理办法》收取仲裁费。

1994年，福建省外商投资企业和私营企业增多，因劳动争议引起的怠工、罢工、集体上访等随之增加。各级劳动争议仲裁部门适应新形势要求，成立职工集体上访罢工应急领导小组，建立处理集体劳动争议预案制度。全年共处理劳动纠纷18起，到企业处理集体上访、停工、罢工事件9起，达90多天次。

1995年，按照规定，福建省对发生劳动争议的企业与职工不在同一个仲裁委员会管辖地区的，由职工当事人工资关系所在地的仲裁委员会处理。对军队、武警部队的用人单位（含机关、事业组织、企业）与本单位无军籍职工发生劳动争议，各级劳动争议仲裁委员会按《劳动法》和《中华人民共和国企业劳动争议处理条例》的规定予以受理。用人单位的主管部门予以协助。

1996年，福建省各地市通过宣传、咨询、电视节目、表彰先进、法律知识竞赛等各种形式，大张旗鼓地开展纪念劳动争议处理制度恢复10周年活动。福建省召开劳动争议处理工作表彰先进大会，对10年来，特别是近两年劳动争议处理工作进行总结，表彰一批先进的企业劳动争议调解委员会、仲裁委员会及优秀仲裁员和企业劳动争议调解员。5月，省政府制定《福建省企业劳动争议处理实施办法》。是年，福建省劳动部门预防和处理劳动争议工作得到加强，由劳动部门、工会、企业代表（经委）三方共同处理劳动争议的机制初步形成，并向乡镇延伸。各级劳动仲裁部门贯彻省政府《关于处理企业职工集体上访、罢工事件的工作预案》的通知精神，建立和完善贯彻实施办法，成立政府领导担任组长、劳动、经委、工会、公安、信访等单位参加的应急工作小组，开展预防企业发生职工集体上访、罢工事件工作。在基础比较好、经济比较发达、乡镇企业较多的乡镇开展劳动争议处理试点工作，力争50%的乡镇建立劳动争议调解制度。福建省按照《最高人民法院关于劳动争议仲裁委员会的复议仲裁决定书可否作为执行依据问题的批复》的文件规定，实行仲裁一裁终局制度，提高劳动争议案件办案效率。全年受理劳动争议案件很3290起，结案率97%，准确率98.7%，处理突发性罢工事件50起，涉及职工1.10万人，结案率100%。

1997年，建立和完善仲裁委员会例会制度、仲裁委员会工作汇报制度、仲裁委员会对重大、疑难案件的会审制度、对仲裁员、仲裁庭工作的监督制度，仲裁委员会案件通报制度。各地工会组织、经济综合管理部门配有两人以上的兼职仲裁员，组织业务培训，以保证三方办案顺利开展。各地市仲裁委员会组织人员到各县检查办案情况，对于成绩突出的仲裁委员会，总结其办案经验，以典型推动全区工作的开展。全年共发生劳动争议案件3679件，涉及职工1.45万人，突发事件、集体上访和罢工71起，涉及职工5768人，审结争议案件3584件，劳动争议案件结案率达97.4%。福建省劳动争议仲裁委员会被劳动部评为全国先进仲裁单位。

1998年，福建省总结推广各地在处理劳动争议案件方面积累的成功经验，改进办案方式。各级劳动争议仲裁委员会根据工作需要对制定的各项制度做进一步补充完善，仲裁委及其办事机构得到进一步建立健全，人员充实到位。各地在抓工作的同时，加强与同级法院的联系，争取支持，对疑难案件、典型案例、联合举办分析会（研讨会）、交流办案经验。福建省劳动争议仲裁委员会与福建省高级人民法院联合举办办案经验交流会，促进提高劳动争议仲裁工作质量。全年共发生劳动争议案件 4598 件，劳动争议案件处理结案率为 97%。

1999 年，福建省明确劳动合同中约定有关保守商业秘密的内容，由于劳动者未履行，造成用人单位商业秘密受到侵害而发生的争议，当事人向劳动争议仲裁委员会申请仲裁的，仲裁委应予以受理，并依据有关规定和劳动合同的约定做出裁决。全省立案受理各类劳动争议案件 2920 件，涉及劳动者 2.36 万人，结案率达 93.25%，有力地维护劳动关系的和谐稳定和社会的安定稳定。

2000 年，随着福建省沿海地区社会经济发展步入快速发展时期，经济规模大，企业发展快，由此引发的劳动争议也比较多。各级劳动争议仲裁机构配合企业改革，公正、合法、及时妥善处理下岗职工与企业发生的劳动争议以及其他职工与用人单位发生的各类劳动争议，开展预防和快速妥善处理由集体劳动争议引发的集体上访、罢工等突发性事件。全年共立案受理劳动争议案件 3289 件，其中福州市立案受理劳动争议案件为 1149 件，厦内市立案受理劳动争议案件 836 件，泉州市立案受理劳动争议案件 294 件。涉及职工 2.12 万人，其中集体劳动争议案件 277 件，涉及职工 1.57 万人，平均结案率达到 95.48%，案件准确率达 96%，案外调解处理劳动争议案件 7060 余件。各级劳动仲裁部门主动配合 110 联动，快速、妥善处理由劳动争议引发的集体上访、罢工等突发性事件 439 起，涉及职工 2.79 万人，维护劳动者和用人单位的合法权益。同年，福建省高级人民法院出台《关于印发〈审理人身损害赔偿案件若干问题的意见〉等三个意见的通知》，对受理劳动争议案件的举证查明做出规定。明确对涉及用人单位做出开除、除名、辞退、解除劳动关系，减少劳动者工资收入、劳动者工作年限的计算等决定，以及用人单位不履行社会劳动保险缴费而劳动者无法举证的劳动争议案件，应由用人单位负责举证。

2001 年，福建省对审理劳动争议案件的依据做出进一步规范。用人单位通过民主程序制定的规章制度，不违反国家法律、行政法规及政策规定，并已向劳动者公示的，可以作为审理劳动争议案件的依据。对用人单位拖欠和克扣工资等行为而引起的劳动争议案件，劳动争议仲裁机构及时进行调解；对不能达成调解协议的案件，及时做出裁决。农民工也可直接向当地劳动争议仲裁机构申请仲裁。用人单位对劳动争议仲裁机构的裁决无异议又拒不执行的，被侵权的农民工可依法向人民法院申请强制执行。全年各级劳动争议仲裁部门共立案受理劳动争议案件 4265 件，比 2000 年增加 1107 件，增长 35%，其中福州市立案受理数 1530 件，厦门市立案受理 1002 件，泉州市立案受理 636 件；涉及劳动者当事人 2.32 万人，比 2000 年增加 2019 人，增长 9.5%；其中，集体劳动争议案件 368 件，比 2000 年增加 91 件，增长 33%，涉及当事者 1.67 万人，比 2000 年增加 1029 人，增长 6.6%；当期结案 4050 件，结案率为 95%，比 2000 年增加 913 件，增长 29%。涉及劳动者人数 21934 人。

2002 年，福建省加强劳动争议仲裁办案规则、规范仲裁庭标准等有关制度建设，健全劳动争议预测、预警、预报机制，依法积极主动做好劳动争议申诉案件、群众来信来访的受理和处理工作，福州市制定首席仲裁员负责制、案件审理月报制、案件报备制、三方机制，工作情况汇报制5项基本制度。全年各级劳动争议仲裁部门共立案受理劳动争议案件6654件，比上年增长56%，福州市立案受理数1665件，厦门市立案受理1371件，泉州市立案受理726件。涉及劳动者当事人2.47万人，比2001年增长6.3%。全省受理集体劳动争议案件341件，比2001年减少7.3%；涉及当事者1.79万人，比2001年增长7.5%。当期结案6516件，结案率为97.9%。发生集体上访和罢工152起，涉及人数12303人。在劳动争议案件中，主要以拖欠或无故克扣职工工资、不及时缴纳社会保险费、非法变更、解除、终止劳动合同以及工伤赔偿等争议案件增幅较大，处理难度也越来越大。沿海市、县劳动争议案件较增幅加大，其中泉州市增幅达270.9%，居全省各设区市首位。

2003年，福建省劳动争议案件受理数为5623件，与2002年度相比减少1031件，涉及劳动者人数2.63万人。福州市案件受理数2387件，劳动争议案件居全省各设区市首位。厦门市立案受理1050件。泉州市立案受理575件。受理的案件中当期结案的5226件，结案率为93%。全省受理集体劳动争议案件261件，比2002年下降23.46%。涉及劳动者人数为1.66万人，比2002年下降7.78%。受理的劳动争议案件中，因劳动报酬引发的受理数为1622件，为全年案件受理数的28.85%，占各类劳动争议受理案件的首位。其中国有企业178件，集体企业207件，港澳台及外资企业349件，股份制联营128件，有限责任公司182件，私营企业353件，个体工商家119件，机关社团事业68件，其他38件。全省因工伤事故和职业病的医疗、理赔等待遇而发生的劳动争议案件呈上升的势态，因工伤待遇而发生劳动争议案件受理数为1418件，占全年劳动争议案件受理数的25.22%，比全国2003年度劳动争议案件受理数中工伤案件所占的14%多11.22%，成为全省仅次于工资报酬争议的焦点问题。

2004年，福建省建立劳动争议案件评查制度，劳动争议仲裁案件处理得到进一步规范，省劳动争议仲裁委员会组成检查组，对全省9个设区市和18个区、县（市）劳动争议仲裁委员处理的劳动争议案件进行评查，提高劳动争议处理工作的规范化、制度化水平，提高劳动争议仲裁办案质量。全省继续巩固和完善劳动争议仲裁三方机制，推进劳动争议仲裁机构实体化，各级劳动争议仲裁机构全部设立专门的劳动仲裁庭，严肃办案纪律、严格办案程序、改进办案方式，提高办案效率和质量，确保全年结案率达到90%以上。各级劳动争议仲裁委员会重视抓仲裁文书的质量，泉州市洛江区、晋江市、厦门市、漳州市等地落实较好。泉州市编印《泉州市劳动争议案例选辑》为办案提供参考。泉州市洛江区、晋江市实行统一立案管理。莆田市及所属县、区机关、事业单位工勤人员无论是否签订劳动合同，非法用工单位人员工伤待遇案件均纳入案件受理范围，加以规范。龙岩市及新罗区根据政务公开的要求，印制《仲裁庭提示》等劳动法律法规材料，把仲裁审理程序公布于众。宁德市劳动争议仲裁委编印《劳动争议仲裁员实用手册》，对仲裁程序、纪律做具体规定。厦门市思明区为民工开通仲裁的"绿色通道"，实行"快立、快审、快结"有效地防止了矛盾激化。漳州市龙文区将无证照用人单位的工伤待遇争议纳入仲裁受理范围，积极协调劳动关系，消除矛盾。建瓯市劳动争议仲裁委，创设了一次性告知、风险告知、初审办案、照顾弱势群体的绿色通道以及法律援助等制度。同年，泉州市、三明市与市、区两级人民法院召开典型案件研讨会，通过探讨重大、疑难案件，以案释法，协调劳动仲裁与人民法院审判实践中的法律适用问题。当年，全省处理劳动争议案件7204件，涉及劳动者人数2.08万人，与2003年同期相比案件数上升25.92%，劳动者人数上升11.6%，其中集体劳动争议案件269件，涉及劳动者1.59万人。劳动争议案件结案率97.35%。

2005年，开展劳动争议仲裁庭规范化建设，省劳动争议仲裁委员会印发《劳动争议仲裁庭规范化建设达标验收标准》。同年10—12月，省和设区市劳动争议仲裁委员会对各设区市级和县（市、区）级劳动争议仲裁庭规范化建设达标组织验收，全省县（区）级以上劳动争议仲裁机构都建立专门的劳动争议仲裁庭，各级劳动争议仲裁庭90%通过达标验收，基本完成劳动争议仲裁庭规范化建设的工作。

是年，省劳动争议仲裁委员会建立与省高级人民法院的联席会议制度，定期交流情况，研讨案件，统一裁决标准等，提高劳动仲裁工作的权威性和公信力。各级劳动争议仲裁部门探索建立办案监督制度，通过内部管理，制订劳动争议案件受案到结案归档过程中的操作标准，做到责任明确、标准明确、操作规范、透明度高，形成内部监督和上下级双重监督，保证劳动争议案件处理质量。通过制定廉洁办案规定，加强内部监督和约束，防止和杜绝劳动争议仲裁工作中的不正之风，努力塑造劳动仲裁系统"依法、公正、廉洁、高效"的行风。劳动仲裁制度进一步完善健全，保证劳动争议仲裁工作的基本办案条件。全省处理劳动争议案件7626件，涉及劳动者人数2.12万人。其中集体劳动争议案件401件，涉及劳动者0.92万人。劳动争议案件结案率95.67%。

表11-2 **2001—2005年福建省劳动争议处理情况表**

单位：件、人、%

| 年份 | 劳动争议案件立案受理件数 | | 劳动争议案件涉及人数 | | 劳动争议案件结案率 |
|---|---|---|---|---|---|
| | | 集体劳动争议案件数 | | 集体劳动争议案件涉及人数 | |
| 2001 | 4265 | 368 | 23200 | 16700 | 95.00 |
| 2002 | 6654 | 341 | 24700 | 17900 | 97.90 |
| 2003 | 5623 | 261 | 26342 | 16628 | 92.94 |
| 2004 | 7204 | 269 | 20818 | 15989 | 97.35 |
| 2005 | 7626 | 401 | 21194 | 9206 | 95.67 |

## 二、劳动争议调解

1992年，福建省根据《中华人民共和国企业劳动争议处理条例》，推进在企业建立由职工代表、企业代表、企业工会代表组成的劳动争议调解委员会，调解委员会主任由工会主席担任。各级劳动争议仲裁部门加强对企业劳动争议调解委员会成员的业务指导。福建省劳动争议仲裁委员会与福建省总工会联合召开全省企业劳动争议调解工作经验总结表彰会议，推动全省企业劳动争议调解委员会调解工作的开展。

1993年，全省举办企业劳动争议调解委员会调解员培训班62期，共培训3117人。各级劳动争议调解委员会按照国务院的规定，严格执行调解程序，并且督促检查争议双方当事人履行调解协议，加强对职工进行法律、法规的宣传教育，开展劳动争议的预防工作。

1996年，福建省召开劳动争议处理工作表彰先进大会，表彰一批先进的企业劳动争议调解委员会和企业劳动争议调解员。同年，劳动部确定福建省为全国建立乡镇劳动争议调解制度试点，省劳动厅制定《关于在全省乡镇建立劳动争议调解制度试点的通知》，在基础比较好、经济比较发达、乡镇企业较多的乡镇开展劳动争议处理试点工作，力争50%的乡镇建立劳动争议调解制度。在抓乡镇建立劳动争议调解制度试点工作的同时，有条件的县仲裁委员会实行劳动仲裁派出机构试点，对村办企业多，劳动争议多的村试点建立劳动争议调解制度。各地市劳动争议仲裁部门深入试点乡镇开展调研活动，进行工作指导，及时总结推广典型经验，从而推动试点工作的健康发展。同时，省劳动厅召开全省乡镇劳动争议调解制度建设经验交流会，总结推广典型经验，表彰一批先进单位和个人。针对乡镇建立劳动争议调解机构后，普遍存在调解人员年轻、业务不熟悉的状况，各地市劳动争议仲裁部门对乡镇劳动争议调解员组织培训，培训内容包括劳动法律法规、劳动仲裁知识、民法常识、调解方法等，经过培训考试合格后，发给劳动争议调解员证书方可上岗工作。

1998年，福建省劳动争议仲裁部门巩固发展乡镇调解制度，继续在有条件的地、市扩大实行流动仲裁庭制度。各级劳动争议仲裁机构继续坚持抓乡镇劳动争议调解机构和制度的建立健全工作。当年，全省85%以上的乡镇都建立劳动争议调解机构，充实调解工作人员。县（市、区）劳动争议仲裁委员会加强与乡镇劳动争议调委会联系，指导其开展劳动争议处理工作。全年发生的劳动争议案件中，有4536件通过案外调解，比上年增长28.6%。

2000年，全省案外调解处理劳动争议案件7060件。

2002年，福建省加强劳动争议调解员队伍建设，在小企业集中的地区，建立由劳动保障部门、工会组织和企业代表组成的区域性劳动争议调解组织，形成多层次、多渠道、多形式的劳动争议调解体系和网络，变被动处理为主动预防，充分发挥其在处理劳动争议中“第一道防线”的作用，把劳动争议解决在基层，解决在萌芽状态。全年劳动争议案件仲裁调解结案2126件，占结案数的32%；案外调解争议2233件，比2001年减少3532件。

2003年，全省各地逐步建立多层次、多渠道的劳动争议调解网络，有条件的地方建立公开审理、选择仲裁员、仲裁监督等制度，完善预防和处理群体性事件工作预案。规范、完善劳动仲裁庭建设，年内实现全省约30%的市县仲裁庭规范化建设达标。全年劳动争议案件中案外调解争议5556件，比2002年增加3323件，结案率达95%。

2004年，各级劳动争议仲裁委员会改进创新办案方式，全省调解劳动争议案件7982件，化解大量劳动争议纠纷。泉州市强化立案调解，对事实清楚、情节简单的争议案件在进入仲裁管理程序之前，采取与当事人当面调解、召集有关人员进行调解、发出书面调解意见书等方式进行调解，理顺“立案调解”和“立案审理”关系，使一些不必进入庭审程序的简易案件迅速得到解决。同时针对乡镇私营企业比较发达，劳动争议案件较多的情况，在基层建立了村劳动争议处理协管员，乡镇劳动争议仲裁庭和县（区）市劳动争议仲裁委员会组成的三级劳动争议处理网络，将劳动争议仲裁调解与村民委员会的调解结合起来，强化了调解工作力度；三明市劳动争议仲裁委员会针对国有企业比较多，改制重组过程中容易引发集体劳动争议纠纷情况，专门组织仲裁人员，到企业宣传相关劳动政策，动员企业依法做好职工安置工作，依法修正改制方案，避免了可能产生的劳动争议。全省各级工会组织建立劳动争议调解委员会1.3万多个，区域性行业性劳动争议调解组织297个，调解处理一大批劳动争议案件。

2005年，各级劳动争议仲裁部门对企业与农民工在履行劳动合同中发生劳动争议时，可由双方协商解决，可向本企业劳动争议调解委员会申请调解，也可直接向劳动争议仲裁机构申请仲裁，劳动争议仲裁机构及时受理农民工与建筑企业的劳动合同争议；当事人对劳动争议仲裁裁决不服的，可依法向人民法院申诉。

## 第四节　法制宣传教育

1991年，福建省加强劳动争议仲裁工作的舆论宣传工作，向省电视台、省广播电台、《福建日报》等新闻单位投稿，开展劳动争议处理知识竞赛活动，在企业内部充分利用有线广播、黑板报、职工技术学习和安全教育的时间宣传法律、法规和劳动争议处理知识，提高企业、群众的法制观念。闽侯县仲裁委员会办公室深入到国营企业，宣传预防和减少劳动争议发生的办法。

1992年，省劳动局贯彻实施劳动部《关于劳动部门开展法制宣传教育的五年规划》，开展多层次，多形式的普法宣传教育，增强劳动部门干部的法律意识，促进各项劳动工作实现依法管理。1993年8月，福建省开展劳动干部劳动管理岗位专业培训，经考试、考查合格，首批278名获得上岗证书。

1994年，《劳动法》颁布以后，福建省利用各种方式开展宣传教育活动。省劳动厅与省人大常务委员会法律工作委员会、省总工会联合发出通知，对全省学习、贯彻《劳动法》提出要求。全省9个地市，37个县市党政领导发表电视、广播讲话。各地都开展了上街咨询活动，不少地方党政、人大、政协领导亲自参加。同时，组织开展《劳动法》知识竞赛活动，全省有50多万职工参赛。在福建电视台举办全省《劳动法》知识竞赛，随后选拔组队参加全国电视知识竞赛，取得在中央电视台决赛权，获得三等奖。同时，各地普遍举办培训班，把各级劳动部门和企业劳工干部、工会主席等基本轮训一遍。绝大多数企业职工初步了解《劳动法》的主要内容。

1995年，开展国有企业经营者年薪制、企业工资参考水平和福建省1995年最低工资标准的宣传、培训工作。各级劳动部门深入企业召开各种形式的座谈会、举办培训班，让社会各界、各阶层，特别是企业了解工资改革的新举措、掌握具体的操作办法。

1996年，各级劳动部门以深入贯彻实施《劳动法》和《福建省劳动合同管理规定》、《福建省企业集体合同条例》为重点，开展形式多样的宣传教育，不断扩大宣传覆盖面。主动走访企业、宣传讲解劳动政策，为企业排忧解难；协同企业工会，举办企业领导和劳工干部贯彻《劳动法》培训班，促进企业依法管理；组织广大职工参加“劳动权利与义务知识竞赛”；以行业为单位，召开座谈会、动员会，走进车间班组，分发《劳动法》《福建省劳动合同管理规定》《福建省企业集体合同条例》小册子等宣传手段，大造声势，发挥舆论导向作用。促进广大职工学习掌握《劳动法》，规范自己的行为，保护自身的合法权益。并围绕劳动关系的建立、工资支付、工作时间和女工特殊保护等较为突出的问题进行监督检查。根据《中华人民共和国行政处罚法》和劳动部《劳动行政处罚若干规定》《劳动行政处罚听证程序规定》，开展依法行政和行政执法监督，提高劳动系统行政执法水平。当年，省劳动厅委托福建省劳动学会在全省企业中开展劳动管理资格证书培训。到1999年底，共培训4000多名企业劳动管理干部，促进了企业劳动管理水平的提高。

2000年，开展劳动保障“三五”普法教育，实行行政执法人员资格证书制度，全省劳动保障系统1000多名行政执法人员经过培训考试，取得行政执法资格证书、证件。省劳动和社会保障厅进行劳动保障政策法规清理工作，废止65个规范性文件。建立行政复议文书制度，全省共受理行政复议案件47件。

2001年，省劳动和社会保障厅与福建经济广播电台联合举办专栏，宣传劳动保障政策法规，接受群众咨询，播发劳动力市场信息。组织“劳动保障之春”专场文艺演出，在全省九地市进行巡回演出。同年，福建省开展劳动保障法律监督检查宣传活动。福州市组织开展4次法律咨询活动，召开2场座谈会，听取企业的意见和建议，发放宣传资料5000多份，新闻媒体宣传报道7篇。厦门市、区的劳动保障部门、工会、妇联组织开展咨询宣传活动，发放宣传材料3万多份。泉州市印发《劳动法律法规汇编》3万本，发放宣传材料2.5万份，张贴标语853张，悬挂横幅240条，黑板报85幅。三明市在电视台连续两次播放了检查活动的专题节目，利用双休日组织开展劳动保障政策咨询活动3次。南平市三部门联合上街开展劳动保障法律法规、女工保护献春风咨询活动一次，接待群众200多人。2001年，省级财政从再就业基金中拨出120万元专款用于劳动保障宣传工作，比上年增加20万元。

2002年10月，国务院颁布新的《禁止使用童工规定》，省劳动和社会保障厅会同有关部门，通过报纸广播、宣传栏等宣传工具，多形式、多渠道开展宣传活动。全省各级劳动保障部门充分利用各自的优势，广泛宣传。宁德市派人深入企业、街道，通过召开座谈会、开展法规政策咨询活动等，共下发2500多份材料，促进企业和公民知法、守法。泉州市利用有线电视、宣传标语等宣传禁止使用童工的重要意义和法规等具体内容。

2004年，省劳动和社会保障厅围绕《工伤保险条例》、《行政许可法》和《劳动法》3项重点积极开展法制宣传工作。分别采取以会代训、专题讲座、编印材料、现场咨询活动等方式，积极宣传有关政策。7月上旬，全省开展声势浩大、形式多样的纪念《劳动法》颁布10周年宣传咨询活动，向社会广泛宣传《劳动法》等一系列劳动法律法规政策。同年，省劳动和社会保障部门开展《劳动保障监察条例》的宣传工作，印发《工伤保险条例》的宣传提纲，编写《工伤保险条例》有关问题的解答资料。并充分利用报刊、广播电视、互联网以及深入到街道、社区及各类用人单位中，让社会各界理解与支持劳动保障监察工作。

2005年，福建省部分建筑企业未依法与农民工签订劳动合同，劳动关系双方的权利和义务没有协商约定，一旦发生工伤事故和劳动争议，处理难度加大，并且受损害的往往是农民工一方。省劳动和社会保障厅下发《关于进一步加强建筑企业与农民工签订劳动合同的通知》，对建筑企业不同用工实行分类指导，对短期劳动用工试行简易劳动合同文本，从制度上、源头上提高建筑企业进城务工人员劳动合同签订率。各级劳动保障，建设行政主管部门及工会、企业与企业家联合会组织，采取措施，广泛宣传劳动合同有关法律法规，促使广大建筑企业增强法律意识，依法与职工（包括农民工）签订劳动合同，农民工劳动合同签订率逐步提高。

# 第十二章　机构与队伍

1991 年后，福建省劳动保障领域深化改革，劳动保障部门职能和机构名称发生变化，队伍逐步扩大。1991 年，省政府工作部门设省劳动局，全省劳动系统工作人员近 3000 人。1994 年，省劳动局更名为省劳动厅，职能转变为由偏重于管理国有企业的劳动工作，转向综合管理全社会的劳动事业。2000 年，撤销省劳动厅，组建省劳动和社会保障厅，增加综合管理全社会社会保险的职能，不再承担安全生产综合管理和安全监察的职能，对企业的劳动工资更加注重宏观管理等。2005 年，全省劳动保障系统共有人员 7712 人。

## 第一节　机　构

### 一、省直劳动和社会保障机构

#### （一）省劳动和社会保障厅机关

1991 年，省政府工作部门设省劳动局。

1994 年 7 月，省劳动局更名为省劳动厅。1995 年，省政府办公厅印发省劳动厅“三定”方案，省劳动厅下设 11 个职能处（室）和机关党委，省政府挂靠在省劳动厅的机构有 2 个（省安全生产委员会办公室、省劳动争议仲裁委员会办公室）。11 个职能处（室）分别是办公室、财务处、人事教育处、劳动关系与监察处（挂省劳动监察总队牌子）、综合计划与工资处、社会保险处、劳动安全与锅炉压力容器安全监察处、矿山安全卫生监察处、职业技能开发处、职工教育处、高级技术工人培训处。职能转变的重点为由偏重于管理国有企业的劳动工作，转向综合管理全社会的劳动事业，建立统一、开放、有序的劳动力市场；由主要运用计划指标、行政审批手段管理劳动力，转向主要运用经济与法律手段，通过市场机制和必要的行政干预，实现劳动力资源的合理配置；由直接对企业劳动工作实施微观管理，转向以宏观预测、规划、调控为主的管理，加强协调指导、监督检查和社会服务。

2000 年 4 月，撤销省劳动厅，组建省劳动和社会保障厅。内设 11 个职能处（室），分别是办公室、法制处、规划财务处、劳动监察处、就业和失业保险处、职业培训处、劳动工资处、养老保险处、医疗保险处、社保基金监督处、人事教育处。机关党委、驻厅监察室、离退休干部工作处另行设立。省劳动争议仲裁委员会办公室挂靠省劳动和社会保障厅。上述机构核定行政编制 67 名，其中厅长 1 名、副厅长 3 名、纪检组长 1 名（副厅级），处级领导职数23名，其中正处级15名、副处级8名；机关工勤人员编制13名。

省劳动和社会保障厅主要职责随之发生变化。划入省人事厅承担的机关事业单位社会保险职能、省民政厅承担的农村社会保险职能、省卫生厅承担的公费医疗管理职能和省医疗改革办公室承担的医疗保险制度改革职能、各行业部门统筹的社会保险职能，含国务院原批准的实行养老保险行业统筹的11个部门和单位（铁道、交通、邮电、煤炭、银行、民航、石油、有色金属、水利、建筑工程、电力）及其所属企业的养老保险管理职能及省劳动服务公司承担的就业管理和失业保险职能。划出省劳动厅承担的安全生产综合管理、职业安全监察和矿山安全监察职能，交由省经济贸易委员会承担；职业卫生监察（包括矿山卫生监察）职能，交由省卫生厅承担；锅炉压力容器、电梯等特种设备安全监察监督职能，交由省质量技术监督局承担；省直机关、事业单位调动工勤人员进榕人口机械增长指标及招收工勤人员“农转非”的管理工作交由省人事厅承担。不再审核福建省新建国有企业定员标准，改为重点调控这些企业的工资总额及工资水平；不再制定企业职工奖惩方面的行政规章，改为制定适用于各类企业的奖惩职工的基本准则，作为企业制定内部规章制度以及自理劳动关系的依据。根据上述职能调整情况，原省劳动厅内设职能处室劳动安全卫生与锅炉压力容器监察处、矿山安全卫生监察处以及福建省锅炉与压力容器检验（检修）所、福建省劳动安全卫生检测检验中心站划转省质量技术监督局；福建省安全生产委员会办公室及福建省劳动保护科学研究所划转省经济贸易委员会。同时根据划入的职能，省机关事业社会保险局、省农村社会保险公司两家经办机构分别从省人事厅、省民政厅划归省劳动和社会保障厅管理。

2002年8月，省劳动争议仲裁委员会办公室加挂“劳动争议仲裁处”。2004年3月，福建省劳动和社会保障厅医疗保险处加挂“工伤保险处”，核增副处级职数1名，人员编制3名(2名行政编制、1名工勤人员编制)。

### （二）厅直属单位机构

#### 1. 社会保险经办机构

福建省社会劳动保险局　1987年3月，省社会劳动保险局成立，为国有事业单位，隶属省劳动局。2000年，省政府机构改革后隶属省劳动和社会保障厅管理，核定事业编制33名，核定领导职数为正职1名、副职2名，机构规格相当正处级，经费渠道由省社会劳动保险局统筹，列入退休基金管理费中开支。

福建省机关事业社会保险局　1993年1月，省机关事业单位社会保险公司成立。1996年11月，更名为“福建省机关事业社会保险局”，为国有事业单位，隶属省人事厅。2000年，划归省劳动和社会保障厅管理，机构规格确定为相当正处级，核定事业编制28名，核定领导职数正职1名、副职1名，人员结构未核定，经费形式为自收自支。

福建省农村社会保险公司　1992年10月，省农村社会保险公司成立，为国有事业单位，隶属省民政厅管理。2000年，划归省劳动和社会保障厅管理，机构规格确定为相当正处级，核定事业编制20名，经费形式为自收自支，并实行企业化管理。

福建省医疗保险管理中心　1999 年 11 月，省医疗保险管理中心成立，为国有事业单位，隶属省劳动和社会保障厅管理（因 1999 年 11 月前中央编办已批复同意福建省政府机构改革方案，明确组建省劳动和社会保障厅，故省编办批准成立省医疗保险管理中心时，直接明确隶属省劳动和社会保障厅管理），机构规格确定为相当正处级，核定事业编制 35 名，核定领导职数正职 1 名、副职 2 名，经费形式为财政核拨。

**2. 就业培训机构**

福建省劳动就业中心　1983 年 9 月，省劳动局劳动服务处成立，对外加挂省劳动服务公司。1993 年 6 月，该处更名为省劳动就业管理处，更名后仍与省劳动服务公司合署办公，隶属省劳动局管理。2000 年省政府机构改革后，隶属省劳动和社会保障厅管理。2001 年 7 月，省劳动服务公司更名为省劳动就业中心。2004 年 9 月，重新核定事业编制 30 名，核定领导职数为正处级 1 名、副处级 2 名，经费为财政拨补。

福建省技工教育研究室　1991 年 6 月，省技工教育研究室成立，为国有事业单位，隶属省劳动局管理。2000 年省政府机构改革后，隶属省劳动和社会保障厅管理，机构规格相当副处级，核定事业编制 6 名，核定领导职数 2 名，其中副处级、正科级各 1 名，经费形式为财政核拨。

福建省职业培训中心　1992 年 6 月，省职业培训中心成立，为国有事业单位，隶属省劳动局管理。2000 年省政府机构改革后，隶属省劳动和社会保障厅管理，机构规格确定为相当正处级，核定事业编制 45 人，核定处级领导职数 4 名，其中正处级 1 名、副处级 3 名，经费形式实行自收自支。

福建省职业介绍服务中心　1994 年 4 月，省职业介绍服务中心成立，为国有事业单位，隶属省劳动厅管理。2000 年省政府机构改革后，隶属省劳动和社会保障厅管理，机构规格确定为相当正处级，核事业编制 20 人，经费实行自收自支。

福建省职业技能鉴定指导中心　1995 年 9 月，省职业技能鉴定指导中心成立，为国有事业单位，隶属省劳动厅管理。2000 年省政府机构改革后，隶属省劳动和社会保障厅管理，机构规格为相当正处级，核定事业编制 8 名，核定处级领导职数 2 名，其中正处级、副处级各 1 名，经费形式为自收自支。

**3. 劳动保障监察机构**

1995 年，省劳动厅下发《关于完善劳动监察体制全面开展劳动监察的意见》，全省各地陆续成立劳动监察机构，配备人员。设区市级设劳动关系与监察科，县（市、区）设劳动关系与监察股。实行一套班子两块牌子，设区级市劳动行政部门加挂劳动监察大队，县（市、区）劳动行政部门加挂劳动监察中队，并配备专职劳动监察人员。当年，省劳动厅成立劳动监察处，并加挂省劳动监察总队牌子。全省建立劳动监察机构 91 个，其中 20 个机构加挂总队（大队、中队）牌子，配备专职劳动监察员 201 名，兼职劳动监察员 438 名。

2000 年 4 月，省劳动和社会保障厅组建后，劳动监察处不再加挂省劳动监察总队牌子。

2004年11月,《劳动保障监察条例》颁布后,福建省各级劳动保障行政部门与编制、财政等有关部门协调沟通,在劳动保障监察机构建设方面取得新突破。已有机构的,增加编制、经费或改善办公条件;没有机构的,成立机构,确定编制。厦门市劳动监察大队由原来的科级升格为处级,更名为市劳动监察支队。三明市新成立劳动保障监察支队,编制5名,为财政全额拨款的事业单位。福州、泉州市分别更名为支队,并在原来的基础上增加8名编制,人员增加到20人以上,监察经费相应增加。全省大部分县(市、区)劳动保障局成立监察机构。

**4. 劳动争议仲裁机构**

1993年,福建省在各级劳动部门成立劳动争议仲裁委员会,主要职责是依法调解劳动关系双方当事人之间发生的各项争议,同时开展宣传党、国家的劳动政策、法规,加强劳动合同鉴证,监督检查劳动合同的履行,预防和减少劳动争议的发生。至1995年,全省县以上都设立了劳动争议仲裁机构,配备专职仲裁员。

2002年8月,省劳动争议仲裁委员会办公室加挂“劳动争议仲裁处”牌子。

2003年,全省市、县、区劳动和社会保障局增配劳动争议仲裁行政编制154名。其中福州、厦门、泉州市劳动和社会保障局各增配4名,漳州、龙岩、三明、南平、莆田、宁德市劳动和社会保障局各增配3名;福清等14个县级市和各设区市的区劳动和社会保障局各增配2名;闽侯等44个县劳动和社会保障局各增配1名。

**5. 技工学校**

福建省高级技工学校(福建省第一职业技能学院)　1979年5月,福建省建材工业技工学校创办,隶属省建材工业局管理。1994年,福建省建材工业技工学校被劳动部评为国家级重点技工学校。1996年,经国家计划委员会、劳动部批准升格为福建省高级技工学校。2000年,划归省劳动厅管理。2002年,福建省高级技工学校增挂“福建省第一职业技能学院”的牌子。

福建省劳动和社会保障厅技术学校　1979年5月,省劳动局技工学校创办,隶属省劳动局管理。1996年7月,更名为“福建省劳动厅技术学校”。2002年5月,福建省劳动厅技术学校更名为“福建省劳动保障厅技术学校”。2005年,省编制委员会批准福建省劳动保障厅技术学校与福建省轻工业技工学校合并,名称为“福建省劳动和社会保障厅技术学校”。

**6. 其他直属单位**

福建省劳动和社会保障干部学校　原名省劳动干部学校,成立于1983年2月,为国有事业单位,隶属省劳动局管理,负责全省劳动系统干部培训。2000年机构改革后,隶属省劳动和社会保障厅管理,核定事业编制10名,机构规格、人员结构、领导职数未定,机构附设在福建省劳动厅技术学校内,实行一套班子、两块牌子,经费形式为财政核拨。

福建劳动和社会保障政策法律咨询中心　1996年11月成立,为国有事业单位,隶属省劳动厅管理。2000年机构改革后,隶属省劳动和社会保障厅管理,机构规格确定为相当副处级，核定事业编制5名，领导职数为正职（副处）、副职（正科级）各1名，经费实行自收自支。

福建省退休职工活动中心　1998年10月成立，为国有事业单位，隶属省总工会管理，业务上受省退休职工管理委员会管理指导，规格相当正处级，核定事业编制12名，配备正副处级领导职数各1名，经费由财政核拨补助。2005年6月，该中心划归省劳动和社会保障厅管理，核定事业编制11名，核定正副处级领导职数各1名，经费由财政核补。

《就业与保障》杂志社　1991年5月，《福建劳动》编辑部成立，核定事业编制3名，所需经费从收入中解决。2001年7月，《福建劳动和社会保障》杂志社成立，《福建劳动》编辑部同时撤销。为省劳动和社会保障厅直属事业单位，机构规格为相当正处级，核定事业编制8名，核定领导职数正副职各1名，经费实行自收自支。2004年9月，《福建劳动和社会保障》杂志社更名为《就业与保障》杂志社，并移交省新闻出版局管理。

福建省劳动能力鉴定委员会办公室　1996年4月，省劳动鉴定委员会成立，委员会下设办公室负责日常工作，办公室设在省劳动厅，挂靠在省劳动厅社会保险处。2001年7月，省劳动鉴定委员会办公室挂靠省劳动和社会保障厅医疗保险处。2005年9月，省劳动能力鉴定委员会办公室成立，为省劳动和社会保障厅下属正处级事业单位，编制5人，经费由财政核拨。

### 二、市、县级劳动保障机构

1991年，福建省各地（市）、县（市、区）均设立劳动局。

2000年4月，省劳动和社会保障厅组建后，各设区市、县（市、区）参照福建省级政府职能部门设置情况，根据当地党委、政府及编制部门的批文，陆续将劳动局改设为劳动和社会保障局。

2002年以后，推进劳动保障基层组织（乡镇、街道劳动保障事务所，村、社区劳动保障工作站）建设，整合劳动保障和社会服务资源，加快就业服务体系建设，实现劳动保障工作重心下移，服务功能向农村基层延伸。到2005年，全省130个街道全部建立劳动保障事务所，77.6％的社区建立劳动保障工作站，57.9％的乡镇也建立劳动保障事务所。

## 第二节　队　伍

1991年，全省劳动系统行政机关及就业服务、就业训练、社会劳动保险、技工学校、锅炉压力容器检验等直属单位约有人员近3000人。随着劳动保障事业发展及机构改革，新成立劳动监察、医疗保险、职业介绍服务、职业技能鉴定等机构，划入省部属及企业办的技工学校、机关事业社会保险、农村社会保险等机构，全省劳动保障系统人员不断增加，队伍逐步扩大。2005年，福建省劳动保障系统共有人员7712人。

表 12-1　　1991—2005 年福建省劳动保障部门历任厅（局）级领导名表

<table>
<tr><th>机　构</th><th>姓　名</th><th>职　务</th><th>任职时间</th></tr>
<tr><td rowspan="6">省劳动局</td><td>林少顷</td><td>局长、党组书记</td><td>1988.1—1993.3</td></tr>
<tr><td>郭成土</td><td>局长、党组书记</td><td>1993.3—1994.11</td></tr>
<tr><td>赵大中</td><td>副局长<br>党组副书记</td><td>1983.11—1994.11<br>1993.9—1994.11</td></tr>
<tr><td>关永辉</td><td>副局长</td><td>1983.2—1993.3</td></tr>
<tr><td>李登枝</td><td>副局长</td><td>1983.11—1995.3</td></tr>
<tr><td>蔡元庭</td><td>副局长</td><td>1994.1—1994.9</td></tr>
<tr><td rowspan="4">省劳动厅</td><td>郭成土</td><td>厅长、党组书记</td><td>1994.11—2000.3</td></tr>
<tr><td>赵大中</td><td>副厅长、党组副书记</td><td>1994.11—2000.3</td></tr>
<tr><td>李华（女）</td><td>副厅长</td><td>1995.3—2000.3</td></tr>
<tr><td>江作梁</td><td>副厅长</td><td>1995.5—2000.3</td></tr>
<tr><td rowspan="6">省劳动和社会保障厅</td><td>王克益</td><td>厅长、党组书记</td><td>2000.3—2005.6</td></tr>
<tr><td>钟维平</td><td>副厅长<br>厅长、党组书记</td><td>2001.9—2005.6<br>2005.6—</td></tr>
<tr><td>李华（女）</td><td>副厅长</td><td>2000.3—2005.11</td></tr>
<tr><td>江作梁</td><td>副厅长</td><td>2000.3—</td></tr>
<tr><td>宋建华</td><td>副厅长</td><td>2000.3—2005.11</td></tr>
<tr><td>赖诗卿</td><td>副厅长</td><td>2005.8—</td></tr>
<tr><td rowspan="2">省纪委驻省劳动厅（省劳动和社会保障厅）纪检组</td><td>郑昌游</td><td>组长（副厅级）</td><td>1995.12—2000.3<br>2000.3—2003.10</td></tr>
<tr><td>陈仁毅</td><td>组长（副厅级）</td><td>2004.5—</td></tr>
<tr><td>省安全生产委员会</td><td>邓云贞（女）</td><td>副主任（副厅级）</td><td>1994.6—2000.3</td></tr>
</table>

表 12-2　　2005 年福建省劳动保障系统人员情况表

单位：人、%

<table>
<tr><th colspan="2">分　类</th><th>人　数</th><th>所占比重</th><th>合计人数</th><th>所占比重</th></tr>
<tr><td rowspan="3">级别</td><td>省级</td><td>547</td><td>7.1</td><td rowspan="3">7712</td><td rowspan="3">100</td></tr>
<tr><td>设区市级</td><td>2766</td><td>35.9</td></tr>
<tr><td>县级</td><td>4399</td><td>57.0</td></tr>
</table>

续表

| 分类 | | 人数 | 所占比重 | 合计人数 | 所占比重 |
|---|---|---|---|---|---|
| 人员类别 | 公务员 | 1139 | 14.8 | 7712 | 100 |
| | 事业单位人员 | 6573 | 85.2 | | |
| 行政职务 | 厅级 | 8 | 0.1 | 7712 | 100 |
| | 处级 | 186 | 2.4 | | |
| | 科级及以下 | 7518 | 97.5 | | |
| 年龄 | 30岁以下 | 1321 | 17.1 | 7712 | 100 |
| | 31—40岁 | 2581 | 33.5 | | |
| | 41—50岁 | 2651 | 34.4 | | |
| | 51岁以上 | 1159 | 15.0 | | |
| 学历 | 高中及以下 | 2830 | 36.7 | 7712 | 100 |
| | 专科 | 3043 | 39.5 | | |
| | 本科 | 1821 | 23.6 | | |
| | 硕士及以上 | 18 | 0.2 | | |
| 专业技术职务 | 高级 | 324 | 7.4 | 4387 | 56.9 |
| | 中级 | 1561 | 35.6 | | |
| | 初级及以下 | 2502 | 57.0 | | |

表12-3　**2005年福建省劳动保障系统事业单位人员分布情况表**

单位：人、%

| 类别 | 人数 | 所占比重 |
|---|---|---|
| 社会保险经办机构 | 2624 | 39.9 |
| 劳动保障监察机构 | 288 | 4.4 |
| 劳动争议仲裁机构 | 57 | 0.9 |
| 就业服务机构 | 1027 | 15.6 |
| 职业培训机构 | 2325 | 35.4 |
| 职业技能鉴定机构 | 80 | 1.2 |
| 其他机构 | 172 | 2.6 |
| 合计 | 6573 | 100 |

# 附　　录

## 一、大事年表

### 1991 年

3 月 26 日，省劳动服务公司职业介绍所成立。

3 月，省政府表彰 1990 年安全生产工作先进地（市）和单位，授予宁德地区行政公署、漳州市政府和厦门市政府“安全生产先进地（市）”称号；授予福州铁路分局、省交通厅、省交警总队、省乡镇企业局、省民航管理局、省劳动局、省经济贸易委员会、省总工会“安全生产先进单位”称号。

4 月 1 日，福建省施行务工许可证制度，凡农村和外省劳动力进入本省城市和县镇务工的，需持有务工许可证。

5 月 15—18 日，劳动部在全国职业安全卫生监察工作会议上，表彰“七五”期间在劳动安全卫生监察工作中做出显著成绩的 14 个省 53 个地市劳动局安全监察处（科）。福建省劳动局安全监察处、福州市和三明市劳动局安全监察科被授予“全国职业安全卫生监察工作先进单位”称号。

6 月 28 日，省劳动保护科学技术学会成立。

6 月，亚太区成人（职工）教育研讨会在福州市召开。

9 月 21 日，福建省首家劳动监察大队——厦门市劳动监察大队成立。

11 月 18 日，省劳动局授予 30 位劳动就业服务企业厂长（经理）为“1990 年度全省劳动就业服务企业优秀厂长（经理）”称号。

12 月，莆田市造纸厂在福建省首家试行企业固定职工个人缴纳养老保险费制度。

### 1992 年

1 月 10 日，省劳动局颁发实施《福建省企业补充养老保险暂行规定》。

3 月，省劳动局公布全省首批 204 家企事业评聘的 807 名技师和 5 名高级技师名单。

4 月 23 日，省劳动局批准漳州糖厂等全省 43 家国营企业进行岗位技能工资制试点。

5 月 23 日，省政府颁发《关于深化国营企业劳动人事、工资分配、社会保险制度改革的决定》。

5月，福建省开展首届劳动法制知识竞赛活动。8月，省劳动局在福州举行全省劳动法制知识竞赛颁奖仪式。

7月1日，全省国营企业实行固定职工个人缴纳基本养老保险费制度。

8月1日，省委书记陈光毅为福建省社会劳动保险公司成立5周年题词：“发展社会保险，造福全省人民”。

9月，福建省开展百万职工岗位技术练兵活动，组织技术比赛。林业、轻纺、电力等12个行业先后举行163项（次）工种技术比赛。在6个行业45个工种技术比赛中，比赛的前3名由省总工会、省劳动局、团省委会授予“福建省职工技术能手”称号。

10月21日，福建省安装技工学校1988届电焊专业毕业生熊森芳在全国焊接技术比赛中获二氧化碳气体保护焊个人总分第八名，成为中华人民共和国成立以来福建省参加全国焊接技术大赛第一位进入前10名的优秀焊工。

12月4日，省劳动局发出通知，不再对省属、中央属企业下达招工指标。

第四季度，省劳动局与电视制作中心联合摄制电视剧《红山植》，是全国第一部以技工教育为题材的电视剧。

## 1993年

3月10日，省劳动局对落实企业用工、工资分配自主权和改进劳动工资宏观调控问题，提出补充意见下发施行。

4月30日，省劳动就业服务企业协会在福州成立。

4月，省劳动局为全省首批评估合格的76所技工学校颁发“合格技工学校”牌匾。

5月，省政府批准福建省电力技校等8所技工学校为“省级重点技工学校”。

8月，省劳动局在福州大戏院举办福建省技工学校首届文艺汇演，30多所技工学校派队参加演出。

6月上旬，省劳动学会在福鼎市召开劳务市场研讨会。

6月25日，省政府批转试行《福建省动态调控的全民所有制企业弹性劳动工资计划实施办法》。

7月下旬，福建省首次劳动宣传工作会议在福州召开。会议探讨在新形势下进一步加强劳动宣传工作问题，表彰《福建劳动》发行工作先进单位、先进个人，决定设立劳动宣传奖励基金。会后，省劳动局下发《关于加强劳动宣传工作意见》。

8月4日，省政府批转实施《福建省工人考核实施办法》。

8月19日，省政府发布施行《福建省劳动监察暂行规定》，在全国率先以政府令形式颁布劳动监察方面的政府规章。

8月29日，南平市南山镇南山村鞭炮厂发生爆炸事故，死亡27人，重伤2人，直接经济损失近50万元。

8月，福建省劳动干部参加劳动管理岗位专业培训，经考试、考查合格，首批278名获得上岗证书。

10月5日，省劳动局颁发《福建省国有企业试行自主确定工资总额办法暂行规定》。

10月26日，省劳动局举办首期全省劳动监察员培训班，各地、市、县劳动局长和业务科长共120人参加培训。省政府副省长施性谋为首批劳动监察员颁证。

11月14日，省总工会、省劳动局、省经济贸易委员会、团省委、省职工教育委员会和省机械厅在南平电机厂联合举办全省车工、钳工“南电杯”技术比赛。比赛组委会向团体前3名代表队颁发奖杯，向车、钳工前6名选手颁发“福建省技术能手荣誉证书”和奖金。

12月1日，省劳动局贯彻劳动部《职业技能鉴定规定》，下达实施意见，规范全省职业技能鉴定工作，并选择机械、服装、汽车行业中的部分工种（专业）进行建立职业技术鉴定所（站）的试点。

12月13日，福州马尾经济技术开发区台资企业高福纺织有限公司发生火灾，烧死员工61人，烧伤8人，烧毁建筑物3900平方米。

## 1994年

2月22日，省政府批转《福建省劳动局关于我省企业全面实行劳动合同制意见》，在全省企业中全面实行劳动合同制度。

3月1日，福建省贯彻国务院关于职工工作时间的规定，执行职工每日工作8小时，每周工作44小时制度。

3月25日，省政府发出《关于加快培育和发展劳动力市场若干问题的通知》，各级劳动行政主管部门综合管理劳动力市场。

3月26日，省人民政府批转《福建省国有企业职工基本养老金计发办法的改革方案》。基本养老金与缴费工资、缴费年限挂钩，与国民经济发展和社会生活水平提高相适应。改革方案自4月1日起实行。

3月31日，省劳动局、省公安厅、省总工会转发《关于加强外商投资企业和私营企业劳动管理切实保障职工合法权益的通知》，决定对全省企业执行劳动法规情况进行一次普遍检查。

5月21日，省劳动局、省体制改革委员会、省财政厅、省总工会在福州联合召开福建省职工基本养老金计发办法改革实施大会。劳动部部长李伯勇、副省长施性谋出席会议并作重要讲话，省直有关单位领导和企业代表近500人参加大会。

5月，经劳动部组织评估，福建省电力技工学校、福建省建材工业技工学校、福州铁路运输技工学校被评为“国级重点技工学校”，并颁发牌匾。

6月8日，福建省首家国家职业技能鉴定站——福建机电职业技能鉴定站在福州成立，举行授牌仪式暨新闻发布会。

7 月 19 日，省人大常委会公布施行《福建省企业职工合法权益保障条例》。

7 月，在北京举行的全国首届城镇集体经济成果展览暨劳服企业 15 周年成果展上，福建荣获全国劳服企业成果展综合评比第一名。全国人大常委会副委员长李沛瑶和劳动部部长李伯勇对福建参展产品给予高度评价。

7 月，省劳动局更名为省劳动厅，郭成土任厅长。

9 月 6 日，省劳动厅、省地方税务局发出《关于加强城镇集体所有制企业工资总额管理的通知》。集体企业实行人均成本工资管理办法和工资总额同经济效益挂钩办法。

9 月 19 日，省政府公布《福建省最低工资规定》和《福建省最低工资标准及适用范围》，福建省在全国率先实施最低工资保障制度。

10 月 20 日，省劳动厅等 6 部门联合发出《关于保障困难企业职工基本生活的通知》。省劳动厅制定《福建省困难企业职工生活保障的通知》，规定停产、半停产企业的停工、待工职工的月基本生活保障标准不得低于当地最低工资标准的 60%，以保障职工基本生活。

10 月，省劳动厅、省总工会组织开展《劳动法》知识竞赛，普及《劳动法》知识，全省有 50 万职工参加知识竞赛。

10 月，省民政厅召开全省先进社团表彰大会，授予福建省劳动学会"先进社会团体"称号。

11 月，福建省技工学校招生制度实行重大改革，面向农村招收农业户口的考生。

12 月，省政府颁发《福建省企业职工工伤保险试行规定》，1995 年 1 月 1 日起实施。

## 1995 年

1 月 1 日，《福建省劳动安全条例》正式实施。

1 月 23 日，省委书记贾庆林、省长陈明义和省劳动厅厅长郭成土、副厅长赵大中等前往福建省水运公司、福建省铝制品厂慰问困难职工。

1 月 26 日，劳动部副部长刘雅芝到闽考察，并与省劳动厅部分处级以上干部座谈。

4 月 1 日，省政府发布《福建省国有企业富余职工安置实施办法》，采取企业安置、个人自谋职业、社会帮助安置相结合的机制安置富余职工。

5 月 4 日，省劳动厅等 4 部门联合颁发《福建省国有企业经营管理者年薪收入管理办法（试行）》，企业经营者收入与职工收入分离，经营者收入与企业经营成果、国有资产增值保值挂钩，调动经营者积极性，建立企业内部分配自我约束机制。

5 月 14—16 日，以色列国际劳工合作与发展研究所副所长马克·列文博士到闽进行学术交流和考察。双方就以色列与福建省劳动关系调整工作等问题进行交流。以色列客人还考察福建"三资"企业福日电动工具有限公司，了解签订集体合同等方面情况。

5 月 18 日，省政府颁布《福建省企业劳动争议处理实施办法》。

5月19日，省政府颁布《福建省职业介绍机构管理规定》，规范职业介绍机构发展。

6月12日，劳动部组织新华社、中央人民广播电台、《经济日报》、《法制日报》、《工人日报》和《光明日报》等6家中央新闻单位来闽采访《劳动法》实施情况，并陆续在《人民日报》等全国大报刊上发表近50篇宣传介绍福建贯彻《劳动法》的经验文章。

7月5日，福建省从是年1月1日起，提高企业省级以上劳动模范退休金，省级以上劳动模范最低退休金按当地上一年退休人员平均养老金的125%计发。

7月31日，省劳动厅下发《关于实施新工时工作制若干问题的通知》。全省企业开始实行每日工作8小时，每周工作40小时的标准工时制度。

7月，省劳动厅、省总工会、团省委、省机械厅联合举办1995年福建省焊工技能比赛。

9月起，福建省技工学校新入学的学生实行缴费上学。

9月26日，省劳动厅、省经济贸易委员会、省体制改革委员会联合下发《关于贯彻〈现代企业制度试点企业劳动工资社会保险制度改革办法〉的实施办法》。

10月18日，福建与日本冲绳劳动就业研讨会在福州召开，福建省与日本冲绳县劳动就业部门及专家学者35人参会。会议交流两省、县开展劳动就业的做法和经验，对福建省做好就业工作提供借鉴。

11月10日，劳动部表彰66名全国技术能手，福建省中餐烹饪高级技师强木根获中华技能大奖，车工技师张红兵、高级电焊工王振泉、石雕工艺美术师刘碧兰获“全国技术能手”称号，并在人民大会堂受到党和国家领导人接见。

12月16日，省政府决定，从1996年1月1日起，将原由人民保险公司承办的集体职工养老保险业务，统一移交给劳动部门所属社会劳动保险机构办理，福建省企业职工养老保险实现统一管理。

12月25日，福建省安全生产专家组在福州成立，副省长黄小晶为34位专家颁发聘书和专家证书。

12月，宁德地区普遍建立乡镇劳动工作站，加强乡镇农村流动劳动力、外来劳动力和乡镇企业职工的管理。全区122个乡镇有103个乡镇建立工作站，19个乡镇聘任劳动工作联络员，覆盖面达100%。

## 1996年

1月1日，省政府办公厅转发省劳动厅《关于加强劳动力市场建设意见》，进一步推动全省加快劳动力市场建设。

2月29日，《福建省企业职工养老保险制度改革方案》经省政府审议通过，并颁布施行。

2月，省劳动厅转发劳动部、公安部、外交部、对外贸易经济部联合制定颁布的《外国人在中国就业管理规定》，对全省加强外国人在中国就业的审批和管理做出具体规定。

3月18日，省劳动厅下发《福建省企业职工养老保险制度改革方案》实施办法。省体制改革委员会、省劳动厅、省财政厅、省总工会联合举行新闻发布会。

4月24日，省劳动厅、省工商行政管理局联合通知在全省实行企业基本养老保险年检制度，促进企业参加养老保险。

4月22—27日，第一期福建省劳动管理资格证书培训班在福州举办，来自各企业劳工干部、厂长、经理200余人参加培训。

4月28日，省劳动厅印发《福建省劳动力市场管理若干规定》。

6月，省政府批准福建省劳动厅技工学校等5所学校为“省级重点技工学校”。

7月10日，省政府颁布施行《福建省企业职工生育保险规定》，在全省实施企业职工生育保险制度。

7月18日，省人大常委会颁布施行《福建省劳动合同管理规定》和《福建省企业集体合同条例》，福建省劳动合同制度实现规范化、法制化。

8月，省劳动厅与省总工会联合创办福建省女职工再就业服务中心，为女职工再就业提供服务。

9月20日，福建省闽西老区建设促进会与龙岩市第三技术学校联办思源技术学校，为老区边远山区农村培训实用技术人才。

9月，省劳动厅被省委宣传部、省司法厅评为全省“二五”普法先进单位，丁榕芳被评为先进个人。

11月，福建省建材技工学校、福州电力技工学校首批被劳动部确认为高级技工学校。

12月24日，福建省帮困领导小组成立。副省长黄小晶任组长，省政府副秘书长洪长平、省劳动厅厅长郭成土、省经贸委副主任丁国炎、省财政厅副厅长黄希敏任副组长。下设办公室，省劳动厅副厅长赵大中任主任。

12月，在北京召开的劳动系统“双先”表彰大会暨全国劳动工作会议上，省劳动厅获“全国劳动系统先进集体”称号，省劳动厅劳动关系与监察处处长黄长顺被评为“全国劳动系统先进工作者”。国务院总理李鹏等中央领导人在人民大会堂接见先进集体和先进工作者代表。

## 1997年

3月，省委、省政府把实施再就业工程作为为民办实事项目，省政协把实施再就业工程列为一号提案，推动再就业工作。

4月1日，莆田市职工医疗保障制度改革实施方案获省政府批准开始实施。

7月1日，厦门市职工医疗保障制度改革实施方案获省政府批准开始实施。

7月，省政府决定建设面积达3000平方米的福建省再就业服务中心，并购买通讯信息传递设备等，建设后实现与全国和福建省各地劳动力市场的微机联网。

7月，省政府发出《关于进一步实施再就业工程意见的通知》，成立福建省解困和再就业工作领导小组，推动再就业工作的开展。

8月，省政府批转省劳动厅《关于三资、私营企业员工和个体工商户参加基本养老保险有关问题的通知》，促进这些企业参加养老保险。

9月，国务院发布《社会力量办学条例》，10月1日起开始实施。省劳动厅成立贯彻实施《社会力量办学条例》办公室。

是年，省劳动争议仲裁委员会被劳动部评为全国先进仲裁单位。厦门市劳动监察大队被劳动部评为全国“三优”文明窗口单位。

## 1998年

1月1日，《福建省城镇企业职工基本养老保险条例》《福建省企业职工失业保险条例》正式施行。

1月5日，省长贺国强、副省长黄小晶及省直有关部门慰问福州困难企业职工，考察福州市劳动力市场和再就业服务中心。

5月，省政府办公厅印发《福建省华侨农场职工养老保险实施方案》，省财政出资2400万元，率先在全国范围内将华侨农场职工基本养老保险纳入省级统筹。

7月1日，《福建省劳动力市场管理条例》施行。

7月14日，《中共福建省委、福建省人民政府关于做好国有企业下岗职工再就业和深化社会保障制度改革的通知》出台，对开展国有企业下岗职工再就业工作进行全面部署。

7月23日，福建省下发《关于国有企业下岗职工再就业服务中心的管理办法》。

## 1999年

1月15—20日，国务院总理朱镕基和中央政治局候补委员、国务委员吴仪、劳动和社会保障部部长张左己，在省委书记陈明义、省长贺国强的陪同下，先后到厦门、福州市调研再就业工作，在福州棉纺织印染厂召开福州市部分下岗职工座谈会，并到下岗职工家庭慰问。省劳动厅厅长郭成土随同参加调研。

1月，《福建省人民政府关于实行劳动预备制的通知》出台，在全省城镇中开展劳动预备制度工作。

2月4—10日，全国人大常委会委员长李鹏在省委书记陈明义、省长贺国强的陪同下，先后赴宁德、福州、厦门等地市，调研下岗职工基本生活保障和再就业工作，走访下岗职工家庭，察看福州市劳动就业指导服务中心，并召开座谈会，就如何做好下岗职工再就业进行探讨。省劳动厅厅长郭成土随同参加调研。

5月14日，《福建省人民政府贯彻国务院关于建立城镇职工基本医疗保险制度的决定的通知》印发施行。

5月，团省委、省劳动厅、省公安厅、省建设委员会、省综合治理办公室等部门决定对

80名外来务工青年给予表彰，并授予“福建省百名优秀外来务工青年”荣誉称号。

8月4日，省政府发出《关于做好城镇集体企业下岗职工基本生活保障和再就业工作的通知》，在全国率先把集体企业纳入下岗职工基本生活保障和再就业工作范围。

8月5日，省政府出台《关于建立两个确保和再就业工作目标责任制的通知》，明确各级政府在两个确保和再就业工作中的责任，并建立责任追究制度。

8月，省总工会成立全省首家为下岗职工再创业提供无偿服务的“再就业关怀顾问团”，并设立专线电话。

10月，省政府废止1988年发布施行的《福建省中外合资经营企业劳动管理暂行规定》。

10月，省劳动厅对24个积极参加社会保险的典型单位予以通报表扬，对8个拒不参保的典型单位予以通报批评。

12月，全省社会劳动保险经办机构实现社会保险管理信息系统省、市、县三级联网，所有基本养老保险业务实现由手工处理转为信息化处理。

## 2000年

1月，福建省医疗保险管理中心成立，为国有事业单位，机构规格确定为相当正处级，核定事业编制35名，核定领导职数正职1名，副职2名。经费形式为财政核拨。

4月5日，省劳动和社会保障厅组建，王克益任厅长。

8月，省政府批转印发《省劳动和社会保障厅关于进一步理顺国有企业劳动关系及用人单位做好劳动合同管理工作的意见的通知》。

9月4日，省政府批复同意《福建省省、部署驻榕单位职工基本医疗保险制度实施办法》。

9月，清流、上杭、仙游、永泰、顺昌县被劳动和社会保障部确定为全国农村劳动力开发就业试点县。

10月1日起，省劳动厅启用对外劳务人员职业资格证书，并加盖使用防伪章。

11月，省政府批转印发《省劳动和社会保障厅等部门关于部分省重点国有企业经营者试行年薪制意见》，确定在三钢（集团）有限责任公司等11家省重点国有企业中开展经营者年薪制试点工作。

## 2001年

1月1日，福建省城镇职工基本医疗保险制度正式启动并全面实施。

1月11日，劳动和社会保障部副部长王建伦到福州、泉州、莆田等地进行考察，省劳动和社会保障厅厅长王克益陪同到特困职工家庭慰问，并参观福州市劳动力市场和福州市再就业基地。

2月，省劳动和社会保障厅、省财政厅发出《关于国有企业下岗职工接续社会保险关系有关问题的通知》，解决下岗职工再就业后接续社会保险关系问题。

4月15日，劳动和社会保障部副部长林用三在福州调研后，与企业界代表、再就业明星座谈。

6月18日，省长习近平签发第66号政府令，发布施行《福建省人民政府关于重大安全事故行政责任追究的规定》。

8月，根据中共中央、国务院《关于深化教育改革全面推进素质教育的决定》，全省所有技（术）工学校、中等学校、职业中专学校毕业生都要进行职业技能鉴定，合格者发给相应的职业资格证书。

10月，省劳动和社会保障厅、省财政厅印发《关于试行对用人单位接纳重点援助对象给予工资性补贴和接续社会保险补助办法的通知》，并在福州市、南平市试行。

11月，省政府办公厅下发《关于进一步做好养老、失业保险基金扩面征缴工作的通知》，要求各地建立行政领导责任制，确保扩面征缴任务完成。

是年，省劳动和社会保障厅与福建经济广播电台联合举办专栏，宣传劳动保障政策法规，接受群众咨询，播发劳动力市场信息。组织“劳动保障之春”专场文艺演出，在全省九地市进行巡回演出。

## 2002年

1月，省委、省政府召开全省劳动保障工作会议，省委书记宋德福、省长习近平到会发表重要讲话，副省长贾锡太做工作报告。

4月，劳动和社会保障部医疗保险联合调研组到福建省调研医疗保险制度改革情况，充分肯定福建省医疗保险改革工作。

4月，省劳动和社会保障厅印发《福建省技师考评社会化管理暂行办法》，对技师考评实行社会化管理。

6月，省劳动和社会保障厅、省公安厅、省工商局在《福建日报》刊登公告，就贯彻《境外就业中介管理规定》，申请成立境外就业中介机构有关问题发布公告。

7月，省政府办公厅印发《关于省直机关事业单位工作人员养老保险有关问题的通知》，参加省直机关事业单位养老保险的工作人员，个人缴纳养老保险费的比例由本人工资总额的2%调至7%。

9月6日，省长习近平，副省长贾锡太、陈芸到省劳动和社会保障厅调研并察看福建省医疗保险管理中心，对全省医疗保险改革给予充分肯定。

12月28日，福建省各地、市开展手牵手再就业宣传日及供需见面会活动，参加人员1200多人，共设立政策宣传点130多个，发放宣传材料20多万份，现场招聘的有机械、化工、铁路、食品、物业、旅游业等230多个工种，招聘10万多个工作岗位的人员。当天福建省现场首批发放新式的再就业优惠证500本。

是年底，全省进入再就业服务中心16.24万名下岗职工全部出中心，在全国率先实现再就业中心基本生活保障制度与失业保险制度并轨。

是年，福建省成立中英职业资格证书考试福建省地区办公室，标志着福建职业资格证书制度开始与国际接轨。

**2003 年**

3 月，省劳动和社会保障厅和省总工会联合举行表彰百名再就业先进个人大会。102 人上台领奖，劳动和社会保障部副部长王东进、刘永富，省人大常委会副主任贾锡太、省政府副省长李川出席表彰大会并向再就业先进个人颁奖。

5 月，福建省举办新闻发布会，向首批获劳动保障部批准的福建省华星境外就业服务有限公司等 18 家境外就业申办机构颁发境外就业中介经营许可证。

6 月，省劳动保障学会和省劳动服务公司联合在南靖县召开福建省灵活就业研讨会。会后，省劳动保障厅专门对发展福建省灵活就业发出文件，提出政策措施，解决灵活就业参加和接续社会保险的问题，促进灵活就业的发展，

9 月 5 日，省劳动和社会保障厅下发《福建省城镇灵活就业人员参加基本医疗保险指导意见》，促进灵活就业人员参加基本医疗保险。

9 月，福建省劳动派遣服务有限公司注册登记，正式挂牌成立。公司为省劳动和社会保障厅下属国有企业，注册资金 50 万元，员工 20 名。

9 月，省劳动和社会保障厅同省总工会、省经济贸易委员会、省财政厅、省教育厅等 15 家厅局共同组织“福建省 2003 年职业技能大赛”活动，竞赛涉及第二、三产业的 31 个工种，参赛选手 2 万余人。

11 月，福建省 2003 年职业技能大赛在福州举行决赛，劳动和社会保障部副部长张小健，省领导黄瑞霖、贾锡太、李川、潘心城等出席决赛开幕式并作讲话。339 名选手大赛中获优胜名次，在原有技能等级上晋升一级。其中，264 人获得高级工职业资格证书，8 位选手被授予“福建省技术能手”称号，并颁发证书和奖章。

12 月，由省劳动和社会保障厅与省社会科学界联合会合作，省劳动保障学会承担的《福建省社会保障体系建设研究》课题研究报告，被省政府评为福建省第五届社会科学优秀成果一等奖。

**2004 年**

4 月 30 日，省政府印发《福建省实施〈工伤保险条例〉办法》，共 6 章 28 条。

5 月，劳动和社会保障部把福建省劳务派遣作为“全国就业工作十大亮点”之一予以肯定。

7 月 13 日，珠江三角区域劳务合作第一次联席会议在广东省召开，省劳动和社会保障厅厅长王克益参加会议。福建省与珠江三角区域九省达成并签署了《珠江三角九省区劳务合作

协议》。

7月，为了进一步加大农村劳动力转移力度，省委、省政府出台《关于创新农村工作机制的若干意见》。

9月3日，全国再就业工作表彰大会在北京举行。中共中央政治局常委、国务院总理温家宝，中共中央政治局常委、国务院副总理黄菊等党和国家领导人亲切会见与会代表。福建省受表彰的有4个再就业先进工作单位，4名再就业先进工作者，3个再就业先进企业。福建省长汀县作为全国再就业先进单位在会上作题为《创新就业机制强化劳务派遣促进就业再就业》书面典型介绍。

10月，省长卢展工与德国华法州州长贝克及西门子公司在福州签署《共同声明》，确定在福建省高级技工学校设立“中德职业培训与咨询中心”。

12月，省医疗保险管理中心荣立全国劳动保障系统集体一等功，其加强建设和管理的做法，得到劳动和社会保障部领导和省领导的肯定。

## 2005年

3月18日，福建省社会医疗保险协会成立，首任会长宋建华。

3月20日，省职业技能鉴定指导中心通过劳动和社会保障部专家组的审核认证，成为全国首家通过认证的省级职业技能鉴定中心。

3月30日，省劳动和社会保障厅副厅长李华在中国就业促进会举办的“促进就业立法与长效机制论坛”上作题为《发展劳务派遣提高就业质量》的汇报。新华社、《人民日报》、中央电视台、中央人民广播电台、《福建日报》、福建电视台等新闻媒体对福建省发展劳务派遣进行专题报道。

5月，劳动和社会保障部批准将福建省列为劳务派遣工作唯一定点联系省，定期派人到福建指导工作，部劳动科研机构把福建省劳务派遣列为调研课题。

6月8日，省劳动和社会保障厅印发《福建省劳务派遣人员工伤保险管理试行办法的通知》。

6月，钟维平任省劳动和社会保障厅厅长。

6月，省劳动和社会保障厅下发通知，在以劳务派遣形式就业的农民工中开展参加农村养老保险试点。

7月，省政府办公厅转发《国务院办公厅关于进一步做好改善农民工进城就业环境工作的通知》，提出12条实施意见，建立农村劳动力转移就业目标责任制，加强对进城务工农民的就业服务。

12月，福建省第一部社会保障理论研究专著《福建省社会保障建设》，荣获福建省第六届社会科学优秀成果二等奖。

是年，经劳动和社会保障部批准，福建省被确认为开展海峡两岸职业培训交流试点省份。

# 二、重要文献辑录

## 福建省劳动监察暂行规定

福建省人民政府令第8号

（1993年8月19日）

第一条　为保障劳动法律、法规、规章（以下简称劳动法规）得到贯彻执行，维护劳动者和用人单位的合法权益，根据国家有关法律、法规规定，结合本省实际情况，制定本暂行规定。

第二条　本暂行规定所称劳动监察，是指劳动行政机关依法对所有企业、事业单位及有雇工的个体工商家（以下简称单位和个人）执行劳动法规的情况进行监督、检查，对违反劳动法规的行为进行处罚的行政行为。

第三条　劳动监察实行国家监察与群众监督相结合的原则。

各级劳动行政部门是行使劳动监察权的劳动监察机关。

各级工会组织代表劳动者依法进行监督。

各企业、事业单位的主管部门，以及公安、工商、卫生等有关部门在各自职权范围内协同做好劳动监察工作。

对违反劳动法规的行为，每个公民均有权向劳动监察机关举报。

第四条　县级以上劳动行政部门依法对辖区内的单位和个人实施劳动监察。其主要职责：

（一）宣传劳动法规；

（二）对单位和个人执行劳动法规的情况进行监督检查，对违反劳动法规的行为依法进行处罚；

（三）对劳动监察员进行教育、培训和管理；

（四）法律法规规定的其他职权。

第五条　单位和个人有下列行为之一的，劳动行政部门可以行使劳动监察权：

（一）使用童工的；

（二）违反国家有关招收、使用、培训劳动力法规规定的；

（三）职业介绍机构从事非法劳务中介活动的；

（四）未依法签订劳动合同的；

（五）违反国家有关安置退役军人、妇女和残疾人就业法规规定的；

（六）违反国家有关劳动时间规定的；

（七）违反国家有关工资分配法规规定的；

（八）违反国家有关职工各种保险福利待遇、节假日待遇规定的；

（九）违反女工、未成年工劳动保护规定的；

（十）违反国家有关矿山、锅炉压力容器及劳动安全卫生法规规定的；

（十一）其他违反劳动法规行为的。

第六条　各级劳动行政部门根据工作需要，配备专职劳动监察员和兼职劳动监察员，行使劳动监察权。

专职劳动监察员从劳动行政部门中选任，兼职劳动监察员从企业、事业单位或工会组织中选聘；兼职劳动监察员的任职条件和职权与专职劳动监察员相同。

劳动监察员由本级劳动行政部门聘任，报省劳动局备案。

劳动监察员证件和监察检查标志由省政府制定，省劳动局负责颁发。

第七条　劳动监察员应具备较高的政治素质、作风正派、熟悉劳动管理工作和法律知识等条件。

劳动监察员必须忠于职守，秉公执法；不得泄露在监察过程中得知的生产经营等秘密，不得滥用职权、徇私舞弊。

各级劳动行政部门应加强对劳动监察员的监督管理。不符合条件的劳动监察员应及时调离岗位；对不再担任劳动监察员的人员应及时收回其劳动监察证件和标志。

第八条　劳动监察的程序按照《福建省行政执法程序规定》执行。

第九条　劳动监察员在依法行使劳动监察权时，有权要求有关单位提供执行劳动法规的情况，查阅有关文件、资料和账目，询问有关人员。

第十条　劳动监察员依法行使职权，受国家法律保护。任何单位和个人不得阻挠、刁难、干涉、打击、报复。

第十一条　对违反劳动法规行为的处罚，劳动法规已有规定的，从其规定。劳动法规没有规定，有下列行为之一的，劳动行政部门可以责令其限期改正；逾期不改正的，由劳动行政部门处以一千至一万元罚款：

（一）不按规定及时、足额缴纳职工社会保险费的；

（二）劳务中介组织或职业技能鉴定（考核）组织从事非法中介活动或出具虚假鉴定的；

（三）未经劳动部门批准，非乡镇企业、城乡个体工商家擅自使用农村和外省劳动力的；

（四）招用劳动力，在三个月内未按规定与劳动者签订劳动合同的；

（五）违反国家劳动工作时间和加班加点规定的；

（六）非法克扣、拖欠职工工资的。

第十二条　非法阻挠、刁难、干涉、妨碍劳动监察员依法行使劳动监察权，或对劳动监察员实施打击、报复的，劳动行政部门可对直接责任人员处以一百至五百元罚款；违反治安管理处罚条例的，由公安机关予以治安处罚；构成犯罪的，由司法机关依法追究刑事责任。

第十三条　劳动监察员有滥用职权、徇私舞弊行为的，由劳动行政部门根据情节轻重给予行政处分；构成犯罪的，由司法机关依法追究刑事责任。

第十四条　被监察单位和个人对劳动监察机关及监察员的不当行为，有检举、控告的权利；对处罚不服的，可依法申请复议或提起诉讼。逾期不申请复议或提起诉讼又不执行处罚决定的，劳动行政部门可以依法提请人民法院强制执行。

第十五条　本暂行规定由省人民政府法制局负责解释。

第十六条　本暂行规定自颁布之日起施行。

## 福建省最低工资规定

福建省人民政府令第21号

（1994年9月19日）

第一条　为了适应社会主义市场经济发展的需要，保障劳动者个人及其家庭成员的基本生活，根据《中华人民共和国劳动法》等有关规定，结合我省实际，制定本规定。

第二条　本规定适用于我省境内所有企业和有雇工的个体工商家（以下简称用人单位），以及在用人单位领取报酬的劳动者（以下简称劳动者）。

国家机关、事业单位、社会团体和与之建立劳动合同关系的劳动者，参照本规定执行。

见习、试用期间的劳动者不适用本规定。

第三条　本规定所称最低工资，是指劳动者在法定工作时间内提供了正常劳动的前提下，其所在单位应支付的最低劳动报酬。

本规定所称最低工资标准，是指单位劳动时间的最低工资数额。

第四条　确定最低工资标准必须符合下列原则：

（一）与经济发展水平相适应的原则；

（二）社会公平原则；

（三）政府、工会、企业三方民主协商原则。

第五条　最低工资标准应报经省人民政府批准确定。县级以上劳动行政主管部门负责最低工资保障制度的组织实施和监督管理。

第六条　最低工资标准应根据当地劳动者及其赡养人口的最低生活费用、居民生活费用价格指数、社会平均工资、劳动生产率、城镇就业状况和经济发展水平等因素确定。

最低工资标准应高于本地区社会救济金和失业保险金标准。

各级政府统计部门应及时提供确定最低工资标准的统计数据。

第七条　最低工资标准一般按月确定，也可按周、日、时确定。各种单位劳动时间的最低工资标准可以互相换算。

第八条　根据全省不同地区之间经济发展水平和生活水平的差异，可以执行不同的最低工资标准。

各地（市）一般只执行一个最低工资标准，个别区域生活水平低于本地（市）平均生活水平且差距较大的，可以执行不同的最低工资标准。

第九条　各地（市）最低工资标准的初步方案由各地（市）劳动行政主管部门会同同级经委、工会制订，并报请同级人民政府（行政公署）审定。

各地（市）劳动行政主管部门必须在每年5月31日前将同级人民政府（行政公署）审定的当地最低工资标准初步方案及其确定依据、详细说明和最低工资标准的适用范围报省劳动行政主管部门审核。

第十条　省劳动行政主管部门收到各地（市）劳动行政主管部门报送的最低工资标准初步方案后，应在每年6月15日前召集省经委、总工会共同研究，提出对各地（市）最低工资标准及其适用范围的审核意见，报省人民政府批准。

第十一条　省人民政府于每年7月1日前在《福建政报》和《福建日报》上公布全省各地的最低工资标准，并报国务院备案。

第十二条　最低工资标准发布实施后，本规定第六条所列举的各项因素发生变化，或本地区职工生活费用价格指数累计变动较大时，可以调整，但每年至多调整一次。

第十三条　下列各项不作为最低工资的组成部分：

（一）加班加点工资；

（二）中班、夜班、高温、低温、井下有毒有害等特殊工作环境和条件下的津贴；

（三）国家法律、法规和政策规定的劳动保险、福利待遇。

第十四条　最低工资应以货币形式按时（至少每月一次）支付，不得以有价票证、证券或者实物充抵。

禁止非法克扣或者无故拖延支付劳动者的工资。

第十五条　用人单位必须将政府对最低工资的有关规定告知本单位劳动者。

第十六条　用人单位支付给劳动者的工资不得低于当地适用的最低工资标准。

实行计件工资或者提成工资等工资形式的单位必须进行合理折算，其相应的折算额不得低于按时、日、周、月确定的相应的最低工资标准。

第十七条　由于劳动者本人原因，造成在法定工作时间内未提供正常劳动的，不执行第十六条第一款规定。

非劳动者本人原因，属于用人单位自身原因造成停工，以致劳动者在法定工作时间内无法提供正常劳动的，用人单位必须支付停工津贴，且不低于当地最低工资标准。

用人单位濒临破产进行法定整顿期间，或者由于政策调整等社会原因，使生产经营状况发生严重困难，处于停产半停产的，经当地劳动行政主管部门批准，可暂不执行第十六条第一款规定。其劳动者的基本生活保障办法由省劳动行政主管部门会同有关部门另行规定。

第十八条　各级劳动行政主管部门负责对最低工资保障制度执行情况进行检查监督。

第十九条　各级工会有权对最低工资保障制度执行情况进行监督，发现用人单位支付劳动者工资低于最低工资标准的，有权要求有关部门处理。

第二十条　劳动者与用人单位之间就最低工资发生争议，按照《中华人民共和国企业劳动争议处理条例》规定处理。

第二十一条　用人单位违反第十四条第一款、第十六条规定的，由当地劳动行政主管部门责令其补发所欠劳动者的工资，并从规定应支付工资日期的次日起，每日按所欠工资额的1％赔偿劳动者的经济损失。

对拒付所欠工资和赔偿金的，当地劳动行政主管部门视情节轻重，可处以所欠工资和赔偿金总额的一至三倍罚款，或者提请工商行政管理机关吊销用人单位营业执照。

第二十二条　当事人对处罚决定不服的，可依法申请行政复议或向人民法院起诉；当事人逾期不申请行政复议也不起诉，又不履行处罚决定的，作出处罚决定的机关可依法申请人民法院强制执行。

第二十三条　本规定由福建省劳动局负责解释。

第二十四条　本规定自1994年10月1日起施行。

# 福建省企业劳动争议处理实施办法

福建省人民政府令第26号

（1995年5月18日）

## 第一章 总 则

第一条 为了妥善处理企业劳动争议，保障企业和职工的合法权益，维护正常的生产经营秩序和社会稳定，发展良好的劳动关系，根据《中华人民共和国劳动法》《中华人民共和国企业劳动争议处理条例》（以下分别简称《劳动法》《条例》）规定，结合我省实际，制定本实施办法。

第二条 本实施办法适用于本省行政区域内的企业与职工之间发生的下列劳动争议：

（一）因企业开除、除名、辞退职工和职工辞职，自动离职发生的争议；

（二）因执行国家和省有关工资、保险、福利、培训、劳动保护的规定发生的争议；

（三）因履行、变更、终止、解除劳动合同或履行集体劳动合同发生的争议；

（四）法律、法规规定应当依照《条例》和本实施办法处理的其他劳动争议。

第三条 企业与职工为劳动争议案件的当事人。

第四条 处理劳动争议，应当遵循下列原则：

（一）着重调解，合法、公正、及时处理；

（二）在查清事实的基础上，依法处理；

（三）当事人在适用法律上一律平等；

（四）依法维护劳动争议双方当事人的合法权益。

第五条 发生劳动争议的职工一方在3人以上，并有共同理由的，应当推举代表参加调解或者仲裁活动，代表人数由调解委员会或者仲裁委员会确定。

第六条 劳动争议发生后，当事人双方可以协商解决；不愿协商或者协商不成的，可向本企业劳动争议调解机构申请调解；调解不成的，当事人一方要求仲裁的，可以向劳动争议仲裁委员会申请仲裁。当事人也可以直接向劳动争议仲裁委员会申请仲裁。对仲裁裁决不服的，可以向人民法院起诉。

劳动争议处理过程中，当事人不得有激化矛盾的行为。

## 第二章 企业调解

第七条 企业可以设立劳动争议调解委员会（以下简称调解委员会），负责调解本企业发生的劳动争议。

调解委员会由职工代表、企业代表、企业工会代表组成；调解委员会主任由工会代表担任。

调解委员会委员名单应报当地工会和仲裁委员会备案。

第八条　企业应当支持调解委员会开展工作，并提供调解活动经费。

第九条　调解委员会的职责：

（一）调解本企业内发生的劳动争议；

（二）督促劳动争议双方当事人严格履行调解协议；

（三）对职工进行劳动法律、法规、规章和厂纪厂规的宣传教育，做好劳动争议的预防工作。

第十条　调解委员会调解劳动争议的原则、范围、程序依照《劳动法》和《条例》有关规定执行。

第十一条　调解委员会调解劳动争议应当自当事人申请调解之日起30日内结束，到期未结束的视为调解不成。调解不成或达成协议后一方或者双方反悔的，当事人可以自劳动争议发生之日起60日内向仲裁委员会申请仲裁。

## 第三章　仲　裁

第十二条　省、地（市）、县（市、区）应当设立劳动争议仲裁委员会（以下简称仲裁委员会），其主要职责：

（一）负责处理劳动争议案件；

（二）聘任、管理和培训专兼职仲裁员；

（三）领导、监督仲裁委员会办事机构和仲裁庭开展工作；

（四）总结交流办案经验。

省仲裁委员会负责制定、补充、完善本省劳动争议处理有关规定，检查、指导各级仲裁委员会工作。

第十三条　仲裁委员会由劳动行政主管部门的代表、工会的代表和政府指定的经济综合管理部门的代表组成。

仲裁委员会组成人数必须是单数。仲裁委员会设主任1人，副主任1至2人，委员若干人。主任由同级劳动行政主管部门的负责人担任，副主任由仲裁委员会委员协商产生。仲裁委员会实行少数服从多数的原则。

第十四条　各级劳动行政主管部门的劳动争议处理机构为仲裁委员会的办事机构，在仲裁委员会领导下，负责办理仲裁委员会的日常事务。其主要职责：

（一）承办处理劳动争议案件的日常工作；

（二）负责组织仲裁庭；

（三）管理仲裁委员会的文书、档案、印鉴；

（四）负责与劳动争议有关的法律、法规及政策咨询；

（五）办理仲裁委员会交办的其他工作。

第十五条　各级仲裁委员会管辖劳动争议案件的范围：

（一）县（市、区）仲裁委员会管辖本行政区域内发生的劳动争议；办理上级仲裁委员会委托处理的劳动争议。

（二）地（市）仲裁委员会管辖所在地地市属以上单位发生的劳动争议和本行政区域有较大影响的劳动争议；办理省仲裁委员会委托处理的劳动争议。

（三）省仲裁委员会负责协调或参与处理在全省具有重大影响的集体劳动争议和跨省、自治区、直辖市的劳动争议。

第十六条　仲裁委员会发现受理的劳动争议案件不属于本委员会管辖范围的，应当移送给有管辖权的仲裁委员会，受移送的仲裁委员会应当受理，不得再行移送。

仲裁委员会之间因管辖权发生争议的，由双方协商解决；协商不成的，由共同的上级劳动行政主管部门指定管辖。

第十七条　仲裁员资格由省劳动行政主管部门考核认定。取得仲裁员资格的，方可在一个仲裁委员会担任专职或兼职仲裁员。

第十八条　仲裁员在处理劳动争议案件的权利和义务：

（一）有权进行调查取证、询问证人、现场勘查、技术鉴定等；

（二）有权根据事实和法律提出处理方案；

（三）有权对争议当事人双方进行调解；

（四）有权参加仲裁庭合议，提出仲裁意见；

（五）及时做好调解、仲裁的文书案卷的整理归档工作；

（六）对案件涉及的秘密和个人隐私应当保密；

（七）做好劳动法律、法规、规章的宣传咨询工作。

第十九条　仲裁委员会处理劳动争议，实行仲裁员、仲裁庭制度及一案一庭一次裁决制度。

仲裁庭组成、仲裁活动及其办案程序，依照。《劳动法》和《条例》有关规定执行。

仲裁委员会受理职工一方在 30 人以上的集体劳动争议，应当依照劳动部颁发的《劳动争议仲裁委员会办案规则》规定的案件特别审理程序处理。

第二十条　仲裁委员会收到当事人申请仲裁的申诉书后，应按照《条例》第二十五条规定的期限及时做出受理或者不予受理的决定，不得无故拖延。

仲裁庭处理劳动争议应按照《条例》第三十二条规定期限及时结案，不得无故拖延。

仲裁庭在审理劳动争议过程中，因不可抗力致使案件无法继续审理的，经仲裁委员会批准可以中止审理。中止原因消除后应当立即恢复仲裁活动，中止期间不计入仲裁时效。

第二十一条　仲裁委员会之间可以委托调查。被委托的仲裁委员会应当积极协助，因故不能协助调查的应当及时书面通知对方。

第二十二条　仲裁委员会组成人员或仲裁员有《条例》第三十五条所列情形之一的，应当回避。

仲裁委员会主任或副主任回避，由仲裁委员会决定；仲裁员和其他组成人员的回避，由仲裁委员会主任决定。

第二十三条　各级仲裁委员会主任对本委员会已发生法律效力的裁决书，发现确有错误，需要重新处理的，应提交本仲裁委员会决定；上级仲裁委员会对下级仲裁委员会已发生法律效力的裁决书，发现确有错误，需要重新处理的，可以建议其重新处理。

决定重新处理的争议，应终止原裁决的执行，并在作出决定之日起 7 日内另行组成仲裁庭；仲裁庭应自组成之日起 30 内重新作出裁决。

第二十四条　当事人对仲裁决定不服的，可以自收到裁决书之日起 15 日内向人民法院起诉；逾期不起诉，裁决书即发生法律效力。

第二十五条　当事人应严格履行发生法律效力的调解书和裁决书，一方当事人不履行的，另一方当事人可以依法申请人民法院强制执行。

第二十六条　劳动争议当事人申请仲裁，应当按照国家有关规定交纳仲裁费。

## 第四章　罚　则

第二十七条　当事人及有关人员在劳动争议处理过程中有下列行为之一的，仲裁委员会可以予以批评教育、责令改正；情节严重的，由公安机关依照《中华人民共和国治安管理处罚条例》有关规定处罚；构成犯罪的，由司机关依法追究刑事责任：

（一）干扰调解和仲裁活动、阻碍仲裁工作人员执行公务的；

（二）提供虚假情况的；

（三）拒绝提供有关文件、资料和其他证明材料的；

（四）对仲裁工作人员、仲裁参加人、证人、协助执行人，进行打击报复的。

第二十八条　处理劳动争议的仲裁工作人员在仲裁活动中，徇私舞弊、收受贿赂、滥用职权、泄露秘密和个人隐私，或者无故拖延、拒绝受理当事人合法仲裁申请的，由所在单位或者上级机构给予行政处分，是仲裁员的，仲裁委员会应当予以解聘；构成犯罪的，由司法机关依法追究刑事责任。

## 第五章　附　则

第二十九条　国家机关、事业单位、社会团体、个体经济组织和与之建立合同关系的劳动者之间发生劳动争议，参照《条例》和本实施办法执行。

第三十条　处理劳动争议时，劳动部制定的《劳动争议仲裁委员会组织规则》、《劳动争议仲裁委员会办案规则》和《企业劳动争议调解委员会组织及工作规则》同时适用。

第三十一条　本实施办法自发布之日起施行。1988 年 4 月 1 日省人民政府发布的《福建省贯彻国务院〈国营企业劳动争议处理暂行规定〉的实施细则》同时废止。

# 福建省企业职工生育保险规定

福建省人民政府令第39号

(1996年7月10日)

第一条 为保护女职工的合法权益,根据《中华人民共和国劳动法》等法律、法规,结合本省实际,制定本规定。

第二条 本规定适用于福建省行政区域内的国有企业、股份制企业、城镇集体企业、私营企业及其全部职工,外商投资企业及其中方职工(以下简称企业和职工)。

第三条 企业必须按照本规定参加当地生育保险,并如实申报本企业职工人数、工资总额,及时足额缴纳生育保险费。

第四条 生育保险由各级劳动行政部门主管,财政部门、工会组织负责监督。

第五条 企业应按其工资总额(外商投资企业按中方职工工资总额)的0.7%按月向当地社会劳动保险机构缴纳生育保险费,列入企业成本费用支出。职工个人不缴纳生育保险费。企业工资总额的构成,以国家统计局规定为准。

第六条 生育保险费可委托银行代为收缴,转入当地社会劳动保险机构在银行开设的生育保险基金专家,专款专用。银行应按规定计息,所得利息转入生育保险基金。

第七条 女职工生育符合本省计划生育规定的,享受如下生育保险待遇:

(一)生育津贴

女职工生育时,在法定产假期间,由生育保险基金按月支付生育津贴。生育津贴标准为上年度本企业职工月人均缴费工资。

1. 女职工产假90天,其中产前假15天;难产的,增加产假15天;生育多胞胎的,每多生育一婴,产假增加15天。

2. 晚育并领取独生子女证的,产假可延长135天至180天,由所在企业具体规定。

3. 女职工怀孕3个月以内自然流产的,产假15天至30天;怀孕3个月以上7个月以内自然流产的,产假42天。

(二)生育医疗费用

女职工生育的产前检查费、接生费、手术费、住院费和药费由生育保险基金支付。自费药品、营养药品的药费和医疗业务费由职工个人负担。

第八条 男职工配偶生育符合省计划生育规定,未享受生育保险待遇的,由生育保险基金给付一次性生育补助金,其标准按第七条第(一)项规定生育津贴的50%发给。

第九条 符合生育保险规定的,由企业或本人持有关生育证明到当地社会劳动保险机构办理手续,领取生育津贴和生育医疗费。

第十条 生育保险机构实行地(市)级统筹的管理体制。

社会劳动保险机构负责基金的征集、支付、管理等具体业务工作。

生育保险基金年终结余纳入财政专家管理，专款专用。

第十一条　各级社会劳动保险机构经办生育保险业务所需的管理费，可从基金中提取，具体比例由地（市）人民政府确定，但最高比例不得超过生育保险基金的3%。

第十二条　生育保险基金及管理费不计征税、费。

第十三条　建立生育保险基金财务、会计、审计制度。具体办法由省劳动厅会同有关部门另行制定。

第十四条　企业工会及女职工委员会对本企业依法缴纳生育保险费的情况实行监督；当地工会组织对生育保险基金的征收、管理和支付情况实行监督。

第十五条　劳动行政部门有权依法检查企业有关报表，督促企业按规定及时足额缴纳生育保险费；对劳动保险机构生育保险基金运作情况进行稽查。

第十六条　女职工生育期间依法享受的生育保险待遇受到侵害时，可依法向有关部门提出申诉。

第十七条　贪污、挪用生育保险基金的直接责任者或有关人员，由有关部门根据情节轻重，给予行政处分，构成犯罪的，依法追究其刑事责任。

第十八条　社会劳动保险机构无故拒付生育保险金的，由劳动行政部门责令限期支付，情节严重的，追究法定代表人的行政责任。

第十九条　女职工违反计划生育规定的，不享受生育保险待遇。

第二十条　企业未按规定缴纳、少缴或欠缴生育保险费的，应补缴所欠金额及利息，并按日加收2‰的滞纳金。滞纳金转入生育保险基金。

第二十一条　企业或职工虚报、冒领生育津贴、生育医疗费的，由社会劳动保险机构如数追回虚报、冒领金额，并由劳动行政部门处以虚报、冒领金额2至5倍罚款，上缴财政部门。企业或职工对处罚不服的，可依法申请行政复议或提起行政诉讼。

前款规定的罚款数额，不得超出省人民代表大会常委会规定的限额。

第二十二条　本规定由福建省人民政府法制局负责解释。

第二十三条　本规定自1996年10月1日起施行。

# 福建省劳动合同管理规定

福建省第八届人民代表大会常务委员会第二十四次会议通过

（1996 年 7 月 18 日）

第一条　为了规范订立和履行劳动合同的行为，加强劳动合同管理，维护劳动关系双方的合法权益，根据《中华人民共和国劳动法》及有关法律、法规，并结合本省实际情况，制定本规定。

第二条　本规定适用于本省行政区域内的各类企业、个体经济组织（以下简称用人单位）和与之形成劳动关系的劳动者。

国家机关、事业组织、社会团体和与之建立劳动合同关系的劳动者，依照本规定执行。

第三条　县级以上人民政府劳动和社会保障行政部门负责本行政区域内的劳动合同的管理工作。

第四条　劳动合同是劳动者与用人单位确立劳动关系、明确双方权利义务的协议。

建立劳动关系必须订立劳动合同。

第五条　劳动合同由用人单位法定代表人或其委托代理人与劳动者以书面形式订立。依法订立的劳动合同自当事人双方签字盖章之日起生效。劳动合同生效时间双方另有约定的，从其约定。劳动合同订立后，当事人双方各执一份。

第六条　劳动合同应当具备以下条款：

（一）劳动合同期限；

（二）工作内容；

（三）劳动保护和劳动条件；

（四）工作时间、休息休假；

（五）劳动报酬；

（六）劳动纪律；

（七）社会保险；

（八）劳动合同终止的条件；

（九）违反劳动合同的责任。

劳动合同可以协商订立试用期、保守商业秘密及其他双方约定的内容。

第七条　劳动合同的期限分为无固定期限、有固定期限和以完成一定的工作为期限。

有下列情形之一，订立劳动合同时，劳动者有要求的，应当订立无固定期限的劳动合同：

（一）劳动者在同一用人单位连续工作满十年以上的；

（二）原固定职工连续工龄满十年或离法定退休年龄十年以内，第一次订立劳动合同的；

（三）法律、法规规定的其他情形。订立无固定期限劳动合同，应当约定合同的终止条件。

第八条　订立劳动合同应符合下列要求：

（一）当事人双方具备合法的主体资格；

（二）当事人双方平等自愿、协商一致；

（三）条款完备，当事人双方权利和义务明确；

（四）内容不违反国家的法律、法规。

劳动和社会保障行政部门为订立劳动合同提供鉴证业务，对合同内容不符合前款要求的，应督促当事人补充修改。

工会应当指导劳动者订立劳动合同并对劳动合同的履行实施监督。

第九条　在劳动合同中约定试用期的，试用期最长不得超过六个月，试用期包括在劳动合同期限内。同一用人单位对同一劳动者只能试用一次。

劳动合同期限半年以内的，试用期不得超过 15 日；合同期限在半年至一年的，试用期不得超过一个月。

第十条　劳动者要求脱产学习的，经协商一致，劳动合同可以中止也可以解除。

第十一条　劳动合同期满，用人单位与劳动者双方同意续延劳动关系的，应当在劳动合同期满前依法续订劳动合同。

第十二条　劳动合同解除的或劳动合同终止后双方不再续延劳动关系的，原用人单位应为劳动者提供解除或终止劳动关系证明书，证明劳动关系开始及结束的日期、原工作岗位、职务、工资、经济补偿和社会保险等情况。如劳动者有要求的，用人单位应在证明书中写明解除劳动合同的原因。

第十三条　劳动者有下列情形之一的，用人单位可以依法解除劳动合同并可不发给经济补偿金：

（一）在试用期间被证明不符合录用条件的；

（二）严重违反劳动纪律或者用人单位规章制度的；

（三）严重失职，营私舞弊，对用人单位利益造成重大损害的；

（四）被依法追究刑事责任的。

第十四条　有下列情形之一的，用人单位可以依法解除劳动合同，但应按劳动者在本单位的工作年限，每满一年发给劳动者一个月工资的经济补偿金；工作时间不满一年的，按一年计算工作年限：

（一）经当事人双方协商一致的；

（二）劳动者不能胜任工作，经过培训或者调整工作岗位，仍不能胜任工作的；

（三）劳动合同订立时所依据的客观情况发生重大变化，致使原劳动合同无法履行，经当事人协商不能就变更劳动合同达成协议的；

（四）用人单位濒临破产进行法定整顿期间或用人单位生产经营状况发生严重困难，依法裁减人员的。

原固定职工因前款第（四）项被解除劳动合同的，应加发不高于六个月工资的经济补偿金。

依据本条第一款第（一）、（二）项解除劳动合同的，发给劳动者的经济补偿金最多不超过十二个月；依据第（三）、（四）项解除劳动合同时，劳动者的月工资低于用人单位月平均工资的，按用人单位月平均工资的标准计算。

第十五条　劳动者因工负伤或患职业病医疗终结，经设区的市级劳动能力鉴定委员会确认可以重新工作的，用人单位应安排其适当工作。

用人单位对上述对象已安排适当工作，除被确认丧失或部分丧失劳动能力者外，劳动者无正当理由拒绝接受的，用人单位在征求本单位工会组织意见后，可以解除劳动合同，但应按本规定第十四条第一款规定的标准发给劳动者经济补偿金。

第十六条　劳动者患病或者非因工负伤，医疗期满后，不能从事原工作也不能从事由用人单位另行安排的工作，用人单位可以依法解除劳动合同，但除按本规定第十四条第一款规定的标准发给经济补偿金外，还应发给劳动者不低于六个月工资的医疗补助费。

对患重病的劳动者还应增加50％至100％的医疗补助费。

第十七条　原固定职工第一次终止劳动合同或第一次被解除劳动合同的，除本规定第十三条所列情形外，用人单位应按其连续工龄，每满一年发给劳动者一个月工资的经济补偿金。

原固定职工月工资低于用人单位月平均工资的，按用人单位月平均工资计算；用人单位月平均工资低于终止或解除劳动合同时的当地最低工资标准的，按当地最低工资标准计算。原固定职工月工资高于用人单位所在地的县（市、区）的上年度城镇单位在岗职工月平均工资三倍的，按不高于用人单位所在地的县（市、区）的上年度城镇单位在岗职工月平均工资三倍的标准计算。企业经营者按照上述办法执行。

第十八条　对劳动者的经济补偿金，用人单位应一次性发给。本规定所称月工资是指劳动者终止或被解除劳动合同前用人单位正常生产经营情况下十二个月的月平均工资。

劳动合同解除后，用人单位拒不发给劳动者经济补偿金的，由劳动和社会保障行政部门给予警告，责令改正，除全额发给劳动者经济补偿金外，还必须按该经济补偿金数额的50％向劳动者支付赔偿金。

第十九条　非经当事人双方协商一致解除劳动合同的，除因本规定第十三条和第二十二条第一款所列情形外，提出解除劳动合同的一方应提前30日以书面形式通知另一方。

第二十条　用人单位有下列情形之一，由劳动和社会保障行政部门责令限期改正，逾期不改正的，给予警告，并可处以1000元以上10000元以下的罚款；对劳动者造成损害的，应赔偿劳动者损失：

（一）存在事实劳动关系而用人单位故意拖延不订立或不续订劳动合同的；

（二）由于用人单位的原因，订立无效或部分无效劳动合同的；

（三）用人单位违反国家规定侵害女职工、未成年工合法权益的；

（四）用人单位违反国家规定或本规定第十九条解除劳动合同的。

第二十一条　本规定第二十条规定应对劳动者损失的赔偿，按下列标准执行：

（一）造成劳动者工资收入损失的，除支付劳动者应得工资收入外，应加付劳动者应得工资收入25％的赔偿金；

（二）造成劳动者不能享受劳动保护待遇的，应按国家规定补足劳动者的劳动保护津贴和用品；

（三）造成劳动者工伤、医疗待遇损失的，除按国家规定为劳动者提供工伤、医疗待遇外，还应支付劳动者相当于其医疗费用的25％的赔偿金；

（四）造成女职工或未成年工健康损害的，除按国家规定提供治疗期间的医疗待遇外，还应支付相当于其医疗费用25％的赔偿金。

第二十二条　有下列情形之一的，劳动者可以随时通知用人单位解除劳动合同：

（一）在试用期内的；

（二）用人单位以暴力威胁或者非法限制人身自由的手段强迫劳动的；

（三）用人单位侮辱、体罚、殴打、非法搜查和拘禁劳动者的；

（四）用人单位未按国家规定和劳动合同约定支付劳动报酬、缴纳社会保险费或者提供劳动条件的。

属于前款（二）、（三）、（四）项情形解除劳动合同的，用人单位应按本规定第十四条第一款规定的标准发给劳动者经济补偿金，给劳动者造成损失的，应赔偿劳动者经济损失；属于前款（二）、（三）项情形的，有关责任人违反《中华人民共和国治安管理处罚条例》的，由公安机关予以处罚；构成犯罪的，依法追究刑事责任。

第二十三条　用人单位违反本规定第九条、第十五条第一款的，由劳动和社会保障行政部门责令限期改正，逾期不改正的，给予警告并可对其处以1000元以上5000元以下罚款；对劳动者造成损害的，用人单位应当赔偿劳动者的经济损失。

第二十四条　劳动者违反国家规定或本规定第十九条解除劳动合同的，应对用人单位赔偿下列损失：

（一）招收录用该劳动者所支付的费用；

（二）对生产、经营和工作造成的直接经济损失；

（三）为该劳动者支付的培训费用，双方另有约定的按约定办理；

（四）劳动合同约定的其他赔偿费用。劳动者违反劳动合同约定解除劳动合同的，应按劳动合同的约定对用人单位赔偿。

第二十五条　劳动者违反劳动合同中约定的保守商业秘密事项，对用人单位造成经济损失的，应当依法承担赔偿责任。

第二十六条 用人单位无理阻挠劳动和社会保障行政部门的监督检查，或打击报复举报人员的，由劳动和社会保障行政部门对其处以 5000 元以上 10000 元以下罚款；责任人违反《中华人民共和国治安管理处罚条例》的，由公安机关予以处罚；构成犯罪的，依法追究刑事责任。

第二十七条 劳动合同当事人对劳动和社会保障行政部门处罚不服的，可依法申请行政复议或提起诉讼，逾期不申请复议或起诉，又不执行处罚决定的，劳动和社会保障行政部门可依法申请人民法院强制执行。

第二十八条 劳动和社会保障行政部门工作人员在对劳动合同实施监督、检查过程中滥用职权，玩忽职守，徇私舞弊的，应给予行政处分；构成犯罪的，依法追究刑事责任。

第二十九条 本规定自公布之日起施行。

# 福建省企业职工失业保险条例

福建省第八届人民代表大会常务委员会第三十五次会议通过

（1997年10月25日）

## 第一章　总　则

第一条　为了保障企业职工失业期间的基本生活，促进失业职工再就业，维护社会安定，根据《中华人民共和国劳动法》及其他有关法律法规，结合本省实际，制定本条例。

第二条　本条例适用于本省行政区域内的城镇各类企业和与之形成劳动关系的职工（以下简称职工）。

第三条　参加失业保险的职工因下列情形之一失去工作，并在失业前连续工作和缴费时间同时满一年以上的，享受本条例规定的失业保险待遇：

（一）企业被依法宣布破产的；

（二）企业被依法撤销、解散的；

（三）企业依法定情形裁减人员的；

（四）被企业辞退、除名和开除的；

（五）其他终止或解除劳动合同的；

（六）法律、法规另有规定的。

第四条　失业保险待遇应当与本省经济发展水平和社会承受能力相适应。

第五条　失业保险基金，按照国家、企业、职工合理负担的原则，实行社会统筹。企业和职工必须依法参加失业保险，缴纳失业保险费。

第六条　失业保险工作应当与职业介绍、就业训练和生产自救等再就业服务工作相结合。

鼓励企业招用失业职工；鼓励、扶持失业职工自谋职业和自愿组织起来就业；鼓励社会力量依法开展再就业服务。

第七条　县级以上政府劳动行政主管部门负责本行政区域内城镇企业职工失业保险的行政管理工作，依法监督检查失业保险机构收缴、使用和管理失业保险基金；并依法监察企业缴纳失业保险费。

失业保险机构具体经办失业保险业务，其经费列入同级财政预算。

第八条　县级以上人民政府有关主管部门和机构依法对失业保险工作实行监督。

## 第二章　失业保险基金的筹集

第九条　失业保险基金来源如下：

（一）企业缴纳的失业保险费；

（二）职工个人缴纳的失业保险费；

（三）失业保险基金保值、增值收入；

（四）财政补贴；

（五）滞纳金等其他收入。

第十条　企业按其参加失业保险的全体职工月工资总额1%，职工个人按其月工资总额的0.5%缴纳失业保险费。

工资总额的构成以国家统计局规定为准。

第十一条　企业及职工个人缴纳的失业保险费在缴纳所得税前列支，由当地失业保险机构按月收缴，及时转入失业保险基金专家。其中属于应由职工个人缴纳的失业保险费，由企业在发放职工工资时相应扣缴。

当地失业保险机构必须给参加失业保险的职工发缴费凭证。

第十二条　企业因严重亏损不能按时缴纳失业保险费的，可向当地劳动行政主管部门申请缓缴；经批准缓缴的，在缓缴期内免缴滞纳金，缓缴期满后，应当如数补缴失业保险费及其利息。

第十三条　企业因破产、解散等原因终止，在清算财产时，应依法向当地失业保险机构支付应缴的失业保险费。

第十四条　企业依法成立的，必须在90日内向当地失业保险机构办理失业保险登记手续。

企业变更、终止的或招用、辞退、裁减人员的，必须在30日内向当地失业保险机构办理变更、终结手续。

## 第三章　失业保险基金的使用

第十五条　失业保险基金按下列项目使用：

（一）职工失业期间的失业救济金；

（二）失业职工在领取失业救济金期间的医疗补助费、丧葬补助金和供养直系亲属的抚恤金；

（三）失业职工生活困难补助金；

（四）促进失业职工再就业经费。

当年筹集的失业保险基金应保证前款（一）、（二）项的开支；有结余的，可按不高于当年结余额的30%比例提取经费，经同级财政主管部门审核并报同级人民政府批准，用于前款（三）、（四）项的开支。

失业保险基金依法免征税费。

第十六条　符合本条例第三条规定的失业职工，应在失业后的三个月内到企业所在地失业保险机构办理失业和求职登记手续，并经资格确认后，方可领取失业救济金和其他失业保险费用。

失业职工的资格确认，失业保险机构必须在登记失业之日起10个工作日内作出。

第十七条　失业职工领取失业救济金的期限，根据失业职工失业前在企业连续工作时间确定：每满一年，发给二个月失业救济金，最长期限为二十四个月。

失业职工重新就业满一年以上又失业的，享受失业保险待遇的期限，按照其重新就业后的连续工作时间和缴费时间计算。

第十八条　失业救济金由当地失业保险机构在失业职工办理失业和求职登记手续后按月发给失业职工。失业救济金从职工失业之日起计发，月发放标准如下：

（一）满一年不满十年的，按当地法定最低工资的70％标准发放；

（二）满十年不满二十年的，按当地法定最低工资的75％标准发放；

（三）满二十年以上的，按当地法定最低工资的80％标准发放。

第十九条　失业职工领取失业救济金期间，其门诊医疗补助金按不低于本人失业救济金6％的标准，随失业救济金按月发放，具体发放标准由各市（地）人民政府确定；因患病确需到县级以上医院住院治疗的，可由本人或其亲属提出书面申请，经当地失业保险机构审核批准，发给住院医疗补助金。

但当地已按国家和省政府有关规定实施医疗保险制度改革的，失业职工医疗费用，按当地职工医疗保险制度改革方案执行。

第二十条　失业职工领取失业救济金期间死亡的，其直系亲属可向当地失业保险机构申领一次性丧葬补助金和供养直系亲属抚恤金。

丧葬补助金和抚恤金标准，参照失业职工所在地社会保险相应发放标准确定。

第二十一条　失业职工领取失业救济金期间有下列情形之一的，可以向当地失业保险机构申领生活困难补助金；

（一）夫妻双方均失业的；

（二）有法定赡养责任且生活困难的；

（三）其他特殊困难的。

生活困难补助金月发放标准为申领人所领取失业救济金额的40％以内。

第二十二条　参加失业保险的企业，停产三个月以上，确实无法保障职工基本生活的，其参加失业保险的职工，由企业编制名册，经当地劳动行政主管部门审核批准，当地失业保险机构按照本条例第十八条规定的失业救济金月发放标准，发给救济金，最长期限为六个月。

第二十三条　企业招用长期失业职工，并与之签订一年以上劳动合同的，由当地失业保险机构将其应发的失业救济金余额一次性拨付给企业。

第二十四条　失业职工领取失业救济金期限届满，实际年龄距法定退休年龄不足2年，未能重新就业的，可以继续享受失业保险待遇至达到法定退休年龄止，其享受失业救济金的标准按原享受失业救济金标准的80%计发。

第二十五条　失业职工在领取失业救济金期间，自愿组织起来就业或自谋职业的，当地失业保险机构应将其应当享受的失业救济金余额一次性发给本人，但不再享受其他失业保险待遇。

第二十六条　失业职工除本条例第二十四条和第二十五条规定的情形外，有下列情形之一的，不再享受失业保险待遇，停止发放失业救济金和其他费用：

（一）已领取一次性安置费的；

（二）领取失业救济金期限届满的；

（三）在领取失业救济金期间，重新就业、参军、就学、出国（出境）定居或办理退休手续的；

（四）无正当理由，连续两次不接受当地失业保险机构介绍就业的；

（五）在领取失业救济金期间，被劳动教养或被判刑的；

（六）法律、行政法规规定的其他情形。

第二十七条　有下列情形之一的，经劳动行政主管部门批准，由失业保险机构从促进失业职工再就业经费中给予资金补助：

（一）职业介绍机构为失业职工和企业内部下岗职工免费提供就业介绍的；

（二）职业培训机构为失业职工和企业内部下岗职工免费提供就业培训的；

（三）企业在濒临破产进行法定整顿期间，组织职工开展转岗、转业训练的；

（四）企业招用的失业职工达到规定比例的。

第二十八条　失业职工自愿组织起来就业或自谋职业的，经劳动行政主管部门批准，由失业保险机构从促进再就业经费中酌情给予资金有偿扶持。

经省政府批准，为促进失业职工再就业的其他项目所需经费，可以从促进失业职工再就业经费中列支。

## 第四章　失业保险基金的管理和监督

第二十九条　失业保险基金实行市（地）统筹、省部分调剂的管理体制，市（地）负责本行政区域失业保险基金的筹集使用，省负责各市（地）失业保险基金的调剂。

市（地）劳动行政主管部门负责监督当地失业保险机构按当年收缴的失业保险基金总额的8%，向省失业保险机构缴交调剂金。

省调剂金必须用于市（地）失业保险基金收支余缺调剂。

第三十条　失业保险基金，实行收支两条线管理，基金结余额除预留一定的周转金外，应全部购买国家债券和存入财政专家。

失业保险基金应依法建立财务、会计、审计制度。各级财政、审计部门应依法监督失业保险基金的缴纳、使用和管理。

第三十一条　失业保险基金必须专款专用，不得用于经济担保，严禁投入其他金融和经营性事业，禁止任何单位和个人挪用。

各级劳动行政主管部门应依法定期向社会公布上年度失业保险基金的缴纳、使用和管理情况。

第三十二条　县级以上人民政府社会保险委员会及其监督机构依照本条例和国家有关规定，实施对失业保险基金管理的指导和监督，维护失业保险各方的合法权益。

## 第五章　法律责任

第三十三条　企业违反本条例规定，未缴纳或未按规定足额缴纳失业保险费的，由劳动行政主管部门责令其限期缴纳，并按日加收未缴纳金额2‰的滞纳金，滞纳金并入失业保险基金；拒不缴纳的，劳动行政主管部门依法申请人民法院强制执行。

第三十四条　虚报、冒领失业救济金和其他失业保险费用的，由劳动行政主管部门追回其全部违法所得，并处以虚报、冒领额2倍的罚款；构成犯罪的，由司法机关依法追究刑事责任。

第三十五条　企业、职工、失业职工对失业保险机构征缴失业保险费或者发放失业保险金及其他失业保险费用有争议的，可以要求劳动行政主管部门协调处理；对劳动行政主管部门处理结果不服的，可以申请行政复议，也可以依法提起行政诉讼。

第三十六条　失业保险机构违反本条例规定，未按照足额支付失业救济金以及其他失业保险费用，由劳动行政主管部门责令改正；情节严重的，由有关主管部门依法对主管人员和直接责任者给予行政处分。

第三十七条　单位和个人贪污、挪用失业保险基金的，由劳动行政主管部门追回款项，对有关主管人员和直接责任者根据情节轻重给予行政处分；构成犯罪的，依法追究刑事责任。

## 第六章　附　则

第三十八条　本条例所称职工不包含企业聘用的境外员工和招用的农民合同制工人。

第三十九条　本条例由福建省人民政府负责解释。

第四十条　本条例自1998年1月1日起施行。1992年福建省人民政府颁布的《福建省人民政府批转省体改委、劳动局、财政厅关于〈福建省企业职工待业保险暂行规定〉的通知》同时废止。

# 福建省城镇企业职工基本养老保险条例

福建省第八届人民代表大会常务委员会第三十六次会议通过

（1997年12月18日）

## 第一章　总　则

第一条　为保障城镇企业职工离退休后的基本生活，促进经济与社会发展，根据《中华人民共和国劳动法》及其他有关法律的规定，结合本省实际，制定本条例。

第二条　本条例适用于本省行政区域内的城镇各类企业及其职工（以下简称企业和职工）和城镇个体劳动者。

第三条　企业职工的养老保险由基本养老保险、企业补充养老保险和个人储蓄性养老保险组成。

企业、职工和城镇个体劳动者必须依照本条例的规定参加企业职工基本养老保险，缴纳基本养老保险费。鼓励企业建立补充养老保险，提倡职工参加储蓄性养老保险。

第四条　依法参加企业职工基本养老保险并缴纳基本养老保险费的职工和城镇个体劳动者，达到法定退休年龄的，经认定，享受本条例规定的基本养老保险待遇。

第五条　企业职工基本养老保险实行社会统筹与个人账户相结合。职工基本养老保险费用由国家、企业和职工个人三方合理负担。

第六条　企业职工基本养老保险基金实行省级统筹。企业职工基本养老保险基金必须统一筹集、适度积累、统一调剂、使用，任何单位和个人不得侵占和挪用。

第七条　各级人民政府应把社会保险事业纳入本地区国民经济与社会发展计划，保障离退休人员的生活随经济与社会发展不断得到改善。

第八条　县级以上人民政府劳动行政部门负责本行政区域内企业职工基本养老保险的行政管理工作。各级劳动行政部门所属的社会劳动保险机构具体办理企业职工基本养老保险事务。

## 第二章　基本养老保险基金组成和筹集

第九条　企业职工基本养老保险基金由社会统筹基金和个人账户金组成。

第十条　社会统筹基金由以下部分组成：

（一）企业和城镇个体劳动者缴纳的职工基本养老保险费划转个人账户金后的剩余部分；

（二）社会统筹基金增值部分；

（三）财政补贴；

（四）其他资金。

第十一条　基本养老保险个人账户金由以下部分组成：

（一）本条例实施后职工个人缴纳的全部基本养老保险费；

（二）从企业缴纳的基本养老保险费中划转记入的部分；

（三）城镇个体劳动者个人缴纳的基本养老保险费中划转记入的部分；

（四）基本养老保险个人账户储存额的利息。

本条例实施前已按省政府有关规定建立的个人账户储存额予以保留，并与本条例实施后建立的个人账户储存额合并计算。

第十二条　企业按其全部职工月工资总额的20%缴纳基本养老保险费，从1998年起每两年降低一个百分点，直至18%。职工个人按其月工资总额的5%缴纳基本养老保险费，从1998年起每两年提高一个百分点，直至8%。

工资总额的构成以国家统计局规定为准。

第十三条　城镇个体劳动者按本人缴费基数的25%缴纳基本养老保险费。

第十四条　企业、职工以及城镇个体劳动者缴纳基本养老保险费的基数，不得低于省政府公布的当地职工最低工资标准；达到本省上一年度职工月平均工资300%以上的，按300%作为缴纳基本养老保险费的基数，300%以上部分不缴纳基本养老保险费。

外商投资企业、私营企业及其职工，城镇个体劳动者缴费基数难以确定的，由企业和城镇个体劳动者申报，经当地劳动行政部门核准后予以确定。

第十五条　企业缴纳的基本养老保险费在企业管理费中列支；个人缴纳的基本养老保险费依法不计征个人所得税。

第十六条　企业及其职工应缴纳的基本养老保险费，可以由当地社会劳动保险机构委托企业开家银行按月代为收缴；其中属于应由职工个人缴纳的基本养老保险费，由职工所在企业代收代缴。城镇个体劳动者可直接到所在地社会劳动保险机构或其指定的开家银行缴纳基本养老保险费。

第十七条　企业和城镇个体劳动者有下列情形之一的，可向当地劳动行政部门申请缓缴基本养老保险费：

（一）企业由于濒临破产，在法定整顿期间的；

（二）企业经营发生严重困难，依法停产整顿3个月以上并且发不足或者发不出工资的；

（三）因自然灾害造成严重损失，企业无法正常生产经营，经当地县级以上人民政府批准停产期间的；

（四）经县级以上人民政府工商行政管理部门批准办理停业、歇业手续的个体工商家。

经批准缓缴的，在缓缴期内免缴滞纳金。缓缴期满后，应当如数补缴基本养老保险费及其利息。缓缴期最长不超过12个月。

第十八条　企业因破产、解散等原因终止，在清算财产时，应依法向社会劳动保险机构支付应缴纳的基本养老保险费。

第十九条　企业必须在依法设立之日起 180 日内向当地社会劳动保险机构为其职工办理企业职工养老保险登记手续；发生下列情形之一的，从发生之日起 30 日内向社会劳动保险机构办理企业职工基本养老保险关系变更或者终结手续：

（一）发生分立、合并、破产、撤销的；

（二）企业与职工建立或者解除劳动关系的。

## 第三章　企业职工基本养老保险个人账户管理

第二十条　各级社会劳动保险机构应按照国家规定的社会保障号码，为每个职工和城镇个体劳动者，建立一个终身不变的基本养老保险个人账户。基本养老保险个人账户对账单每年定期发给职工和城镇个体劳动者。企业、职工和城镇个体劳动者有权向社会劳动保险机构查询。

第二十一条　企业职工基本养老保险个人账户按职工本人缴费基数的 11%建立，其中个人缴纳的基本养老保险费全部划入个人账户，其余从企业缴纳的基本养老保险费中划入。随着个人缴费比例的提高，企业缴纳的基本养老保险费中划入个人账户部分相应降低，最终降至 3%。城镇个体劳动者基本养老保险个人账户按本人缴费基数的 11%建立。

第二十二条　职工和城镇个体劳动者基本养老保险个人账户储存额，每年参考银行同期存款利率计算利息。每年 1 月 1 日至 12 月 31 日为个人账户的一个结息年度。

第二十三条　基本养老保险个人账户的储存额，只能用于支付职工和城镇个体劳动者退休后的个人账户养老金，不得挪作他用。

第二十四条　职工和城镇个体劳动者或退休人员死亡后个人账户的继承：

（一）职工和城镇个体劳动者或退休前死亡的，按其个人账户储存额中的个人缴纳部分予以继承。

（二）退休人员死亡的，其领取基本养老保险金不满 120 个月的，按其退休时个人账户储存额中个人缴纳部分的余额予以继承。

第二十五条　职工和城镇个体劳动者在本条例实施范围内变动工作单位时，不转移基本养老保险社会统筹基金，不改变个人账户，不间断计息，缴费年限连续计算；调出或调入本条例实施范围的，个人账户储存额的转移按国家和省有关规定执行。

第二十六条　职工和城镇个体劳动者中断缴纳基本养老保险费的，其个人账户仍予以保留，不间断计息；重新缴费后，其个人账户的储存额及缴费年限累计计算。

按本条例规定补缴以前年度基本养老保险费的，其划入个人账户部分从补缴时开始计息，并计算缴费年限。

## 第四章　基本养老保险金支付

第二十七条　本条例实施后参加工作、个人缴费年限累计满 15 年的职工和城镇个体劳动者（以下简称参保人员），退休后按月发给基本养老金，直至死亡。基本养老金由基础养老金和个人账户养老金组成。参保人员退休时的基础养老金月发放标准为本省上一年度职工月平均工资的20%，个人账户养老金月发放标准为本人账户储存额除以120。

第二十八条　本条例实施后参加工作、个人缴费年限累计不满15年的参保人员，退休后不享受基础养老金，其个人账户储存额部分一次性支付给本人，同时终止基本养老保险关系。

第二十九条　本条例实施前参加工作、实施后退休且个人缴费年限和视同缴费年限累计满15年的参保人员，在发给基础养老金和个人账户养老金基础上，再按月发给过渡养老金，过渡性养老金从社会统筹基金中解决。

第三十条　本条例实施前参加社会基本养老保险，累计工作满15年，实施后退休且个人缴费年限和视同缴费年限不满15年的参保人员，可以补足15年，按月享受基本养老金。没有补足15年的，退休时其个人账户储存额部分和建立个人账户前的缴费年限按每年以本省上一年度职工月平均工资2个月标准计发的部分，合并一次性发给本人，同时终止基本养老保险关系。

第三十一条　本条例实施前退休的人员，仍按国家原来规定，发给养老金，同时，执行基本养老金调整办法。

企业离休人员的离休待遇仍按国家有关规定执行。

第三十二条　退休人员的基本养老金，每年7月1日根据各地（市）上一年度职工平均工资增长和缴费工资增长率的一定比例确定调整。具体调整标准由省人民政府确定并公布。

第三十三条　本条例实施前缴费年限满10年的退休人员和本条例实施后缴费年限满15年的退休人员，其基本养老金低于当地职工最低工资标准60%的，按60%发给。

第三十四条　离退休人员死亡后，其丧葬补助标准按上一年度全省职工月平均工资的两倍发给。

## 第五章　基本养老保险基金的管理与监督

第三十五条　基本养老保险基金实行收支两条线管理，并全部用于职工基本养老保险，禁止挤占、挪用和挥霍浪费。基金结余款除预留2个月的周转金外，应全部用于购买国家债券和存入财政专家，严格禁止投入其他金融和经营性事业。各级社会劳动保险机构的经费列入财政预算。

第三十六条　养老保险基金及其运营收入依法免征税费，基本养老基金和运营增值部分并入基金。

第三十七条　县级以上人民政府社会保险监督委员会以及财政、审计部门要依法加强监督、确保基本养老保险基金安全。

## 第六章　法律责任

第三十八条　政府有关部门或社会劳动保险机构违反本条例，有下列行为之一的，由其上一级机关责令改正；情节严重的，对主管人员和直接责任人员给予行政处分；构成犯罪的，依法追究刑事责任。

（一）未按规定将基本养老保险费转入基金专家的；

（二）挪用、截留、侵占基本养老保险基金的；

（三）无正当理由延期或不按规定支付基本养老金的；

（四）违反有关养老保险基金运营规定，造成基金损失的；

（五）其他违反有关法律、法规和规章的；

第三十九条　企业和城镇个体劳动者违反本条例规定，不参加基本养老保险办理登记手续或者不按规定期限足额缴纳基本养老保险费的，由劳动行政部门责令其限期参加基本养老保险并缴纳基本养老保险费，对欠缴的基本养老保险费按日加收2‰滞纳金；逾期仍不参加或仍不缴纳的，除追办基本养老保险登记手续外，可处以欠缴额1—3倍罚款，同时对企业法定代表人处以5000元以上10000元以下罚款。

第四十条　任何单位和个人冒领、贪污、挪用养老保险金的，由当地劳动行政部门负责追回款项，并根据情节轻重对有关人员处以该款项5—10倍罚款；构成犯罪的，依法追究刑事责任。

第四十一条　当事人对行政处罚决定不服的，依法申请行政复议或者提起行政诉讼。当事人逾期不申请复议、也不起诉、又不履行处罚决定的，由作出处罚决定的机关申请人民法院强制执行。

第四十二条　对社会劳动保险机构不按规定及时足额发放基本养老金的，企业和当事人有权向当地劳动行政部门申诉，劳动行政部门接到申诉后必须在7个工作日内查实并通知社会劳动保险机构纠正。

第四十三条　妨碍劳动行政部门或社会劳动保险机构工作人员依法执行公务的，由公安机关依照《中华人民共和国治安管理处罚条例》的规定处罚；构成犯罪的，依法追究刑事责任。

第四十四条　职工和退休人员享受基本养老保险的合法权益受到侵害时，可以依法向劳动争议仲裁委员会申请仲裁，对仲裁不服的，可以向人民法院起诉。

## 第七章　附　则

第四十五条　凡按本条例规定缴纳基本养老保险费的，可参加企业补充养老保险。企业补充养老保险费在本企业职工工资总额5%以内的，准予列入企业成本。

企业补充养老保险和个人储蓄性养老保险具体办法另行规定。

第四十六条　福建省人民政府可根据本条例制定实施细则。

第四十七条　厦门市实行省授权的地区统筹。厦门市人民代表大会及其常务委员会或厦门市人民政府可根据本地区的实际情况另行制定有关法规或规章。

本条例所称本省职工月平均工资不包含厦门市。

第四十八条　本条例自1998年1月1日起施行。本条例实施前有关规定与本条例不一致的，按本条例执行。

# 福建省劳动力市场管理条例

（1998年5月29日福建省第九届人民代表大会常务委员会第三次会议通过；根据2004年7月22日福建省第十届人民代表大会常务委员会第十次会议《福建省人民代表大会常务委员会关于修改〈福建省劳动力市场管理条例〉的决定》修正）

## 第一章　总　则

第一条　为加强劳动力市场管理，规范劳动力市场中介行为，保护劳动者和用人单位的合法权益，促进劳动力资源合理配置，根据《中华人民共和国劳动法》和其他有关法律、法规，结合本省实际，制定本条例。

第二条　本条例适用于本省行政区域内劳动者求职、用人单位用工、职业介绍机构中介行为的管理。

人才市场管理，按国家及本省有关规定执行。

第三条　县级以上人民政府应当在国家政策指导下，实行劳动者自主择业、市场调节就业和政府促进就业的方针，加快培育发展劳动力市场，促进劳动力的合理有序流动。

第四条　县级以上劳动行政部门主管本行政区域内的劳动力市场。

财政、工商、公安、物价等行政部门按照各自职责，协助劳动行政部门做好劳动力市场的管理和监督。

## 第二章　求职与用工

第五条　凡年满十六周岁、有劳动能力的劳动者均可凭相应的《求职证》或《失业证》（《下岗证》）在本省求职，法律、法规另有规定的除外。

第六条　本省城镇劳动者依法向家口所在地市、县劳动行政部门领取《失业证》（《下岗证》）。

本省农村和外省劳动者，凭本人家口所在地县级劳动行政部门出具的“外出人员就业登记卡”（或外省的《失业证》），依法向本省县级以上劳动行政部门领取《求职证》。

第七条　用人单位公布招用简章，内容应当包括：

（一）用工地点；

（二）岗位（工种）及用工要求；

（三）招用数量和工作期限；

（四）工资、福利待遇；

（五）录用办法。

任何单位和个人不得张贴、刊登、播发虚假的招用广告。

第八条　用人单位可以通过职业介绍机构或劳动力交流洽谈会招用劳动者，也可通过其他方式招用。

用人单位委托职业介绍机构招用时，应出具书面委托书。

第九条　用人单位不得招用下列劳动者：

（一）未满十六周岁的；

（二）未解除或终止劳动合同的（下岗职工除外）；

（三）未领取《求职证》或《失业证》（《下岗证》）的。

法律、法规对招用劳动者另有规定的，按其规定执行。

第十条　用人单位应当对劳动者进行必要的职业技能培训和安全生产教育。

选择实行国家职业资格标准工作岗位的劳动者，必须具有相应的从业资格，持证上岗。

第十一条　用人单位应当优先招用国有企业下岗职工，兼顾城区集体企业下岗职工和城镇失业人员。

用人单位的用工情况应按月向当地劳动行政部门备案。

第十二条　用人单位招用劳动者不得收取报名费、培训费和保证金（押金）等费用，不得扣留各种身份证件。

第十三条　用人单位与劳动者建立劳动关系的，必须依法订立书面劳动合同，明确双方的权利与义务。

## 第三章　职业介绍机构与中介服务

第十四条　县级以上人民政府应当发展多种类型的职业介绍机构，提供就业服务。

申办职业介绍机构，必须具备以下条件：

（一）符合规范的机构名称；

（二）明确的章程、业务范围和财务制度；

（三）不少于五万元的开办资金；

（四）开展职业介绍活动所必须的固定场所和设施；

（五）两名以上有从业资格、熟悉劳动法规、政策的专职人员。

第十五条　开办职业介绍机构，必须经县级以上劳动行政部门批准，领取《职业介绍许可证》。经营性职业介绍机构应向当地工商行政管理部门登记注册。

劳动行政部门对于开办职业介绍机构的申请，应在收到申报材料之日起十五日内作出是否批准的决定，并通知申请人。

第十六条　职业介绍机构必须在《职业介绍许可证》规定的范围内开展职业介绍活动。任何单位和个人不得转借、倒卖、伪造由省劳动行政部门统一印制的《职业介绍许可证》。

职业介绍机构变更或终止，应提前三十日向原批准开办的劳动行政部门和注册的工商行政管理部门办理变更或终止手续。

第十七条　职业介绍机构可以为劳动力供需双方提供下列服务：

（一）为劳动者进行求职登记，推荐用人单位；

（二）接受用人单位的书面委托，介绍求职者；

（三）组织、指导劳动力供需双方洽谈；

（四）收集、发布劳动力供需信息，为劳动力供需双方提供劳动法规、政策咨询；

（五）指导依法签订劳动合同。

各级人民政府开办的公共职业介绍机构，应当开设专门服务窗口，对持有《下岗证》的职工实行免费服务。

第十八条　职业介绍机构应当按照本条例第七条第一款所列内容如实向求职者介绍用人单位的情况，如实向用人单位介绍求职者的学历、从业资格等情况。

第十九条　职业介绍机构不得有下列行为：

（一）为未满十六周岁的未成年人介绍就业；

（二）介绍劳动者从事法律、法规禁止的活动；

（三）介绍未持有《求职证》或《失业证》（《下岗证》）者就业；

（四）以暴力、胁迫或欺骗等方式进行职业介绍活动；

（五）其他侵犯劳动者和用人单位合法权益，妨碍社会秩序的职业介绍活动。

第二十条　举办劳动力交流洽谈会，应当经劳动行政部门批准。劳动行政部门应当在五日内批复。

## 第四章　调控与管理

第二十一条　县级以上人民政府应当加强就业总水平的宏观调控，制定优惠政策，促进国有企业下岗职工再就业和城镇失业劳动者多渠道就业；引导农村劳动力就地就近转移，合理调控农村劳动力进城就业的规模；发展职业教育，实行劳动预备制度，提高劳动者素质。

第二十二条　县级以上劳动行政部门应当履行下列职责：

（一）制定区域劳动力市场发展规划；

（二）依法审批职业介绍机构，并对其业务活动进行指导、监督和检查；

（三）建立劳动力供求信息网络，对劳动力供求状况进行统计、分析和预测，提供咨询服务；

（四）核发职业介绍机构从业人员资格证书；

（五）法律法规规定的其他职责。

第二十三条　劳动行政部门应当支持劳动者、工会和其他社会组织依法对用人单位、职业介绍机构进行的社会监督，及时受理投诉和检举，查处违法行为。

## 第五章　法律责任

第二十四条　用人单位有违反本条例第九条规定行为之一的，或采用虚假招用简章（广告）招用劳动者的由劳动行政部门给予警告，责令限期改正；逾期不改正的，可处以一千元以上一万元以下罚款；对劳动者造成损害的，应当赔偿劳动者的经济损失。

第二十五条　用人单位违反本条例第十二条规定，收取报名费、培训费、保证金（押金）等费用的，由劳动行政部门给予警告，责令退还，并处以按违法收取金额三倍的罚款；扣留各种身份证件的，由有关机关依法给予处罚。

第二十六条　违反本条例第十五条第一款规定，未经劳动行政部门批准擅自开办职业介绍机构的，由劳动行政部门责令限期改正直至取缔，没收违法所得，可并处五千元以上二万元以下罚款；对劳动者和用人单位造成损害的，应当赔偿经济损失。

第二十七条　违反本条例第十六条第一款或第十九条规定之一的，由劳动行政部门给予警告，责令限期改正并没收违法所得；逾期不改正的，可处以三千元以上一万元以下罚款；情节严重的，可吊销《职业介绍许可证》；对劳动者和用人单位造成损害的，应当赔偿经济损失；构成犯罪的，依法追究刑事责任。

第二十八条　劳动者不履行劳动合同约定的义务，应当承担违约责任。

第二十九条　劳动行政部门或者有关部门工作人员在劳动力市场管理工作中滥用职权、玩忽职守、徇私舞弊的，由所在单位或者上级主管部门给予行政处分；构成犯罪的，依法追究刑事责任。

第三十条　当事人对行政处罚决定不服的，可依法申请复议或者提起行政诉讼；逾期不申请复议、不起诉又不履行处罚决定的，作出处罚决定的机关可依法申请人民法院强制执行。

### 第六章　附　则

第三十一条　本条例自一九九八年七月一日起施行。省人民政府一九九五年五月制定的《福建省职业介绍机构管理规定》同时废止。

# 中共福建省委、福建省人民政府关于做好国有企业下岗职工再就业和深化社会保障制度改革的通知

闽委发〔1998〕9号

（1998年7月14日）

各地、市、县（区）委，宁德地区行政公署，各市、县（区）人民政府，省直各单位：

近几年来，省委、省政府按照党中央、国务院的部署，采取了一系列措施，保障下岗职工基本生活，实施再就业工程，推进社会保障制度改革，取得一定成绩，保证了国有企业改革的顺利进行，促进了经济发展，维护了社会稳定。根据《中共中央、国务院关于切实做好国有企业下岗职工基本生活保障和再就业工作的通知》，结合我省实际，现就进一步做好国有企业下岗职工基本生活保障、再就业和深化社会保障制度改革工作通知如下：

**一、统一思想认识，明确目标任务**

1. 各级党委和政府要充分认识到，近几年来我省部分企业出现职工下岗的现象，是计划经济条件下实行的就业体制和就业政策在经济转轨过程中的必然反映，也是企业经营机制深层次矛盾多年积累的结果。我们要建立起社会主义市场经济体制和现代企业制度，就不可避免地要经历这样一个历史过程。因此，做好国有企业下岗职工再就业和深化社会保障制度改革是保证我省国有大中型企业深化改革、摆脱困境、在本世纪末初步建立现代企业制度的根本性措施，是事关职工群众的切身利益，事关坚持党的全心全意依靠工人阶级的方针，事关改革成败、经济发展、社会稳定和国家的长治久安的头等大事。要切实加强领导，明确责任，狠抓落实。

2. 实施再就业工程要坚持“减员增效与促进再就业相结合，职工下岗和分流安置与社会承受能力相适应”的基本原则和“认真负责、尽力而为、突出重点、加强调控”的指导思想。从规范下岗、保障生活、实施分流、促进再就业入手，当前和今后一个时期，主要解决国有企业已下岗的职工和当年新增的下岗职工都得到基本生活保障，并使其中60%的人实现再就业。力争用三年到五年时间，初步建立起适应市场经济体制要求的、较完善的劳动力市场机制和社会保障制度，再就业服务中心逐步过渡到劳动力市场。

3. 深化社会保障制度改革。进一步完善养老保险和失业保险制度、下岗职工基本生活保障制度、城镇居民最低生活保障制度。各级党委、政府要充分认识养老保险省级统筹对深化企业改革、促进经济发展、保持社会稳定的重大意义和积极作用，全力维护省级统筹的管理体制。要以养老、医疗、失业等社会保险制度改革为重点，加快住房制度改革，在本世纪末基本建立起比较完善的覆盖城镇所有企业和全体劳动者的社会保障体系。

**二、规范下岗行为，建立再就业服务中心，确保国有企业下岗职工基本生活**

4. 国有企业下岗职工是指没有与企业解除劳动关系、在原企业已没有工作岗位、有就业

要求但还没有找到新的工作的职工。不包括企业通过自办经济实体、组织劳务输出、内部退养、停薪留职等内部分流人员，也不包括已经终止、解除劳动合同的失业人员。

5. 国有企业安排职工下岗，必须根据以产定员的原则，提出职工下岗和再就业方案，包括下岗人数、人员名单、实施步骤等，同时应提出下岗职工基本生活保障和再就业措施，经企业领导班子集体研究，充分听取职代会意见，并向企业主管部门和当地劳动部门报告后组织实施。国有大中型企业当年下岗职工超过本企业职工总数20％的，其他国有企业当年下岗人数超过100人的，由劳动部门审核后报当地政府批准。

为保障职工家庭的基本生活，夫妻在同一企业的，不要安排双方同时下岗；不在同一企业的，如果一方已下岗，另一方所在企业不要安排其下岗。要尽量避免全国及省（部）级劳动模范、烈军属、残疾人下岗。孕期和休产假的女职工、适应期未满的复转军人原则上不要安排下岗。

6. 凡有下岗职工的国有企业，都要建立再就业服务中心或类似机构。企业下岗职工基本生活保障和再就业工作，由企业再就业服务中心负责实施。下岗职工不多的企业也可由有关科室代管，并按再就业中心的有关规定负责组织实施。

各地要自下而上地建立再就业服务中心组织体系。县（含县）以上劳动部门，下岗职工较多的行业，企业主管部门也要依托相应的劳工部门建立相应机构，加强对企业再就业服务中心的指导和服务。街道、居委会要积极组织下岗职工从事社区服务，形成全社会的再就业服务体系。

进入再就业服务中心的下岗人员，主要是实行劳动合同制度以前参加工作的国有企业的正式职工（不含从农村招收的临时工）。对实行劳动合同制度改革后新招的职工，劳动合同期满的，可按照《中华人民共和国劳动法》和国务院有关规定终止劳动关系。劳动合同期未满而下岗的，可安排进入再就业服务中心，也可依法解除劳动关系。

下岗职工进入再就业服务中心，由企业与其变更劳动合同，并由企业、中心、下岗职工三方签订进中心的管理协议，变更合同期限应与进中心的管理期限相一致。

近年来，国有企业职工由于企业生产管理不正常，已离岗又未与企业解除劳动关系的，对其中有求职意愿而未实现再就业的，可向原企业申请进入再就业服务中心；也鼓励自谋职业，发给下岗证，享受有关优惠政策，不进入再就业服务中心，不领取基本生活费。未足两年的，仍可申请进入再就业服务中心，发给基本生活费，由中心收回下岗证。

不论是进入再就业服务中心还是领取下岗证或自行离开自谋职业的，两年期到后必须与企业解除劳动合同关系。

7. 再就业服务中心负责为下岗职工发放基本生活费，代缴养老、医疗、失业等社会保险费用，组织下岗职工参加职业指导和再就业培训，引导和帮助他们转变就业观念，提高技能，使其尽快实现再就业。中心要建立健全规章制度，加强管理和服务。

下岗职工在再就业服务中心的期限一般不超过两年，其基本生活费原则上可按略高于当地失业救济标准安排，并按适当比例逐年递减，但最低不得低于当地失业救济水平，具体标准由各地政府作出规定。社会保险缴费标准按当地最低工资标准为缴费基数。未实行医疗保障制度改革的，门诊医疗费按本人享受基本生活费的6%包干，住房医疗费用由原企业按企业的规定执行。已实行医疗保障制度改革的，仍按当地有关规定办理。

8. 进入再就业服务中心的下岗职工，要遵守中心的规章制度，服从管理。再就业服务中心要认真负责地为下岗职工提供技能培训和再就业的渠道。下岗职工在中心期间无正当理由多次不接受中心推荐就业，或多次不参加中心组织培训的，不能领取基本生活费，中心与其解除管理协议，企业依法与其解除劳动关系。

下岗职工进入再就业服务中心，两年期到后仍未就业的，中心与其解除管理协议，企业依法与其解除劳动关系，享受失业保险待遇。

下岗职工自谋职业的，可向企业提出申请，由企业报当地劳动部门核发《下岗证》。《下岗证》作为下岗职工自谋职业享受优惠政策和凭证。

9. 各级政府要建立再就业基金，再就业基金主要用于国有企业下岗职工进入再就业服务中心的基本生活和社保险费用，以及促进再就业的经费。基金主要来源：

（1）帮困资金。各级财政部门按闽政〔1996〕41号文件规定，从个人所得税当地留成的20%部分安排预算，并逐级上解20%作为调剂金，财务、税收、物价检查中罚没入地方库金额的20%；

（2）各级财政每年按财政预算支出的2‰—5‰安排的部分。

（3）上述二项仍不足的，由同级财政追加支出安排；

（4）从结余的失业保险基金和提高失业保险费征缴比例的基金调剂；

（5）各级劳动部门向使用农村和外省劳动力的用人单位按闽政〔1997〕25号文件规定征收的就业调节费的部分；

（6）社会捐赠款。

上述（1）（2）（3）项作为财政负担的支出来源，（4）（5）（6）项作为社会负担的支出来源。

再就业基金由财政部门按专项资金实行专家管理，免收各种税费。资金的安排，由企业再就业服务中心提出申请，企业主管部门核报同级劳动部门商财政部门审批后拨付。

10. 在企业再就业服务中心的下风职工所需的基本生活费和由中心代缴的社会保障费用，原则上由财政、企业和社会各负担三分之一。财政负担部分，按企业隶属关系，由同级再就业基金负担。社会负担部分按属地管理原则，由当地的再就业基金中社会筹集的部分负担。

国有独资盈利企业和国有控股、参股企业，保障下岗职工的基本生活费用，原则上都由企业负担。国有企业亏损，确有困难，职工平均工资在当地上年社会平均工资之下的，可申请只承担三分之一费用。国有企业亏损严重，职工工资低于当地最低工资标准的，承担三分之一基本生活费用仍有困难的，可以向同级财政申请补助，直至财政兜底解决。

地方财政负责部分，因当地财力严重困难的，可以向上级政府提出申请，经审核后由上级财政给以适当的补助。列入国务院《全国企业兼并破产和职工再就业工作计划》的企业和纺织压锭企业下岗职工的生活保障资金，仍按国务院的有关规定执行。

企业再就业服务中心的管理费用和工作人员的工资、福利等，由企业列支，不得占用职工基本生活保障基金。要确保国有企业下岗职工基本生活费，不得拖延，不得挪用，不得克扣，否则要严肃追究领导和当事人的责任。

11. 企业亏损严重，不能负担应由企业支付的下岗职工基本生活费的，不得招用新职工，不得集资建房和购买商品房，不得购买小汽车等国家控制购买的商品。不能负担下岗职工基本生活保障的地方政府，严格控制用财政经费购买国家控制的商品，不得新上楼、堂、馆、所等基建项目。

12. 加快劳动力市场建设。全省各中心城市已建成的劳动力市场，要建立信息网络，实现信息共享。劳动力市场建设和促进再就业的经费，由同级财政部门核拨。要逐步按照科学化、规范化、现代化的要求，把劳动力市场建设列入当地经济和社会发展规划。各级政府部门举办的公共职业介绍机构要开设专门服务窗口，加强对下岗职工的职业指导，并实行免费服务。鼓励各地为下岗职工提供多种形式即时服务。

要把职业指导、职业培训作为促进下岗职工再就业重要措施。在政府指导和扶持下，采取个人自学、企业组织和社会帮助相结合的办法，根据劳动力市场需要开展职业指导和培训，通过“创业培训”培养一批再就业骨干，带领下岗职工实现再就业。从帮困资金中安排10%的比例，作为转业转岗培训经费，用于下岗职工和培训事业，不得挪作他用。

**三、深化社会保障制度改革，切实保障企业离退休人员和失业人员基本生活**

13. 进一步扩大养老保险覆盖面。各级政府要认真贯彻执行《福建省城镇企业职工基本养老保险条例》，扩大覆盖面，提高征缴率，保证养老保险金按时足额发放。凡是没有完成征收任务、造成收不抵支、影响到养老金正常发放的城市，缺口资金由当地财政解决。

14. 根据国务院关于养老保险要加快省级统筹，不再实行行业统筹的要求，凡实行行业统筹的部门，要按照国家的统一部署，做好纳入省级统筹的相关工作。

15. 进一步加强社会保险基金征缴力度，企业职工养老、失业等社会保险费用由各级地方税务部门统一征收，由各级社保机构分项记账，具体征收管理办法由省地税局会同省财政厅、劳动厅另行制定。

16. 各地要及时足额发放离退休人员的养老金，对过去拖欠养老金的要及时补发，不得发生新的拖欠。要严格执行国家退休政策，严禁违反规定办理提前退休。

17. 为进一步增强养老、失业保险基金的调控能力，全省社会保障经办机构的人员实行下管一级的系统管理体制。养老、失业等保险基金实行收支两条线管理，严禁挤占、挪用。

18. 多渠道筹集养老保险基金以补充基金不足。从1998年开始，从省财政每年新增收入部分中划出一定比例补充养老保险基金；在优化资本结构试点城市国有工业企业破产清算时，应按企业离退人数以当地上年社会平均工资的三倍预留，并入养老保险基金。

逐步建立基本养老、医疗保险基金的补充机制。从国有工业企业国有资产净值及运营收益中划出15%，用于国有企业职工建立基本养老、医疗保障基金的补充，以提高抗风险能力，具体办法由省财政厅会同有关部门研究制定。

19. 充分发挥失业保险在保障失业人员基本生活和促进失业人员、下岗职工再就业方面的重要作用。从1998年开始，将失业保险基金的缴费比例由1.5%提高到3%，其中由企业缴纳2%，个人缴纳1%。提高征收比例部分主要用于下岗职工基本生活保障和促进再就业。

20. 加快医疗保险改革步伐。在总结厦门、莆田经验的基础上，根据国务院统一部署，全省各地市1998年年底以前都要确定医改方案，分批实施医疗保险改革，力争到2000年全省基本建立医疗保险机制。

21. 进一步推进企业职工离退休人员社会化管理。企业离退休人员在社会化管理服务工作，主要依托社会管理为主，分层次进行。福州、厦门、三明、南平等国务院确定的优化资本结构的试点城市和破产、兼并企业离退休人员较多的县（市），1998—1999年两年内普遍实行社会化管理。

22. 进一步完善城市居民最低生活保障制度。按属地管理的原则，把家庭人均收入低于当地最低生活保障线的下岗职工及其家庭，纳入保障范围，使城市居民最低生活保障制度成为覆盖所有城市困难群众的最后一道社会保障"安全网"。要建立和落实财政专项资金，各类人员尤其是下岗职工家庭的最低生活保障金必须全部列入级政府财政预算。

**四、加快经济发展，加大政策扶持力度，促进再就业**

23. 加快我省经济发展速度，加大调整经济结构力度，为下岗职工再就业创造良好的经济环境和物质基础。要把发展中小型企业、劳动就业服务企业作为促进再就业的重要途径。要扶持鼓励非公有经济的发展，充分发挥非公有经济在吸纳劳动力中的作用。制定优惠政策，加快第三产业发展，调整区域经济结构，扩大就业容量。

按照"精干主体、分离辅助、走向市场"的原则，加快分离企业自办的学校、医院、幼儿园、托儿所、居委会、退管会、物业管理等辅助机构，移交当地政府管理，为减轻企业负担、分流安置下岗职工创造条件。

24. 鼓励各类新办企业，包括国有、集体、私营、"三资"以及劳动就业服务企业接纳国有企业下岗职工。凡当年安置本省国有企业下岗职工达到企业职工总数60%以上的，免征企业所得税三年。免税期满后，当年新安置下岗职工达30%以上的，减半征收企业所得税两年。安置人员未达到规定比例的，按安置下岗职工占企业职工总数的比例，每增加一个百分点，给予减征企业所得税1.66%两年。

国有企业为安置本省国有企业下岗职工新办的经济实体，当年安置本省国有企业下岗职工超过企业从业人员60%以上的，地方征收的营业税车船使用税实行先征后退两年。

老企业安置国有企业下岗职工达到60%以上的，企业所得税以上年为基数，超过部分免征三年，安置国有企业下岗职工达到30%以上，但不足60%的，企业所得税以上年为基数，超过部分减半征收三年。

鼓励沿海地区企业到本省山区办厂或兼并国有企业，其安置国有企业下岗职工比例达到40%以上的，免征企业所得税三年。

安置比例不足40%的，每增加一个百分点，相应给予免征所得税2.5%两年的优惠。

25. 由各级再就业服务中心、街道、居委会组织国有企业下岗职工从事环保绿化、电器维修、家政服务、社会治安、物业管理等家庭和社区居民服务业所取提的收入，免征营业税、企业所得税、个人所得税以及各种行政性收费三年；从事商业、饮食业减半征收企业所得税和营业税以及免收各种行政性收费三年。

26. 鼓励下岗职工自谋职业。下岗职工自谋职业从事个体经营的，给予免征个人所得税三年。下岗职工承包荒山、荒地、荒滩，从事农、渔、林业生产的，经财政、税务部门批准，自获利之日起三年内免征所得税、农业税和农业特产税。各国有商业银行应设立小型企业信贷部，为其发展提供必要的贷款支持。

下岗职工无论以何种方式实现再就业或不再就业，其视同缴费年限和养老保险缴费年限及其以后的缴费年限合并计算，达到法定退休年龄时，按规定享受相应的养老保险待遇。下岗职工分流安置和再就业后，在原企业的住房，已按房改政策购买的，应根据有关规定明确个人和原企业的产权关系；未购买的，可以继续租用，租金标准按当地政府规定执行。对生活特别困难的下岗职工子女就学，应减免学杂费。

27. 鼓励培训下岗职工，对社会各类培训中心利用现有条件，为国有企业下岗职工举办再就业培训，其培训费收入暂行免征营业税、企业所得税。

上述第24至第27条所及税费优惠政策，应由企业或个人提出申请，分别由财政或税务机关批准后实施。

28. 要采取法律的、经济的和必要的行政手段，对劳动力供求进行宏观调控。

有条件的地区，应安排专项基金，组织下岗职工参加市政和道路建设、环境保护、植树、种草等公共工程，为下岗职工提供更多的就业机会。

城镇各类企业和机关、事业单位、社会团体新招收职工，必须优先招收符合条件的下岗职工。饮食、服务及其他行业新招收职工，应招收一定比例的下岗职工，具体比例由各地自行确定。凡不按规定比例接纳下岗职工的，不能享受各项减免的优惠政策。

有计划有组织地疏导农村劳动力有序流动。实行农村、外来劳动力流动就业凭证管理制度和用工单位使用农村、外来劳动力报批制度，以减少城镇就业压力。

实行空岗制度。用人单位（包括各类企业招工和机关、事业单位招聘工勤人员）的用工情况应按月报当地劳动行政部门备案。

全面实行劳动预备制度，对城镇未能继续升学的初、高中毕业生，实施1—3年的职业技术培训，以提高劳动者技能素质，延缓就业时间。

**五、切实加强领导，搞好宣传教育**

29. 国有企业下岗职工的基本生活保障和再就业工作实行党政一把手负责制，各级党委政府和有关部门要建立责任制，一级抓一级，层层落实。对下岗职工的困难，逐个帮助，逐家解决。动员全社会力量，促进下岗职工再就业。要加强各级劳动部门就业服务机构队伍建设，努力提高工作人员素质，做好就业工作。省委、省政府决定，成立省国有企业下岗职工基本生活保障和再就业工作领导小组，具体工作由省政府国有企业改革工作联席会议负责指导和组织协调，联席会议要定期分析和研究解决国有企业下岗职工基本生活保障和再就业工作中的重大问题。日常工作由劳动厅、经贸委负责组织实施。各地和有关部门也要采取相应的组织形式，以确保企业下岗职工基本生活保障和再就业工作的顺利进行。

30. 要大力加强宣传教育工作。宣传部门要把实施再就业工程和深化社会保障制度改革作为近期宣传工作重点，大力宣传再就业先进典型，用正确的舆论导向，引导下岗职工克服暂时困难，转变择业观念，自强自立，积极参与市场竞争就业。动员全社会来关心、支持下岗职工再就业，形成良好的社会氛围。大力宣传省人大颁布的《福建省城镇企业职工基本养老保险条例》和《福建省企业职工失业保险条例》、《福建省劳动力市场管理条例》；宣传积极参加社会保险的先进典型，提高全社会的参保意识，进一步扩大社会保险覆盖面，切实保障企业职工的合法权益。

城镇集体企业下岗职工的基本生活保障和再就业工作，在调查研究的基础上，另行制定指导性意见。

过去有关规定与本通知不一致的，按本通知执行。

## 福建省人民政府贯彻国务院关于建立城镇职工基本医疗保险制度的决定的通知

闽政〔1999〕15号

（1999年5月13日）

宁德地区行政公署，各市、县（区）人民政府，省直各单位：

为了建立适应社会主义市场经济体制的城镇职工基本医疗保险制度，保障职工的基本医疗需求，根据《国务院关于建立城镇职工基本医疗保险制度的决定》（国发〔1998〕44号，以下简称《规定》），结合我省实际，提出如下贯彻意见。

**一、改革的任务和原则**

医疗保险制度改革的主要任务是建立城镇职工基本医疗保险制度，即适应社会主义市场经济体制，根据财政、企业和个人的承受能力，建立保障职工基本医疗需求的社会医疗保险制度。

建立城镇职工基本医疗保险制度的原则是：基本医疗保险的水平要与社会主义初级阶段生产力发展水平相适应；城镇所有用人单位及其职工都要参加基本医疗保险，实行属地管理基本医疗保险费由用人单位和职工双方共同负担；基本医疗保险基金实行社会统筹与个人账户相结合；建立医、患双方有效的制约监督机制，实现因病施治、合理检查、合理用药、克服浪费。

**二、实施范围**

（一）城镇所有用人单位，都要参加基本医疗保险。具体包括：国有企业、城镇集体企业、外商投资企业、城镇私营企业和其他城镇企业及其职工，机关及其工作人员，事业单位及其职工，民办非企业单位及其职工，社会团体及其专职人员。

城镇个体经济组织业主及其从业人员是否纳入基本医疗保险实施范围，由各地（市）人民政府根据当地实际确定。

乡镇企业及其职工是否纳入城镇职工基本医疗保险，待调查研究后确定。

（二）基本医疗保险以地（市）级为统筹单位，所有用人单位及其职工按照属地管理的原则参加所在统筹地区的基本医疗保险，实行基本医疗保险基金的统一筹集、使用和管理。个别地（市）确因所属各县（市）经济发展水平和医疗消费水平差异较大，可以实行“统一政策、分级管理、总量平衡、适当调剂”的办法，具体办法由各地（市）确定。

省属、中央属驻榕机关、事业单位及其职工的基本医疗保险，原则上执行福州市城镇职工基本医疗保险的统一政策，由省劳动保障部门所属的医疗保险经办机构直接管理。根据国务院《社会保险费征缴暂行条例》关于社会保险费实行统一征收的要求，养老保险已由省社保局经办的中央属驻榕企业及其职工，其基本医疗保险也由省劳动保障部门所属的医疗保险经办机构经办。铁路、电力、远洋运输等跨地区、生产流动性较大的企业及其职工的基本医疗保险管理办法另行确定。

**三、基金的筹集**

基本医疗保险费由用人单位和职工个人共同缴纳，合理分担。

（一）单位缴费。用人单位按其职工工资总额的6％－7％缴纳基本医疗保险费，确需超过7％的，报经省政府批准，但最高不超过8％。

工资总额的构成以国家统计局规定的为准。

（二）职工个人的缴费。职工个人以其月工资额的2％缴纳基本医疗保险费。

城镇个体经济组织业主按用人单位缴费率和职工个人缴费率之和缴纳基本医疗保险费。

职工退休后个人不再缴纳基本医疗保险费。

（三）用人单位和职工个人缴纳基本医疗保险费的基数，不得低于当地上年度职工月平均工资的60％；最高不超过当地上年度职工月平均工资的300％。

（四）用人单位缴纳基本医疗保险的资金来源按现行医疗费开支渠道列支。

（五）随着经济发展和职工工资水平的提高，各地（市）人民政府可对本统筹地区用人单位和职工个人的缴费率作相应调整，但应报省人民政府批准后实施。

（六）基本医疗保险基金的征缴管理、监督检查及处罚办法等，按照国务院《社会保险费征缴暂行条例》及省人民政府实施办法的有关规定执行。

（七）用人单位因宣告破产、撤销、解散或者其他原因终止的，依照国家有关法律、法规规定，清偿其所欠缴的基本医疗保险费及其利息。同时应按用人单位实际退休人数、统筹地（市）上年度职工年人均缴纳的基本医疗保险费为基数预留10年。

**四、统筹基金和个人账户的建立**

基本医疗保险基金由统筹基金和个人账户构成。

（一）医疗保险经办机构依照国家技术监督局发布的社会保障号码，为每位参加基本医疗保险的职工建立一个终身不变的个人账户。

（二）职工个人缴纳的基本医疗保险费，全部记入个人账户。用人单位缴纳的基本医疗保险费，一部分用于建立统筹基金，一部分记入参保职工的个人账户。划入个人账户的比例为用人单位缴费的30％左右。分40周岁以下、41周岁至法定退休年龄、退休人员三个年龄段，按不同的比例分别记入其个人账户；职工年龄越大，记入个人账户的比例越高，退休人员个人账户的计入金额要给予适当照顾，具体办法由各地（市）人民政府确定。

（三）参保职工个人账户只能用于支付本人的医疗费用，不得提取现金和挪作他用。职工变动工作单位，其个人账户随之转移。

**五、基金的支付**

（一）统筹基金和个人账户要划定各自的支付范围，分别核算，不得互相挤占。

参保职工的门诊医疗费原则上由个人账户支付或个人自付。参保职工门诊医疗费用，属于规定范围内特殊病种的医疗费用，达到统筹基金起付标准以上的部分，可由统筹基金支付一定比例。特殊病种具体项目由省卫生、劳动保障行政部门共同制定。

参保职工的住院医疗费原则上由统筹基金支付。统筹基金起付标准原则上控制在当地上年度职工年平均工资的10%左右，最高支付限额原则上控制在当地上年度职工年平均工资的4倍左右。起付标准以下的医疗费用，从个人账户中支付或个人自付。起付标准以上、最高支付限额以下的医疗费用，主要从统筹基金中支付，个人也要负担一定比例；超过最高支付限额的医疗费用，通过商业医疗保险等途径解决。具体标准和办法，由各地（市）人民政府根据以收定支、收支平衡的原则确定。

（二）根据国家有关规定，由省劳动保障行政部门会同省卫生、财政行政部门负责制订《基本医疗保险药品目录》、《基本医疗保险诊疗项目》、《基本医疗保险医疗服务设施标准》和《门诊特殊病种治疗用药范围》及相应的管理办法。凡是符合以上管理办法和基本医疗保险基金支付范围的，可从基本医疗保险基金中支付。

计划生育手术及经鉴定认定的计划生育手术后遗症等医疗费用由统筹基金全额支付。

（三）用人单位及其职工未按规定缴纳基本医疗保险费或经批准缓交期满仍未缴纳基本医疗保险费的，暂停享受统筹基金支付的医疗保险待遇。

（四）发生严重自然灾害等意外风险时所发生的直接医疗费用，由同级人民政府拨付专款解决。

（五）企业职工的工伤和生育的医疗费用，分别按工伤和生育保险规定执行；机关、事业等单位职工的工伤、生育医疗费用由原渠道开支。

**六、医疗服务的管理**

（一）实行基本医疗保险定点医疗机构和定点药店的资格认定和考核年检制度。

1. 凡符合国家有关规定并经批准开业的医疗机构和药店，均可向所在地（市）医疗保险经办机构申请定点医疗机构或定点药店的资格。

2. 省劳动保障行政部门会同省卫生、财政、药政、工商行政部门共同制定定点医疗机构和定点药店的资格审定办法，各地（市）医疗保险经办机构要根据国家和省的有关规定，本着中西医并举，基层、专科和综合医疗机构兼顾，方便职工就医和有利管理监督的原则，确定基本医疗保险定点医疗机构和定点药店，并与定点医疗机构和定点药店签订合同，明确双方的责任、权利和义务。

3. 定点医疗机构和定点药店应建立健全各项管理制度，严格执行基本医疗保险有关规定，做到因病施治、合理检查、合理用药，接受参保职工和医疗保险经办机构的监督。医疗保险经办机构要加强对定点医疗机构和定点药店执行基本医疗保险政策、医疗服务质量等情况进行监督检查和年度考核。

4. 建立定点医疗机构和定点药店竞争机制。参保职工可选择若干定点医疗机构就医、购药，也可持处方在若干定点药店购药。省药品监督部门会同有关部门制定定点药店购药药事事故处理具体办法。

（二）各地要认真贯彻《中共中央、国务院关于卫生改革与发展的决定》（中发〔1997〕3号）精神，积极推进医药卫生体制改革，广泛开展疾病预防工作，以较少的经费投入，使人民群众得到良好的医疗服务，促进医疗卫生事业的健康发展。

1. 建立医药分开核算、分别管理的制度，形成医疗服务和药品流通的竞争机制，合理控制医疗费用水平。具体办法由省卫生行政部门会同省财政等行政部门制定。

2. 理顺医疗服务价格，降低药品收入占医疗总收入的比重，合理提高医疗技术劳务价格。具体办法由省卫生、财政、物价、劳动保障等部门制定。

3. 加强医疗机构和药店的内部管理，规范医药服务行为，减员增效，降低医药成本。要加强业务技术培训和职业道德教育，提高医药服务人员的素质和服务质量。

4. 合理调整医疗机构布局，优化卫生资源配置，积极发展社区卫生服务，将社区卫生服务中的基本医疗服务项目纳入基本医疗保险范围，逐步形成功能合理、方便群众的医疗卫生服务网络。企业自办的医疗机构要随着医疗保险制度改革进行分离，并纳入当地卫生事业发展的统一规划。具体办法按省政府闽政〔1997〕文193号执行。

**七、基金的管理和监督**

（一）基本医疗保险基金纳入财政专家管理，专款专用，不得挤占挪用。

（二）各级社会保险基金征缴机构负责基本医疗保险基金的统一筹集，各级医疗保险经办机构，负责基本医疗保险基金管理和支付，并建立健全预决算制度、财务会计制度和内部审计制度。医疗保险经办机构的事业经费不得从基金中提取，由同级财政预算解决。

（三）基本医疗保险基金的银行计息办法：当年筹集的部分，按活期存款利率计息；上年结转的基金本息，按3个月期整存整取银行存款利率计息；存入社会保障财政专家的沉淀资金，比照3年期零存整取储蓄存款利率计息，并不低于该档次利率水平。

（四）基本医疗保险基金及利息收入免征各种税费，基本医疗保险利息收入并入基金。个人账户的本金和利息归个人所有，可以结转和继承。

（五）各级劳动保障行政部门和财政行政部门，要加强对基本医疗保险基金的监督管理。审计部门要定期对医疗保险基金收支情况和管理情况进行审计。各级社会保险监督委员会要加强对基本医疗保险基金的监督。

**八、妥善解决有关人员的医疗待遇**

（一）离休人员、老红军的医疗待遇不变，医疗费用按原资金渠道解决，支付确有困难的，由同级人民政府帮助解决。离休人员、老红军的医疗管理仍按现行办法执行。

二等乙级以上革命伤残军人的医疗待遇不变，医疗费用按原资金渠道解决，由医疗保险经办机构单独列账管理。医疗费支付不足部分，由当地人民政府帮助解决。

上述人员在保证医疗待遇不变的同时，要加强管理克服浪费，具体办法由省财政、卫生行政部门制定。

（二）要严格退休审批制度。退休人员参加基本医疗保险，个人不缴纳基本医疗保险费，对退休人员个人账户的计入金额和个人负担医疗费的比例应给予适当照顾。

外商投资企业、城镇私营企业及其职工和城镇个体经济组织业主及从业人员参加基本医疗保险，达到法定退休年龄但缴费达不到规定年限的，可以补交后享受基本医疗保险待遇。具体办法由省劳动保障行政部门另行制定。

（三）国家公务员在参加基本医疗保险的基础上，享受医疗补助政策。具体办法由省劳动保障行政部门会同省财政、人事、卫生等行政部门根据国家有关规定另行制定，报省政府批准后实施。

（四）国有企业下岗职工的基本医疗保险费，包括用人单位缴费和个人缴费，均由再就业服务中心按照当地上年度职工月平均工资的60％为基数缴纳。

**九、补充医疗保险和商业医疗保险**

在参加基本医疗保险的基础上，允许建立用人单位补充医疗保险，也可以建立商业医疗保险，鼓励用人单位建立互助医疗保险，提高职工的医疗水平。

用人单位补充医疗保险在工资总额4％以内的部分，从职工福利费中开支，也可从工资结余和公益金中开支，企业福利费、工资结余和公益金不足列支部分，经同级财政行政部门核准后列入成本。

超过统筹基金最高支付限额的医疗费用，可由医疗保险经办机构通过统一办理商业医疗保险办法解决。

补充医疗保险和商业医疗保险的具体办法由省劳动保障行政部门会同有关部门另行制定。

**十、组织领导和实施步骤**

医疗保险制度改革政策性强，涉及面广，关系到广大职工的切身利益，关系到国民经济发展和社会稳定，各级人民政府要切实加强领导，统一思想，提高认识，做好宣传工作和政治思想工作，使广大职工和社会各方面都积极支持和参与这项改革。各地要按照建立城镇职工基本医疗保险制度的原则和要求，要尽快建立健全医疗保险工作机构，充实加强力量，精心组织实施，确保城镇职工基本医疗保险制度改革工作的顺利进行。

（一）各地（市）人民政府要根据国务院《决定》和本意见精神，制定本地（市）医疗保险制度改革的实施方案。

（二）各地（市）要在1999年6月底前完成实施方案的制定工作，并经当地党委、政府审定后，报省政府审批。

（三）南平、三明两市要在1999年9月底前正式组织实施医疗保险改革方案。福州、泉州、漳州、龙岩、宁德五地（市）要在1999年底前组织实施医疗保险改革方案。

（四）已开展医疗保险制度改革试点的厦门、莆田两市要认真总结经验，进一步调整完善办法，做好与国务院《决定》和本意见的衔接工作，其他县（市、区）也要按照所在地（市）的统一部署，尽快与地（市）医疗保险实施方案接轨。

## 福建省人民政府批转省劳动和社会保障厅关于进一步理顺国有企业劳动关系和用人单位做好劳动合同管理工作的意见的通知

闽政〔2000〕文266号

宁德地区行政公署，各市、县（区）人民政府，省政府各部门、各直属机构、各大企业，各高等院校：

经研究同意，现将省劳动和社会保障厅《关于进一步理顺国有企业劳动关系及用人单位做好劳动合同管理工作的意见》批转给你们，请遵照执行。

福建省人民政府

二〇〇〇年八月八日

## 关于进一步理顺国有企业劳动关系及用人单位做好劳动合同管理工作的意见

（省劳动和社会保障厅　二〇〇〇年六月十九日）

《劳动法》颁布实施后，全省用人单位已基本建立了劳动合同制度，对理顺劳动关系，加强劳动合同管理，发挥了积极的作用。根据党的十五届四中全会关于“要健全和完善各项规章制度，强化基础工作，完善劳动合同制”、“进一步理顺劳动关系，依法进行平等协商，认真执行劳动合同和集体合同制度”的要求和省委六届十一次会议精神，并针对各地贯彻《省政府批转省劳动厅关于国有企业下岗职工劳动关系调整有关问题的处理意见的通知》（闽政〔1999〕16号）文件精神出现的新情况、新问题，为进一步理顺国有企业劳动关系，完善用人单位劳动合同制度，促进国有企业下岗职工基本生活保障和再就业工作的开展，加快建立和完善市场就业机制，现结合我省实际，就有关问题提出如下意见：

（一）关于进一步理顺国有企业职工劳动关系问题

1.“停薪留职”人员

根据省政府闽政〔1999〕16号文件，今后不再办理“停薪留职”手续。原签订“停薪留职”协议期限长于2001年12月31日的，一律于2001年12月31日终止。协议期满返回用人单位的“停薪留职”人员，用人单位可安排适当岗位，无岗位安排的可按下岗职工处理。对协议期满仍未返回单位的职工，用人单位通知其30日内返回，限期内不回的，按自动离职处理。

2.“挂名”“挂靠”人员

“挂名”“挂靠”人员是指名义上挂靠单位，实际上未在本单位工作的人员。用人单位应对本单位“挂名”“挂靠”人员进行清理。对原“挂名”“挂靠”人员，用人单位应通知其30日内办理解除“挂名”“挂靠”关系手续。逾期未办手续的，“挂名”“挂靠”的关系自动解除。自本文发布之日起，用人单位不得再办理“挂名”“挂靠”手续。

3.“两不找”人员

“两不找”是指因用人单位生产经营不景气，单位与职工约定或未经协商自然形成单位不给职工发工资、职工不找单位要求安排工作的不规范的劳动关系。用人单位应通知“两不找”人员30日内回本单位办理有关手续。本单位有岗位的，可安排适当岗位，无岗位的，按下岗职工处理；已在其他单位就业或自谋职业的，原单位应及时与其解除劳动关系。限期不回的，按自动离职处理。今后，不得再发生“两不找”情况。

4.“退出工作岗位休养”人员

用人单位对距法定退休年龄不到5年（含5年）的职工，确无岗位安排的，经本人申请，单位批准，可以退出工作岗位休养，签订“退出工作岗位休养”协议。退出工作岗位休养职工的生活费按不低于职工本人工资的70%或当年用人单位职工月平均工资60%的标准发给，困难企业经同级劳动保障行政部门批准可按不低于当地最低工资标准的60%发给。

退出工作岗位休养的人员，应按《城镇企业职工基本养老保险条例》规定的标准和比例向所在地社保机构缴纳基本养老保险费。

5.“长期病休”人员

用人单位应加强对患病和非因工负伤“长期病休人员”的管理，建立和完善医疗管理制度，严格执行国家医疗期规定。凡医疗期满，完全恢复劳动能力的以及经县以上劳动鉴定委员会鉴定为5到10级的，单位有工作岗位的，可安排上岗；无岗位安排的，可以按下岗职工处理，也可以按《福建省劳动合同管理规定》第十六条处理。被鉴定为1至4级的，应当退出劳动岗位，未达到退休年龄的，由职工所在单位予以办理因病或非因工负伤“厂内退休”手续，并享受相应的内退待遇和工伤待遇。用人单位要继续为职工缴纳社会保险费，待达到退休年龄后，由当地社保公司按规定予以办理退休手续享受基本养老保险待遇。

对以“长期病休”为由从事其他有收入劳动的人员，用人单位应通知其30日内回本单位办理劳动关系变更或协商解除劳动关系有关手续，限期不回的，按自动离职处理。

6.“因私出国（出境）”人员

职工因私需出国（出境）定居的，用人单位应当终止其劳动合同。对未办理终止劳动合同手续而出国（出境）定居的，按自动离职处理。

7.“放长假”人员

用人单位不得以“放长假”作为安置富余职工的一种办法。

对已经放长假超过1年的职工，用人单位应通知其30日内回单位，并给予安排适当岗位，无岗位安排的，按下岗职工处理。对限期不回的职工，按自动离职处理。

8.改制企业职工

组建股份制和股份合作制的企业，不能以入股作为建立劳动关系的前提，或以入股取代劳动关系。不得以职工不入股为由安排下岗或与其解除劳动合同或对其劳动权利作限制。

实行合并、分立、联合、兼并的企业及其主管部门，在制订企业改制方案时，应有分流安置职工和劳动关系处理的具体内容和办法，并按《中共福建省委、福建省人民政府关于做好国有企业下岗职工再就业和深化社会保障制度改革的通知》（闽委发〔1998〕9号）的有关规定办理。

9. 上述条款中所称“通知”，应以书面形式直接送达职工本人。本人不在的，交其同住成年亲属签收。直接送达确有困难的可以邮寄送达，以挂号查询回执上注明的收件日期为送达日期。只有在受送达职工下落不明，或者用上述送达方式无法送达的情况下，方可公告送达，即张贴公告或通过新闻媒介通知。自发出公告之日起30日后，即视为送达。

以上理顺劳动关系的办法集体企业可参照执行。

（二）关于经济补偿问题

10. 用人单位与职工解除或终止劳动关系，按照国家和本省有关规定应给予经济补偿的，要按规定发给经济补偿金。但有下列情形之一被解除劳动关系的人员，用人单位可不支付经济补偿金：

（1）“挂名”“挂靠”的人员；

（2）按自动离职处理的人员；

（3）因私出国（出境）定居的人员；

（4）依据《劳动法》第25条规定，被解除劳动合同的；

（5）除依据《福建省劳动合同管理规定》第21条第二、三、四款规定外，职工本人提出解除劳动合同的；

（6）法律或其他法规规定的其他情形。

11. 解除劳动合同的经济补偿，应当按照职工在本单位的工作年限，每满1年发给1个月工资的经济补偿金。工作年限不满1年的按1年计算。原固定职工第一次被解除或终止劳动合同的，按连续工龄计发经济补偿金。

国有企业和机关事业单位、社会团体合同制工人终止劳动合同的经济补偿金，最多不超过12个月。

12. 用人单位支付给职工的经济补偿金，应以职工被解除劳动合同前12个月的月平均工资计算，职工月平均工资低于用人单位月平均工资的，按用人单位月平均工资计算。用人单位月平均工资低于当地最低工资标准的，以当地最低工资标准计算。

前款所称工资应为职工全部工资收入（按国家规定的工资总额构成）。

13. 经济补偿金由用人单位负担。支付经济补偿金确有困难的，要根据当地实际，采取多种方式与职工协商确定经济补偿金的支付办法。国有企业支付出中心的下岗职工经济补偿金确有困难的，可依据闽政〔1999〕16号文件规定申请同级再就业基金予以补助。

（三）关于加强劳动合同和集体合同管理问题

14. 用人单位招收（录用）职工时，应当查验劳动者的身份证、失业证或求职证（下岗证）、“解除、终止劳动合同证明”等证明材料，招用国家规定必须持职业资格证书才能上岗的技术工种的职工要查验职业资格证书。

用人单位招用城镇职工必须报当地劳动保障行政主管部门备案；凡招用农村和外省劳力，应当按有关规定报同级劳动保障行政主管部门批准。

15. 用人单位与劳动者确立劳动关系应当订立劳动合同。已建立劳动关系但还未签订劳动合同的，都应当与职工依法签订劳动合同；临时性用工，也应当签订劳动合同。

16. 用人单位应当建立劳动合同台账，按合同到期年度将签订不同期限劳动合同的职工分序造册，对劳动合同实行动态管理。

用人单位要根据职工劳动合同期限，提前做好预报工作，可在合同期满前向职工提出是否续签的意向，双方同意续签的，可于合同期满时依法办理续签手续。对劳动合同期限届满，因用人单位原因未办理终止或续签手续而形成事实劳动关系的，视为续延劳动合同，用人单位应及时与职工协商合同期限，办理续签手续。如没有续签，用人单位提出不再继续使用职工时，按解除劳动合同处理。

17. 用人单位要根据国家劳动法律、法规及省有关政策规定，制订本单位的各项劳动管理规章制度。新建单位制订的劳动管理规章制度应当接受劳动保障行政部门指导，并在半年内报同级劳动保障行政主管部门备案。

18. 各类企业应当按《工会法》组建工会，在全面实行劳动合同制度的基础上，逐步实行集体合同制度。不同企业可从实际出发，因地制宜地签订不同类型的集体合同。

（四）加强管理，加大劳动法律法规监督检查力度，建立和谐稳定的劳动关系

19. 各级劳动保障行政部门要指导用人单位积极推行劳动合同制度，认真做好劳动合同的订立、履行、变更、续订、终止、解除等环节的管理工作。

20. 各级劳动保障行政主管部门要指导企业建立平等协商签订集体合同制度，提高集体合同的质量；加强集体合同审核工作，完善集体合同报审的登记、审核、管理等程序。

21. 各级劳动监察机构要将劳动合同签订、解除和用人单位劳动规章制度的建立作为劳动用工年检的内容。对没有签订劳动合同的用人单位要限期补签，拒不补签的，劳动保障行政主管部门应按有关规定给予处罚。

# 福建省人民政府批转省劳动和社会保障厅等部门关于部分省重点国有企业经营者试行年薪制意见的通知

闽政〔2000〕文376号

（2000年11月6日）

宁德地区行政公署，各设区的市人民政府，省直有关单位，省11家试点企业：

经省政府同意，现将《省劳动和社会保障厅、省经贸委、省财政厅关于部分省重点国有企业经营者试行年薪制的意见》，批转给你们，请认真遵照实行。在试点中遇到的具体问题，请迳向省劳动和社会保障厅等部门报告。

**附件：**

## 省劳动和社会保障厅、省经贸委、省财政厅关于部分省重点国有企业经营者试行年薪制的意见

为贯彻落实中央十五届四中全会《决定》精神，深化国有企业改革，建立符合现代企业制度的企业经营者激励和约束机制，合理确定经营者收入水平，充分调动国有企业经营者的积极性和创造性，促进企业经济效益增长和实现国有资产保值增值。现决定在省政府确定的省11家重点国有及国有控股企业实行经营者收入年薪制（含虚拟期权）试点。试点意见如下：

**一、试点企业遵循原则**

（一）坚持按劳分配为主；多种分配形式并存和效率优先、兼顾公平的原则。

（二）坚持经营者责权利相一致、短期利益和长期利益相结合的原则。

（三）坚持经营者年薪收入与企业职工工资收入相对分离，主要与社会平均工资、企业规模、经营业绩相挂钩的原则。

**二、试点范围和对象**

试点范围：省政府确定的省11家重点国有及国有控股企业。

试点对象：具体负责企业生产经营的实际经营者：公司制企业由董事会确定，原则上为行政关系、工资关系在本企业的董事长、总经理；工厂制的为厂长。（以下简称为经营者）

**三、年薪的构成**

经营者年薪由基本年薪和奖励年薪两部分组成，奖励年薪分为即期奖励和期权奖励两部分。

（一）基本年薪按本省上年在岗职工平均工资60%与本企业在岗职工平均工资40%之和乘以企业规模对应的倍数确定。特大、大型、中型企业的规模对应的倍数为6倍、5倍、

4倍。

（二）奖励年薪为企业当年的实际余下利润乘于奖励系数。奖励年薪分为即期奖励和期权奖励。即期奖励占奖励年薪的30%，期权奖励占奖励年薪的70%，期权奖励由企业设立专家储存保管。

1. 国有控股的股份公司（包括上市和非上市公司）在每年考核结束后，用期权奖励按当年每股净资产折成虚拟股份（不足1股按四舍五入计算），享有送股及分红，但不参加配股。如遇配股，虚拟股份应接配股后净资产情况作相应调整。

2. 国有控股的有限责任公司和国有独资企业在每年考核结束后，用期权奖励占当年企业净资产总额折成比例系数，视为经营者对企业的虚拟投资，享受企业红利，所得红利相应折成虚拟投资。

**四、年薪获取条件**

（一）基本年薪：试点企业净资产收益率大于等于零（即企业不亏损），经营者可获得基本年薪。试点企业如果出现利润锐减，实施主体可酌情扣减基本年薪。

（二）奖励年薪：

1. 非上市公司（含工厂制企业，下同）的试点企业净资产收益率超过本企业前3年平均净资产收益率的，经营者可获得奖励年薪；净资产收益率虽然低于前3年平均水平，但超过6%的，也可获得奖励年薪，奖励系数为0.3%。（前3年净资产收益率在经营者任期内采用定比方式，一个任期一定）

2. 上市公司的试点企业净资产收益率超过6%的，经营者可获得奖励年薪，奖励系数为0.4%。

所有试点企业净资产收益率超过10%的时候，除可分别按1、2获得相对应的奖励年薪外，还可以获得附加奖励年薪，奖励系数为0.5%。

**五、奖励年薪的计算**

奖励年薪为企业当年实际余下利润乘于奖励系数。

（一）非上市公司的实际余下利润＝当年税后利润－调减利润。

调减利润是指当企业应收账款周转率低于本企业前3年平均水平时，按照降低的比例调减企业税后利润。当应收账款周转率高于核定的基期水平时，不予调整。

调减利润＝税后利润×（前3年平均应收账款周转率－本年应收账款周转率）÷前3年应收账款周转率

（二）上市公司的实际余下利润＝税后利润－企业年平均净资产×6%－调减利润。

（三）当净资产收益率超过10%，计算附加奖励年薪的实际余下利润＝税后利润－企业年平均净资产×10%－调减利润。

**六、年薪考核和兑现**

（一）经营者年薪每年考核确认一次。上市公司以公布的年报数据作为考核依据；其他企业由有资格的中介机构出具的年度财务报告作为考核依据。因不可抗拒的客观因素引起的净资产增减按财政部、国家经贸委、劳动保障部印发的《国有资本保值增值结果计算与确认办法》(财统字〔2000〕2号）执行。

（二）经营者的基本年薪在管理费用中列支。基本年薪的70%折成月薪，按月支付给经营者，其余的待年度考核确认后兑现。

（三）奖励年薪经考核批准后在企业管理费用中列支。即期奖励在年度考核后1个月内兑现给经营者；期权奖励在经营者任职期满经离任审计确认后，其累积虚拟股份的40%按离任上1年的每股净资产折算兑现，剩余的60%在离任3年后，分两年各30%按兑现时上1年的每股净资产兑现完毕。其累积期权奖励额不足兑现的部分由企业补足，兑现余下部分冲减管理费用。

对国有控股有限责任公司和国有独资企业的经营者，其累积的期权奖励兑现方式参照虚拟股份的兑现方式执行。

（四）任职期间因公调动或因伤残而离任的，待离任审计确认后，按实际任职期限计算并兑现期权奖励。经营者连续3年获得奖励年薪，本人愿意留任的，一般不应调离。

（五）经营者任职期间所取得的奖励年薪，应缴纳个人所得税。由企业按实际发放额代扣代缴。

**七、建立经营者风险抵押和责任追究制度**

（一）经营者任职时需交纳一定的风险抵押金，由企业专家储存。风险抵押金交纳标准按企业规模确定：特大型企业为5万元、大型企业为4万元、中型企业为3万元。风险抵押金每年核计一次，不足部分由经营者追加补足，待其任职期满离任审计后统一结算退还给经营者，缴存期间按银行一年期存款利率计息。

（二）经营者因违约或非正当理由离职的，其累积的期权奖励和风险抵押金不予兑现，一并冲减企业管理费用。

（三）建立责任追究制度。经营者离任审计报告结果与任期内审计报告不符的，多提取的奖励年薪从期权奖励中扣回，不足部分从风险抵押金中扣回。

（四）试点企业出现利润锐减的，由实施主体区别客观、非客观因素，视情在经营者预留的30%的基本年薪内适当扣减经营者的基本年薪。试点企业发生亏损，均应按亏损额乘以提取奖励年薪的同等系数依次扣减预留的30%基本年薪、已获得的累计期权奖励和风险抵押金，直至扣完为止。

因经营决策失误、管理不力等非客观因素造成亏损，第一年对经营者出示黄牌警告，连续两年亏损经营者就地免职。

（五）经营者除按规定领取年薪收入外，不得在本单位领取任何其他工资性收入，也不得领取下属单位（含科、室、车间）的奖金和其他兼职收入，违者由实施主体责令其退回企业，并会同有关部门按违反财经纪律查处。

（六）经营者任职期间，在履行职务时违反法律、法规、公司章程或通过弄虚作假等不正当手段谋取奖励年薪的，取消奖励年薪。

**八、组织实施**

（一）经营者年薪制的实施主体：上市公司的实施主体为董事会；非上市公司的实施主体为董事会或国有资产授权经营公司。

试点时期试点工作由省劳动和社会保障厅牵头，会同省财政厅、经贸委和改革开放办负责组织推动和审核监督，各有关部门要积极支持、配合，使试点工作顺利开展。

（二）实施主体必须根据本通知精神，结合本试点企业实际情况，认真确定实施对象，并制定经营者年薪收入具体方案，在次年5月20日以前报省劳动和社会保障厅。由省劳动和社会保障厅牵头会同财政厅、经贸委和改革开放办审核后，由实施主体按照有关法律程序组织实施。

九、试点企业其他内部人员的收入水平在不高于本企业经营者年薪收入水平的前提下，适当拉开档次，由企业自主决定，并可以在“两低于”条件下（工资总额的增长低于经济效益的增长，职工实际平均工资的增长低于劳动生产率的增长）自主确定年度工资总额。

本试行意见适用于省11家试点企业的经营者，自2000年开始实行。

# 福建省社会保险费征缴办法

福建省人民政府令第58号

（2000年12月7日）

第一条　为加强和规范社会保险费的征缴管理，根据国务院《社会保险费征缴暂行条例》和《失业保险条例》以及《福建省城镇企业职工基本养老保险条例》和《福建省企业职工失业保险条例》，结合本省实际，制定本办法。

第二条　本办法所称社会保险费是指基本养老费和失业保险费，由各级地方税务机关按照属地管理原则负责征收。

社会保险费实行收支两条线管理。

第三条　基本养老保险费的征缴范围为：本省行政区域内的国有企业、城镇集体企业、外商投资企业、城镇私营企业和其他城镇企业及其职工，城镇个体工商家，实行企业化管理的事业单位及其职工，按国务院有关规定移交地方统筹的中央属行业及其职工。

第四条　缴费单位应按其全部职工月工资总额的19％缴纳基本养老保险费；从2002年起按18％缴纳。

缴费个人按其本人月工资总额的6％缴纳基本养老保险费；2002年至2003年按7％缴纳；从2004年起按8％缴纳。

城镇个体工商家本人按缴费基数的25％缴纳基本养老保险费。

中央所属行业基本养老保险费费率，按国家有关规定执行。

国有农垦企业的基本养老保险费费率，按省人民政府有关规定执行。

第五条　基本养老保险费的基数，不得低于省人民政府公布的当地职工最低工资标准；达到本省上一年度职工月平均工资300％以上的，按300％作为缴纳基本养老保险费的基数，300％以上部分不缴纳基本养老保险费。

外商投资企业、私营企业及职工，城镇个体工商业家缴纳基数难以确定的，由企业和城镇个体工商家申报，经所在地地方税务机关核准后予以确定。

工资总额的构成以国家统计局规定为准。

第六条　失业保险费的征缴范围为：本省行政区域内的国有企业（中央属行业）、城镇集体企业、外商投资企业、城镇私营企业和其他城镇企业及其职工，事业单位及其职工，社会团体及其专职人员、民办非企业单位及其职工、有雇工的城镇个体工商家及其雇工。

第七条　缴费单位、有雇工的城镇个体工商家，按照本单位工资总额的2％缴纳失业保险费。

缴费个人按照本人工资的1％缴纳失业保险费。

城镇个体工商家本人按缴费基数的3％缴纳失业保险费。

缴费单位招用的农民合同制工人本人不缴纳失业保险费。

第八条　自谋职业及流动就业者比照城镇个体工商家缴纳社会保险费。由县级以上劳动保障部门的就业服务机构负责代收代缴。

第九条　2000年底前，缴费单位欠缴的社会保险费和按政策规定应补缴的基本养老保险费，由所在地地方税务机关征收。

第十条　社会保险登记、申报以及相应的权限由劳动保障部门委托地方税务机关办理。

缴费单位应当自成立之日起30日内，持营业执照或登记证书所在地地方税务机关办理社会保险登记手续、填报《社会保险登记表》；本办法施行前已参加社会保险和尚未参加保险的缴费人，应当自本办法公布之日起30日内，持营业执照或登记证书到所在地地方税务机关办理社会保险登记手续、填报《社会保险登记表》。

申请办理社会保险登记时，应提供以下证件和资料：

（一）营业执照、批准成立证件或其他核准在成立证件；

（二）国家质量技术监督部门颁发的组织机构统一代码证书；

（三）银行账号证明；

（四）法定代表人身份证明或居民身份证、护照、其他合法证件；

（五）地方税务机关要求提供的其他有关证件资料。

地方税务机关自接到缴费单位填报《社会保险登记表》及提供有关证件、资料之日起10个工作日内，应审核完毕，符合条件的予以登记，并加盖社会保障部门公章后，发放社会保险登记证件。

第十一条　缴费单位的社会保险费登记事项发生变更或者依法终止的，应当自变更或者终止之日起30日内，由缴费单位向所在地地方税务机关办理变更或者注销社会保险费登记手续。缴费单位在办理注销登记前，应当向地方税务机关结清应缴费款、滞纳金、罚款并缴销有关证件。

缴费单位在办理社会保险登记、变更登记的同时，办理社会保险费费种登记，填报《社会保险费费种登记表》，并附参保人员花名册。

第十二条　缴费单位必须于每月10日前，向所在地地方税务机关办理社会保险费申报和缴费手续。填报《社会保险费申报表》以及地方税务机关根据实际需要要求报送的其他资料。经核定后，地方税务机关向缴费单位开出社会保险费征收凭证。

缴费个人应当缴纳的社会保险费，由所在单位从其本人工资中代扣代缴。

缴费单位的参保人员、缴费基数发生增减变化时，应在办理社会保险费申报时，填报发生增减变化情况，并附增减参保人员花名册。

缴费单位不按规定申报应缴纳的社会保险费数额的，由所在地地方税务机关暂按该缴费单位上月缴费数额的110％确定应缴费数额；没有上月缴费数额的，暂按该单位的经营状况、职工人数等有关情况确定应缴费数额。缴费单位补办申报手续并按核定数额缴纳社会保险费后，由地方税务机关按规定结算。

第十三条　征收凭证统一使用中华人民共和国税收通用缴款书或中华人民共和国税收通用完税证。

第十四条　缴费单位和缴费个人应以货币形式全额缴纳社会保险费；若以外国货币结算的，按照上月最后一日的国家外汇牌价折合成人民由缴纳社会保险费。

第十五条　缴费单位的开户银行将已经缴纳的社会保险费划入国库，由国库分别退至省级财政部门开设的基本保险基金专家和失业保险基金专家。

第十六条　社会保险费不得减免；但缴费单位有下列情形之一的，可向所在地地方税务机关申请缓缴社会保险费：

（一）濒临破产，在法定整顿期间的；

（二）经营发生严重困难，依法停产整顿三个月以上并且发不足或者发不出工资的；

（三）自然灾害造成严重损失，无法正常生产经营，经当地县级以上人民政府批准停产期间的；

（四）经县级以上人民政府工商行政管理部门批准办理停业、歇业的个体工商家。

缓缴期在六个月以内的，由所在地地方税务机关审批；超过六个月以上的，应逐级上报省地方税务局审批。经批准缓缴的，在缓缴期内免缴滞纳金。缓缴期满后，应当如数补缴社会保险费及按照同期城乡居民银行存款利率计息。缓缴期最长不超过十二个月。企业申请缓缴，须经企业职工代表大会或工会委员会讨论通过，并提出补缴款计划。

第十七条　缴费单位未按规定缴纳和代扣代缴社会保险费的，由地方税务机关责令限期缴纳；逾期仍不缴纳的，除补缴欠缴数额外，从欠缴之日起，对滞纳费额按日加收千分之二滞纳金。

滞纳金分别并入基本养老保险基金和失业保险基金。

第十八条　地方税务机关依法对缴费情况进行检查，检查时缴费单位应当提供与缴纳社会保险费有关的用人情况、工资表、财务报表等资料，如实反映情况，不得拒绝检查，不得谎报、瞒报。税务机关可以记录、录音、录像、照相和复制有关资料，并为缴费单位保密。

地方税务机关的工作人员在行使前款所列职权时，应当出示执行公务证件。

第十九条　地方税务机关调查社会保险费征缴违法案件时，有关部门、单位应给予支持、协助。

第二十条　任何组织和个人对有关社会保险费征缴的违法行为，有权举报。地方税务机关对举报应当及时调查，按规定处理，并为举报人保密。

第二十一条　对地方税务机关已责令限期缴纳，但逾期仍未按规定缴纳、代扣代缴或拒不缴纳社会保险费的缴费单位，县以上地方税务机关可以依法采取以下措施，直至申请人民法院依法强制征收：

（一）书面通知其开家银行或其他金融机构从其存款中扣缴；

（二）扣押、查封、拍卖其价值相当于应缴费额的商品、货物或者其他财产，以拍卖所得抵缴费款。

第二十二条　缴费单位未按规定办理社会保险登记、变更登记或者注销登记，或者未按规定申报应缴纳的社会保险费数额的，由受劳动保障行政部门委托的地方税务机关责令限期改正；情节严重的，对直接负责的主管人员和其他直接责任人可以处1000元以上5000元以下的罚款；情节特别严重的，对直接负责的主管人员和其他直接责任人员可以处5000元以上1万元以下的罚款。

第二十三条　缴费单位违反有关财务、会计、统计的法律、行政法规和国家有关规定，伪造、变造、故意毁灭有关账册、材料，或者不设账册，致使社会保险费基数无法确定的，除依照有关法律、行政法规的规定给予行政处罚、纪律处分、刑事处罚外，依照本办法第九条的规定征收；迟延缴纳的，由所在地地方税务机关依照第十七条的规定决定加收滞纳金，并对直接负责的主管人员和其他直接责任人员处5000元以上2万元以下的罚款。

第二十四条　缴费单位有下列行为之一的，由所在地地方税务机关给予警告、处以1000元以上、5000元以下的罚款：

（一）伪造、变造社会保险登记证的；

（二）未按规定从缴费个人工资中代扣代缴社会保险费的；

（三）未按规定向职工公布本单位社会保险费缴纳情况的。

上述行为同时违反其他法律、法规规定的，由有关主管机关依法追究法律责任。

第二十五条　缴费单位有下列行为之一的，由所在地地方税务机关给予警告、处以1000元以上、1万元以下的罚款：

（一）阻挠地方税务机关执行公务，拒绝检查的；

（二）隐瞒事实真相，谎报、瞒报，出具伪证，或者隐匿、毁灭证据的；

（三）拒绝提供与缴纳社会保险费有关的用人情况、工资表、财务报表等资料的；

（四）拒绝执行地方税务机关下达的限期改正通知书的；

（五）打击报复举报人员的；

（六）法律、法规及规章规定的其他情况。

上述行为同时违反其他法律、法规规定的，由有关主管机关依法追究法律责任。

第二十六条　本办法规定的行政处罚，由县以上地方税务机关决定。地方税务机关罚款必须出具中华人民共和国税收罚款收据。罚款全额上缴国库。

第二十七条　缴费单位和缴费个人对地方税务机关的处罚不服的，可以依法申请行政复议，对复议决定不服的，可以依法提起行政诉讼。

第二十八条　地方税务机关的工作人员滥用职权、徇私舞弊、玩忽职守，致使社会保险费流失的，由地方税务机关追回流失的社会保险费；构成犯罪的，依法追究刑事责任；尚不构成犯罪的，依法给予行政处分。

第二十九条 省地方税务局、省劳动和社会保障厅、省财政厅、中国人民银行福州中心支行可以根据本办法制定具体实施办法，并报省人民政府批准执行。

第三十条 厦门市社会保险费征缴办法由厦门市人民政府自行确定。

第三十一条 本办法的应用解释由省人民政府法制办公室负责。

第三十二条 本办法自2001年1月1日起施行。

## 中共福建省委、福建省人民政府关于贯彻《中共中央、国务院关于进一步做好下岗失业人员再就业工作的通知》的若干意见

闽委〔2002〕80号

（2002年10月30日）

各市、县（区）委和人民政府，省直各单位：

中共中央、国务院《关于进一步做好下岗失业人员再就业工作的通知》（中发〔2002〕12号，以下简称《通知》），深刻阐明了做好再就业工作的重大意义，明确了目标任务和方针政策。各级党委、政府必须认真贯彻落实《通知》精神和制定的政策措施，切实做好下岗失业人员再就业工作。要认真贯彻省第七次党代会精神，以发展为第一要务，努力构筑“三条战略通道”，促进经济的进一步发展，从根本上解决就业问题。现根据《通知》精神，结合我省实际，提出如下贯彻意见：

**一、统一认识，加强领导，明确责任，突出重点，把促进再就业放到突出的战略位置**

（一）各级党委、政府要从维护改革发展稳定大局，实现国家长治久安的高度，将就业和再就业工作作为一项长期的战略任务和重大的政治任务，作为贯彻“三个代表”要求的重要措施，坚持不懈地抓好。要坚持市场导向的就业机制，实施积极的就业政策，多渠道开发就业岗位，努力改善就业环境，支持劳动者自谋职业和自主创业，鼓励企业更多吸纳就业，帮助困难群体就业。当前和今后一个时期，要在进一步巩固“两个确保”，逐步完善社会保障体系的基础上，重点做好有劳动能力和就业愿望的下岗失业人员再就业工作。争取在“十五”期间，城镇登记失业率控制在5%以内，建立起比较完善的市场就业机制，确保就业局势的稳定。

（二）各级党委、政府对本地区就业工作负主要责任。各级党委、政府作为促进下岗失业人员再就业工作的责任主体，要对本地区下岗失业人员再就业工作负总责。要建立再就业工作一把手负责制，各级党政一把手要亲自抓，切实做到工作责任到位，政策落实到位，资金投入到位，保证措施到位。要贯彻执行“劳动者自主创业、市场调节就业、政府促进就业”的方针，科学制定就业规划，引导和调节劳动力供求关系。实施积极的就业政策，对特殊困难对象给予就业援助，健全劳动力市场体系，依法维护劳动力市场秩序。提供就业服务和完善社会保障体系。要把控制失业率和增加就业岗位作为宏观调控的重要指标，纳入国民经济和社会发展计划。建立就业工作目标责任制，把新增就业人数、落实再就业优惠政策、强化再就业服务、加大再就业资金投入、解决困难群体就业和确保失业金发放作为具体工作目标，层层分解，督促落实。把就业工作目标完成情况作为衡量各级政府执法水平和政绩考核的重要内容，定期进行检查。对落实好的予以表扬，对落实不好的予以批评，对因工作不力造成严重后果的要追究领导责任。要进一步加强各级再就业工作领导小组的力量，加强组

织协调和检查指导，确保再就业工作和各项政策措施的落实。

各级劳动保障、计划、经贸、财政、教育、民政、建设、税务、工商、公安、银行、物价等部门要认真履行职责，加强协调配合。充分发挥各民主党派、工商联和工会、共青团、妇联等人民团体的作用，群策群力，共同做好就业特别是下岗失业人员再就业工作。

（三）充分发挥基层党组织和思想政治工作在促进就业和再就业工作中的作用。在实施企业改制重组、关闭破产、下岗分流和再就业工作过程中，必须把保障群众生活、促进就业和维护社会稳定作为各级党组织的主要任务。充分发挥党的思想政治工作优势，动员全社会都来关心和支持就业工作特别是下岗失业人员的再就业工作。

**二、全面贯彻落实各项促进再就业扶持政策**

（四）享受再就业扶持政策的对象是有劳动能力和就业愿望的下岗失业人员（以下简称下岗失业人员）：

1. 国有企业的下岗职工。主要是指实行劳动合同制以前参加工作的国有企业的正式职工（不含从农村招用的临时合同工），因企业生产经营等原因而下岗，但尚未与企业解除劳动关系、没有在社会上找到工作的人员。

2. 国有企业的失业人员。指与国有企业解除劳动关系，但没有在社会上找到工作，已进行失业登记的人员。

3. 国有企业关闭破产需要安置的人员。

4. 享受最低生活保障并且失业一年以上的其他城镇失业人员。

（五）税费减免政策。

1. 鼓励下岗失业人员从事个体经营。对下岗失业人员从事个体经营（国家限制的行业除外）的，3 年内免征营业税、城市维护建设税、教育费附加和所得税。

2. 鼓励服务型企业吸纳下岗失业人员。

（1）对现有的服务型企业（国家限制的行业除外）新增加的岗位，当年新招用下岗失业人员达到职工总数 30％以上，并与其签订 3 年以上期限劳动合同的，经劳动保障部门认定，税务机关审核，3 年内根据招用人数按一定比例减征企业所得税。

（2）对新办的服务型企业（国家限制的行业除外）当年新招用下岗失业人员达到职工总数 30％以上，并与其签订 3 年以上期限劳动合同的，经劳动保障部门认定，税务机关审核，3 年内免征企业营业税、城市维护建设税、教育费附加和企业所得税。当年新招用下岗失业人员不足 30％的，根据招用人数，按一定比例减征企业所得税。

3. 国有大中型企业通过主辅分离和辅业改制分流安置原企业富余人员兴办的经济实体（国家限制的行业除外）。凡符合以下条件的，经劳动保障部门认定，税务机关审核，3 年内免征企业所得税。

（1）利用原国有企业的非主业资产，闲置资产或破产关闭企业的有效资产；

（2）独立核算、产权清晰并逐步实现产权主体多元化；

（3）吸纳原企业富余人员达到30%以上；

（4）与安置的职工变更或签订新的劳动合同。

上述有关减免税收的政策暂定执行到2005年年底。

4. 各部门要全面清理对下岗失业人员从事个体经营和灵活就业的各项行政事业性收费，明确免收费的项目，并向社会公布。主要包括：工商行政部门免收微机管理费、文明经营保证金、执照框费、个体工商家管理费、集贸市场管理费、个体工商家登记费及各种证书费；劳动保障部门免收劳动合同鉴证费、转业转岗培训费、职业介绍费；税务部门免收税务登记证工本费、购领发票IC卡费、发票购领手折（册）费；卫生防疫部门免收卫生许可证工本费、健康合格证工本费；市容管理部门免收城建占道费；房屋租赁管理部门免收房屋租赁管理费等。凡是涉及下岗失业人员从事个体经营和灵活就业的，属于管理类、登记类、证明类的各项费用一律免收。

对各类涉及下岗失业人员再就业的各种经营服务性收费，各有关部门也要进行认真清理。要按照最低标准收取，严禁强制服务和强行收费、严禁各种形式的集资、摊派和乱收费。

（六）就业援助政策。各级政府要在全面开展再就业援助行动中，把有劳动能力和就业愿望的男性50周岁以上，女性40周岁以上，就业困难的下岗失业人员作为就业援助的主要对象（以下简称大龄就业困难对象），提供即时岗位援助等多种帮助。由政府投资开发的公益性岗位要优先安排大龄就业困难对象。

要依托街道社区详细掌握大龄就业困难对象情况，采取各种措施，提供有效的就业服务，千方百计帮助他们再就业。

各地还可以根据实际提供适当比例的岗位补贴，补贴的标准由设区的市政府确定。

（七）社会保险补助政策。

1. 各类服务型企业（包括商贸、餐饮、服务业企业，国家限制的行业除外）新增岗位新招用下岗失业人员，并与其签订3年以上期限劳动合同的，由企业提出申请，经劳动保障部门审核后，由再就业资金按招用人数提供为期3年的社会保险补贴。

2. 社区开发的公益性岗位安排大龄就业困难对象，由再就业资金按招用人数给予社会保险补贴。

以上补贴标准按单位应为所招人员缴纳的养老保险费、失业保险费之和计算，个人应缴费部分仍由本人负担。

（八）主辅分离政策。鼓励有条件的国有企业，充分挖掘企业内部潜力，通过主辅分离，开展多种经营，利用非主业资产和闲置资产，新办各类经济实体（国家限制的行业除外），通过多种方式分流和安置企业富余人员。

（九）小额贷款政策。省和各设区的市要建立下岗失业人员贷款担保基金，所需资金主要由同级财政筹集，担保机构由当地政府确定。为下岗失业人员自谋职业和自主创业提供的小额贷款，按照个人申请、社区推荐、劳动保障服务机构审查、担保机构承诺担保、商业银行核贷的程序进行。贷款额度一般掌握在2万元左右。贷款期限最长不超过2年，到期确需延长的，可申请展期1次。贷款利息按照中国人民解行公布的贷款利率确定。担保最高限额为担保基金的5倍，期限与贷款期限相同。各国有商业银行、股份制商业银行、城市商业银行和有条件的城市信用社，都要开办此项贷款业务，并且要简化手续，提供开家和结算便利。

对下岗失业人员合伙经营和组织起来就业的，可根据人数和经营项目扩大贷款规模。

（十）再就业服务政策。

1. 各级政府和有关部门要切实转变职能，改革行政审批程序，简化下岗失业人员开业的相关手续，提高服务效率。根据需要，有条件的地方应设立专门窗口，由有关行政审批部门参加，提供“一条龙”服务。

2. 各级政府要建立公共就业服务制度。对城镇登记失业人员和国有企业下岗职工，提供免费职业介绍和再就业培训，所需经费主要由地方财政承担。各级公共职业介绍机构要实行求职登记、职业指导、职业介绍、培训申请、鉴定申报、档案管理、社会保险接续“一站式”就业服务。

3. 加强职业教育和再就业培训。充分利用全社会现有的教育资源，组织开展多层次、多形式的再就业培训，提高劳动者市场竞争就业的能力。要增强培训的针对性、实用性和有效性，使培训和就业更加紧密地结合起来。对从事技术性工作的劳动者开展的技能培训，应与推行和规范国家职业资格证书制度相结合。对有开业条件的人员开展的创业培训和开业指导，应提供项目咨询、跟踪扶持等服务，加快培养一批创业带头人。

4. 加快劳动力市场科学化、现代化、规范化建设。“十五”期间，全省各市、县（区）要基本建成达到“三化”要求的劳动力市场网络。要加快就业服务信息化建设，健全劳动力市场信息发布系统，提供及时、便捷的就业信息服务。并创造条件向街道、社区、乡镇延伸。要加强对各类职业中介行为的监管，公共职业介绍机构和民办职业介绍机构都要按规定设置职业介绍标识，接受社会监督，依法进行职业中介。劳动保障、公安、工商部门要密切配合，加强对劳动力市场的清理整顿，严厉打击非法职业中介组织和各类欺诈行为。对各类企业招聘人员不签订劳动合同、滥用试用期、随意压低和克扣工资、拒缴社会保险费等违法行业，要依法查处。各级劳动保障部门要向社会公布举报电话，维护求职者合法权益。新闻部门对违法的中介行为要在媒体上予以曝光。要根据工作需要充实劳动保障执法监察队伍的人员，保证工作经费。

5. 加强就业服务机构建设。各级就业服务机构承担着促进就业和经办失业保险的职能，是做好就业和再就业工作的重要力量。各级党委、政府在事业单位的机构改革中，要加强就业服务机构，明确就业服务机构的职能，解决就业服务机构的编制、经费问题。县以上就业服务机构列入财政拨款的事业单位，其人员经费列入同级财政预算，工作经费与业绩挂钩，保证就业和再就业工作的顺利开展。

（十一）财政投入政策。

1. 各级政府要切实调整财政支出结构，加大再就业资金投入，将促进再就业资金列入财政预算，优先安排再就业资金。在《政府预算收支科目》中增设“就业补助”款级科目，以反映各级财政用于社会保险补贴、岗位补贴、小额贷款担保和贴息、再就业培训补贴、职业介绍补贴、社区劳动和社会保障工作补贴等项支出。要安排资金加强劳动力市场信息网络的建设。省财政对困难地区给予适当补助，并与地方财政投入和工作业绩挂钩。

2. 各级财政安排用于下岗职工基本生活保障和再就业的预算资金规模不减，在确保下岗职工基本生活的前提下，根据当地工作需要，安排一部分用于促进再就业、补充失业保险基金的不足，以及补助困难企业支付出中心下岗职工解除劳动关系的经济补偿金。

（十二）社会保障政策

1. 企业新裁减人员和出中心的下岗职工，未就业的要按规定及时提供失业保险。符合条件的，纳入城市居民最低生活保障范围。要加强城市居民最低生活保障工作，将所有符合条件的城市贫困居民都纳入保障范围，做到应保尽保。对特殊困难群体的最低生活保障情况进行检查，解决好他们在生活保障以及医疗、住房、子女入学、水电煤气等方面遇到的问题。

2. 完善下岗失业人员的社会保险关系接续办法，做好接续服务。下岗失业人员离开企业时，其过去的社会保险缴费年限和个人账户继续保留，企业和个人欠缴的社会保险费要一次性补缴。下岗失业人员由企业招用再就业的，由新的用人单位和职工个人按规定继续缴纳社会保险费；继续参加养老保险并按规定缴费的，其前后缴费年限合并计算；未继续参加养老保险中断缴费的，达到退休年龄后按实际的缴费年限计发待遇。对实行劳动合同制以前参加工作的职工，可以办理协议保留社会保险关系，由企业和职工按规定交纳离开企业后的社会保险费。

3. 下岗失业人员自谋职业和灵活就业的，在个人自愿且有支付能力的前提下，可以按照个体工商家参保办法参加养老保险，并按不低于当地最低工资标准为基数缴纳社会保险费。社会保险经办机构和就业服务机构要开设个人缴费窗口，方便下岗失业人员继续参保缴费。对尚未纳入基本医疗保险范围的下岗失业人员，实施社会医疗救助。

（十三）企业裁员政策。正确处理好深化国有企业改革与扩大就业的关系，在坚持国有企业改革方向，推进企业减员增效的过程中，要切实加强对关闭破产企业职工安置和正常生产经营企业裁员的指导。重组改制企业要高度重视富余人员的妥善安置，优先安排本企业职工竞争上岗。企业减员必须按规定程序进行。实施政策性关闭破产的企业，职工安置方案必须经职工代表大会讨论通过，并报当地政府企业兼并破产和职工再就业工作协调小组审核批准。凡职工安置方案和社会保障办法不明确，资金不到位的，不得进入破产关闭程序。正常生活经营企业裁减人员，裁减方案要经企业职工代表大会讨论，凡不能依法支付解除劳动合同的经济补偿金并妥善解决企业拖欠职工债务的，不得裁减人员。国有企业一次性裁员超过

100 人以上或职工总数的 20%以上的，要事前向当地人民政府报告。

（十四）社区平台政策。城乡基层组织要承担起做好下岗失业人员再就业和企事业单位退休人员的管理、服务工作的责任。街道和工作任务重的乡镇，可设立或确定负责劳动保障事务的机构，具体由各地党委、政府根据实际情况决定。要充分发挥社区在就业和社会保障方面的服务功能，街道劳动保障工作机构要在社区聘用专门的服务人员，并提供工作经费、建立统一的社会保障和劳动就业工作体系。

（十五）严格掌握扶持政策的对象范围。各级劳动保障部门负责为符合条件人员免费核发《再就业优惠证》，作为享受扶持政策的凭证。要依托街道和企业审核认定下岗失业人员，对证件发放和使用进行严格管理和监督。对出租、转让和伪造《再就业优惠证》的行为，依法严肃处理。对采取各种形式骗取国家资金和优惠政策的企业和个人，严肃查处，情节严重的依法追究刑事责任。

**三、努力开辟就业门路，促进充分就业**

（十六）要把经济发展与培育新的就业增长点结合起来，提高经济增长对就业的拉动能力，从根本上解决就业问题。“十五”期间，我省经济增长速度年增长 9%，并争取更快些。要抓住世界制造业向我国转移的机遇，加快工业化的进程，大力引进和发展有比较优势的劳动密集型产业。突出重点，扶优扶强，努力培植和发展具有我省竞争优势的支柱产业和优势产品，重点培植石油化工、机械装备、电子信息三大主导产业，促进劳动就业岗位的增加。要积极采用先进适用技术改革传统产业，提高传统产业的市场竞争力和劳动就业的吸引力。大力培育和发展高新技术产业，开辟新的就业渠道。鼓励发展就业容量大的个体、私营、外商投资、股份合作等多种所有制经济，发展有市场需求的劳动密集型中小企业，继续发展劳动就业服务企业，更多吸纳下岗失业人员。

（十七）大力发展第三产业。

1. 大力发展现代流通业。以连锁经营、物流配送、电子商务等现代流通方式为重点，采用现代技术改革提升传统流通业。培育一批跨地区、跨行业、跨所有制，以资本或商品为联结纽带的大型流通企业集团、物流配送中心、电子商务企业和中高级批发市场，成为我省流通行业的龙头企业，带动中小流通企业发展。使流通业成为我省的先导性支柱产业，促进经济增长，提供更多的就业机会。

2. 大力发展现代服务业和新兴服务业，改造传统服务业。要积极发展满足现代经济发展要求的设计、信息、中介、金融、会计、咨询、法律、通讯、建筑、环境、计算机及其机关服务等现代服务行业，提高服务业整体水平。鼓励发展设备租赁、翻译、商业调查、广告、分销、会展业、无店铺售卖业、营销策划业、文电服务业、会议服务业、市场预警业、资产评估业、快译业、速递业等新型服务行业。运用现代经营方式和服务技术，改造商贸流通、交通运输、餐饮服务、市政服务等传统服务行业，提高服务质量和效益。发展面向居民消费的房地产业、旅游、娱乐、健身、体育等产业，增加服务内容。积极发展多层次的教育产业，提供学前、初等、中等、高等、成人及特殊教育、远程教育服务。通过发展现代服务业和新兴服务业，为经济发展提供新型优质服务，开辟新的就业途径。

3. 大力发展社区服务业。结合社区居民生活服务的需要，开发社区托老托幼、修理维护、文化娱乐以及小餐饮、小商店、报亭、电话亭等各种便民利民的社区服务岗位，特别是面向居民家庭的家政服务岗位；结合社区辖区内企事业单位、政府机关剥离社会服务职能的需要，开发物业管理、卫生保洁、商品递送等社会化服务岗位；结合社区组织建设、公共管理和公益性服务的需要，大力开发社区治安、市场管理、环境维护、保安、保绿、车辆看管等社区管理和公益性服务就业岗位。

各级城市建设规划部门要统一规划，增加社区服务场所和便民服务设施，在新区建设和旧城区改造中，应有占总建筑面积2%—5%的社区服务活动用房。有条件的地方，可安排相对集中的生产经营场所，为推进社区服务提供条件。

（十八）推行多种形式的灵活就业。要根据市场就业的新特点，进一步改革就业制度，推行多种形式的灵活就业。逐步消除妨碍劳动力流动的体制性障碍，鼓励劳动者自谋职业、自主创业、灵活就业。要通过放宽政策，加大扶持力度，鼓励下岗失业人员兴办小企业和非正规劳动组织，鼓励和帮助下岗失业人员实现多种形式的灵活就业。积极推行非全日制就业、临时就业、季节性就业、弹性就业等灵活就业形式。通过发展劳动事务处理、劳务派遣、就业基地等形式，为下岗失业人员灵活就业提供服务和帮助。进一步完善社会保险制度，扩大社会保险覆盖面，使社会保险制度更加适应灵活就业形式的要求。

（十九）积极实施“走出去”战略，充分发挥我省作为侨乡的区域优势，积极开展境外就业和劳务合作，开拓境外劳动力市场，扩大对外承包工程和劳务合作。各有关职能部门要密切配合，积极扶持发展境外就业和劳务中介组织，提供良好服务，依法加强境外就业和劳务合作的管理。

**四、统筹兼顾，全面做好就业和再就业工作**

（二十）要在重点做好下岗失业人员再就业工作的同时，筹兼顾城镇新成长劳动力的就业和农村富余劳动力转移就业工作。

1. 对城镇新成长的劳动力，要引导和帮助他们参与市场竞争就业，对城镇未能继续升学的初、高中毕业生普遍实行劳动预备制度，加强职业教育和培训，延缓就业压力。

2. 进一步深化大中专毕业生就业制度改革，促进毕业生充分就业。要建立和完善市场导向、政府调控、学校推荐、学生与用人单位双向选择的就业机制，科学合理配置毕业生资源。鼓励毕业生到农村、到基层、到非公有制单位就业。鼓励毕业生科技创业、自主创业、自谋职业。进一步放宽毕业生落户条件，简化手续，提高工作效率。严禁以任何理由向毕业生收取不合理费用。毕业生离校时未落实工作单位的，将其家口转回生源所在地，档案由当地人事部门人才中介机构保管，两年内免收档案保管费。落实单位后，家口迁至工作单位所在地。

3. 积极推进农村劳动力转移就业。把小城镇的发展同乡镇企业的改造提高结合起来，把发展地方主体产业和农村劳动力转移就业结合起来，把发展地方主体产业和农村劳动力转移就业结合起来，以城镇化促进农村劳动力转移就业，实现城乡劳动力资源的合理配置。对农村劳动力进城就业要公平对待、合理引导、完善管理、搞好服务。认真清理针对农村劳动力进城就业的不合理的收费和限制政策。要完善进城就业农村劳动力的管理制度，按照城乡统筹就业的方向和统一公开的原则，改进就业登记、暂住登记、劳动管理、治安管理等各项管理办法。各类用人单位招用农民工，要及时签订劳动合同，依法缴纳各项社会保险费，切实保障他们的合法权益。

（二十一）加强就业统计工作，推进信息系统建设。建立城镇就业抽样调查制度，定期开展城镇劳动力抽样调查，及时准确反映全省和各地的就业和失业动态变化，要大力推进劳动保障信息系统建设，尽快建立社会保险信息系统。建立失业预警机制，在下岗失业总量接近或超过警戒线时，各级政府要及时采取措施缓解矛盾。

（二十二）加强宣传和督促检查工作。各级政府要建立健全再就业工作督促检查机制，公布举报电话，要组织劳动保障、监察、计划、经贸、公安、财政、建设、文化、卫生、税务、工商、银行、物价等部门和工会每年对再就业扶持政策的落实情况进行专项检查，并充分发挥社会监督和群众监督的作用，使再就业扶持政策真正落实到基层单位和下岗失业人员身上。各级劳动保障部门和有关部门要开设经常性的咨询服务电话，答复解释有关再就业政策问题。宣传部门、新闻单位要把做好就业宣传工作作为重要任务，通过开辟专栏等各种形式大力宣传党和政府的有关方针政策，将有关政策的落实情况置于群众和社会舆论监督之下。要大力宣传再就业典型，用再就业的典型事例，帮助下岗失业人员理解支持改革，转变观念，自强自立，自觉维护社会稳定，在国家政策扶持和社会帮助下，依靠自身努力实现再就业。

（二十三）各级党委、政府以及劳动保障、税务、财政、经贸委、计委、工商管理和宣传部门要按照中共中央、国务院《通知》和省委、省政府贯彻意见的精神，结合实际，抓紧研究制定具体办法和实施细则，对再就业资金使用管理、小额贷款、国有企业主辅分离、有关税收减免政策以及再就业宣传等，作出具体规定。各部门在研究制定配套文件过程中，态度要积极，政策不能后退，不能模糊，要便于操作，确保中共中央、国务院《通知》和省委、省政府贯彻意见落到实处。

## 福建省人民政府关于印发《福建省实施〈工伤保险条例〉办法》的通知

闽政〔2004〕12号

各市、县（区）人民政府，省政府各部门、各直属机构，各大企业，各高等院校：

《福建省实施〈工伤保险条例〉办法》已经省政府同意，现印发给你们，请认真贯彻执行。

福建省人民政府
2004年4月30日

## 福建省实施《工伤保险条例》办法

### 第一章　总　则

第一条　根据国务院《工伤保险条例》的规定，结合本省实际，制定本办法。

第二条　本省行政区域内的各类企业、有雇工的个体工商家（以下统称用人单位）应当依照《工伤保险条例》和本办法规定参加工伤保险，为本单位职工或雇工（以下统称职工）缴纳工伤保险费。

本省行政区域内的职工依照《工伤保险条例》和本办法规定，享有工伤保险待遇。

第三条　县级以上地方人民政府劳动保障行政部门负责本行政区域内的工伤保险工作。

劳动保障行政部门设立的社会保险经办机构（以下简称经办机构）具体承办工伤保险事务。

第四条　财政、审计部门依法对工伤保险基金收支管理情况进行监督。

地税部门做好工伤保险费征收准备工作。

卫生行政、安全生产监督管理部门在各自的职责范围内，协助劳动保障行政部门做好工伤保险工作。

### 第二章　工伤保险基金

第五条　工伤保险基金在设区的市实行全市统筹，并实行省级调剂金制度。

工伤保险基金现实行县（市）级统筹的地区要根据当地情况，积极创造条件向设区市全市统筹并轨，有关的设区市政府应按本办法制定相应措施，报省劳动和社会保障厅备案。

工伤保险基金全部纳入社会保障基金财政专家，实行收支两条线管理。

第六条　行业基准费率由统筹地区在国家规定的幅度范围内确定。行业基准费率的具体标准，由统筹地区劳动保障行政部门会同财政、卫生行政、安全生产监督管理部门，按照以支定收、收支平衡的原则，根据工伤保险费使用、工伤发生率、职业病危害程度等情况提出，并征求工会组织和用人单位代表意见，报统筹地区人民政府批准后实施。行业基准费率的具体标准可定期调整。

行业基准费率包括行业差别费率及行业内费率档次。

第七条　用人单位的缴费费率，由统筹地区经办机构根据用人单位生产经营范围所属行业和行业基准费率的具体标准确定。

第八条　工伤保险费率实行浮动制度。由统筹地区劳动保障行政部门会同有关部门根据用人单位工伤保险费使用情况、工伤发生率、职业病危害程度及必要的风险储备金等因素提出具体办法，并征求工会组织和用人单位代表意见，报统筹地区人民政府批准后执行。

统筹地区经办机构根据工伤保险费率浮动办法确定用人单位费率浮动档次。

第九条　用人单位应当按规定向所在地经办机构缴纳工伤保险费，并按期报送本单位工资总额、职工工资花名册和增减人员名册。

目前工伤保险费已由地税部门征收的地区应继续做好征收工作，并认真总结推广，在三年内全省工伤保险费由地税部门统一征收。

第十条　工伤保险基金依法用于支付工伤保险待遇、劳动能力鉴定费用和法律、法规规定的用于工伤保险的其他费用，专款专用，不得挪作其他用途。

工伤保险经办机构所需的管理服务经费、劳动保障行政部门工伤认定调查核实经费列入统筹地区财政预算。

第十一条　统筹地区实行工伤保险储备金制度。储备金按不低于统筹地区征收工伤保险费一个月的额度筹集。工伤保险基金历年结余部分并入储备金。

储备金在发生重大工伤事故或当期工伤保险基金不足支出时，由经办机构提出申请，经统筹地区劳动保障行政部门和财政部门核准后使用。

第十二条　建立省级工伤保险调剂金制度。各设区市每年按征收工伤保险费总额的3%上解工伤保险调剂金。其中，实行设区市统筹的，向省级上解调剂金；实行县（市）级统筹的，县（市）级向设区市上解调剂金，设区市汇总后再向省级上解调剂金。工伤保险调剂金实行财政专家管理，用于各设区的市特大工伤事故工伤保险待遇支付的补助和省级劳动能力鉴定等所需费用。省级工伤保险调剂金的使用和管理的具体办法由省劳动保障部门会同省财政部门另行制定。

需要省级工伤保险调剂金补助的，由设区的市劳动保障行政部门和财政部门提出申请，经省劳动保障行政部门和财政部门审批后拨付。

省级劳动能力鉴定等所需费用由省劳动保障行政部门提出申请，省财政部门核准后拨付。

## 第三章　工伤认定

第十三条　用人单位、工伤职工或其直系亲属、工会组织依法作为工伤认定申请人的，应在规定时间内向用人单位所在地统筹地区劳动保障行政部门，或受设区市委托的县（市、区）劳动保障行政部门提出工伤认定或视同工伤认定的申请，劳动保障行政部门应当依法受理并作出工伤认定决定。

工伤保险基金实行全市统筹的设区市劳动保障行政部门可以委托县（市、区）劳动保障行政部门承担工伤认定的具体工作。

第十四条　申请人提出工伤认定申请时，应依法提交相关证明材料。统筹地区劳动保障行政部门或受委托的县（市、区）劳动保障行政部门受理申请后，对申请人提供的下列材料，应当依法作为工伤认定的证据。

（一）事故伤害或突发疾病死亡的证明；

（二）公安交通管理部门对道路交通机动车事故伤害的事故责任认定书或证明；

（三）革命伤残军人证；

（四）县级以上地方人民政府或统筹地区人民政府相关部门认定从事抢险、救灾（救人）等维护国家、社会和公众利益活动受到伤害的证明；

（五）公安机关或司法机关提供的与工伤有关的裁定、判决或证明；

（六）法律、法规规定的其他材料。

## 第四章　劳动能力鉴定

第十五条　省和设区市应当设立劳动能力鉴定委员会，省劳动能力鉴定委员会制定劳动能力鉴定规则。省和设区市劳动能力鉴定委员会按照劳动能力鉴定规则进行劳动能力鉴定。

第十六条　用人单位、工伤职工或者其直系亲属向设区的市级劳动能力鉴定委员会提出劳动能力鉴定申请，并提交工伤认定决定书、诊断证明书、检查结果、诊疗病历等材料。

第十七条　劳动能力鉴定费用按鉴定工作量从统筹地区当年征收的工伤保险费中支付。

用人单位应当参加工伤保险而未参加工伤保险期间，工伤职工的劳动能力鉴定费用由用人单位支付。具体收费标准由省人民政府价格主管部门和财政部门制定。

## 第五章　工伤保险待遇

第十八条　用人单位、工伤职工或者其直系亲属，向经办机构办理除供养亲属抚恤待遇外其他工伤保险待遇支付手续的，应提交下列材料：

（一）工伤认定决定书；

（二）劳动能力鉴定结论书；

（三）法律、法规规定需要提供的其他材料。

经办机构应当一次性告知所需的材料，对提交材料齐全的，在30日内予以办理。

第十九条　用人单位或因工死亡职工直系亲属办理供养亲属抚恤待遇手续的，应当向经办机构提交被供养人家口簿或直系亲属关系证明、居民身份证以及街道办事处、乡（镇）人民政府出具的被供养人经济状况证明。

有下列情形之一的，还应当分别提交相应材料：

（一）被供养人属于孤寡老人、孤儿的，提交街道办事处、乡（镇）人民政府出具的证明；

（二）被供养人属于养父母、养子女的，提交公证书；

（三）被供养人完全丧失劳动能力的，提交劳动能力鉴定机构的鉴定结论书。

第二十条　工伤职工接受工伤治疗的，在停工留薪期内，用人单位不得与其解除或终止劳动关系，但职工主动提出解除或者终止劳动关系的除外。

第二十一条　工伤职工按规定住院及转院治疗的，住院伙食补助费及所需交通、食宿费用，由所在单位依法以本单位因工出差标准及规定的比例予以支付、报销；用人单位未定职工因公出差伙食补助和差旅费标准的，应参照当地财政部门规定的国家机关出差伙食补助和差旅费标准及规定的比例予以支付、报销。

第二十二条　五级至十级工伤职工有下列情形之一的，由用人单位支付一次性工伤医疗补助金和伤残就业补助金：

（一）工伤职工本人书面提出自愿与用人单位解除或者终止劳动关系的；

（二）用人单位依据《中华人民共和国劳动法》第二十五条第（一）、（二）、（三）项规定解除劳动关系的；

（三）七级至十级工伤职工劳动合同期满，用人单位不再续签劳动合同而终止劳动关系的。

领取一次性工伤医疗补助金和伤残就业补助金的职工应当与用人单位、所在地工伤保险经办机构签订三方书面协议，终止工伤保险关系。

第二十三条　五级至十级工伤职工一次性工伤医疗补助金和伤残就业补助金合并计算。其标准按照所在统筹地区最后一次公布的人口平均预期寿命与解除或者终止劳动关系时年龄之差和统筹地区上年度职工月平均工资为基数计算：五级，每满一年发给1.4个月；六级，每满一年发给1.2个月；七级，每满一年发给0.8个月；八级，每满一年发给0.6个月；九级，每满一年发给0.4个月；十级，每满一年发给0.3个月。不满一年的按一年计算。

五至六级工伤职工一次性工伤医疗补助金和伤残就业补助金低于30个月的，按30个月支付；七至八级工伤职工一次性工伤医疗补助金和伤残就业补助金低于20个月的，按20个月支付，九至十级工伤职工一次性工伤医疗补助金和伤残就业补助金低于10个月的，按10个月支付。

患职业病的工伤职工，一次性工伤医疗补助金和伤残就业补助金在上述标准的基础上增发30％。

第二十四条　工伤职工伤残津贴、供养亲属抚恤金和生活护理费等标准，由统筹地区劳动保障行政部门会同同级财政部门根据统筹地区职工平均工资和生活费用变化等情况，适时提出调整方案，并征求工会组织和用人单位代表意见，报统筹地区人民政府批准后执行。

统筹地区人民政府应当将调整结果向社会公布。

第二十五条　用人单位实行承包经营，承包方属生产经营单位的，其职工发生工伤，工伤保险责任由承包方负担；承包给个人的，个人及其雇工发生工伤，工伤保险责任由发包方和承包方约定，没有约定的，由发包方负担。

## 第六章　附　则

第二十六条　有雇工的个体工商家从2005年1月1日起参加工伤保险。

第二十七条　国家机关、事业单位、社会团体以及各类民办非企业单位的工伤保险按照国家有关规定执行。

第二十八条　本办法自发布之日起施行。2004年1月1日至本办法施行之日，依照《工伤保险条例》第三十四条、第三十五条规定，应由用人单位支付一次性工伤医疗补助金和伤残就业补助金的，参照本办法执行。

# 编 后 记

本志由福建省人力资源和社会保障厅承编。在厅党组的重视下，本志编纂从2008年9月启动，省人力资源和社会保障厅成立编委会，下设《劳动保障志》编纂办公室，以具体负责志书的编纂和组织联络工作。2010年12月，第一次将初稿送省方志委审稿。2015年，又组织人员对书稿进行全面修改、补充、完善。2016年12月，省方志委召开志稿二审评议会，省方志委副主任林浩，省志辅导处处长李升荣、副处长李连秀、主任科员孙众超、省地方志专家陈文忠对二审评议稿提出具体的修改意见。2017年10月，《劳动保障志》编纂办公室邀请省人力资源和社会保障厅原副巡视员王建民、省方志委省志辅导处副处长李连秀对志稿进行审校。《劳动保障志》编纂办公室认真吸收、整合专家意见，进行修改充实，于2018年8月上报省方志委终审验收。11月，省方志委召开审定验收会。会后，《劳动保障志》编纂办公室认真组织修改完善。2019年4月通过验收审核，交付出版。

本志在编纂过程中，根据采编合一的原则，编写人员按照分工，直接负责资料的搜集（有关处室单位抽调人员配合），并在整理和消化资料的基础上编写初稿。全体编纂人员遵循“修志问道，以启未来”的原则，在省方志委的精心指导下，钩沉历史、执着守望、辛勤耕耘，努力编写一部可存、可查、可考、可用的劳动保障志书。为使编写人员掌握志书编写方法，邀请省方志委郑羽同志进行业务培训。在整个编写过程中，省方志委省志辅导处的有关同志都给予具体指导、帮助。这些都有助于志稿的编写和质量的提高，我们在此表示衷心的谢意。

本志负责资料搜集并执笔编写的人员分工为：王煌煌撰写概述，叶丽华编写第一、二、三章，魏靖华编写第四、五、十一章，徐志箴编写六、七、八、九、十章，陈耀钢编写第十二章，陈亮编写大事年表。全书由王煌煌同志负责统稿总纂。

本志在搜集资料和编写过程中，得到厅机关各处、室和直属单位、一些地方劳动保障部门及有关单位的支持、配合，得到全省劳动保障工作老前辈、老行家的关心指导，特此表示深切的谢意。

由于编写资料掌握不够充足以及编辑水平有限，本志仍有一些不足之处，敬请读者批评指正。

《劳动保障志》编纂办公室

2019年4月